湖南师范大学中外条约研究中心　编

中外关系
与近现代中国研究

李育民教授
七十华诞
纪念文集

社会科学文献出版社
SOCIAL SCIENCES ACADEMIC PRESS (CHINA)

目 录

学术经历与条约研究的由来 …………………………… 李育民 / 1

《人民日报》有关晚清条约的文章述评 ………………… 苏全有 / 16
中国式现代化道路的百年探索 ……………………………… 吴 超 / 28
近代对外关系中"内地"概念的演变 ……………………… 翁 敏 / 46
晚清民间涉外债务的保人制度 ……………………………… 曹 英 / 64
鸦片战争前后耆英的海防举措与想法
——兼论近代中国海防变革之迟滞 ………………… 李光和 / 76
《南京条约》作准文字及其影响 …………………………… 杨秀云 / 96
道咸时期的"联俄"探索 …………………………………… 谢建美 / 111
蒲安臣对中美不平等商约关系的影响 ……………………… 方 慧 / 121
李鸿章维系宗藩关系的认知与抉择（1871—1882） …… 黄泽平 / 138
曾纪泽与国际法 ……………………………………………… 蒋跃波 / 154
1885年中日《天津条约》第二款朝鲜教习问题考述 …… 匡 艳 / 163
晚清河南铁路利权外流与央地因应 ………………………… 付 超 / 176
清季英国与他方缔结的涉华条约及清政府的反应 ……… 胡门祥 / 193
"夷夏之防"观念的瓦解与晚清外交体制的构建 ……… 杨宇勃 / 204
清末"领土"观念的形成 …………………………………… 易 锐 / 221

界内与界外：民国时期的租界卫生交涉（1912—1937）
.... 李传斌 / 236

陈独秀早期政治文明思想探微 .... 陈光明　周翠娇 / 261

现代评论派对政府废约外交与民众运动的态度 .... 李　斌 / 274

近代中外商约关系下的贸易冲突
　　——以1924—1926年日本加征朝鲜关税案为中心
.... 邱宏霆 / 287

国际公约视域下中国对九一八事变的因应 .... 尹新华 / 300

应变与革新：南京国民政府的法律机构与废约运动 .... 刘利民 / 327

王宠惠对中国近代不平等条约的认识 .... 孙　阳 / 341

航权自主运动与轮船招商局近代码头货栈业体系的形成
.... 熊辛格　黄茜芸 / 355

局部抗战时期《外交评论》修废不平等条约主张探析
.... 余　英 / 370

论敌后战场日军的"卫生工作"
　　——以第十五师团为例 .... 彭　程　骆梓奇 / 386

论英国对战后中英商约的筹议 .... 侯中军 / 400

新中国成立之初浙江解决外侨问题的历史考察 .... 程　珂 / 416

清代政府涉外经济合同的法律关系特征 .... 谈　笑 / 429

编后记 .... / 441

学术经历与条约研究的由来*

李育民

大家好!

关于这个会议的发起和准备,李传斌、刘利民等很早就有这样一个计划,就是同门开一个学术讨论会,我也非常赞成。因为疫情等原因,这个会议一直拖下来了。那现在就借这个契机,刚好又是年龄到了嘛,以这个由头来开这个会。我觉得,不管以什么由头开一个学术讨论会,对我们大家的学术研究应该是有推进作用的,所以非常赞成。

本来想开一个学术讨论会,大家谈谈学术问题,但是刚才听了一大堆赞扬的话,心里不安,有些过头了,没有那么高。今天借这个机会,讲一讲学术经历与近代中外条约研究的由来,包括这个学术方向的选择,以及我们这个学术团队的形成,等等。这当然是一个学术史的话题,也是我们条约研究的一个回顾。

说到学术史,我们知道,现在做学术研究都要研究学术史。这既是学术研究的一种方式,也是学术研究的要求。一般而言,纯学术史的探讨比较普遍,也比较正常。我觉得,在学术史的研究当中,如果有社会内涵,将这方面整合或综合到学术史研究中,可能更有意义,

---

* 这是李育民教授 2022 年 12 月 18 日在"中国近现代政治与对外关系史"学术研讨会上的发言,由易锐根据录音整理,收入本书时稍有修改。

更有价值一些。当然这是题外的话，不多讲，但我觉得作为学术史研究，可以去探讨。我也做过条约研究的学术史探讨，写过好几篇文章，虽然涉及社会内涵，但主要是从学术角度去写的。如果在这一研究中更多地结合社会内涵，可能就更深入一些，对学术研究、学术的发展历程可能会有更深入的了解和认识。

今天给大家谈一谈学术经历与中外条约研究的由来，主要以自己和我们这个团队的学术经历作为参照，来谈条约研究由来的问题。

一　条约研究的重要性

关于中外条约的重要性，刚才几位都谈到了。在近代中国，中外条约确实具有重要的地位，对它进行研究也具有相应的重要性。我在研究中也不断地发现这一重要性，并同时向学术界提出和展示新的感受和体会。我记得做第一项研究——条约制度的时候，就把这个问题作为中国近代半殖民地半封建社会制度的内涵之一。这样就把条约制度提升到中国近代社会的一个制度性东西，由此体现并揭示它的重要性。随后在研究中不断地有新的感受，作为中国近代半殖民地半封建社会社会形态中的一个重要体系，条约就是一个制度的体现，但条约研究的重要性还不仅仅在此。后来我明确提出，条约是中国近代史的一个基本问题。这个基本问题，就更进一步说明了它在近代史研究中的地位。既然作为基本问题之一，那么就应该高度重视起来，来进行研究。后来我们组织撰写了一套丛书，即"中外条约与近代中国研究丛书"，对这个问题又做了一些思考。这套丛书的思考和设想也是基于对条约重要性的认识，认为条约作为中国近代的基本问题之一，它实际上广泛而深刻地影响了近代中国各个领域的社会变迁，包括政治、外交、经济、思想文化乃至相关人物，等等。关于条约与人物的关系，我们设计了相关人物的研究。现在有两篇博士学位论文已经做出来了，一个是中国人李鸿章，另一个是外国人赫德。条约与很多近代人物都有关系，包括这些人物的政治生涯、人生走向、他的命运，等等。所以，中外条约不仅与近代中国的政治、经济、文化、外交密切相关，还影响到许多近代人物。还有，条约的问题实际上又是近代中国所面临的新的国际秩序的一个体现；把它提升到国际秩序这个层面，不仅需要关注西方主导的近代国际秩序，还必然涉及中国传统的国际秩序，这是我们在研究中需要思考的问题。我们不断去发现这个问题的重要性，这样也就愈加地感受到条约问题作为学术研究的一个重大课题的重要地位了。

南京大学陈谦平教授曾到我们这里参加会议，他说我们的条约研究是挖到了一个金矿。对于这个问题我也觉得很奇怪，中外条约这样一个重大的问题，曾经很长时间没有得到大家的特别关注。我们现在对中外条约问题的认识已经比较系统，而且更加扩展，又更加深化了。但是在很长时间里，这个问题没有引起学术界应有的重视。这里显然就涉及对学术方向、学术研究领域的选择问题。

二　从政治史、湖湘人物研究到中外条约研究

下面就谈一谈我自己和我们这个团队，是如何走向了这样一个学术的选择。其实，我最早做学术研究的方向和兴趣并不在条约研究，也没有考虑到这个问题。严格地说，真正从事学术研究，是从攻读硕士学位开始的，本科还只是一个基础。本科时也写了一些东西，但那谈不上是真正的学术研究，只是学术习作，直到写本科毕业论文时才开始了初步的训练。但是毕业论文也不涉及现在的条约研究主题。顺便说一下我的本科毕业论文。非常幸运，当时教研室主任彭祖珍老师安排林增平先生做我的指导老师。那时候我正好要考林先生的硕士研究生，没想到在本科的最后一个学期便开始得到林先生的直接指导。当时林先生正从事辛亥革命研究，因此指导我做了一个题目，就是1903年拒俄运动。我写的是拒俄运动的影响，记得当时按不同模式

写了两篇文章，请林先生指导，林先生对其中一篇还算比较满意。读硕士后，从第一个学期开始关注和研究的问题，到最后硕士学位论文确立的选题方向，都与条约没有关系。也就是说，我开始所选择的学术方向并不是条约研究，此后也没有局限于条约研究这个领域，还有其他方面、其他学术方向的研究。而这些方面或方向，后来都与条约研究和中外关系研究有密切关系。

读硕士期间我做的第一个研究就是关于曾国藩。读硕士的第一个学期，我写了一篇文章，就是曾国藩的治军思想。刚才苏全有提出这件事情，我的第一篇文章写的就是这篇文章。那么，曾国藩治军思想研究这篇文章是怎么产生的呢？这与课程学习讲到太平天国这部分内容有关。我记得王永康老师给我们讲太平天国，当时我就想到曾国藩这个问题。我们知道，曾国藩率领他所创立的湘军把太平军打败了，我有些疑惑，曾国藩并非将领，他是一个文人、一个文臣，居然领导一支湘军把太平军给打败了。我觉得很奇怪，于是产生了研究他的治军思想的想法。这实际上不仅仅是曾国藩个人的研究，因为研究他的治军思想就涉及传统文化的问题。有的学者评价曾国藩是集传统文化之大成的一个人，他的传统文化功底确实非常深厚，很值得研究。由于要研究他的治军思想，而他的治军思想的精髓就是传统文化，这样我就对传统文化有了一定的了解。而且由此深入下去，便有了更多的理解和认识。其实，传统文化问题对我以后的条约研究是有影响的，我逐渐认识到这个问题与条约的关联。中外条约尽管是个近代的问题，但是它改变了中国，也就改变了中国的传统。那么，在对条约关系的反应中，中国的传统产生了什么作用？近代中外条约研究不可避免地便会涉及这个问题。我后来写的一些论文，包括刊登在《中国社会科学》上的那篇文章，便探讨了条约与传统文化的关系。诸如传统的国际秩序问题，都与传统文化有关。而且，我觉得这是一个很重要的问题。我经常跟大家讲，要关注中国的传统文化。转向条约研究领域之后，我也写了一系列关于曾国藩的文章，还出了一本书，因为这一直是我心中觉得需要研究的一个问题。因为我们学科有一个"湖湘人物群体研究"的课题，我就写了《曾国藩传统文化思想研究》这本书。这是我最早的一个研究方向。其实，做这个方向的研究还有一个特殊的因素，你们师母的母亲，即我的岳母是曾国藩的后裔，做这个课题的研究与这个因素显然有关。

再就是硕士学位论文。我的硕士学位论文写的是中国近代政治史方面的题目，后来也因此在政治史领域做了一些研究，并成为此后条约研究的前奏和基础。研究政治史与当时我们近现代史学科的研究方向有关系，因为林先生那个时候正在做辛亥革命史研究。他和章开沅先生合作主编了三卷本的《辛亥革命史》，这是第一部大部头的辛亥革命史著作。林先生也因此转向辛亥革命史研究，他自己还在具体做中国近代资产阶级问题的研究。林先生关于资产阶级的研究已有系列成果，本来还要继续做下去，可惜因过早去世没有完成。如果假以天年，林先生不仅会完成这项研究，还会进一步扩展这一领域。所以由于林先生的主攻重点，当时我们这个硕士学位点，学生的研究方向都是辛亥革命史。我们那一届四个人，包括前面的几届，都是研究辛亥革命史。我们学校的中国近现代史学科从招收研究生开始，便将辛亥革命史作为一个主要研究方向。我的硕士学位论文选题是进步党，进步党是民国初年旧立宪派组成的一个政党。当时为什么选择这个题目呢？一个重要原因是那个时候民国初年的研究非常薄弱。从民国初年一直到护国、护法运动，这一段没有什么成果，所以我觉得这里面有很大的空间。另外，有关进步党研究虽也发表了一些文章，但总体上较为薄弱，而且感到观点也有些偏颇。这里我就不详细去讲这个问题了。因为做进步党研究，收集积累了相关资料；并由于参加耿云志先生的一个课题，后来又因此写了有关民初政治方面的系列论文。我就从硕士阶段确定做政治史的研究，而正是由于进入政治史的研究领域，才有了此后中外条约研究方向的产生。也就是说，中外条约研究是从政治史研究当中产生的。这一转变是在留校任教之后，下面再具体谈。

还有一个相关问题的研究，涉及政治史领域，就是孙中山的研究。我留校不久就参加了一个重要的学术讨论会，也就是纪念孙中山诞辰120年的国际学术讨论会，写了《论孙中山的权能区分》这篇文章参会。后来每届十年纪念性的学术讨论会我都参加，并提交一篇关于孙中山研究的文章，这无疑也属于政治史领域的研究。进入条约研究领域之后，在关于孙中山研究的选题中，我就有意识地将其与条约和中外关系联系起来。第二次参会时，我已经完成了第一部有关条约的著作，所做的孙中山研究开始与条约相联系了。再后来，赴澳门、台北参加孙中山研究的学术会议，我都写了与条约有关联的孙中山研究的文章。这样，逐渐地将各项研究往条约这一个方向集中起来了。

总之，自硕士毕业后，大体上是做政治史研究，有一段时间主要围绕这个领域写文章，也有了些学术积累。我校党史专业申报博士点，便将我纳入进去，负责一个方向。1998年遴选博士生导师，学校领导便将我放在党史专业，在那里带了两届博士。第一届杨小云，第二届李金龙等，都是做的政治史研究。即便后来回到历史学专业招博士生，招生方向也有政治史方向。苏全有是我们流动站的第一位博士后，他的研究和出站报告便是政治史。正是由于主要从事政治史研究，留校任教后开设了一门选修课，也就是中国近代政治制度史，这与条约研究方向直接相关。正是这一个重要的因素，产生了中外条约研究的这样一个方向，也可以说奠定了中外条约研究的基础。在准备这门课的时候，我看到费正清编的《剑桥中国晚清史》这部书里面有一章是条约制度的形成，从中受到启发，于是产生将条约作为一个制度来研究的想法。因此，中国近代政治制度史这门课的第一章便是条约制度。这样，我开始深入思考条约这个问题，而且产生了从制度上进行条约研究的初步设想。

真正着手进行条约的学术研究，得益于一次重要的学术讨论会。这次学术讨论会，也就是1990年中国社会科学院近代史研究所召开的庆祝建所40年的学术研讨会。那是第一次所庆学术研讨会，后来都是每十年开一次，我很幸运参加了那次会。近代史所给林先生发了邀请函，林先生把邀请函贴在了研究室，希望大家写文章参加。我看到后，知道这次会的主题是"近代中国与世界"，觉得条约制度符合这个主题，于是就写了《近代中国的条约制度论略》一文，请林先生看了，他充分肯定了这一研究，并予以指导。我将文章寄给近代史所后被选上，并被邀请参会，于是与林先生一起参加了会议。所以，条约研究这一方向的选择，从一开始便得到了林先生的肯定和支持，此外还得到了近代史所张海鹏先生的支持。当时张海鹏先生是副所长，负责筹备会议，参会时听他说，我的文章是他看中的，给我发了邀请函。参加那次会对我开始从事条约研究、确立这个方向有非常重要的作用。所以我后来跟张先生讲，非常感谢他的邀请，因为此后走上条约研究的学术道路与此是分不开的。那次会议没有邀请太多人，似乎只有两个年轻人参会。这篇条约制度的文章在会上得到前辈学者的认可，发表后也产生了比较好的反响。后来李文海先生、匡继先先生主编"中国近代不平等条约书系"，在序言中引用了这篇文章关于条约内容的六大分类。当时对于我来说，这些都极大地鼓舞了我研究条约的信心，进一步感到这一问题的重要性，由此对条约研究有了更深入的思考，也有了更多的设想。

可以说，条约研究这一领域的选择和确立主要得益于两件事，除了1990年的那次会议，就是1991年获得国家社科基金青年项目。这一年的国家社科基金项目指南里面，有一个选题就是"不平等条约的研究"，这似乎是国家社科基金项目指南里第一次出现有关条约研究的选题。于是我以"近代中国的条约制度"为题，申报了国家社科基金青年项目，很幸运获得通过。当时也没什么前期成果，就是前面提到的那篇会议论文，或许该领域尚未引起重视，申报同类选题的学者不多。选题能够通过，得益于参加评审的前辈学者们的支持，如四川大学的隗瀛涛先生后来还特意跟我说起这个事情。这是我获得的

第一个有关条约研究的国家社科基金项目，1994年完成，1995年出版与项目同名的《近代中国的条约制度》一书。这是我做条约研究的第一部著作，是从事这一领域研究的一个标志性成果，可以说这是1990年开始条约研究后的一个新起点。当然，尽管完成了一个国家社科基金项目，但条约研究还只是一个开端，尚未形成一个完整的、具有独立地位的研究领域，所做的研究仍然与中外关系的大领域交织在一起。

我所做的研究其实包括三个领域，即中外关系、政治史，以及湖湘历史人物。条约研究则涵盖在中外关系之内，研究未完全限于条约；除条约外，涉及中外关系的相关问题也研究。其他两个领域，即政治史和湖湘人物的研究也均有涉猎。这三个领域的研究也都反映在人才培养之中，当时所带的硕士生的论文选题也都在这三个领域范围之内。第一位硕士生李光和，他的选题就关于中外关系，写的是耆英，刚才李光和也说了。第二位硕士生李传斌，他选了一个政治史的课题，研究清末官制。第三位硕士生陈光明，论文选题是曾国藩，即湖湘人物的研究，但与中外关系有关，因为研究的是曾国藩的对外观念、外交思想方面的内容。总之，学术研究主要是围绕这三个方向。

这三个方向当然后来也继续在做，刚才大家也提到了一些。慢慢的，这些问题都逐渐地集中到条约的研究。条约研究越来越成为研究的重点，并不断地发展和深化。刚才苏全有还给我总结了发文章的规律，我倒还没有注意到这个问题，从中可以看到一些发展的趋势和走向。这里还要说一下，1997年获得的第二个国家社科基金项目，也就是研究废约史的课题，既体现了条约研究的发展，又使这一领域得到进一步深入。项目的原名为"近代中国反对、废除不平等条约斗争史研究"，因为将研究时段延续到新中国成立后，结项时便将其命名为《中国废约史》。这个课题在2004年完成，从1997年立项到2005年正式出版，也有八年了。《中国废约史》的出版应是很重要的一个标志了，因为就个人成果而言，对该领域的研究更加趋于完整、系统了。近代中外条约的研究作为一个系统来看，它有各种各样待发掘的问题，废约史便是其中一个非常重要的方面，不可或缺。条约制度那本著作，实际上只是不平等条约的研究，现在则完成了废约史这一问题的研究。这一成果的问世，无疑又推动了条约研究的拓展和深化，并转向新的领域。

在此期间，我们还在策划一套条约研究的丛书。恰巧在2004年，一个偶然的机会，我认识了湖南人民出版社总编室主任许久文先生。当时参加省里一个出版项目的评审会，与他同在一个组，我跟他聊了做一套"中外条约与近代中国研究丛书"的设想，他非常赞成，当场就接受我们这个计划，后来申报了"十一五"国家重点图书出版规划，又报了湖南省的文化工程项目。这以后，我们开始对这套丛书做具体的设计和规划，当时和李传斌、刘利民一起讨论商议，将此作为我们这一时期的主要研究方向。湖南人民出版社对这个项目非常重视。据说他们把一批选题拿到北京鉴审，专家们对我们这个选题非常看好，所以他们也非常有信心。随后在2009年，湖南人民出版社又为这套丛书申报了国家出版基金，获得批准。到2010、2011年两年，丛书完成出版，一共12册。我们最初的设想远不止12册，但因为按原计划需较长时间，出版社希望尽快出版，于是只设计了12册的出版计划。

这套丛书的出版也是我们条约研究的一个重要的标志性成果，反映这一研究进入了一个新的阶段。这个新阶段的主要特点，除研究内容有新的发展之外，还有一个重要特点，就是重视开展团队研究，并与人才培养结合起来。因为通过这套丛书，我们将条约研究的团队力量聚集起来了，成员包括校内外。除了在职人员，还将博士生吸收进来，校内有李传斌、刘利民、尹新华、曹英，校外有李斌、胡门祥、王瑛等。12部著作中有7部原为博士学位论文，有的是直接从这个课题项目中定的选题，有的则是已答辩通过的博士学位论文。因此，这套丛书的价值不仅仅在于条约研究本身取得的新进展，而且还凝聚形成了该领域的一个研究团队，每位成员在这一领域中又形成了自己的研究方向。另外，这套丛书还开创了我们团队研究的模式。不用说，这套丛书的策划和出版有着非常重要的意义。现在我们这个团队已经成长起来，大家都获得了国家级、省部级的社科基金项目，以及其他项目，取得了显著的成果。

三　开拓条约关系研究

在这套丛书酝酿的同时，我又思考如何将条约研究继续向前推进，于是提出了条约关系的研究领域或范畴。2007年，我以"晚清中外条约关系研究"为题申报了第三个国家社科基金项目，并获得通过。这样，我的条约研究进入了一个新的阶段，即从研究不平等的条约制度到废约史，再到条约关系。该课题2013年完成，第二年结项，后来不断修改充实，又先后申报本省和国家哲学社会科学成果文库，均获通过，然后于2018年正式出版。将条约关系作为一个研究领域或范畴虽是一个新的提法，但得到了学术界的认可。记得申报国家社科基金项目之前，在一次会议上遇到李文海先生，向他请教这个课题能否做，他给予了充分的肯定。后来该项研究作为国家社科基金项目立项，并通过评审纳入国家哲学社会科学成果文库，也证明了这一点。条约关系研究的设想，作为成果，首先体现在我们这套丛书中。除了国别的如中英条约关系，《近代中外条约关系刍论》还对整体的近代中外条约关系做了简要的概述。不仅仅是条约关系，丛书在其他方面也有重要的拓展。除了条约本身的研究，如国际公约的研究、条约特权（如租借地）的专题研究，还涉及条约对近代中国的影响，如领水和基督教与条约、经贸关系与条约、政治与废约、人物与条约，等等。

由上可见，自条约研究开展以来，这一领域的研究在不断地发展。2014年，我们将这一研究又推进到一个新的阶段，当年我先获得第四个国家社科基金项目"晚清条约关系观念的形成及演变研究"，继又申报重大项目"近代中外条约关系通史"得以通过，条约的研究体系也因此在发展中逐渐深化、趋向完善。从研究架构来看，我们是从不平等条约到废约史，再到条约关系，形成了这样一个一步步趋向完整的研究系列。国家社科基金重大项目成果《近代中外条约关系通史》一共七卷，我们现在已经完成，也提交出版社，即将问世。该书从各个角度体现了条约研究的进一步完善。例如，除从纵向完整地呈现了近代中外条约关系的产生形成、发展演变之外，还有条约研究本身的完善，也就是包含了各种类型的条约，如双边条约、国际公约、准条约；各种性质的条约，如平等条约与不平等条约，等等。该通史还体现了一个重要进展，就是相关理论的阐释和深化。有关条约关系及其研究的理论，以往极为薄弱甚至缺失。现在，我们非常强调这一理论研究，注重与国际法的结合，重视建立自身的理论体系，也因此做了较为全面的理论论述，包括条约关系所涉及的外交、战争等各个方面；还将这一近代的问题与古代、传统结合起来研究，探讨了后两者对前者的影响。另外，该通史还注重从国际秩序的角度探讨条约与中外关系，揭示两者的关联，从而有助于深化对这一问题的认识。这些进展不一一列举。总的来看，这套多卷本的《近代中外条约关系通史》显然是一个标志性的成果，它体现并吸纳了条约研究的重要进展。此外，还有一个重要的体现，就是我们这个团队的人才基础更为扎实，如侯中军在我们这里做博士后，研究"准条约"问题，又参加了这个重大课题，充实了我们团队的力量。

从全国范围来看，改革开放后，条约研究取得了重大的进步和进展。我曾经对此做了一个归纳，就是由政论趋向学术，由主体趋向完整，由直观趋向理性，由单向趋向多元，由零散趋向系统，由分离趋向统合。这几个趋势可以说揭示了条约研究所取得的进展。在这一过程中，我们团队是起了重要的作用的。从对条约研究新格局的形成所起作用的这个角度来说，我们这个团队在其完整化、体系化、理论化等方面是做了重要贡献的。

四　今后的条约研究

对于今后条约的研究，我想需要进一步深化，再一个就是要扩展。这个趋向在我们这个团队、我们这个群体中也体现了。比如说，我们团队新获得三个国家社科基金项目，现在在研。李传斌的重大项目"近代中外条约研究学术文献的搜集、整理与学术史"，这是一个深化。以前我们做那套丛书，其中有一本是研究综述，李传斌已做了一部分，也就是晚清和民国时期的学术综述，我说可以继续做下去。实际上，这是在那个基础上的一个深化。现在能够把它当作一个国家社科基金重大项目来做，我觉得就更好了。尹新华的重点项目"近代中国参加国际公约资料整理与研究"，也是对我们以前丛书里面国际公约研究方面的继续和深化。刘利民的项目是"民国时期条约理论研究之研究"。我们一直在结合条约问题做理论研究，这一项目则是对理论问题的专题研究，无疑可以深化这一领域的研究。所以，我们研究的这几个课题也在深化，其中某些方面是在扩展。当然，还有一些问题可以继续深化。

再一个就是扩展。实际上，我们这个团队开展条约研究以来，一直在不断地扩展范围。博士生的一些选题确实有扩展。例如，谈笑写的《近代中国政府与外国银行订立之契约研究》就扩展到对银行契约的研究，后来还评上了省优秀博士学位论文。这项研究是以往准条约研究的一个扩展，既有理论性，也需要史料基础。又如，熊辛格写的《中外约章与中国近代物流业的嬗变（1840—1937）》也是一个新的扩展，即将条约研究与以前没有研究过的物流问题结合起来。还有商约的研究，其实我们团队里面有几位都在研究这个问题，曹英比较早，研究中英条约中的经济问题，主要是商约。后来邸宏霆研究中日商约，还有方慧研究中美商约。这都是国别商约研究。另外，还有国别的条约关系研究。这方面最早的是胡门祥的中英条约关系研究。我一直倡导研究国别的条约关系，胡门祥的书最早，就是我们那套丛书里面的《晚清中英条约关系研究》。再就是黄德辉的中俄条约关系研究，现在正在做，还没完成，希望能够做好。就国别来说，还有很多国家，领域非常广，可以很好地去做。当然，研究的扩展还有很多方面，我们可以继续去做。条约关系这个领域，是一个空间非常大的研究领域。在条约通史的研究过程中，我们七位作者都感觉有些问题没有弄清。要真正弄清很多细节问题，确实要花费很多工夫。另外，还有很多较大的问题需要去做研究。例如条约的个案研究，也就是单个的条约，一个个的条约去做研究。从《南京条约》到后来的每一个条约，其实很多条约都可以重新做个案的研究。我自己做过《辛丑条约》和《马关条约》的研究，但都是从宏观的角度去做的，还可以从微观的角度更细致地去做。这些问题都有很多可以做的空间。另外，还有一些外交史和中外关系史的研究，我们很多硕士、博士从这个角度做了不少研究。这些也可以纳入我们条约研究的范畴。此外，还有相关的一些问题、相关的研究，可以去做的很多。以上只是大体简单地讲讲。

这里还想讲一点，关于条约研究的深化和扩展，我觉得需要加强问题意识和创新意识。我这里不系统去讲这个问题，简单地说一下，就是问题意识的产生，这是学术研究的一个重要前提。问题的产生可以通过各种途径，我们也要有意识地利用各种途径。例如参加学术会议，这是一个很重要的途径，可以引导你、激励你产生新的问题，去寻找做新的研究的途径。从我的经历来看，有好几篇文章，包括在《中国社会科学》《历史研究》发表的几篇文章，都是因参加会议产生的。正是在准备参加会议，思考撰写文章时，想到了一些新的问题。例如《中外条约关系与晚清法律的变化》这篇文章，是缘于

《历史研究》与西南政法大学合办的一次会议，主题是法律的近代化。收到邀请后，我便思考如何将条约问题与会议主题联系起来，就想到这样一个论题。文章提交会议后，与会学者对这篇文章也感兴趣。又如《近代中外条约研究的话语体系构建》一文，即发表在《中国社会科学》上的那篇文章，也是参加一次讨论中国话语体系的学术会议的论文。我将话语体系与条约研究相联系，做了这一问题的探讨，写了这篇文章。另外，《晚清中外条约关系与朝贡关系的主要区别》一文，是因为参加一次与朝贡关系有关的会议。接到邀请后，便思考它与条约关系的关联、与国际秩序的关联，于是写了这篇文章，写完后更觉得这一问题的研究很有必要。还有参加马克思主义史学理论的一次会议，我觉得马克思主义史学理论本身对我们条约研究有非常重要的意义，于是写了《马克思主义史学理论与近代中外条约研究》，梳理了马克思主义史学理论的论述中与条约有关的一些问题。当时《求是》杂志的主编也参加了会议，看中了这篇文章，拿到《红旗文稿》发表。上述例子意在说明，通过参加各种学术会议可以与研究方向结合起来，思考新的问题，从而产生一个新的论文选题。这样既发现了新的问题，又扩展或深化了相关问题的研究。所以，建议大家以后积极参加学术会议，而且认真思考、认真对待每一篇参会文章，长此以往会不断有新的收获。包括孙中山的研究也是一样，这是一个政治史的研究领域，我开始也是纯粹从这一角度写文章，后来就都和条约及对外关系联系起来。最近的一篇在 2016 年，也就是孙中山诞辰 150 年的会议上发表，我写的是孙中山的国际秩序观，这个问题和我们的条约及对外关系研究也有关系。就是说，你要考虑如何把各个话题和自己的研究方向、研究领域结合起来，任何似乎看起来好像跟你的研究没有关系的会议，都能够找到和它的连接点，这样就会促进我们的研究。

我就讲这么一些吧，因为时间问题，不占用大家太多的时间，希望大家能够很好地去讨论相关的学术问题。我也相信，通过我们不断地探讨，通过我们这个团队的努力，不论是校内还是校外的成员，我们都会更进一步地促进条约和其他问题、其他领域的研究。就条约研究而言，把我们所做的政治史的研究也好，传统文化和思想史的研究也好，经济社会史的研究也好，以及中外关系史各个方面的研究等，都与条约联系起来，集聚到条约问题的研究上来。其他方向和领域的研究同样可以通过这一途径，拓展和深化本方向和领域的研究。这样，我们的条约研究将会取得更大的成就，也会促进其他领域的研究。

《人民日报》有关晚清条约的文章述评

苏全有[*]

有关近代中国的条约研究，学术界成果累累，其中涉及的学科包括历史学、法学、政治学等，并形成了以李育民等为代表的一支专业研究队伍。至于研究中有待提升、推进的方面，主要在于宏观审视等。有鉴于此，本文拟以晚清条约为视点，以1946年以来、长达70多年的《人民日报》为视域，梳理、归类其所载文章，找寻其报道的特征，以推动相关研究走向深入。

一 反对不平等条约的诉求

《人民日报》有关晚清时期所签订条约的文章，其核心是反对不平等条约。近代中国人反对外来侵略，在战争期间是用战争的方式抵抗，在非战争期间则主要体现为反对不平等条约。

1946年是抗日战争胜利的次年，当时我国面临的是以美帝国主义为主的侵略，《人民日报》通过刊发关于不平等条约的文章表达了反对外来压迫的诉求。7月1日所载文道：中国人民对于美国的友谊十分珍视，在中国的抗日战争当中美国的友谊曾经发挥了重要的作

---

[*] 苏全有，河南师范大学历史文化学院教授、院长、博士生导师。

用,在抗战后中国的和平发展、建设当中亦有非常重要的地位。杜鲁门作为美国的总统发表声明表示要支持中国的和平、民主发展,不干涉中国的内政,美国的外长在莫斯科三国外长会议上签署公告,明确表示要求中国停止独裁内战,而且表明美国军队和苏联军队都要在最短的时间内从中国撤离,在这个时候,中国人民十分信任、欢迎美国的政策。很遗憾,几个月来的事变说明,美国政府所推行的政策和上述承诺相违背,实际上美国是在致力于扩大中国的内战,加强中国的独裁统治,插手中国的内部事务,破坏中国的领土主权。中国人民坚决不能容忍在一百年反对不平等条约的斗争中,特别是八年反对日本帝国主义侵略的流血战争后,重新接受另一个帝国主义的侵略,重新接受另一套不平等条约(不论是有形的或无形的,公开的或秘密的),并在这种帝国主义政策的要求之下,继续接受独裁专制,继续进行自相残杀的内战,或成为某种国际战争的牺牲品。① 文章4次提及"不平等条约"一词,这显现了不平等条约与列强侵略的关联及其所具有的代表性。

这不仅仅是态度上的反对,更付之于行动。1950年1月19日,《人民日报》报道了北京收回外国兵营地产一事:中国人民解放军北京市军事管制委员会已收回了北京市内过去美国、法国、荷兰等国的兵营地产,而且基于军事的需要征用各国在各该地面上的兵营和其他建筑。军管会早在1月6日就为此发出布告,布告说有些国家以前利用不平等条约中的所谓"驻兵权",在北京市内侵占土地,修筑兵营。现在这一项地产权因为不平等条约的取消,理应收回。美国、法国、荷兰前领事接到命令后,曾借口和国民党反动派政府所签订之不平等条约,而图谋拖延抗拒。但因为我国的军管会坚决维护国家主权的严正立场、态度,上述国家的前领事乃服从我国军管会的命令,分别于14日和16日将此前法国、德国的兵营和美国的兵营全部腾交我

---

① 《要求美国改变政策 解放日报廿五日社论》,《人民日报》1946年7月1日,第1版。

国军管会所派的人员予以接收。按，自 1900 年八国联军入侵北京之后，各帝国主义国家就依据不平等的《辛丑条约》，在北京先后抢占土地修建兵营。1943 年，美、英、法等国虽然声明废除在中国的特权，但在卖国的国民党反动派政府统治之下，帝国主义列强破坏中国主权的兵营却仍旧存在。只有中华人民共和国才能够真正实现废除帝国主义列强在中国的特权之任务。这次北京市军管会收回美、法、荷 3 国的兵营地产，并征用上列各国兵营的坚定爱国行动获得了广大中国人民的热烈拥护。① 新中国的成立使我国具有了反对不平等条约落地的条件。

在新中国 70 多年的历程中，反对不平等条约最具代表性的事件就是香港回归。1982 年，《人民日报》多次围绕香港回归问题载文反对不平等条约。

1982 年 9 月 30 日，《人民日报》报道了香港的一些报刊刊载文章、爱国青年学生发表讲话和举行示威游行，反对英国首相撒切尔夫人对有关香港的不平等条约的肯定。撒切尔夫人 27 日下午在香港举行的记者招待会上说，这些条约是"有效的"。她提出，那些条约不应该被推翻，而应由中英两国加以"修改"。当天下午，香港中文大学与理工学院的学生代表高举"反对不平等条约""侵华条约不容肯定"的横幅标语，在撒切尔夫人举行记者招待会的场馆外进行抗议、示威，还递交了抗议信件。两校的学生会还发表联合声明，说我们不能接受英国首相"修改"条约之建议，因为这样等同于承认这些条约，这毫无疑问是在让我们的民族尊严又一次受到伤害。在这之前，香港浸会学院学生会时事委员会在 26 日发表声明，《南京条约》《北京条约》等都是不平等条约，应当予以废除。声明还强调，香港是中国神圣领土不可分割的一部分，收回香港主权是中国人民的神圣责任、使命。此外，

---

① 《京市军管会维护国家主权　收回外国兵营地产　并征用各该地面上兵营及其他建筑》，《人民日报》1950 年 1 月 19 日，第 1 版。

香港报纸在此期间连续发表评论、文章，并报道一些人士的谈话，反对英国首相撒切尔夫人坚持19世纪英国强加给中国的那些不平等条约继续"有效"的错误言论。如《星报》9月29日评论道，中国重申对香港的主权，是意料中的当然之事。出乎众人意料的是英国竟然坚持条约，因为这些条约是不平等的性质，又是大多数英国人认为不甚光彩的鸦片战争的结果，也是人尽皆知的事实，提出坚持条约伤害了中国人的民族自尊心。① 同年10月1日《人民日报》又报道，对于英国首相撒切尔夫人9月27日在香港发表的有关香港问题的言论，外交部新闻司发言人对新华社记者的提问回答道：香港是中国领土不可分割的组成部分。过去英国政府同中国的清政府所签订的有关香港地区的条约是不平等的条约，中国人民从来是不接受的。中华人民共和国政府的一贯立场是，不受这些不平等条约的约束，在条件成熟的时候收回整个香港地区。中国和英国都希望保持香港的繁荣与稳定，为此两国将在外交层面上进行商谈。② 从内地到香港，均表达了反对不平等条约、收回香港的立场。

1993年，《人民日报》连载多篇文章介绍近代中国的不平等条约。1月17日刊登的《中国近代史上的不平等条约》一文说：从1840年鸦片战争开始一直到第一次世界大战，70多年的时间里，中国与外国订立了许多个丧权辱国的不平等条约。这些条约是中英《南京条约》、中英《虎门条约》、"二十一条"等。上述不平等条约，中国都要割地赔款。仅1895年中日《马关条约》，中国就赔款2亿两白银。1901年签订的《辛丑条约》，中国赔款4.5亿海关两白银，分39年付清，本息共计9.8亿海关两白银。③ 10月6日，《人民日报》摘录了《近代史研究》1993年第2期的文章言道：一些史学

---

① 《香港一些报纸撰文、爱国学生发表谈话和举行示威 反对撒切尔夫人肯定有关香港的不平等条约》，《人民日报》1982年9月30日，第4版。
② 《外交部新闻司发言人就香港问题答记者问 中国政府不受不平等条约的约束 在条件成熟时收回整个香港地区》，《人民日报》1982年10月1日，第1版。
③ 《中国近代史上的不平等条约》，《人民日报》1993年1月17日，第8版。

工作者近年来撰文提出，从1840年起至1949年为止，列强和中国签订了1182个不平等条约。张振鹍在《论不平等条约——兼析〈中外旧约章汇编〉》一文中提出，1182这个数字是根据王铁崖先生所编的《中外旧约章汇编》"统计"出来的。张振鹍认为，王铁崖的书依照时间顺序给中外约章每一个文件列一个编号，全书共计1182号，表明共收录了1182个文件。一些史学工作者把1182个编号与1182个不平等条约视为一码事，这显然是不正确的。因该书的"编辑说明"中交代得清清楚楚——书中还包含有和外国企业、公司等机构所签订的各种章程、合同等。① 11月23日，《人民日报》介绍了"中国近代不平等条约书系"：一部中国近代史就是一个推进爱国主义教育的宝库。新中国成立以来，近代史研究成果不胜枚举，近代史教科书有上百部之多。不过，史学论著的晦涩难懂、教科书的单一模式导致许多青少年读者敬而远之。将近代史研究的基础性成果转化为比较易于消化吸收的精神食粮，使历史科学从学者的书斋走入广大民众的精神生活，史学界责无旁贷。青年学者张晓虎和青年编辑刘仰东、孟超等人想到了王铁崖先生辑录的3大本沉甸甸的《中外旧约章汇编》，想起了曾经捆绑中国人民的屈辱之绳索——中国近代不平等条约。以不平等条约为线索，编写一套老少皆宜、雅俗共赏的丛书，重现中国近代广大民众饱受屈辱而努力抗争的历史，向千百万读者奉献高层次的精神产品。青年学人的呼吁得到了回应，由中国人民大学出版社出版，历史学家李文海和匡继先主编的"中国近代不平等条约书系"因此问世，全书分为10册，其中有《紫禁城下之盟：天津条约、北京条约》《世界屋脊的呻吟：拉萨条约》《零丁洋上不速客：穿鼻草约、广州和约》《十亿白银无量血：辛丑条约》等。② 面向大众介绍近代中国的不平等条约，是反对不平等条约理念的深化。

---

① 《1182个不平等条约之说不确》，《人民日报》1993年10月6日，第5版。
② 李梦超：《让历史走向大众——〈中国近代不平等条约书系〉问世》，《人民日报》1993年11月23日，第11版。

1994年1月26日,《人民日报》又摘编了《历史研究》1993年第5期的文章:李世安在《一九四三年中英废除不平等条约的谈判和香港问题》一文中认为,英国在1943年与中国签约的废除治外法权和有关特权乃是形势所迫,是为了利用中国军队保卫缅甸与印度,借以保住二战后重建英国远东殖民地的基地。在谈判当中,英国玩弄花招,对中国施以压力,拒不归还香港、九龙。随着它在远东力量的恢复,英国背弃了二战后讨论九龙问题的承诺,武力抢占香港。虽然国民政府在不平等条约问题上坚持要彻底废除,要求收回九龙,但问题一方面是由于其自身的软弱,另一方面是对英国抱有不切实际的幻想,所以在英国的软硬兼施之下,被迫放弃了收回九龙的主张。李世安强调,新约仍然具有不平等条约性质的一面,仍属于修约的范围,正如毛泽东于1943年新约签订后评论的那样,不平等条约的废除不能依靠外国政府的恩赐,而要依靠中国人民自己去斗争。① 该文的摘编题目是《不平等条约的废除靠人民的斗争》,从题目也可洞悉摘编的主旨所在。

由上可知,《人民日报》针对晚清签署的条约发文,致力于反对不平等条约,且一以贯之。需要补充的是,关于日本、巴拿马、菲律宾、印度等国对不平等条约的反对,《人民日报》也站在反帝的立场上,旗帜鲜明地予以支持。《人民日报》对不平等条约的反对立场代表了国人的心声。

二 契合现实的节点报道

《人民日报》有关晚清条约的报道,其特点之二就是契合现实,节点报道明显,这可以从对晚清三大不平等条约——《南京条约》《马关条约》《辛丑条约》的报道中看到。

---

① 《不平等条约的废除靠人民的斗争》,《人民日报》1994年1月26日,第5版。

（一）《南京条约》

1991年8月29日,《人民日报》载文《莫忘"八·二九"——〈南京条约〉简介》。文章写道,《南京条约》是中国近代史上第一个不平等条约。道光二十二年,也就是1842年8月29日,衰弱不堪的清王朝在英帝国侵略者的坚船利炮威胁之下,派出钦差大臣耆英和伊里布,与英帝国全权代表璞鼎查在南京下关江面上的英国军舰"皋华丽号"上,完全依照英军提出的要求,签订了结束鸦片战争的丧权辱国的中英《南京条约》。《南京条约》合计13款,主要内容是:割让香港岛,中国向英国赔款2100万银元,开放广州、厦门、福州、宁波、上海五处为通商口岸等。丧权辱国的《南京条约》严重破坏了中国的领土完整和关税、司法等主权,并且开了用条约的方式使列强资本主义掠夺、奴役中国"合法化"的先例。自此以后,西方列强资本主义打开了中国的国门,列强侵略者接踵而至,逐步将中国转变成了半殖民地半封建社会。① 从文章的主标题《莫忘"八·二九"》可看出其节点报道的特征十分明显。

1997年是香港回归之年,《人民日报》做了连续报道,其主题一是静海寺《南京条约》史料陈列馆,二是"香港回归与《南京条约》"学术研讨会。

关于静海寺《南京条约》史料陈列馆,1997年6月2日《人民日报》报道了该馆扩建竣工的消息。位于南京的静海寺《南京条约》史料陈列馆扩建工程于6月1日竣工。始建于明代永乐年间即1425年的静海寺,原本是为了颂扬郑和七次下西洋的航海功绩而建立的。1842年8月,清政府被迫在静海寺与英政府协议签约,29日正式签署了丧权辱国的中英《南京条约》。1990年,南京市政府在静海寺建立了《南京条约》史料陈列馆。1996年底,江苏省、南京市和下关

---

① 《莫忘"八·二九"——〈南京条约〉简介》,《人民日报》1991年8月29日,第5版。

区政府共计投资500多万元对陈列馆实施了改造扩建工程。扩建后的陈列馆是一座布局典雅的仿明庭园,占地面积由之前的628平方米增加到2100平方米,展厅由1个扩大到3个,陈列内容由"列强垂涎、弱肉强食""静海议约、城下之盟""丧权辱国、灾难深重""香港回归、普天同庆"4个部分组成。① 6月15日和8月7日,《人民日报》有跟进报道。②

关于"香港回归与《南京条约》"学术研讨会,1997年7月26日的《人民日报》报道称,日前,江苏省南京市委宣传部、下关区政府、市社科联以及市地方志办公室联合举办"香港回归与《南京条约》"学术研讨会,与会者围绕《南京条约》对中国政治、经济、思想的影响等问题开展了学术讨论。与会学者指出,《南京条约》开始了中国政治上半殖民地化的进程,同时引发了中国社会矛盾、阶级结构的巨大变化,导致中国社会经济结构处于剧烈的动荡之中,自给自足的小农经济分崩离析,民族工业则步履艰难,市场日渐萎缩,由此中国渐渐成了世界市场的附属。《南京条约》的签订一方面加剧了社会危机与民族危机,另一方面强化了民族的忧患意识。由此开始,中华民族逐渐从愚昧的混沌状态中醒来,要求民族独立,反对外来侵略,成了近代中国最重要的主题。需要指出的是,近代以来中华民族的觉醒是一个渐进的过程,其主要内涵是对近代中国实现独立及现代化道路的探索与认识。③

无论是"八·二九",还是1997年香港回归的报道,都显现出时间节点所特有的意义和影响。

---

① 徐机玲、庄会宁:《静海寺〈南京条约〉史料陈列馆扩建完成》,《人民日报》1997年6月2日,第4版。
② 徐机玲、庄会宁:《静海寺涌动爱国潮——记〈南京条约〉史料陈列馆》,《人民日报》1997年6月15日,第2版;张爱萍:《庆收回香港——为静海寺南京条约史料陈列馆题》,《人民日报》1997年8月7日,第12版。
③ 何亦农、马志刚:《"香港回归与〈南京条约〉"学术研讨会讨论〈南京条约〉对近代中国社会的影响》,《人民日报》1997年7月26日,第6版。

（二）《马关条约》

1985年是《马关条约》签字90周年，4月15日《人民日报》载文介绍了该事件：光绪二十一年，即1895年4月17日，钦差大臣李鸿章代表清王朝与日相伊藤博文在《马关条约》上签字，由此开始，中国的宝岛台湾被日本占据。半个世纪处于日本殖民统治之下的台湾同胞，在大陆同胞的坚定支持下，进行了可歌可泣的反对日本侵略的斗争。日本帝国主义侵占台湾之后，对台湾同胞进行了残酷的压榨。多达数十万的台湾平地汉族和山地少数民族同胞被枪杀、关押。但是，台湾同胞从来没有在日本的铁蹄下屈服。在所谓的"平定"之后，台湾各地的武装斗争几乎从未停止过，"三年一小反，五年一大反"，其中公开记载的就有二三十起之多。1945年，日本无条件投降。10月25日，台湾总督安藤利吉代表日本政府同中国政府代表陈仪于台北公会堂（今中山堂）签字，台湾重回祖国怀抱。为反对割让台湾进行了长达半个世纪斗争的台湾同胞燃灯放炮、敲锣打鼓、舞狮游行，热烈庆祝台湾重新回归中国版图，重新回到祖国母亲的怀抱。90年过去了，中国人民永远不会忘却《马关条约》的耻辱，也永远不会忘却台湾同胞为保卫祖国、保卫家园所做出的光辉业绩。现在，中国人民是站起来了，但远不是国强民富。中国至今仍然没有实现真正的统一，这种令人痛心的分裂局面不应该再持续下去了。目前中国最重要的事情是包括台湾同胞在内的中国人民齐心合力，努力建设，让中国更强大，以早日实现统一大业；使我们的伟大祖国变得更加繁荣昌盛，屹立于世界民族之林。① 这是针对《马关条约》签字及反割台斗争90周年的专题文章。

1995年是《马关条约》签字100周年，《人民日报》先后载文23篇提及《马关条约》。4月18日，《人民日报》载文介绍了《马关

---

① 江浓：《〈马关条约〉与反割台斗争》，《人民日报》1985年4月15日，第3版。

条约》及反割台的斗争。100年前的4月17日，清王朝在日本帝国主义的强迫下签订了丧权辱国的《马关条约》。1894年日本帝国主义发动了并吞朝鲜、侵略中国的战争。在这场战争中，中国爱国将士曾英勇杀敌，但最终由于清政府的腐败无能导致战争失败，因为1894年是甲午年，故这次战争被称为中日甲午战争。为了结束甲午战争，清王朝派遣李鸿章作为全权代表和日本首相伊藤博文、外相陆奥宗光于1895年4月17日在日本马关的春帆楼签订了《春帆楼条约》，也就是《马关条约》。条约共11款，附有《另约》《议订专条》各3款。《马关条约》的签订极大地深化了中国社会半殖民地化的程度，民族危机更加深重，台湾人民也因此被迫在日本压榨下生活了半个世纪之久。① 同一天，《人民日报》还报道了首都各界100多名代表于4月18日在人民大会堂举行《马关条约》签订100周年暨台湾回归祖国50周年座谈会，回顾100年来中华民族经历的兴衰荣辱，并展望两岸关系发展与祖国统一大业的前景。②

2013年5月8日，因为涉及钓鱼岛问题，《马关条约》被再次提及。③

《马关条约》签字90周年和100周年，以及钓鱼岛之争都是重要的时间节点。

（三）《辛丑条约》

2000年10月19日，《人民日报》载文认为，回顾20世纪的历史，考察中国与世界的关系，有3个标志性年代需要记住，那就是1900年、1945年、2000年。其中在1900年：当20世纪即将拉开帷幕，在中国的土地上便发生了一场规模磅礴的义和团反帝运动，随之

---

① 《〈马关条约〉与台湾回归祖国》，《人民日报》1995年4月18日，第4版。
② 王炽、傅旭：《首都举行〈马关条约〉签订100周年暨台湾回归祖国50周年座谈会 激励中华民族爱国主义热情争取早日完成祖国统一大业》，《人民日报》1995年4月18日，第4版。
③ 张海鹏、李国强：《论〈马关条约〉与钓鱼岛问题（厘清钓鱼岛问题）》，《人民日报》2013年5月8日，第9版。

而来的是八国联军入侵中国。八大强国的军队进攻中国，占领中国的首都，中国的朝廷流亡西安。中国在从未遇到过的屈辱中跨进了20世纪。腐败无能的清王朝被迫接受11国强加给中国的《辛丑条约》，中国遭受自1840年鸦片战争以来最为惨重的损失，被置于极其屈辱的悲惨境地，已经残缺的国家主权进一步沦丧。在赔款等各项惩罚中国的条款之外，还规定外国军队可以在中国首都北京及北京至渤海湾沿途的黄村、廊坊、杨村等12处地方驻扎。《辛丑条约》明确规定了中国在世界上的地位，中国虽然避免了被列强瓜分的命运，却在西方列强建立的国际关系体系中扮演了半殖民地的悲惨角色。中国进一步沦为半殖民地半封建社会。①

2000年是八国联军侵略中国100年。2001年4月25日，《人民日报》报道称，张绪武在做国防教育法草案审议结果的报告时指出，居安思危，加强国防教育，制定国防教育法非常必要。他就草案中规定的全民国防教育日做了说明，法律委员会认为，确定9月7日（源于1901年9月7日是《辛丑条约》签订日）为每年的国防教育日比较合适。② 2001年是《辛丑条约》签订100周年，正是因为这一时间节点方才有了确定每年的9月7日为国防教育日的提议。2001年9月8日，《人民日报》报道称大型图册《外国人镜头中的八国联军——辛丑条约百年图志》首发式于9月7日在北京举行，该图册真实地记录了100年前《辛丑条约》签订前后这一段时间里，帝国主义列强在中国犯下的滔天罪行。③ 首发式定在9月7日举行，颇有历史警示意义。

《辛丑条约》因时逢20世纪的第一年，颇引人注目。

由《人民日报》对《南京条约》《马关条约》《辛丑条约》这三

---

① 张海鹏：《二十世纪中国与世界关系的三个标志性年代》，《人民日报》2000年10月19日，第11版。
② 胡健：《信托法国防教育法草案有望提请表决（在九届全国人大常委会第二十一次会议上）9月7日将定为国防教育日》，《人民日报》2001年4月25日，第8版。
③ 金岩：《〈外国人镜头中的八国联军〉举行首发式》，《人民日报》2001年9月8日，第2版。

大条约的报道可以看出，因应现实的节点报道有助于营造氛围，这是历史与现实的相辅相成。需要补充说明的是，节点报道的方式不仅仅体现在反对近代不平等条约的问题上，在其他问题上亦具有相同的作用和意义。

综上我们可以得出，70多年来《人民日报》有关晚清条约的文章，其特点一是反对不平等条约，二是契合现实节点。在未来可以想见的日子里，这两大特点还会持续下去。不平等条约的记忆不会轻易被淡忘，而是会转化为我们复兴祖国的力量，激励中华儿女勇往直前。

中国式现代化道路的百年探索

吴 超**

摆脱贫穷落后，建设现代化国家，实现中华民族复兴，是近代以来饱受苦难的中国人民孜孜以求的奋斗目标。中国共产党团结带领中国人民所进行的一切奋斗，就是为了把我国建设成为现代化强国，实现中华民族伟大复兴。《中共中央关于党的百年奋斗重大成就和历史经验的决议》指出："党领导人民成功走出中国式现代化道路，创造了人类文明新形态。"① 一百年来，中国共产党始终坚守为中国人民谋幸福、为中华民族谋复兴的初心使命，以中国式现代化推进中华民族复兴，带领中华民族迎来了从站起来、富起来到强起来的伟大飞跃，成功开辟了实现中华民族伟大复兴的正确道路，把中国发展进步的命运牢牢掌握在自己手中。

一 拯救民族危亡与扫清中国现代化的根本障碍

1840年鸦片战争爆发后，创造了灿烂文明的中华民族遭遇难以

---

* 本文为国家社科基金重点项目"中国共产党社会治理史研究"（21ADJ010）、中国社会科学院马工程重大项目"中国共产党百年社会治理历史进程和经验研究"（2020，mgczd002）的阶段性成果。

** 吴超，中国社会科学院大学政府管理学院教授、博士生导师，中国社会科学院当代中国研究所研究员。

① 《中共中央关于党的百年奋斗重大成就和历史经验的决议》，人民出版社，2021，第64页。

赓续的深重危机，国家蒙辱、人民蒙难、文明蒙尘，中国一步步沦为半殖民地半封建社会。建设现代化国家、实现中华民族复兴成为中华民族的伟大梦想，要实现这一伟大梦想就必须首先争取民族独立、人民解放。为了拯救民族危亡，中国人民奋起反抗，提出过工业救国、教育救国、科学救国等主张，梦想建立一个崭新的国家和社会。洋务运动、戊戌变法、辛亥革命等试图以资本主义方式实现工业化、民主化，对现代化进行了大胆尝试和积极探索。由于帝国主义和封建势力的双重压迫，资产阶级又依附于帝国主义列强和军阀而易妥协，中国探索现代化的进程屡屡被打断。毛泽东指出，"没有一个独立、自由、民主和统一的中国，不可能发展工业"，[①] 也就不可能有巩固的国防、人民的福利和国家的富强。由于西方列强的入侵和腐朽的封建统治，民族矛盾和阶级矛盾日益尖锐，造成整个社会的激烈对抗和震荡，起码的社会安定都难以企及，现代化的探索更是举步维艰。各派政治力量的反复较量，旧民主主义革命多次失败，证明资本主义道路在中国走不通，中国迫切需要新的思想拯救民族危亡，需要先进政党的领导推翻反动政权，扫清中国现代化的障碍。

1917年俄国十月革命发出反对帝国主义的号召，推动先进的中国人走向社会主义，认真了解指导十月革命的马克思列宁主义。1919年，巴黎和会上帝国主义列强竟把德国在山东的特权全部转交给日本，充分暴露了他们联合压迫中国人民的实质。正是在这种情况下，中国先进知识分子走上了马克思主义道路，积极投身群众斗争实践。1921年，在马克思主义同中国工人运动结合的进程中，中国共产党应运而生，从此开启了中国式现代化道路的百年探索。中国共产党深刻认识到，实现中华民族伟大复兴，必须进行反帝反封建斗争，必须推翻帝国主义、封建主义、官僚资本主义三座大山。1920年12月，毛泽东在致蔡和森等新民学会会员的信中说得很清

---

① 《毛泽东选集》第3卷，人民出版社，1991，第1080页。

楚:"历史上凡是专制主义者,或帝国主义者,或军国主义者,非等到人家来推倒,决没有自己肯收场的。"① 党的一大通过中国共产党第一个纲领,明确提出"必须与无产阶级一起推翻资本家阶级的政权","消灭资本家私有制"。② 中国共产党把社会主义和共产主义作为奋斗目标,并明确坚持用革命的手段。党的二大明确提出了反帝反封建的民主革命纲领,"推翻一切军阀,由人民统一中国本部,建立一个真正民主共和国",③ 从根本上扫除中国现代化进程的障碍。1923年6月,党的三大在《中国共产党党纲草案》中指出:"中国之经济力,在帝国主义及军阀统治之下,永无独立及充分发展之可能。"④ 以毛泽东为主要代表的中国共产党人,坚持从中国实际出发,找到了农村包围城市、武装夺取政权的正确革命道路,以武装革命推翻"三座大山"。

工业化是现代化的重要标志,近代中国积贫积弱的重要原因就是工业化发展得极为缓慢,中国共产党结合新民主主义革命的进程,从工业化着手对现代化建设做了初步探讨。20世纪30年代初,党从根据地的实际出发,只能建设一些可能的、必要的军事工业和民用工业,为革命战争提供必要的物质条件。在当时的条件下,农业生产是经济工作的第一位。毛泽东特别强调:"国营的工业或商业,都已经开始发展,它们的前途是不可限量的。"⑤ 1934年1月,毛泽东在第二次全国苏维埃代表大会的报告中指出,中华苏维埃共和国在向前发展过程中"将实行国家工业化政策",使中国变成永远没有人压迫人和人剥削人的幸福光荣的社会主义社会。⑥ 全面抗日战争时期,面对日军的先进武器和装备,中国共产党提出要实现军队和武器装备的现

---

① 《毛泽东书信选集》,中央文献出版社,2003,第5页。
② 《建党以来重要文献选编(1921—1949)》第1册,中央文献出版社,2011,第1页。
③ 《建党以来重要文献选编(1921—1949)》第1册,第130页。
④ 《建党以来重要文献选编(1921—1949)》第1册,第250—251页。
⑤ 《毛泽东选集》第1卷,人民出版社,1991,第133页。
⑥ 《毛泽东著作专题摘录》,人民出版社,1964,第489—490页。

代化，并决定大办军工事业。1938年，毛泽东在《论持久战》中明确指出："革新军制离不了现代化，把技术条件增强起来。"① 党的扩大的六届六中全会通过的政治决议案，把"提高军事技术，建立必要的军火工厂，准备反攻实力"作为"全中华民族的当前紧急任务"。② 中央军委成立了军事工业局，统一领导军工生产。各根据地纷纷开办兵工厂，陕甘宁边区建立起规模虽小但相互配套、比较正规的军工体系。毛泽东深刻认识到，工业是"最有发展、最富于生命力、足以引起一切变化的力量"，中国落后的原因主要是没有新式工业，"要打倒日本帝国主义，必需有工业；要中国的民族独立有巩固的保障，就必需工业化"，因此提出中国共产党"要努力于中国的工业化的"奋斗目标。③

建立现代主权国家，是走上现代化道路的必然途径和政治前提。在领导人民进行艰苦抗战的进程中，中国共产党系统阐明了新民主主义理论，回答了"中国向何处去"的问题，提出了建立新民主主义国家的构想。1940年，毛泽东在《新民主主义论》中指出，建设一个有新政治、新经济而且有新文化的中华民族的新社会和新国家，把一个政治上受压迫、经济上受剥削、被旧文化统治因而愚昧落后的中国，变为一个政治上自由、经济上繁荣、被新文化统治因而文明先进的中国。④ 1945年4月，毛泽东在党的七大的开幕词中指出，有光明的和黑暗的两种中国之命运，号召为"建设一个光明的新中国，建设一个独立的、自由的、民主的、统一的、富强的新中国而奋斗"。⑤ 新社会的美好前景和建设新中国的强烈愿望，鼓舞和催促中国共产党人将革命进行到底。

随着新民主主义革命在全国胜利已成定局，建立新中国的任务被

---

① 《毛泽东选集》第2卷，人民出版社，1991，第511页。
② 《建党以来重要文献选编（1921—1949）》第15册，中央文献出版社，2011，第758—759页。
③ 《毛泽东文集》第3卷，人民出版社，1996，第146页。
④ 《毛泽东选集》第2卷，第663页。
⑤ 《毛泽东选集》第3卷，人民出版社，1991，第1026页。

提上日程。1949年3月，党的七届二中全会在河北平山县西柏坡召开，指出用乡村包围城市的时期已经完结，开始了由城市领导乡村的时期，明确中国稳步地由农业国转变为工业国、由新民主主义国家转变为社会主义国家的发展方向。6月30日，毛泽东发布《论人民民主专政》，进一步明晰了新中国的国体、政体，以及经济形态、文化建设的基本构架，向全国人民公开阐明中国共产党在建立新中国问题上的主张。

经过28年的浴血奋战，中国共产党取得了新民主主义革命的胜利，实现了民族独立和国家主权的完整，为中国现代化扫清了障碍，创造了必要的、先决的政治条件和根本的社会条件，彻底改变了中国社会发展方向。中国人民站了起来，真正掌握国家和民族的命运，中国这个古老的东方大国向着繁荣富强的现代化国家迈出了具有决定性意义的一步。

二 社会主义工业化和四个现代化目标的提出

新中国的成立为中国真正实现现代化开辟了全新道路，从工业化建设着手，中国现代化步入崭新阶段。由于百年的战乱，我国工业基础极为薄弱，既缺乏资金，又没有必要的技术装备和足够的建设人才。"中国太落后，现代性工业在国民经济中只占百分之十左右，需要用极大的努力才能使国家现代化。"[①] 为了尽快实现工业化，保障国家的经济社会安全，只能打破常规，进行彻底的社会制度变革，采取优先发展重工业的国家工业化方式。随着遭到严重破坏的国民经济的迅速恢复，1953年，中国共产党正式提出过渡时期总路线，概括为"一化三改""一体两翼"，实现社会主义工业化（"一化"）是总路线的主体，实现国家对农业、对手工业和对资本主义工商业的社

---

① 《周恩来选集》上卷，人民出版社，1980，第317页。

会主义改造（"三改"）是总路线的两翼。实现国家工业化是最高利益，发展社会主义工业与实行社会主义改造并举，是彼此联系、相互促进的。1954年9月，第一届全国人民代表大会第一次会议召开，把过渡时期总路线写入《中华人民共和国宪法》"序言"，使之成为整个国家的意志。周恩来在所做的《政府工作报告》中提出"建设起强大的现代化的工业、现代化的农业、现代化的交通运输业和现代化的国防"，[①] 这是对"四个现代化"奋斗目标的最早表述。

对于刚刚启动的社会主义现代化，只有建立社会主义制度，使生产资料所有制发生根本性变化，并建立与之相适应的经济管理体制，才能集聚有限资源用于大规模工业建设，才能真正解决我国的工业化问题。1956年底，生产资料私有制的社会主义改造完成，建立起公有制和计划经济体制，保证了社会主义工业化战略的实施。在物质条件十分匮乏的情况下，中国共产党能够将分散、有限的资金集中到国家手中进行工业化建设，又能够在一定程度上保障人民群众的基本生活，将个人命运与国家前途紧紧地联系在一起，展开了轰轰烈烈的社会主义现代化建设。

随着社会主义建设的推进，中国共产党也逐渐觉察到苏联模式的弊端。毛泽东提出以苏为鉴，走自己的路，探索适合中国国情的社会主义建设道路。1956年9月，党的八大把"四个现代化"作为中国共产党的任务写入党章。[②] 在现代化建设的基本方针、政策方面，强调必须优先发展重工业，必须注意保持农业、重工业和轻工业正确的比例；必须努力促进科学、文化、技术的进步，为赶上世界的先进水平而奋斗；必须在生产发展的基础上，逐步地和不断地改善人民的生活状况。在此前后，毛泽东发表了《论十大关系》《关于正确处理人民内部矛盾的问题》，借鉴和吸取苏联的经验教训，针对国际国内发

[①] 《周恩来选集》下卷，人民出版社，1984，第132页。
[②] 《建国以来重要文献选编》第9册，中央文献出版社，1994，第315—316页。

生的一些新情况,提出了国家和社会必须处理好的十大关系,对社会主义社会矛盾进行了开创性研究和阐释,为寻找一条适合中国国情的社会主义现代化道路开始了积极探索。

受"一五"计划的顺利完成和当时社会主义阵营建设高潮的影响,一百多年来饱受侵略之苦的中国人民,热切希望提早实现国家工业化,导致"超英赶美"的"大跃进"运动发生。全国掀起大炼钢铁和人民公社化运动的高潮,以高指标、瞎指挥、浮夸风和"共产风"为主要标志的"左"倾错误严重泛滥开来,我国的工业乃至整个现代化建设遭遇重大挫折。中国共产党人接受"大跃进"的教训并进行国民经济调整,对工业化建设有了进一步认识,重新确立起更符合经济规律和中国国情的现代化发展战略。1964 年 12 月,周恩来在三届全国人大第一次会议上提出"四个现代化"的宏伟目标,并将其明确为"把我国建设成为一个具有现代农业、现代工业、现代国防和现代科学技术的社会主义强国",[①] 并做出从第三个五年计划开始,分两步来实现这一奋斗目标的战略部署。

"四个现代化"目标,是中国共产党独立自主探索社会主义现代化建设道路的阶段性重大成果,它是一个经过努力奋斗可以实现的目标,是凝聚全党、全国人民力量的高扬旗帜。在此后的历史发展进程中,即使党和国家遇到种种艰难险阻,全国人民为实现"四个现代化"目标而奋斗的信心和决心始终没有动摇过。[②] 1975 年 1 月,周恩来在四届全国人大第一次会议上重申了"四个现代化"奋斗目标,并做了"两步走"的具体部署:第一步在 1980 年以前建成一个独立的比较完整的工业体系和国民经济体系,第二步在 20 世纪内全面实现农业、工业、国防和科学技术的现代化。[③]

从国家工业化到"四个现代化"的探索过程中,中国成功地从

---

① 《建国以来重要文献选编》第 19 册,中央文献出版社,1998,第 483 页。
② 《中华人民共和国简史》,人民出版社、当代中国出版社,2021,第 94 页。
③ 《周恩来选集》下卷,第 479 页。

资本主义现代化道路转向社会主义现代化道路。以毛泽东为代表的中国共产党人，走出一条借鉴苏联经验、超越西方、符合中国国情的社会主义现代化新路。在社会主义革命和现代化建设中，虽然经历了严重曲折，但是更取得了巨大成就。正如邓小平指出的，"毕竟在工农业和科学技术方面打下了一个初步的基础，也就是说，有了一个向四个现代化前进的阵地"，还是建立了实现"四个现代化"的物质基础。[①] 经过20多年的奋斗，中国社会发生了翻天覆地的变化，建立起独立的、比较完整的工业体系和国民经济体系，为开创中国式现代化提供了宝贵经验、物质基础和制度保障。

三 小康战略目标的演进与中国式现代化新道路的开辟

"文化大革命"结束后，中国人民期待迅速摆脱困境，早日实现"四个现代化"。1978年12月，党的十一届三中全会召开，做出把党和国家的工作重点转移到经济建设上来、实行改革开放的历史性决策，把全党工作的重点和全国人民的注意力转移到社会主义现代化建设上来，改变一切不适应的管理方式、活动方式和思想方式。[②] 邓小平将改革视为"中国的第二次革命"，实行改革开放是中国现代化事业和社会主义事业的唯一出路。以邓小平为主要代表的中国共产党人，从中国的特点和实际出发，对"四个现代化"的战略目标进行了调整，创造性地将中国传统文化中的小康社会和社会主义现代化结合起来，在推进现代化建设的进程中不断丰富和发展小康社会的内涵，开辟了中国式现代化新道路。

《诗经》中记载："民亦劳止，汔可小康。惠此中国，以绥四

---

① 《改革开放三十年重要文献选编》上册，人民出版社，2008，第96页。
② 《三中全会以来重要文献选编》上册，人民出版社，1982，第4页。

方。"作为一种理想的社会模式,"小康"成为千百年来中华民族向往美好社会生活的朴素愿望和社会理想。摆脱贫困、实现小康成了中国人民孜孜以求的梦想。1979年12月,邓小平在会见日本首相大平正芳时提出"中国式的四个现代化"的概念,用"小康之家"来诠释四个现代化。① 1983年6月,邓小平坚定了"中国式的现代化"和"有中国特色的社会主义"的信心,路子走对了,政策不会变。② 1984年3月,邓小平明确提出"到本世纪末在中国建立一个小康社会"的时间节点,把小康社会叫作中国式的现代化。③ 中国式现代化是一个全新的概念,既不同于苏联式的社会主义现代化,更不同于西方资本主义现代化,是既汲取中华优秀传统文化又符合中国具体实际的中国特色社会主义现代化。

为全面开创社会主义现代化建设的新局面,1982年9月,党的十二大把"逐步实现工业、农业、国防和科学技术现代化,把我国建设成为高度文明、高度民主的社会主义国家"纳入党在新时期的总任务。④ 立足于中国经济文化落后的现实国情,大会把20世纪末的奋斗目标由"实现四个现代化"改为"实现小康",并做出了分两步走实现从温饱到小康的战略部署;在提出经济建设目标的同时,明确提出要努力建设高度的社会主义精神文明和高度的社会主义民主的战略方针。党的十二大从战略部署上解决了新中国成立后长期存在的急于求成问题,丰富和拓展了现代化的内涵,体现了社会主义现代化建设的全面性要求,也标志着党对现代化的认识不断深化。1986年,中共中央《关于社会主义精神文明建设指导方针的决议》进一步明确,社会主义现代化建设的总体布局以经济建设为中心,同时要坚定不移地进行经济体制改

---

① 《邓小平文选》第2卷,人民出版社,1994,第237页。
② 《邓小平文选》第3卷,人民出版社,1993,第29页。
③ 《邓小平文选》第3卷,第54页。
④ 《十二大以来重要文献选编》上册,人民出版社,1986,第13页。

革、政治体制改革，加强精神文明建设，这几个方面互相配合、互相促进。①

正确认识中国社会所处历史方位和发展阶段，是确定现代化战略目标的基本依据。1987年10月，党的十三大提出"我国正处在社会主义的初级阶段"的论断，建设社会主义现代化国家必须从这个实际出发，不能超越这个阶段。大会确定了"三步走"发展战略，第一步任务已经基本实现，即国民生产总值比1980年翻一番，解决人民的温饱问题；第二步，到20世纪末，使国民生产总值再增长一倍，人民生活达到小康水平；第三步，到21世纪中叶，人均国民生产总值达到中等发达国家水平，人民生活比较富裕，基本实现现代化。②解决人民温饱问题、人民生活达到小康水平和实现现代化三个战略目标，把现代化建设和人民生活水平的提高紧密联系在一起，克服了之前的现代化目标偏重国家整体经济实力的增长、忽视个体生活水平提高的问题，极大地调动了人民群众建设社会主义现代化国家的积极性。

从1989年下半年开始，东欧社会主义国家发生剧变，1991年底苏联解体，社会主义在世界范围内的实践陷入低潮。一些人对中国的发展方向产生了困惑，对社会主义前途缺乏信心，对改革开放产生疑虑，提出姓"社"姓"资"的疑问，社会主义现代化事业面临严峻的挑战。在党和国家历史发展的紧要关头，1992年初，邓小平在武昌、深圳、珠海、上海等地视察时发表重要谈话，从理论上回答了判断姓"社"姓"资"的标准、计划和市场的关系、社会主义的本质等重大问题，驱散了长期困扰和束缚人们思想的迷雾。正确认识和处理计划与市场的关系，关系到整个社会主义现代化建设全局。1992年10月，党的十四大确定了经济体制改革的目标是建立社会主义市

---

① 《十二大以来重要文献选编》下册，人民出版社，1988，第1173页。
② 《十三大以来重要文献选编》上册，人民出版社，1991，第16页。

场经济体制，把社会主义制度与市场经济结合起来，第一次比较系统地初步回答了在中国这样经济、文化比较落后的国家如何建设、巩固和发展社会主义的一系列基本问题。

能否抓住机遇，历来是关系革命和建设兴衰成败的大问题。在新世纪将要到来的时刻，中国面临国际竞争日趋激烈的严峻挑战，更面临前所未有的有利条件和大好机遇。改革开放为现代化建设创造了良好的体制条件，开辟了广阔的市场需求和资金来源，社会主义显示出蓬勃的生机和活力。1995年9月，江泽民在党的十四届五中全会上深刻阐述了社会主义现代化建设中的12个重大关系，其中最主要的是正确处理改革、发展、稳定的关系。在"三步走"战略的第二步目标即将实现之际，1997年9月，江泽民在党的十五大上对如何实现第三步目标做出进一步规划，提出新的"三步走"发展战略，即21世纪第一个10年实现国民生产总值比2000年翻一番，使人民的小康生活更加宽裕，形成比较完善的社会主义市场经济体制；再经过10年的努力，到建党100年时，使国民经济更加发展，各项制度更加完善；到21世纪中叶新中国成立100年时，基本实现现代化，建成富强、民主、文明的社会主义国家。[①] 大会首次提出了"两个一百年"的奋斗目标，进一步明确和细化了"三步走"战略第三步的具体步骤和战略目标。

经过长期努力，到2000年底，初步建立起社会主义市场经济体制，人民生活总体上达到小康水平，实现了"三步走"战略的第二步目标。2002年11月，胡锦涛在党的十六大上提出全面建设小康社会的奋斗目标，并从经济、政治、文化等方面勾画了宏伟蓝图，进一步丰富了小康社会的内涵，提出了全面建设惠及十几亿人口的更高水平的小康社会的奋斗目标。党的十六大回答了在新世纪新阶段中国共产党走什么路、实现什么样的发展目标等重大问题，中国人民踏上全

[①] 《十五大以来重要文献选编》上册，人民出版社，2000，第4页。

面建设小康社会的新征程。

党的十六大后,中国共产党对社会主义现代化的认识不断深化,推动和谐社会建设取得新的成效。2006年10月11日,党的十六届六中全会通过《中共中央关于构建社会主义和谐社会若干重大问题的决定》,把社会和谐作为中国特色社会主义的本质属性,中国特色社会主义事业的总体布局由经济建设、政治建设、文化建设"三位一体"发展为经济建设、政治建设、文化建设、社会建设"四位一体",进一步拓宽了社会主义现代化建设的战略任务和奋斗目标。2007年10月,党的十七大深刻分析国际国内形势发展变化和我国发展一系列新的阶段性特征,把"和谐"纳入建设社会主义现代化国家的奋斗目标,既保持了目标的连续性,又根据新的情况和条件对目标进行了充实,使全面建设小康社会的目标更全面、内涵更丰富、要求更具体。特别是根据经济持续快速发展的实际,将党的十六大提出的到2020年力争实现国内生产总值比2000年翻两番的经济增长目标,调整为实现人均国内生产总值翻两番的更高要求,将经济发展指标落实到了人均国内生产总值上。

改革是中国的第二次革命,创造性地把小康社会和社会主义现代化结合起来,开辟了中国式现代化新道路。中国共产党全面推进改革开放和社会主义现代化建设,经济实力、综合国力、人民生活水平不断跨上新台阶,经济高速增长,经济总量从1978年的世界第十一位跃居2010年的世界第二位,先后于1999年和2010年跨入下中等收入国家和上中等收入国家行列。亿万中国人民的生活从短缺到比较殷实,城乡义务教育全面实现,城乡基本养老保险制度全面建立,全民医保基本实现,城乡基本医疗卫生制度初步建立,每一个中国人的生活都在发生着天翻地覆的变化。改革开放成为当代中国最显著的特征、最壮丽的气象,中国大踏步赶上了时代,实现了中华民族从站起来到富起来的伟大飞跃。

四 全面建成小康社会与中国式现代化
　　道路的拓展

党的十八大以来,中国特色社会主义进入新时代。面对世界百年未有之大变局,以习近平同志为核心的党中央团结带领中国人民砥砺前行,战胜一系列风险挑战,决胜全面建成小康社会,进而全面建设社会主义现代化强国,进一步拓展和深化中国式现代化道路,朝着实现中华民族伟大复兴的宏伟目标继续前进。

中国特色社会主义道路是实现社会主义现代化、创造人民美好生活的必由之路,是实现中华民族伟大复兴的必由之路。实现中华民族伟大复兴,必须加快推进社会主义现代化,必须坚定不移地坚持和发展中国特色社会主义。2012年11月,党的十八大胜利召开,坚持和发展中国特色社会主义是贯穿党的十八大报告的一条主线。大会确定了全面建成小康社会的目标,确定了建设中国特色社会主义总布局是社会主义经济建设、政治建设、文化建设、社会建设、生态文明建设"五位一体",总任务是实现社会主义现代化和中华民族伟大复兴。大会确立了"两个一百年"的奋斗目标,在中国共产党成立一百年时全面建成小康社会,在新中国成立一百年时建成富强、民主、文明、和谐的社会主义现代化国家。①

在新的历史条件下推进中国式现代化,需要凝心聚力,需要精神支撑,需要目标引领。2012年11月29日,习近平在国家博物馆参观《复兴之路》展览时首次提出了实现中华民族伟大复兴的中国梦。②围绕实现社会主义现代化和中华民族伟大复兴的总任务,以习近平同志为核心的党中央统筹推进"五位一体"总体布局,协调

---

① 《十八大以来重要文献选编》上册,中央文献出版社,2014,第13页。
② 《习近平谈治国理政》第1卷,外文出版社,2014,第36页。

推进"四个全面"战略布局，以中国式现代化推进中华民族伟大复兴，一系列理论创新和实践创新相继展开。2013年11月，党的十八届三中全会通过《中共中央关于全面深化改革若干重大问题的决定》，明确提出全面深化改革的总目标是完善和发展中国特色社会主义制度、推进国家治理体系和治理能力现代化。党中央又相继召开党的四中、五中、六中全会就推进全面依法治国、全面建成小康社会、全面从严治党进行专题研究，抓住了党和国家事业发展中根本性、全局性、紧迫性的重大问题，擘画了全面深化改革开放和现代化建设的顶层设计。2015年10月，党的十八届五中全会在深刻认识和把握经济发展新常态的基础上，提出"以人民为中心的发展思想"，强调必须牢固树立并切实贯彻创新、协调、绿色、开放、共享的发展理念。新发展理念集中体现了新时代我国的发展思路、发展方向、发展着力点，是管全局、管根本、管长远的导向，对中国式现代化发展规律的认识进一步深化。

2017年10月，党的十九大号召为把我国建成富强、民主、文明、和谐、美丽的社会主义现代化强国而奋斗，对经济建设、政治建设、文化建设、社会建设、生态文明建设等方面做出全面部署。大会明确分两步走全面建成社会主义现代化强国，在全面建成小康社会的基础上，到2035年基本实现社会主义现代化；到本世纪中叶，把我国建成富强、民主、文明、和谐、美丽的社会主义现代化强国。[①] 新时代"两步走"发展战略把基本实现现代化的时间提前了15年，在战略目标上增加了"美丽"这一新的内容，并提出全面建成社会主义现代化强国的更高目标。中国经济社会发展成就超出了预期，具备了加快推进现代化建设的良好基础和巨大潜力。

制度优势是一个国家的最大优势，中国特色社会主义制度是全面建成社会主义现代化强国的根本保障。2019年10月，党的十九

---

① 《习近平谈治国理政》第3卷，外文出版社，2020，第22—23页。

届四中全会审议通过《中共中央关于坚持和完善中国特色社会主义制度推进国家治理体系和治理能力现代化若干重大问题的决定》，系统总结我国国家制度和国家治理体系的巨大成就和13个显著优势，深入阐释了支撑中国特色社会主义制度的根本制度、基本制度、重要制度，系统梳理和集成升华了党和国家各方面的制度，明确了坚持和完善中国特色社会主义制度的总体目标。2020年10月，党的十九届五中全会创新性做出新发展阶段的战略判断，明确提出要立足新发展阶段，坚定不移贯彻创新、协调、绿色、开放、共享的新发展理念，以推动高质量发展为主题，加快构建以国内大循环为主体、国内国际双循环相互促进的新发展格局。新发展阶段是中国人民迎来从站起来、富起来到强起来历史性跨越的新阶段，要准确把握新发展阶段，完整、准确、全面贯彻新发展理念，加快构建新发展格局，推动"十四五"时期高质量发展，确保全面建设社会主义现代化国家开好局、起好步。

全面建成小康社会，是中国式现代化的必然进程，是实现中华民族伟大复兴的关键一步。习近平指出，全面建成小康社会，强调的不仅是"小康"，更重要也更难做到的是"全面"。"小康"讲的是发展水平，"全面"讲的是发展的平衡性、协调性、可持续性。① 全面建成小康社会，一个都不能少。党的十八大以来，党中央把脱贫攻坚作为全面建成小康社会的底线任务和标志性指标，采取了许多具有原创性、独特性的重大举措，组织实施了人类历史上规模空前、力度最强、惠及人口最多的脱贫攻坚战。2020年底，中国脱贫攻坚战取得决定性胜利，中国现行标准下9899万农村贫困人口实现脱贫，提前10年实现《联合国2030年可持续发展议程》减贫目标，中国减贫人口占同期全球减贫人口的70%，为全球减贫事业发展和人类发展进步做出了重大贡献。2021年7月1日，在庆祝中国共产党成立100周

---

① 《十八大以来重要文献选编》中册，中央文献出版社，2016，第830页。

年大会上，习近平庄严宣告"在中华大地上全面建成了小康社会"，[①]向全面建成社会主义现代化强国迈出了决定性的一步。

在全党全国各族人民迈上全面建设社会主义现代化国家新征程、向第二个百年奋斗目标进军的关键时刻，2022年10月，党的二十大发出了为全面建设社会主义现代化国家、全面推进中华民族伟大复兴而团结奋斗的动员令。大会对全面建成社会主义现代化强国两步走战略安排进行了宏观展望，重点部署了未来5年的战略任务和重大举措，提出以中国式现代化全面推进中华民族伟大复兴、实现第二个百年奋斗目标，并将此确定为新时代新征程中国共产党的中心任务。大会对中国式现代化的本质要求做出科学概括：坚持中国共产党领导，坚持中国特色社会主义，实现高质量发展，发展全过程人民民主，丰富人民精神世界，实现全体人民共同富裕，促进人与自然和谐共生，推动构建人类命运共同体，创造人类文明新形态。[②] 这个概括是党深刻总结我国和世界其他国家现代化建设的历史经验，对我国这样一个东方大国如何加快实现现代化在认识上不断深入、战略上不断成熟、实践上不断丰富而形成的思想理论结晶，要深刻领会、系统把握，特别是要把这个本质要求落实到各项工作之中。

新时代十年的伟大变革，在党史、新中国史、改革开放史、社会主义发展史、中华民族发展史上具有里程碑意义。党的十八大以来，全面贯彻习近平新时代中国特色社会主义思想，全面贯彻党的基本路线、基本方略，采取一系列战略性举措，推进一系列变革性实践，实现一系列突破性进展，取得一系列标志性成果，攻克了许多长期没有解决的难题，办成了许多事关长远的大事要事，经受住了来自政治、经济、意识形态、自然界等方面的风险挑战考验，党和国家事业取得历史性成就、发生历史性变革。党的十九届六中全会从13个方面总

[①] 习近平：《在庆祝中国共产党成立100周年大会上的讲话》，人民出版社，2021，第2页。
[②] 习近平：《高举中国特色社会主义伟大旗帜　为全面建设社会主义现代化国家而团结奋斗》，《求是》2022年第21期。

结新时代中国特色社会主义的伟大成就。中国经济总量从 2012 年的 54 万亿元增长到 2021 年的逾 114 万亿元，占世界经济的比重超过 18%，人均突破 1.2 万美元，超过世界人均水平，达到中高收入国家水平。中国跻身创新型国家行列，成为世界第二大经济体、第一大工业国、第一大货物贸易国、第一大外汇储备国，中国经济连续多年对世界经济增长贡献率在 30% 以上。到 2021 年底，我国基本养老保险、基本医疗保险分别覆盖 10.3 亿人、13.6 亿人，社会保障网越织越密，百姓日子越来越安稳。中华民族迎来了从站起来、富起来到强起来的伟大飞跃，创造了中国式现代化新奇迹，铸就了中华文化新辉煌。

结　语

一百多年来，围绕建设什么样的现代化、怎样实现现代化，中国共产党带领人民不懈探索，从拯救民族危亡到扫清现代化的根本障碍，从国家工业化到四个现代化，从温饱不足、总体小康到奔向全面小康，从全面建成小康社会到开启全面建成社会主义现代化强国新征程，走出了一条具有中国特色、符合中国实际的中国特色社会主义现代化新道路。中国用几十年时间走完了西方发达国家几百年走过的工业化历程，建成了全世界最完整的现代工业体系，创造了世所罕见经济快速发展和社会长期稳定的两大奇迹。中国式现代化从根本上改变了中国人民和中华民族的前途命运，中华民族向世界展现的是一派欣欣向荣的气象。历史和实践已经并将进一步证明，中国式现代化道路不仅走得对、走得通，而且也一定能够走得稳、走得好。

中国式现代化是中国共产党领导的社会主义现代化，既有各国现代化的共同特征，更有基于自己国情的中国特色。中国式现代化是人口规模巨大的现代化，是全体人民共同富裕的现代化，是物质文明和精神文明相协调的现代化，是人与自然和谐共生的现代化，是走和平发展道路的现代化。中国式现代化道路的成功实践，中国的现代化探索，破解了人类社会发展的诸多难题，摒弃了西方以资本为中心的现代化、两极分化的现代化、物质主义膨胀的现代化、对外扩张掠夺的现代化老路，打破了只有遵循资本主义现代化模式才能实现现代化的神话，也为世界上寻求非西方现代化道路的其他国家和民族提供了全新选择。

近代对外关系中"内地"概念的演变[*]

翁　敏[**]

综观近代中外约章,"内地"作为一个重要的概念频繁出现,与之连用的词有"内地传教""内地游历""内地通商""内地杂居"等。此外,在近代报刊、时人著述和外交文牍信函中,"内地"一词也屡见不鲜,似乎含义明确且无须界定。实际上,"内地"的内涵和外延在近代中国均出现过重大变化。目前,学界对"内地"概念的源流、演化过程缺乏系统考察,尽管有学者对"内地"的概念做了一定的分析和界定,[①]揭示了其概念发生演变的历史语境,但是仍有诸多问题值得深入探析,如"内地"概念在近代有无广狭义之分,与今日的内地概念有何异同?有鉴于此,本文试图考察"内地"概念在近代对外关系中的使用及演变的过程,剖析其演变的内在逻辑与外在背景,以冀深化对此问题的讨论。

---

[*] 本文为2021年湖南省研究生科研创新项目"民国时期来华外国人内地杂居问题研究"（CX20210453）的阶段性成果。
[**] 翁敏,湖南师范大学历史文化学院博士研究生。
[①] 相关研究成果有连心豪《近代中国通商口岸与内地——厦门、泉州常关内地税个案研究》,《民国档案》2005年第4期；曹英《不平等条约与近代中英口岸问题争端》,李育民主编《近代湖南与近代中国》第1辑,湖南师范大学出版社,2006；向玉成《鸦片战争后"口岸界址"的议定及其原因》,《清史研究》2010年第4期；曹英《晚清中国沿海非通商口岸的"准开放"问题》,《湖南师范大学社会科学学报》2011年第1期；吴文浩《中外法权交涉中的内地开放问题（1919—1931）》,《近代史研究》2023年第5期等。

一 "内地"概念的使用与中外分歧

汉语中"内地"概念有两千余年传统，并非外来词汇。早在西汉时期，"内地"已见诸文献。《史记》有言："自陈以西，南至九疑，东带江、淮、谷、泗，薄会稽，为梁、楚、淮南、长沙国：皆外接于胡、越。而内地北距山以东尽诸侯地，大者或五六郡，连城数十，置百官宫观，僭于天子。"① 从字面意思分析，此处"内地"应已具有地域名称的含义，但其具体的空间范围尚难判定。此后在历代典籍文献中，"内地"一词也曾反复出现，其含义却不尽相同。② 迨至行省制度的施行，"内地"所指范围较为明确，形成固定称谓。③ 总而言之，从汉代到清朝中期，"内地"词义虽有变化，但较稳定，一直作为地理名词而存在。然至近代，"内地"一词发生了很大变化，又衍生出新的含义。

鸦片战争后，英国逼迫清政府签订丧权辱国的《南京条约》，明确要求开放位于我国沿海的广州、福州、厦门、宁波、上海五处港口，作为中英贸易通商处所。该约第十款规定："英国货物自在某港按例纳税后，即准由中国商人遍运天下，而路所经过税关不得加重税例，只可按估价则例若干，每两加税不过分。"④ 英国迫切希望借此

---

① 《史记》卷17《汉兴以来诸侯王年表第五》，中华书局，2011，第801—802页。
② 古代"内地"的语义和用法主要有两种，一是与边疆相对，如《后汉书》记载："先零侵境，赵充国迁之内地。"二是用来指代本国，如《北史·魏本纪》有云："巡幸淮南，如在内地。"《后汉书》卷87《西羌传第七十七》，中华书局，2011，第2901页；《北史》卷3《魏本纪第三·高祖孝文帝》，中华书局，2011，第121页。前一种用法较为普遍，后一种在明清时期官方涉外文书中较为常见，中国官员多以"内地民人"指称本国百姓。
③ 元代，"腹里"即内地之义，特指中书省直辖的山东、山西、河北等地。清初承袭明制，对长城以南地区分设十五省，后从陕西、湖广、江南三省各析出两省，共有十八个省，时人习惯称作"内地十八省"。参见《元史》卷58《志第十·地理一》，中华书局，2011，第1347页；《辞海（地理分册·历史地理）》，上海辞书出版社，1982，第2页。
④ 王铁崖编《中外旧约章汇编》第1册，三联书店，1957，第32页。

打开中国市场倾销商品，谋取巨额利益。按照条约的严格字义，英国人只准在开放港口居住贸易，不准前往他处港口。然而，英国商品却可以在海关纳税后经华商转运进入内陆乃至全国各地，这在某种程度上为洋人曲解"内地"一词埋下了伏笔。

细观《南京条约》中文本，全文并无"内地"字样，乃是约文内有所省略。此约第十款称"路所经过税关不得加重税例"，所谓"经过税关"即指内地税关。另外，在《南京条约》英文本中出现了"内地"的英文对应词"interior"。① 其中"即准由中国商人遍运天下"一语，英文约本译成"Such merchandise may be conveyed by Chinese merchants to any province or city in the interior of the Empire of China"。② 条约中文本同样清晰，但含义更丰富。③ 英文本"in the interior of the Empire of China"应仅指中国的内部或内陆，并非"天下"之意。可是当时中外条约文本以中文本为准，致使英方提供的英文底本与中译本之间不能完全准确对应。④ 条约内"interior"与"内地"意思相去甚远，造成中英文本的文字及其内涵上的歧义，是中外争执的重要诱因。

中英两国 1843 年 6 月 26 日互换《南京条约》批准书时共同签署的《过境税声明》，其中文本明确出现了"内地"二字。该约载明："惟查中国内地关税定例本轻，今复议明内地各关收税，洋货各税，一切照旧轻纳，不得加增。"⑤ 此条是对《南京条约》第十款内容的补充和说明，确定了洋货内地税轻征的原则。其对应的英文条文为"The further amount of duty to be so levied on British merchandize as transit duty, shall not exceed the present rates which are upon a moderate

---

① "内地"一词在英文中有"hinterland""inland""interior"等多种表述，在近代中外条约的英文本中，"interior"和"inland"经常被混用表示"内地"的意思。
② 陈帼培主编《中外旧约章大全》第 1 分卷上册，中国海关出版社，2004，第 73 页。
③ "Chinese Law on the Ownership of Church Property in the Interior of China," *The Chinese Recorder and Missionary Journal*, Sept. 1, 1889, p. 420.
④ 郭卫东：《晚清中外条约作准文本探析》，《历史研究》2019 年第 5 期，第 64—65 页。
⑤ 王铁崖编《中外旧约章汇编》第 1 册，第 33 页。

scale"。① 从中英文本文字和内容分析，《过境税声明》中的"内地"不是一个独立用语，它与常关相连，与海关相区别。同年 10 月 8 日中英签订《五口通商附粘善后条款》（即《虎门条约》），是最先使用"内地"这一独立词语的条约。该约第六款规定："广州等五港口英商或常川居住，或不时来往，均不可妄到乡间任意游行，更不可远入内地贸易……擅到内地远游者，不论系何品级，即听该地方民人捉拿，交英国管事官依情处罪。"② 英文本译文为"It is agreed that English merchants and others residing at or resorting to the five ports to be opened, shall not go into the surrounding country beyond certain short distances. . . and wander away into the country, they shall be seized and handed over to the British consul for suitable punishment"。③ 有学者认为，中英《虎门条约》中的"内地"与"口岸界址"是对应词，意思是"口岸界址"以外的中国领土（包括河流等水面），近代中外交涉中习用的"内地"概念由此确立。④ 事实上，细查该约中英文本，可知此处"内地"有别于其传统意涵，英文原意是"周围的乡村"，似指距离开放港口较远的地区。

根据《虎门条约》及其后签订的一些条约的严格解释，开放的通商区域实指"议定界址"，而与界址相连的附近地带当不在"内地"范围内。如 1844 年中法《黄埔条约》第二十三款规定："凡佛兰西人在五口地方居住或往来经游，听凭在附近处所散步，其日中动作一如内地民人无异，但不得越领事官与地方官议定界址，以为营谋之事。"⑤ 1848 年 3 月"青浦教案"发生后，两江总督李星沅等奏："至夷人原定条约，各就地方民情地势议定界址，本不准任意逾越上

---

① 陈帼培主编《中外旧约章大全》第 1 分卷上册，第 76 页。
② 王铁崖编《中外旧约章汇编》第 1 册，第 35 页。
③ 陈帼培主编《中外旧约章大全》第 1 分卷上册，第 86 页。
④ 向玉成：《鸦片战争后"口岸界址"的议定及其原因》，《清史研究》2010 年第 4 期，第 141—142 页。
⑤ 王铁崖编《中外旧约章汇编》第 1 册，第 62 页。

海口岸，经前任苏松太道宫慕久与英夷德酋及领事巴富尔再三要约，以早出晚归，不准在外过夜为断。青浦并非一日可以往还之地，麦都思等潜往散书……均属违约。"① 1851 年，法国领事索还松江府华亭县天主堂旧址，两江总督陆建瀛等上奏称，查照条约，传教士只准在五口通商地方建造礼拜堂，不得越界活动，并以松江距离上海口岸百余里，"系属内地，不在五口通商之列"，果断拒绝了法方的无理要求。② 可见，外人的活动空间仅限于各口岸界址及其附近地带，此时通商口岸（至少在上海）的范围大致"以早出晚归，不准在外过夜为断"，而内地所指称的范围不甚清晰。

第二次鸦片战争前夕，西方列强在攫取沿海五口通商特权的同时，一直图谋扩大通商范围。1854 年 2 月，英国外交大臣克拉兰敦（Clarendon）致函驻华公使包令（John Bowring）下达如下指示："一、争取广泛地进入中华帝国的整个内地，以及沿海各城；如这一点做不到，则二、争取扬子江的自由航行……"③ 对于英方提出开放内地市场的修约要求，清政府在同年 11 月 12 日的外交照会中驳复说："内地各处，从无外国之人混入其中，试问贵国尺地寸土，能界我中国乎？应勿庸议。"④ 直至第二次鸦片战争结束，以不平等内容为主导的中外条约关系这一新的国际秩序已基本形成，外国侵华势力由沿海五口扩展到清朝的中枢和腹地。⑤ 1858 年，清政府与英、法等国签订《天津条约》，准许外人前往中国内地游历通商。至于何谓"内地"，这些条约均未言明，缺乏统一的说法。有洋人就利用

---

① 《奏报夷船出江入海日期折子》，《李星沅集》（一），王继平校点，岳麓书社，2013，第475 页。
② 《两江总督陆建瀛江苏巡抚杨文定奏法领事违约索取内地天主堂旧址并以兵船要挟已委员查办折》（1851 年 8 月 8 日），贾桢等纂修《筹办夷务始末·咸丰朝》第 1 册，中华书局，1979，第 159—160 页。
③ 马士：《中华帝国对外关系史》第 1 卷，张汇文等译，三联书店，1957，第 767 页。
④ 《指驳包令所呈清折各款》（1854 年 11 月 12 日），总理各国事务衙门档案，中研院近代史研究所档案馆藏，档案号：01-02-002-01-032。
⑤ 李育民：《晚清中外条约关系研究》，法律出版社，2018，第 131 页。

中英《天津条约》第九款和第十二款之规定大做文章，曲解通商口岸范围，并任意扩大在内地享有的权利。《字林西报》曾报道："《天津条约》第十二款规定了外国人在中国内地居住，并获取商业活动所必需的货栈和住屋的权利，是许多年前商人与英国外交部之间争论的热点问题。"① 英商借口中英《天津条约》第十二款中规定英人在"各口并各地方"有租地盖屋等项权利，把"并各地方"理解为内地，图谋将这项特权扩张到内地。对此，英国官方曾一致否认这种解释。1862年，英国驻华公使卜鲁斯（Frederick W. A. Bruce）指出："关于在内地开设货栈的权利，无论是从《天津条约》的文字还是精神上，这一权利都是无法维持的。"就连当时英国外交大臣在发给驻外领事的一份电报中也说："贸易特权并不赋予在这些地方（中国内地）有永久居留权。"② 所以，外人借口"并各地方"字样，妄图解释他们在内地享有居住、通商的种种特权，是荒谬的，也是站不住脚的。继任英国驻华公使威妥玛（Thomas F. Wade）对"并各地方"一词有过相对合理的解释，仅指"各口岸界地以内及其准许外商为住宅和营业房屋取得居留场所的近郊以内的各地方而言"。③

当时清政府为进一步限制列强条约外侵权，在澄清条约条款的同时，更加强化对"内地"概念的使用。具体而言，主要体现在如下两点。一是强调中英、中法《天津条约》所指"游历通商"只是能够进入内地，而不是能在内地居住设栈。④ 如1863年中荷《天津条约》规定，荷兰人民"如入内地贩运货物，须按照各国新定章程办理，不准在内地开设行店"。⑤ 1875年7月，署理两江总督刘坤一也

---

① *The North-China Daily News*, Mar. 30, 1882, p.291.
② "Residence in the Interior," *The North-China Herald and Supreme Court & Consular Gazette*, Mar. 29, 1882, p.330.
③ 莱特：《中国关税沿革史》，姚曾廙译，三联书店，1958，第243页。
④ 马敏、朱英：《传统与近代的二重变奏——晚清苏州商会个案研究》，巴蜀书社，1993，第341页。
⑤ 王铁崖编《中外旧约章汇编》第1册，第210页。

说:"查西洋商人虽准领照入内地通商,其到该处,亦只能暂住本船,或暂行投行住店,事毕即行,从无准其久住内地民人宅内之例。"① 二是有意无意地将邻近通商口岸的沿海不通商地方纳入"内地",且把其当作阻禁外人条约外侵渔的"栅栏"。1865年,英商利富洋行擅自架设浦东至川沙电线,江海关道丁日昌照会英领事:"所有沿海内地俱不准设立电线,致与风水、民生有碍。今浦东至川沙系属内地,本道自不能不遵照札行办理。"据此,中方最终拔除了此段电线。② 1866年1月,南洋大臣参照总理衙门与总税务司赫德(Robret Hart)制订的有关规章汇纂成"洋商请照入内地摘要章程"五条,札行各关照办,尤其指出中法《天津条约》第七款关于"明禁不得在沿海、沿江各埠私买、私卖"的规定,必须结合并参考中法《通商章程善后条约:海关税则》第七款,"法商准赴内地各处,无论远近买卖,并无不准赴沿海字样,且所禁重在私字"。③ 易言之,沿海不通商地方可作为内地市场向法商开放,同样地,按照"利益均沾"原则,也可对其他国家商人开放。列强正是利用清政府对"内地"概念的错误理解,不断突破条约束缚,不但在条约口岸之间从事转口贸易,甚至在沿海非通商口岸从事贸易。为了继续扩大侵略权益,列强赋予了"内地"一词更为丰富的内涵,并以具有法律约束力的条约形式将其固定下来。

二 "内地"概念的泛化和变异

1876年,英使威妥玛对"内地"做了相当宽泛的解释,并将之

---

① 《复冯观察》(光绪元年六月),《刘坤一集》第5册,陈代湘校点,岳麓书社,2018,第254页。
② 《照会英领事电线不能再设由》,赵春晨编《丁日昌集》上册,上海古籍出版社,2010,第289页。
③ 《洋商请照入内地摘要章程》(同治四年十二月十一日),蔡乃煌总纂《约章分类辑要》,文海出版社,1986,第2071页。

写入中英《烟台条约》。该约第三端第四款规定："至通商善后章程第七款载明洋货运入内地及内地置买土货等语，系指沿海、沿江、沿河及陆路各处不通商口岸，皆属内地，应由中国自行设法防弊。"①也就是说，非通商口岸均系"内地"。这是中外条约第一次给"内地"一词做明确的定义，并划定了范围。根据这一条款，"内地"的此种含义只适用于对外贸易范畴，确切地说是针对贩运货物问题而言，限于洋货的输入与土货的输出，而不适用于外人居住、营业等问题。因是条约上的明文规定，内地这一含义影响甚广，甚至影响到中外对通商口岸范围的认识与讨论。

在1888年台湾府城设局抽收洋商厘金事件中，英、法、德等国公使以台湾为通商口岸，抽收洋商厘金系属违约，向清政府提出严重交涉。总理衙门认为，洋商应否完纳厘金，"自以该处是否通商口岸为断"。②就台湾而论，台湾府城是条约开放的通商口岸，洋商在该处运货出口无须领单完税，亦不用完纳厘金，"若入台湾内地，及他处向不通商口岸，仍应照约办理"。③并且坚持"凡通商口岸之处，无论是城是镇，皆为口岸"，条约口岸以外的地方，都属内地。④因此，饬令台湾巡抚刘铭传将抽收洋商厘金一事立即停止。刘铭传则认为，台湾府城不应纳入通商口岸的范围，理由主要有二。其一，各国使节所谓台湾系通商口岸，乃指中英《天津条约》第十一款内载开放台湾府城口准洋商买卖，但不能以此作为台湾府城是通商口岸的依据，而"府城口为通商口岸，亦不过滨海一隅之地，凡府

---

① 王铁崖编《中外旧约章汇编》第1册，第349页。
② 《总署奏台湾抽收厘金与约不符请旨遵办折》（光绪十四年二月二十五日），王彦威、王亮辑编，李育民等点校整理《清季外交史料》第4册，湖南师范大学出版社，2015，第1562页。
③ 《总署致李鸿章转刘铭传洋商入内地不领单则抽厘电》（光绪十四年二月二十八日），《清季外交史料》第4册，第1563页。
④ 《总署致李鸿章转刘铭传通商口岸无论城镇皆为口岸电》（光绪十四年三月二日），《清季外交史料》第4册，第1563页。

城口以外之地，皆属内地"。① 其二，台湾府城对外开放的口岸是与府城陆路相距8里的安平口，其地位与潮州的汕头口、登州的芝罘口相同。台湾府城的情形与上海较为类似，相距口岸不远的上海县城并不在口岸之内。既然上海县城属非通商口岸，那么"台湾府城亦不能笼统作通商口岸"。② 直隶总督李鸿章与刘铭传的看法一致，他指出口岸开埠以来，均在府城、郡城外另立通商埠头，按照条约文意，实以"口"字为主，不能笼统将府城作为通商口岸。并说事件主要原因在于口岸界址未能划定，以致洋人误把台湾府城当作通商口岸，故建议总理衙门会同各国公使将"城口字样"切实辩明，严定界限，以便遵循办理。③ 经过一番论辩，总理衙门最后采取了折中处理，一面要求刘铭传仿照天津的办法，不向洋商抽厘，专以华商为稽征对象；一面继续与各国公使交涉台湾口岸界限问题，然未获结果，只好置而不论。尽管台湾府城抽厘问题得以解决，但通商口岸的范围仍然没有清晰统一的界定，清政府内部对于"内地"概念也没有达成共识。

清末，随着各国与清政府谈判修订商约事宜，口岸界限之争愈演愈烈，特别是始于1902年的中英商约交涉，双方为此产生了激烈争执。英方谈判代表根据中英《天津条约》英文本内写明"Cities and Ports"（城市和口岸），认为通商口岸包括"当地城市和其附近的水面和陆地"。④ 同时依据《天津条约》第九款英国民人"出外游玩，地在百里，期在三五日内，毋庸请照"的规定，将通商口岸的界限理解为百里。中方代表强烈反对英方任意解释条约，援引《天津条

---

① 《洋商子口半税应声明约章划清界限折》（光绪十四年三月初三日），《刘铭传文集》，马昌华、翁飞点校，黄山书社，2014，第83页。
② 《直督李鸿章致总署刘电免厘事请辨明约章口字电》（光绪十四年三月十二日），《清季外交史料》第4册，第1566页。
③ 《复总署：议台湾抽厘宜划口界》（光绪十四年三月十八日），顾廷龙、戴逸主编《李鸿章全集》第34册，安徽教育出版社，2008，第351—353页。
④ 威罗贝：《外人在华特权和利益》，王绍坊译，三联书店，1957，第449页。

约》中文本"府城口"一词,指出"口岸"并不包括附近的城市。① 经过往返辩论,英方代表马凯(James Lyle Mackay)的态度有所缓和,不再执拗于"城邑"二字,"并将原款全境及城内、城外等字样删去,自愿以请定口岸界址了事,并自愿加入就本地情形之语"。② 后来中英双方代表共同草拟了议定通商口岸条款方案,大要有三:第一是划定口岸界址;第二是租界外洋人须遵守中国巡捕、工部局章程;第三是按照惯例,得向租界内华人征收各种税捐。其中第二、第三两项内容,招致各方批评。在内外压力下,双方代表最后决定将原议此款全部删除,以后所订商约"不得再议口岸之事"。③ 这样一来,中外关于通商口岸范围的分歧依旧未能解决。这种分歧和矛盾,反过来导致中外对于内地概念和范围产生新的纷争。

随着自开商埠政策的实施,清政府意识到"商埠与内地之界限未清,即征税不征税之区域难以确定"。④ 因而敦请外国政府遵循中英商约所议办法,按照地方情形与条约定立原则,共同划定已开条约口岸与新辟商埠界址,"每埠以四出若干里为限,限内为埠界,限外为内地,销场税于内地征之"。⑤ 列强对此反应冷淡,以各种借口进行拖延。例如清末民初划定南京商埠界址一案,外人常以南京是通商口岸,其范围应当包括城内外各处,中国官员反驳此说毫无根据。为厘定外人居留贸易区域,1900年两江总督刘坤一奏定以下关惠民桥

---

① 中国近代经济史资料丛刊编辑委员会主编、中华人民共和国海关总署研究室编译《辛丑和约订立以后的商约谈判》,中华书局,1994,第49页。
② 《鄂督张之洞致枢垣鄂与马使议约较沪议争回实多电》(光绪二十八年六月二十四日),《清季外交史料》第6册,第3007页。
③ 《吕海寰盛宣怀致外部口岸一节与马使商全删电》(光绪二十八年七月二十一日),《清季外交史料》第6册,第3042页。
④ 《吉林行省为筹划吉省商埠界址事的咨文》(宣统元年十二月二十九日),吉林省档案馆、吉林师范学院古籍研究所编《清代民国吉林档案史料选编:涉外经济贸易》上册,吉林文史出版社,1995,第185页。
⑤ 《东三省税捐交涉文件》,《外交报》第11期,1909年,第9页。

以西为商埠。1905年继任两江总督的周馥拟定金陵通商场内办理章程八条,确定下关为商埠,以惠民河西为界,东西宽约一华里,南北长约五华里。但各国领事以商埠范围过窄为由,拒绝承认。鉴于埠界外洋商私租土地之案层出不穷,中国政府于1914年和1919年两次展拓下关商埠界址,"限于商埠以内许外人居住,商埠以外即为内地",① 此案方结。类似情形还有杭州、宜昌等口岸界址的划定,均持续时间长,交锋激烈。在此过程中,国人对"内地"概念及范围有了更为清晰的认识。

一些有识之士和行业团体从法理与事实出发,主张严格界定"内地"概念。戴季陶认为按约外人不准在内地购置地产,"租界之外,皆内地之范围也"。② 吴县纱缎业同业公会也称:"设关征税,当然以租界为范围,不应于租界以外之内地派员驻扎邮局强使征税。"③在其时对外交涉中,中国政府常常持有类似主张。"外人则据商埠附近百里内不需护照之规定,主张通商口岸以外,尚有房地租赁权。"④列强还强行扩大"内地"概念的适用范围,坚称内地就是除通商口岸以外的非通商口岸。针对中外分歧,时人有精辟论述:"租界商埠之所谓内地系对于居住的开放而言,一出租界或商埠之范围即属内地;而通商口岸之所谓内地则对于洋船之停泊、洋货之输入而言。"⑤中外所言"内地"决然不同,双方莫衷一是,以致出现"我所指为内地者,彼仍可指为商埠"的独特现象。⑥ 北洋政府财政部参事李景

---

① 《南京特别市市政府令第1009号:为议决外人不能居住内地令饬切实取缔由》,《南京特别市市政公报》第14、15期合刊,1928年,第63—64页。
② 戴季陶:《天仇文集》乙篇《国家与社会》,民权报发行部,1912,第150页。
③ 《吴县纱缎业同业公会函请吴县县商会转呈财政部令免除苏关派员驻扎邮局征税事》(1931年5月2日),马敏、肖芃主编《苏州商会档案丛编》第4辑上册,华中师范大学出版社,2009,第509—510页。
④ 郑斌:《中国国际商约论》,商务印书馆,1931,第104页。
⑤ 《具呈人久大精盐公司总董景学钤等》(1918年4月19日),赵津主编《"永久黄"团体档案汇编:久大精盐公司专辑》上册,天津人民出版社,2010,第280页。
⑥ 《税务处咨外部钞送东省督抚筹办开埠事宜电请查核文》(宣统元年十一月二十七日),《清季外交史料》第8册,第4229页。

铭曾指出："商埠与内地界限，向来清划。即如杭州等处，在我固仅视指定地点为商埠，而其余各地仍属内地。然外人利于含混，往往视为包括该地全境而言，即城内各地，亦一律视为商埠界内，而有任便居住及营业等事。"① 事实上，长期以来，外人在租界和商埠以外租用土地居住营业事件时有发生，"从前地方政府借口已成惯例，每指定租界外某图某段地已有外国人租地者，即认为可以开放"，② 造成通商地域范围不断扩大。这也触及并改变了当时中国知识精英对"内地"概念的认知，使他们逐步接受了广义的"内地"概念，从而为其在中国社会不断传播创造了条件。要而言之，大致有以下因素，促成了国人对"内地是相对通商口岸而言"的认同。

首先是西方强势话语权的主导，以武力为后盾，以条约为武器。如1925年胶济铁路货捐增加捐率一案，日本驻华使馆向北洋政府外交部发出抗议照会，声称条约明定内地，系指未向外国贸易开放的地域而言，而自开商埠地一旦向外国贸易开放，未经相关各国同意，不能单独适用内地章程，要求中方停止征收此项货捐。③ 其次是官方的宣传和诱导。1928年吉林省颁布《外侨事务须知》，其中规定："除通商口岸之类有特别规定者外，皆属内地，则于外国商民之管理自未可忽。"④ 最后是学人著述的出版发行。刁敏谦在《中国国际条约义务论》一书中说："内地云者，除开放通商口岸地段而外之地之谓，可指腹地，亦可指沿海，仅与通商口岸，为一相对之名词

---

① 《中日满蒙条约善后会议第三次会议录》（1915年6月29日），黄纪莲编《中日"二十一条"交涉史料全编（1915—1923）》，安徽大学出版社，2001，第498—499页。
② 《汪伪天津市财政局呈关于外国人租用本市不动产案》（1944年9月—1945年4月），汪伪政府行政院档案，中国第二历史档案馆藏，档案号：二〇〇三—6891。
③ 《照录日本使馆节略》（1925年8月13日），江苏省中华民国工商收税史编写组、中国第二历史档案馆《中华民国工商税收史料选编》第3辑上册，南京大学出版社，1996，第1579页。
④ 《吉省外侨事务须知》（1928年），《清代民国吉林档案史料选编：涉外经济贸易》上册，第119页。

耳。"① 这些都在相当程度上影响了普通民众对"内地"概念的认知，"内地"成为一个具有特殊内涵的政治外交词语，而非传统的地理名词。

1937年日本全面侵华，"内地"概念逐渐发生了变化，它所承载的政治和外交意义开始消解。1940年3月，国民政府财政部为统一国内汇兑与裨益抗战经济，颁布实施《内汇审核规程》，规定："上海、香港、九龙、宁波、温州、泉州、广州湾、赤坎、龙州、鼓浪屿、汕头、南宁等十五地为口岸，除口岸及沦陷区外，其余均为内地。"② 这是中国官方根据局势对"内地"概念做的一次清晰界定，意义重大。1943年1月11日，美英分别与国民政府签订了关于取消在华治外法权及处理有关问题之条约。美英两国放弃在华治外法权及其他有关特权后，国民政府又陆续与其他国家订立了类似条约。根据国民政府与各国签订的新条约，规定给予双方人民旅行、居住及经商等相同的权利，依此原则，"此后我国自应允许外国人在内地居住，不复以通商口岸为限，经商亦同"。③ 新条约的订立颠覆了《烟台条约》对"内地"一词的定义，"内地"含义更趋丰富。国民政府于1943年5月6日公布施行《防止私运暨携带金银出口暂行办法》，其第三条规定："本办法所称内地，指国界暨封锁线以内各地。"④ 所谓封锁线，根据1939年9月《封锁敌区交通办法》之规定，为敌区与封锁区⑤交界处所。

从民间层面来说，受时局动荡的影响，这一时期对"内地"概

---

① 刁敏谦：《中国国际条约义务论》，商务印书馆，1925，第125页。
② 《实施内汇审核规程："口岸"与"内地"之解释》，《新闻报》1940年5月28日，第7版。
③ 《外交部公布〈执行收回法权各约须知〉》（1945年1月），中国第二历史档案馆编《中华民国史档案资料汇编》第5辑第2编（外交），江苏古籍出版社，1997，第193页。
④ 《防止私运暨携带金银出口暂行办法》，《中农月刊》第5期，1943年，第94页。
⑤ 封锁区最初指与敌区接近的区域，1943年10月经国民政府国防最高委员会第122次常务会议修正，将之确定为距敌区50公里以内的区域。参见《封锁敌区交通办法》，《重庆市政府公报》第51期，1943年，第6页。

念的认知比较复杂，说法各异。方显廷在1939年论及战时经济时指出："所谓内地，仅西南、西北各省，尚能保持领土完整，至如湘鄂豫赣，则已局部沦入敌手，只得视同外卫区域，不能划入内地工业建设之范围。"① 1940年9月，费孝通在为《易村手工业》写的序言中说："所谓内地不单是指它地理的位置，也指它经济的处境。内地是表示和现代工商业接触较浅的地方。"他进一步指出现代工商业势力迅猛地侵入内地，使内地范围日渐缩小，过去沿海诸省皆属内地，可是到现在，西南诸省也快要不属于内地了。② 这些"内地"所指，与条约上规定的大相径庭，前者更侧重于主权与经济层面，在当时乃至其后一段时期起到不小作用。

迨至中华人民共和国成立，彻底废除帝国主义在华的一切特权，重视恢复和发展经济，国人进而重新审视和定义"内地"。1956年4月，毛泽东在《论十大关系》中论及正确处理沿海工业与内地工业的关系时，提出沿海是指辽宁、河北、北京、天津、河南东部、山东、安徽、江苏、上海、浙江、福建、广东、广西，其余省、自治区则为内地。③ 由此，"内地"的指称日趋明确具体，逐渐形成现代约定俗成的含义。

三 "内地"概念演变的原因及其意义

如前所述，在近代对外关系中，"内地"不只是一个内涵丰富的概念，还是一个变动不居的概念。其概念的演变无疑与当时的社会环境和时代背景有着紧密的关系。

第一，与近代中外条约关系的演化有着直接关联。自第一批不平

---

① 方显廷：《抗战期间中国工业之没落及其复兴途径》，《新经济》第4期，1939年，第12页。
② 张子毅：《易村手工业》，商务印书馆，1943，第10—11页。
③ 中共中央文献研究室编《建国以来重要文献选编》第8册，中央文献出版社，1994，第245—246页。

等条约签订起，各国商人、传教士等要求进入内地通商传教，借机扩大侵略权益。列强利用"内地"一词的含糊性，按照符合自身利益的方式来解释，力图突破条约限制，"凡外人之来中国者，向例不准在通商各埠及租界以外自由居住、自由营生"，① 实现在华自由通商居住之目的。另外，列强通过各种手段迫使中国社会接受广义的"内地"概念，导致"凡非通商口岸皆谓之内地"② 这一说法广泛流传开来。全面抗战后期，随着美、英等国放弃在华治外法权及其有关特权，"内地"的含义也发生了新的变化。正如时人所言："今通商口岸制度取消，内地二字已失其意义。"③

第二，与国人主权观念的觉醒有关。晚清时期，清政府考虑到外人在通商口岸享有种种特权，尤其是领事裁判权和免税权，也有意识地将内地作为防范列强条约外侵渔的樊篱，要求进入内地的外人，"除输入洋货或输出土货外，不得别有经营"，④ 并有申领护照、海关报单及缴纳子口半税等相关限制。这种做法虽然在一定程度上维护了国家的利权与主权，却使"内地"概念一直未能澄清。全面抗战爆发后，国土不断沦丧，民族危机加重，刺激了国人的主权意识，要求反抗日本帝国主义侵略与废除不平等条约的呼声高涨。在此情势下，国人尝试重新界定"内地"一词，使之符合实际需要和使用习惯，借以消除中外条约所赋予的特殊内涵。而废约的基本实现与抗战的全面胜利，极大改变了中外关系的不平等状态，也结束了列强对内地一词话语解释权的垄断，促使"内地"概念发生转变。

---

① 《内务部外交部核议外交谘议吴宗濂条陈开放京师地面补救华洋杂居意见的文书》（1914年12月—1915年1月），北洋政府内务部档案，中国第二历史档案馆藏，档案号：一〇〇一（2）—804。

② 方显廷、谷源田合编《中国之工业讲义大纲》，南开大学经济学院，1934，第32页。

③ 《外交部战后外交资料整理研究会——内政部及主计处》（1943年2月19日—1944年3月13日），"外交部"档案，台北"国史馆"藏，档案号：020-019902-0032。

④ 郑斌：《中国国际商约论》，第99页。

在近代中国的语境下，"内地"概念的使用变迁既是习惯使然，也是因应时势之要求，无论在内政上还是外交上都有着不可忽视的重要意义。首先，在一定程度上揭示了近代中国的半殖民地性质。"内地"概念的泛化和演变，从根本上说是中国近代半殖民地社会的特殊产物。故在相当长的时间里，国人将内地视为国家主权完整的象征，借以抵制外国侵略和维护国家利益。其次，深化了国人对通商口岸与内地界限的认识与理解，在某种程度上也促进了内地的开发与建设。民国初期，有人就提出："领事裁判权现在尚未收回，则内地与口岸自不能不示以区别。"① 后来，有人认为领事裁判权取消以后，"外人入内地经营工商业，如法律章程限制得当，与总理国际资力共同启发中国富源之主旨相合，人工原料之供给，营业税、注册税、所得税之取得，于国家经济大有裨益"。② 这种认识上的进步有利于启迪民智，重视利用外资，开发交通，发展内地经济。最后，生成了与其"所指"相关联的规章制度，如 1928 年国民政府颁行的《内地外国教会租用土地房屋暂行章程》、1936 年外交部编印的《签发外人游历内地护照须知》等。它们的出台和实施是非通商口岸皆系"内地"这一观念和行为模式的整合，也隐含着复杂的利益冲突与调适。

结　语

"内地"一词自南朝宋开始形成与边疆相对的意涵，一直属于历史地理概念的范畴。步入近代，西方列强逼迫清政府签订的第一批不平等条约中，开始使用"内地"字样，但其含义尚属含混。为谋求扩大在华通商利益，列强甚至以条约的形式明确定义"内地"，泛指

---

① 《杭州城内不能认为通商口岸》（1914 年 2 月），北洋政府外交部档案，中研院近代史研究所档案馆藏，档案号：03-18-020-03-021。
② 沁民：《内地杂居与土地权（续第六期）》，《中外评论》第 10 期，1929 年，第 5 页。

非通商口岸，还对"内地"强加解释，"包括内河之意"。① 1898年赫德主持制定的《内港行轮章程》明定"'内港'二字，即与烟台条约第四端所论'内地'二字相同"。② 时任英国驻烟台领事金璋（L.C. Hopkins）对赫德的"创造发明"赞誉有加："所谓对'内地'一词的技术性解释，通商还包括那些离海岸尽可能远的地方……由于一词的灵活变通的译义更适用于商业的迫切要求，该词的严格的准确的词义反而暂停使用了。"③ 可见，列强对"内地"词义的曲解，无疑成了其扩大通商特权的有力工具，在很大程度上损害了中国的主权和经济利益。

著名国际法学家王铁崖曾指出："内地是一个含混的概念，没有确切的界限。"④ 虽然中外条约对"内地"概念做了界定，但在使用过程中通常忽视了限制性范围，导致"内地"概念的泛化，引起中外之间的外交交涉。中国方面，在涉及外人居住营业、征税权等问题时，往往坚持狭义的"内地"概念。国民政府外交部条约委员会委员薛卓东认为："内地二字，为与租界、租借地及条约口岸之对待名词。"⑤ 事实上，从当时具体施行情况看，"内地"实指通商口岸、租界、租借地、铁路附属地、东交民巷使馆区等合法的外人居留贸易区域以外的所有地方。但受制于西方强权政治，广义的"内地"概念在社会上大行其道，以至于记录民国语言的第一本词典暨第一部现代汉语词典《国语辞典》，把"内地"解释作"通商口岸之对称"。⑥ 全面抗战爆发后，国家主权意识空前觉醒，国人在开展废约运动的同时，积极争夺"内地"一词的话语解释权，以消除其蕴含的特殊意

---

① 燕树棠：《不平等条约与内河航权》，《现代评论》第96期，1926年，第3页。
② 王铁崖编《中外旧约章汇编》第1册，第786页。
③ 转引自丁抒明主编《烟台港史（古、近代部分）》，人民交通出版社，1988，第108页。
④ 王铁崖总主编《中华法学大辞典：国际法学卷》，中国检察出版社，1996，第441页。
⑤ 《外交部条约委员会会议录》（1931年4月30日—1933年3月10日），"外交部"档案，台北"国发会档案管理局"藏，档案号：A303000000B/0020/600.8/0023。
⑥ 中国大辞典编纂处编《国语辞典》第2册，商务印书馆，1948，第874页。

涵。中国朝野因应时局，对"内地"概念进行了重新解释和定义，既使其承袭基本语义，又赋予其新的内涵，呈现多样化特征。总而言之，在近代中外条约关系的特殊背景下，"内地"概念的使用和演变，反映了国家主权完整对于话语解释权的极端重要性，以及观念与外交的关联互动，产生了一定的历史影响。

晚清民间涉外债务的保人制度[*]

曹 英[**]

由于法律的缺失及中国传统的影响，晚清时期清政府经常利用民事习惯来解决涉外债务纠纷，保人制度便是其中之一。这一制度没有相关条约规定，只是一种民间行为，但和国内经济活动中的保人担保一样得到了中国政府的认可，成为解决中外民间债务纠纷的一个重要途径。以往学界对这一现象鲜有关注，已有成果大多着眼于近代中国国内债务的担保与清偿，且多囿于法学的诠释。本文试图从历史的角度考察保人制度在晚清民间涉外债务中的运用，探讨这一制度普遍存在的缘由、实施的具体情况，在剖析其客观上具有进步意义的同时，揭露其背后不平等的本质。

一 晚清民间涉外债务中保人制度存在的缘由

债权关系是一种特殊的民事关系，在民事权利体系中，只有债权有担保的必要，因为"债权是以信用为基础的、相对性、期待性的

---

[*] 本文为国家社科基金青年项目"近代中国民间涉外债务问题研究"（12CZS043）阶段性研究成果。
[**] 曹英，湖南师范大学历史文化学院副教授。

财产权，债务人因任何原因不履行债务，债权即无法实现。"① 晚清中国民间的涉外债务关系中，保人担保制亦普遍存在。它既是外商维护自身利益的需要，也是中国传统中保人习俗影响的结果。

鸦片战争前，西方国家已经与中国有着较为密切的商业往来，当时外商的交易对象仅限于清政府特许的行商。行商拖欠外商债务曾是中外矛盾的焦点之一。英国东印度公司的记载显示，行商欠债的情况年年都有，而且数额巨大，1805年为1058583两白银，1806年增加到1929459两白银，1807—1810年每年都在300万两白银以上。② 为解决行商欠债问题，1838年3月21日英国在华21家洋行联名向英国政府递交请愿书，请求政府进行"强有力的干预"。③

为了满足英商的要求，1842年中英《南京条约》谈判期间，英方强迫清政府废除行商制度，并赔偿商欠300万元。鉴于此次"官偿商欠"的教训，同时考虑到五口通商后新的贸易形势，在《南京条约》善后谈判中，清政府提出了商欠"官为代追，不为保偿"的原则，即民间债务官方可以代为追讨，但不负责理赔。这一原则载入清政府与英国及此后与其他国家签订的条约，成为晚清中国政府处理民间涉外债务的基本政策，并沿用到民国。

清政府虽然承诺对欠债者将予以实力追缴，但也在与各国的条约中强调，代追的前提是"账据确凿，人在产存"，"倘诓骗之犯实系逃匿无踪，欠债之人实已身亡产绝者"，则不能呈请赔偿。④ 那么，一旦债务人逃亡、死亡，或者无力清偿债务，外商的利益又该如何保障呢？在这种情况下，外商在与华民的钱债往来中普遍提出了担保的要求，特别是在华商借款及买办经手的贸易中。

---

① 刘心稳：《债权法总论》，中国政法大学出版社，2009，第172页。
② 马士：《东印度公司对华贸易编年史（1635—1834年）》第3卷，区宗华译，中山大学出版社，1991，第1、24、50、73、97、127页。
③ "Memorial to Viscount Palmerston, March 21, 1838," *British Parliamentary Papers*, *China* 30. Shannon: Irish University Press, 1971, pp. 500-501.
④ 王铁崖编《中外旧约章汇编》第1册，三联书店，1957，第35、40页。

外商向华商提供借贷，一般要求两类担保：一是财产担保，用于担保的财产有货物、钱庄庄票、股票、房屋地契等；二是保证人担保。外商洋行、银行或者私人与华商签订的贷款合同中，一般有保人担保的条款，一旦发生坏账，保人必须承担连带清偿责任。如光绪三十年（1904）福州华民林海三向日商三野洋行赊欠货款，胜兰号李伊妹出面作保，立有票据。后来林海三因经济困难无法偿债，福防同知断令保人和林海三各筹银一半偿还。[1]

晚清涉外经济活动中，最常见也最严格的是买办担保。晚清时期，买办在中外贸易中充当了重要的中介角色，外商洋行和银行的货款、金银、票据等都交由买办经手、保管，这使外商洋行和银行承受了一定的风险。为了规避风险，外商洋行和银行实行了买办保证责任制度。这一制度的内涵主要包括两个方面：一是华民在充任买办时，要对自身的信用提供担保，包括现金、财产和保证人担保。很多外商洋行和银行要求买办必须具备保证人担保，19世纪50年代后，这些保证关系一般通过买办雇佣合同以契约的形式固定下来，[2] 各外商洋行和银行在与买办签订的合同中均明确了其亏损的保人连带赔偿责任。二是买办对所经手的买卖、银钱往来、保管的物品及他所雇用的人员也都要负保证责任。钱财、物品遗失，由买办负责赔偿；外商收取的庄票由买办作保；钱庄向外商的拆款虽不需提供抵押，但也必须得到买办的担保；买办甚至还要担保往来客户的偿付能力，负责追讨或赔偿华商所欠洋商的货款。例如，法商永兴洋行规定：如果华商交货不足或货物出口后发现质量问题，国外要求索赔，出口部买办须负全部责任；进口部买办则负有客户结付全部货款外汇的连带责任，如果客户不按时提货、付款，进口部买办要负担洋行净

---

[1] 《福厦二口外务未结交各案清册》，孙学雷、刘家平主编《国家图书馆藏清代孤本外交档案》第34册，全国图书馆文献缩微复制中心，2003，第14537—14538页。
[2] 姚公鹤：《上海闲话》上卷，商务印书馆，1917，第81页。

损失的 25%。①

对华商而言，接受外商提出的担保要求，一方面是由于其经济力量的薄弱，不得不受控于外商；另一方面则是受中国传统中保人习俗的影响。后者是主要因素。中国古代的民事活动中，记录缔约双方合意的有关权利与义务的书面约定均有第三方参与，称为中保人。中保人见证和担保普遍存在于中国古代的借贷、买卖、雇用、租赁等关系中，不仅土地、房产买卖及其他财产交易，甚至合伙、分家、析产等民事活动，都要有中保人参与书面契约签订的全过程，而且要在契约上签字画押并承担连带责任，即所谓的"行契立中"。这在中国长达数千年的发展过程中已经成为一种传统、一种习惯法则。一直到民国初年，民间中保人习俗依然存在并发挥着重要作用。北洋政府时期，司法部民事司曾就清末与民初的民商事习惯调查资料进行整理，编纂成《民事习惯调查报告录》一书，其中记载了大量关于中人和保人的民间习惯，说明中保人仍是当时大部分民间民事契约的基本构成要件，在民事活动中有着独特的地位。其中有些是纯粹的居间人，只是给当事双方充当中介、见证或者议价人，促成交易，不承担保证责任；有些是保证契约履行，或代为履行契约义务的担保人；有些则居间和担保两种职责兼而有之。就债务关系而言，担保债务的履行是中保人的主要职责，也是中国传统民间债务关系得以成立的重要条件。受这种习俗的影响，华商自然易于接受外商的担保要求，从而使晚清民间涉外债务关系中出现了大量保人担保的情况。

二 晚清民间涉外债务的保人清偿

中保人参与契约订立并担保履行债务，不仅成为中国古代民间的

---

① 中国人民政治协商会议上海市委员会文史资料工作委员会编《旧上海的外商与买办》，上海人民出版社，1987，第 214—215、218 页。

传统习惯，而且得到了国家的认可。历朝历代统治者虽然都没有在法律上对中保人参与契约订立做出明确规定，但当契约受到破坏，或者由于当事人、中保人的欺诈行为而使契约无法履行时，政府都会进行干预。可见，国家对于中保人在契约中的中介与担保作用是承认的，并且依照法律进行制约。在晚清涉外经济活动中，清政府依然承认这一民间习俗的效力，并将中保人制度作为解决中外债务纠纷的重要途径之一。

在中国传统的保证制度中，保人的担保责任并不完全一致，根据是否代偿债务可分为普通保人和承还保人。普通保人对债务不担负连带偿还责任，承还保人则人银两保，"有保证债务人不得昧债及代为清偿之责"，[1] 即对债务负有连带偿还责任。在承还担保中，按照承还保人债务担保的责任范围，又可分为两种。一种是"留住保证制"。这种保证制最初只要求保证人担保债务人不逃亡，如债务人逃亡则由保证人负责找回，倘不能找回，则保证人负代偿责任，后来演变为因债务人逃亡或死亡不能清偿债务时，保证人均须代偿。另一种是"支付保证制"，即债务人不论何种原因不能清偿债务，都由保证人代偿。这一制度在宋代已经很普遍，明清时期甚至近代都非常流行。在涉外经济活动中，一旦发生债务纠纷，双方当事人一般以合同为准进行索赔，公堂亦以合同为据裁断。晚清华民与外人签订的经济合同中出现的基本上是"支付保证制"，而且是以合同约定的形式设定担保责任，即在合同中载明保人须承担偿还责任。

通常情况下，保人的责任有有限保证和无限连带保证之分。在华民与洋商订立的合同中，有的载明了保人的承保数额，担保人只对所承保的部分负责，这就是有限保证。如1889年公和洋行买办宋静川亏

---

[1] 前南京国民政府司法行政部编《民事习惯调查报告录》下册，胡旭晟等点校，中国政法大学出版社，2000，第712页。

空银两，西人控请保人魏肯堂照赔。公堂传魏到案，魏呈上的保单载明 3000 两，① 他所清偿的数额也以 3000 两白银为限。1910 年上海正元庄股东陈逸卿进行橡胶股票投机，向英商勃吉壳阿橡皮公司借银 15 万两白银，其中有 12000 两白银由元丰庄经理吴其荣担保。正元庄倒闭后，该公司向吴追讨，但仅限于其承保的 12000 两白银。② 在无限连带保证责任下，保证人对债务清偿必须负全部担保责任，当债务人不履行债务时，债权人可以直接请求保证人代债务人清偿债务。这跟现代担保制度是一样的。③ 此类案例颇为常见。1875 年，同孚洋行买办邓端甫亏欠洋行 7000 两白银之款，其保荐人广祥合店主林美光照例赔补。④ 1879 年，义记行买办李某亏欠些厘公司洋人银两，逃匿无踪，洋人向公堂控请保人孙明才全额理偿。⑤ 1883 年，三菱公司买办钱静涵亏空逃走，日本公使榎本武扬向中方递送节略，要求保人郭研溪赔抵，郭潜逃安南，清政府令署两广总督曾国荃行文安南，予以查拿。⑥

但是，也有些涉外合同对保人的责任范围规定得不够明确，或者在措辞上没能正确表达双方的意愿，结果引发了外商与华民之间的争讼。镇江的宋彩案就是一个典型的例子。1874 年 2 月，沙逊洋行聘宋彩为镇江买办，宋邀杨泰记作保，保银 7000 两。1875 年 10 月，沙逊在镇江的生意扩大，要求宋彩增加保银，宋又邀史岂生作保。后来，宋彩亏银 46000 多两。案发后，宋彩所有房屋道契抵归沙逊洋行，家具等财物亦被洋行封存，但仍不足以清偿。洋行向保人索赔，杨泰记情愿如数赔偿，史岂生的保单内没有写明保银，只有"清理"字样。⑦ 史岂生认为，自己属于普通保人，仅担保债务人不逃亡并帮

---

① 《西商控案》，《申报》1889 年 4 月 16 日。
② 《亦被陈逸卿所害》，《民立报》1911 年 10 月 1 日。
③ 刘心稳：《债权法总论》，第 178 页。
④ 《累及保人》，《申报》1875 年 9 月 2 日。
⑤ 《索欠关人》，《申报》1879 年 6 月 10 日。
⑥ 《华人亏欠洋商银两》，孙学雷、刘家平主编《国家图书馆藏清代孤本外交档案》第 4 册，第 1351、1354 页。
⑦ 《道宪会审沙逊案》，《申报》1876 年 4 月 4 日。

助清理债务。沙逊洋行却视其为承还保人，有连带赔付责任，必须与买办一同赔偿。此案经中西官员会审，但会审公廨的判决究竟如何不太确定，《申报》所录堂谕中令史岜生限期帮同清理，而沙逊洋行多次声明公堂判定保人与买办合赔。① 从后来债务清偿的实际情况看，保人帮同料理的可能性更大。1876 年 5 月中旬《申报》所刊堂谕限宋彩一个月内将账目清理完毕，但到 6 月底，此案又发交上海县复审，公堂仍令宋彩立限料理。因亏欠数额巨大，宋彩想尽办法筹银，最后尚亏 17000 两，只好托人向沙逊洋行商量减让，由他再设法筹银 3500 两，保人认赔银 4500 两，共计银 8000 两，完结此案。② 这种清偿方案虽然没有得到沙逊洋行同意，但可以看出，直到此时史岜生才真正表示愿意适当赔补，当然这并不是说他已承认自己有连带偿还责任，他只不过把此举当作对宋彩清理账目的一种帮助，所以他提出的认赔数目是 4500 两，而不是洋行所说的 1 万两保银之数。

在诸如此类的案件中，保人担保责任的认定是关键，也是难题。如前所述，保人制度被华商接受并得到普遍运用，主要是因为它符合中国传统的民间习惯，具备实施的基础。但外商在利用保人制度为其债务提供保障时，出于自身利益的考虑，却不接受这一制度内含的中国传统，这种损人利己的态度必然使其与华民的交往出现不愉快的情况。

此外，这一争议的产生也跟中外文化的差异、语言的隔阂有着很大的关系。正是这种差异致使合同签订时就偏离了双方当事人的意思，为后来的争端埋下了隐患，而华商及其保人更是由于语言的隔阂经常吃亏受累。例如，1892 年华商时记以丝头抵押向洋商甘德司借银 350 两，由朱锡臣立单作保，最初订立合同时双方议明 3 个月为期，后来因为洋东不同意，又立西文字据，声明两个月为期。时记店

---

① 《译沙逊致本馆信》，《申报》1876 年 5 月 16 日；《沙逊致本馆信》，《申报》1876 年 5 月 26 日。
② 《复审买办亏银案》，《申报》1876 年 6 月 29 日。

主王松鹤不认识西文，不知道已经改为两个月期限。两个月期满后，时记未取赎抵押丝货，洋商照合同将丝变卖，只卖得银90两，亏折银260余两，于是将其告上公堂，要求赔补。公堂讯断："应以笔据为凭，逾期变卖丝头并无不合，其所亏银两应由签名担保的朱锡臣如数认赔。"[①]

三 关于晚清民间涉外债务中保人制度的评价

晚清民间涉外债务中的保人制度，虽是外商为维护自身利益而行之，并在实施中与华商之间存在诸多冲突，但也是根植于中国传统民间习惯的一种制度，它的普遍运用客观上有利于中外经济活动的顺利开展，在一定程度上促进了中外贸易的发展。鸦片战争后，中国被卷入世界资本主义经济体系，中国与世界各国的经济交往和贸易往来也日益密切。在这一过程中，债权债务关系的发生不可避免。在民间借贷、买卖、租赁等涉外经济活动中，保人的参与维护和规整了民间的金融和市场秩序。保人在见证债务关系成立的同时，更要保证债务归还的如期履行，这为市场流通和贸易的开展提供了保障。以1890年2月英商鲁意师摩控告董元生、徐梦阶一案为例。据称，鲁意师摩雇用董元生为买办，董又雇用徐梦阶为帮办，不料徐梦阶擅自扣留洋东货银500余两。后经讯问，徐梦阶充任帮办的垫银是向别人借的，需要归还，因为发现董元生已亏空洋行900余两白银，恐以后难于料理，银两无着，所以擅自扣留货款。这一做法显然是不对的，有损外商的合法利益。鲁意师摩邀请董元生的保人陈宝林出面料理，陈宝林将董元生保出清理账目。[②] 可见，保人的存在对维护正常的经济秩序、化解中外矛盾、避免债务纠纷起到了一定的积极作用。

---

① 《会审抵欠》，《申报》1892年9月28日。
② 《结算账目》，《申报》1890年3月18日。

保人制度在民间涉外债务中的运用亦在一定程度上弥补了晚清中国民商法缺失带来的问题。中外条约对华洋互控案的规定是，涉讼华民和外人各依本国法律治理，而晚清中国缺乏办理涉外债务案件的国内法律依据。鸦片战争前的中国，自给自足的自然经济占统治地位，商品经济没有得到充分发展，商品经济活动中所产生的钱债等民事法律关系亦不受重视，没有发展起独立而完备的民事法律体系，对钱债等本应属于民事法律调整范畴的法律关系，均使用适用于刑事法律关系的调整方式。当时清政府赖以统治的根本大法是《大清律例》，但《大清律例》"民刑不分、诸法合体"，且以刑律为主要内容。20世纪初的法律改革中，清政府进行了民商立法的尝试。1903年颁布《钦定大清商律》，但该律并不适用于普遍的钱债诉讼，更未对涉外债务问题做出规定。1906年问世的《破产律》仅实行了一年半的时间。中国民商法的缺失使涉外债务案件的办理无法可依、无章可循，而保人制度通过民间途径对债务人义务的履行起到了极大的督促作用。

特别值得重视的是，晚清时期的涉外债务担保制度已经体现了现代民法的某些精神，这主要表现在两个方面。

一方面，在界定保人担保涉外债务的责任时，清政府已经懂得并强调债务担保的从属性和保证诉讼的时效性。1882年秋，公平缫丝栈经理洋人控告华民方子记以80张股票向该栈抵银4000两，只还了1000两，尚欠3000两及利息，请向保人吴月亭追偿。此案会审时，太守发现，根据借据，该项股票的抵押期为四个月，逾限应予以拍卖，但现在已经耽搁一年多，正是由于耽搁了时间，股票价值暴跌，致使债务人无力认偿。鉴于这一情况，太守认为："未便再向保人是问，一概斥退。"[1] 中方会审官员虽然是从习惯和情理上对此案做出判决，但这种判决和现代民法关于债务担保纠纷的处理法则是一致

---

[1] 《保人免累》，《申报》1882年9月27日。

的。其一，债的担保是从属性权利和义务关系，它的主要功能在于填补债权人因债务没得到履行所遭受的损失，保证债权人利益，所以向保人追索的前提是债务人不履行债务，且其财产不足以抵偿债务。而此案中，方子记除保人外同时有股票抵押作为担保，应该先按合同将股票拍卖，不足部分，债务人不能或不愿清偿的话，才能向保人追索。其二，从保证诉讼的时效来说，公平缫丝栈也不能再向保人索偿。因为合同签订的是超过四个月就可将抵押股票拍卖偿债，而此案已经耽搁一年多，此时市场行情发生了很大变化，股票价值已有所不同，债权人未在约定期间行使债权，保证人的担保责任自然也不存在。

另一方面，在界定涉外债务担保的有效性时，清政府强调债务担保必须是保人真实意思的表达，无作伪、欺诈情弊。这符合现代民法中关于债务担保生效的基本条件。如，1873 年同孚北栈王祥源请该栈西人麦健向德意志银行借银 10484 两，以两处煤斤 1112 墩和 1027 墩作抵，后因煤斤数量不足，王祥源邀同业魏同源、茅杏记各保银 4000 两。魏要求王以平安火船 4000 两白银的股份单质押，王不同意，魏作保之事未成。但随后，王祥源私自授意账房以魏同源的名义立保单盖戳，搪塞麦健。后来王祥源逾期未还款，麦健将其告上公堂，魏、茅二人作为保人一并控追。茅杏记因立有保单，无法抵赖，被判与王祥源一并关押。魏同源的保单经审讯系王祥源伪造，当堂释放。[①]

晚清民间涉外债务中保人制度的运用虽有一定的积极意义，但从根本上说，这一制度具有不平等的性质，是外商提出的一种不对等的片面要求。

与中国自给自足的传统社会不同，近代中国人与外国人之间的经济交往是一种资本主义扩张背景下的新型经济关系，而且是一种带有

---

① 《同孚北栈美国人麦健控魏同源、茅杏记案》，《申报》1873 年 10 月 30 日。

经济侵略性质的关系，中国商人在融入这种新的经济体系和经济关系的过程中明显属于弱势群体。在近代众多的民间涉外债务纠纷中，洋控华的案件大大超过华控洋的案件。这意味着，在华民与外商之间，华民是债务的主体，外商则往往拥有债权。这也将大量的华民债务担保人拖入了债务的泥淖，许多充当保人的华民因债务的连带履行责任受到牵连，有的甚至倾家荡产。在晚清时期的各类报刊中关于保人受累的新闻时有所见。1907年，日商滨田暨吉杂货店伙计蔡惠堂私用账银逃逸，公廨将保人协隆烟纸店主蔡五林拘究，并将该店发封。①1908年，华民刘裔卿欠下德商鲁麟洋行巨款，保人张福堂因畏惧清偿而逃匿，公堂便将其子张子善收押，令其请人赶紧寻找父亲，否则将家产发封作抵。②

出于对自身利益的维护，外商一方面要求华商遵循近代经济规则，另一方面又在债务担保上保留了旧式契约的一些做法，常常任意要求保人甚至其家属承担无限连带责任。例如，1885年，宝源公古玩铺店主万成向呵咖喇银行某西人借银4000两，其中裕昌洋行买办陈湧朝保银2500两，马瑞和号店主马日绅保银1500两，万成逾期未还银，西人控于公堂，要求向保人追偿。③当时，马日绅已过世，公堂令将其弟管押，要求其找人担保，并在三日内缴银。④按照现代民法，担当保证的自然人死亡的，"其继承人以其遗产为限，清偿保证债务"。⑤但是在晚清民间的涉外债务纠纷中，经常可以看到债务人死亡，其子或其他家属必须替其偿还全部债务的做法，而此案中马日绅的弟弟作为保人家属也一并负有连带清偿责任。

更重要的是，晚清民间的涉外契约只有形式上的平等和自由，实质上却是"不平等"和"不自由"的。当时中国人与外国人签订的

---

① 《累及保人》，《申报》1907年9月16日。
② 《保人受累》，《申报》1908年12月5日。
③ 《保人受累》，《申报》1885年4月18日。
④ 《具限缴银》，《申报》1885年4月25日。
⑤ 刘心稳：《债权法总论》，第198页。

契约，只有中国人有保人，且要求保人负连带偿还责任，而外国人是没有保人的，当外国人欠债于华民的时候也没有保人理赔的做法，华民因外商破产、潜逃而吃亏受损的事件时有发生。在晚清中国的华洋借贷中，虽然主要是外商向华商放款，但也有少数华商向外商放款的情况。19世纪50年代，许多资金紧张的外商洋行向华商借款或赊账，广隆洋行欠华商债务多达30万元，旗昌洋行在1856年欠中国钱商、丝商和茶商40万元。怡和洋行在放款给华商的同时，也欠华商大笔货款。① 这些借款都没有保人担保，都具有一定的风险。光绪元年（1875）四月，美商琼记洋行破产，欠下华商债务75000两白银，相当一部分未能偿还，其中上海庞怡泰丝栈被欠15000余两白银，不但未得分毫，反而因败诉而被判承担讼费。② 光绪三十四年，美商李德欠华商谷鹤松债款后潜逃，美国驻华官员只将其所遗物品拍卖分偿一部分。③ 可见，华商的涉外债权没有得到同等的保证，保人制度的实施从根本上来说是外商单方面强加给华商的束缚。

此外，晚清民间涉外债务中的保人制度植根于中国的传统习俗，是以亲缘关系和社会关系而不是法律关系为基础，其债务连带责任给担任保人的华民造成了沉重的负担。时人曾流行"不做中人不做保，一世无烦恼"的谚语，说明保人担负的责任之重。进入20世纪，随中外贸易的迅速发展，国际国内经济环境的急剧变化和商业竞争的日益激烈，很多华商经营失败，无法清偿债务。"支付保证"式的保人制度也越来越让人望而却步，加强民商立法，以法律手段保护债权人的利益成为大势所趋。

---

① 郝延平：《中国近代商业革命》，陈潮等译，上海人民出版社，1991，第98、111页。
② 《控欠丝银》，《申报》1876年1月9日。
③ 《中美往来照会集（1846—1931）》第11册，广西师范大学出版社，2006，第222页。

鸦片战争前后耆英的海防举措与想法

——兼论近代中国海防变革之迟滞

李光和[*]

耆英（1790—1858），字介春，正蓝旗人，清宗室贵族，道光朝重臣，一生于外交、军政颇有建树。鸦片战争前后，耆英的对外交涉活动及其思想对晚清的外交产生了深远影响，而其海防实践及其思想则拉开了中国海防战略由传统走向近代的序幕。学术界关于耆英的研究多侧重于其鸦片战争后的对外交涉活动、思想及影响等方面，而于其海防实践与思想则鲜有专文论及。[①] 鸦片战争前期，耆英

---

[*] 李光和，广东财经大学马克思主义学院教授。

[①] 学术界关于耆英的研究多侧重于其对外交涉活动方面，如李少军《试论耆英的投降外交》，《武汉大学学报》1990年第3期；李光和《"示以诚信，一视同仁"——鸦片战争时期耆英对外交涉思想探析》，《贵州社会科学》2005年第4期；王中茂《重评耆英的外交活动及其思想》，《史学月刊》2006年第12期；王开玺《略论第一次鸦片战争期间耆英的制夷思想与实践》，《社会科学辑刊》2008年第1期；陈开科：《耆英与第二次鸦片战争中的中俄交涉》，《近代史研究》2009年第4期；李少军《再论耆英外交》，《史学月刊》2010年第12期。诸文对鸦片战争前后耆英的对外交涉活动及其思想进行了较系统而深入的研究。且在梳理耆英的对外交涉活动及其思想时，均简略地涉及了鸦片战争前后耆英的海防举措与思想，尤其在王开玺的论文中特别提到了耆英"师西法造船造械"的主张与"水陆并重"的御守原则，但内容过于简略，缺乏实证。而关于鸦片战争前后的海防研究，学术界主要集中于两个方面。一是近代海防史的宏观研究，论文如史滇生《中国近代海防思想论纲》，《军事历史研究》1996年第2期；戚其章《晚清海防思想的发展及其历史地位》，《东岳论丛》1998年第5期；姜鸣《晚清海防思想研究》，《史林》1988年第3期；孙占元《近代海防观的萌发与海防议》，《浙江学刊》1995年第5期；著作如鲍中行（转下页注）

在奉天积极部署海防，提出"严守口岸""以守为战"的战略思想；鸦片战争后，耆英在江南整军经武，提出"水陆并重""改革水师定制""师夷长技""整顿吏治、融官民于一体"等海防变革举措与思想。但囿于时局及对西方的认识不足，鸦片战争时期耆英的海防变革举措及其思想，方开其端，即告夭折。本文拟依据相关档案史料，就上述问题做一梳理与粗浅的分析。

一 盛京将军任上的备战："严守口岸" "以守为战"的海防战守措施

1840年6月，英国发动了鸦片战争，中国千里海疆同时告警。道光帝谕令沿海督抚、将军加强戒备，积极设防。时任盛京将军的耆英在奉天督率官兵进行积极的军事防御，加紧海防部署，提出了"严守口岸""以守为战"的海防战略，具体措施如下。

第一，增调兵力，充实海防。强大的、训练有素的军队是取得战

（接上页注①）《中国海防的反思——近代帝国主义从海上入侵史》，国防大学出版社，1990；茅海建《天朝的崩溃——鸦片战争再研究》，三联书店，1993；王宏斌《晚清海防思想与制度研究》，商务印书馆，2005；刘中民《中国近代海防思想史论》，中国海洋大学出版社，2006。上述研究在宏观上对中国近代海防的历史沿革与变迁进行系统梳理的同时，均注意到鸦片战争前后海防实践与思想的变化及其开中国近代海防之先河的特点，但对中国海防转型之初所面临的困境及其沿革背后的复杂多重因素之分析有待深入。二是鸦片战争前后重要人物的海防实践活动与思想的研究，已有的成果多聚焦于林则徐、魏源、姚莹等代表人物。如戚其章《魏源的海防论和朴素海权思想》，《求索》1996年第2期；戚其章《姚莹的海防思想与海国研究》，《安徽史学》1994年第1期；黄新田、孟彭兴《魏源军事思想再研究——论魏源的海疆防御思想》，《史林》1989年第2期；黄顺力《传统海防观与林则徐海防思想刍议》，《中国国情国力》2001年第12期；刘中民《林则徐的海防思想》（上、下），《海洋世界》2009年第3、4期；田东军《林则徐海防战略思想析论》，《天中学刊》2014年第3期。相关的研究分别对林则徐、魏源、姚莹等的海防实践活动与思想在鸦片战争前后的变化、内容、特点进行了深入的探索，给人以启发。但就目前有关鸦片战争前后重要人物的海防实践与思想研究现状而言，有两点尚待学术界进一步拓展：一是鸦片战争前后重要人物的海防实践及思想与中国近代海防之推演、变革的关系；二是拓宽研究对象与范围，挖掘道光晚期对朝政颇具影响的其他重臣疆吏的海防实践与思想，譬如对耆英之海防实践与思想的研究，迄今为止尚无专论。

争胜利的重要条件，奉天为清政府之重地，然驻军数量不多，海防兵力相当单薄。奉天西部的锦州、山海关为京津之门户，战略位置极其重要，但驻守兵力不过1000人，耆英奏请从黑龙江、吉林分调官兵5000名进驻锦州、山海关，并多次亲赴锦州、山海关巡查督视，激励将士积极备战。奉天省城南方的旅顺口、金州、覆州、盖州各岛屿为海上入陆必经之地，但防守空虚，如旅顺仅有兵力几百人，耆英在该处增派"水师官兵八百名，水手一百名，战船十余只"，①从严防守。1840年8月，有两三艘英军船舰游弋在金州、覆州、盖州各岛屿洋面，耆英"先期于省城官兵内，挑选精兵一千名兼程前往，拣派各协领赴各要隘口岸分头堵防"。②在覆州由原守兵700名的基数上"增拨官兵三百名，协领等官六名，分布安设，并择高埠岭六处，分置官兵，协同民社三百名，协力堵防"，同时"增调省城马队六百名，省城官兵三百名驻扎盖州"。③金州、覆州、盖州三处岛屿，当为金州战略地位最为重要，为奉天门户旅顺所属第一隘口，耆英在此布重兵设防，"付发官兵四百名，民役一百五十四名，乡勇一千五百三十三名，统计兵役乡勇二千八十七名……调熊岳兵二百名，酌分工营，于金州城南距红土崖海口八里之丁国寨地方驻扎，以处援引"。④如此，耆英于奉天南路的布防以旅顺为重心，以金州为前沿哨所，层层设兵堵防，形成相互援引之势。

第二，添铸枪炮，加固口岸。耆英认为"以守为战"的海防战略实施的成功，除增兵设防外，最重要的是海防设施的坚固与枪炮武器的充裕。由于国家承平日久，奉天与全国其他地方一样，存在营务懈弛、炮台废弃、枪械匮乏的情形。耆英深以为忧，战端已起，以废旧之武器装备、荒芜之炮台防御工事，如何言守言战？只得加紧备

---

① 文庆等纂修《筹办夷务始末·道光朝》，中华书局，1964，第454页。
② 文庆等纂修《筹办夷务始末·道光朝》，第455页。
③ 文庆等纂修《筹办夷务始末·道光朝》，第454页。
④ 文庆等纂修《筹办夷务始末·道光朝》，第498页。

战，当务之急乃加固口岸防御工事与添铸器械二大端。① 就战略位置而言，南部旅顺口当为要冲，其存失关系到奉天全省乃至整个东北的安危。耆英调集大量民夫兵士加紧修葺该口废弃炮台，"除旧有大炮三处外，于临岸新建炮台一座"。② 并整固加厚口岸阵地，"深挖壕堑，增填高垒，以避矢石"，指出"土堡为御敌要法，扎饬旗民地方官，除沿海口已挖壕外，壕土堆置之处乃须加倍添厚"。③ 旅顺口之外的金州、覆州、盖州及西部的锦州、山海关等隘口的防御工事均在较短的时间内得到重新修葺与整固，其防御能力得到了加强。针对各口岸的枪械废缺，耆英下令将奉天省城库存的枪炮器械分运各处，同时开设制造局，铸造新的火炮、抬枪、鸟枪等以资补卫。据统计，南部的旅顺、金州、覆州、盖州等口共计新添"火炮四十四尊，抬枪一百三十竿，鸟枪九百八十竿"；④ 西部的锦州、山海关、宁远各口也增添"五千斤重炮二尊，四千斤炮十一尊、三千斤炮三尊"并抬枪、鸟枪若干。⑤ 如此，各口岸驻军的武器装备得到充实与改善。

除上述措施外，耆英还督促各地方官雇募乡勇、民勇，组织团练，"每一百名设头目一人，副头目二人，约束教演"，严加训练。⑥ 并号召沿海岛屿居民主动组织起来，"自卫身家，自固藩篱"。⑦ 利用民间的力量协助保卫海疆。

客观地讲，在"严守口岸""以守为战"的思想指导下，耆英的军事部署使奉天的海防得到一定程度的改观，各口岸的防御力量与战斗力也大为加强。当然这只是相对于鸦片战争前奉天的防守空虚与营务废弛而言，若因此而夸大其防御的功能与作用，则不饬又是一种虚

---

① 文庆等纂修《筹办夷务始末·道光朝》，第499页。
② 文庆等纂修《筹办夷务始末·道光朝》，第499页。
③ 文庆等纂修《筹办夷务始末·道光朝》，第1356页。
④ 文庆等纂修《筹办夷务始末·道光朝》，第497页。
⑤ 文庆等纂修《筹办夷务始末·道光朝》，第498页。
⑥ 文庆等纂修《筹办夷务始末·道光朝》，第665页。
⑦ 文庆等纂修《筹办夷务始末·道光朝》，第666页。

言妄语,这种单纯的海陆口岸防御是不可能对付如英国这样的近代海上强敌的。鸦片战争的主战场在闽粤与江南,奉天地界洋面曾有零星的英军船舰过往游弋,是为探测线路和索购食物,并没有与当地清军发生战事。

耆英的这种"严守口岸""以守为战"的战守思想,是鸦片战争时期沿海督抚、将军普遍采用的一种海防战略。鸦片战争爆发初期,两广总督林则徐提出"弃大洋,守内河,以守为战,以逸待劳,诱敌登岸,聚而歼之"的御敌方略;两江总督裕谦也认为"出洋击逐,实非万全之策,惟有坚持定见,以御为剿,以守为攻,严防要隘,……或诱彼登岸,更可大加剿洗"。① 山东巡抚托浑布在山东的海防部署亦同样未超出这一定见。这种普遍共性的存在,从思想根源来追溯,一是耆英等清朝的封疆大吏本能地继承了宋、明以来中国"重陆轻海,以陆守为主"的海防传统。这是长期以来中国特有的政治、经济、文化、观念等因素综合作用的结果。二是来自他们对当时敌我双方军事力量的有限认识,认为清军的海上力量不如英军,而英军的近陆作战能力则远逊于清军,扬长避短,乃是务实明智之策。耆英说:"以严防守,惟思便于水者,必不利于陆,该夷匪胆敢登岸蹂躏,我兵并力剿除,……断不容其肆意滋扰。"② 林则徐认为:"该夷兵船笨重,吃水深至数丈,只能取胜利于外洋,破浪乘风,是其长技,惟不与之在洋接仗,其技即无所施。"③ 坚信英军只能海战不能陆战,清军只要不与它"在洋接仗,其技即无所施"。④ 如果能设法诱敌登岸,就可轻易制敌于死命。清军"以守为战,以逸待劳之百无一失也"⑤ 正是建立在这种对中英军队海陆战作能力肤浅认识的基础上,"耆英们"自认为寻到了克敌制胜的法宝。对于"耆英们"的

---

① 文庆等纂修《筹办夷务始末·道光朝》,第 1897 页。
② 文庆等纂修《筹办夷务始末·道光朝》,第 454 页。
③ 文庆等纂修《筹办夷务始末·道光朝》,第 217 页。
④ 文庆等纂修《筹办夷务始末·道光朝》,第 277—278 页。
⑤ 文庆等纂修《筹办夷务始末·道光朝》,第 279 页。

这一视之为当然且充满信心的战守举措，应从历史的角度去分析，处于封建末代王朝的整体惰性与虚骄自大氛围熏染中的"耆英们"（纵使开明、果决如林则徐者亦然）不可能超越历史的传统，更何况他们才从闭关自守中探出头来，对自身历史的反省与对西方的认识也必然要经历一个循序渐进的过程。若罔顾历史场景或以今人的标准对这一防守措施一味地苛求或指责，就不是历史的客观考量了。

二　两江总督任上的求变："水陆并重" "师夷长技"的海防变革举措

鸦片战争，英军的坚船利炮使中国的东南海防设施与海防力量遭受致命的打击，中国传统海防几乎全面崩溃。丧权辱国的中英《南京条约》签订后，道光二十二年九月二十三日（1842 年 10 月 26 日），道光帝即刻谕令沿海将军、督抚筹议海防善后事宜："现在英夷就抚，准令通商，各海口仍应加意防范……从前所设水师船只，几同具文，且今昔情形不同，必须因地制宜，量为变通。所有战船大小广狭，及船上所列枪炮器械应增应减，无庸泥守旧制，不拘何项名色，总以制造精良、临时适用为贵。即如各口岸所安大炮及屯守兵丁，若令其终年在彼摆列驻扎，断无此办法，并应设法妥筹，期于有济。至临敌之际，炮位兵丁不可排列前面，后路应如何层层接应，或旁抄夹击，出奇设伏，方可制胜。无论陆路水师，其兵丁应如何遴选技艺，勤加训练，方臻纯熟船上与岸上施放枪炮，各有机宜，应如何分别讲究沿海大小岛屿，可否另有布置，搅仍视为一概相同，临时安能得力？至江海要隘如何布置，方可扼要固守种种善后事宜，着各就地势，悉心讲求，妥议章程具奏。"① 各地将军、督抚群起响应，就善后防务建言献策，形成一股筹议整饬海防的热潮。时任两江总督的

---

① 文庆等纂修《筹办夷务始末·道光朝》，第 357 页。

耆英在江南积极部署海防善后，重建被摧毁的防务设施，加强整顿败落的海防力量，提出"水陆并重"的御守原则，改变传统的"以守为战"的御守模式；倡导师法西方先进的造船铸炮技术，改革水师定制；指出修明政治、整顿吏治以结民心是海防巩固、国防安全的一条重要措施。

第一，修复、修筑江海防务设施，提出水陆并重的御守原则。

江苏的防御设施在鸦片战争中遭到严重破坏。吴淞口为由海入江必经之处，是上海的门户，也是长江的第一道屏障，一直是江苏的海防重点。其西岸土塘共设火炮134门，东岸土塘及炮台设有火炮20门。但经吴淞一战，"庐舍炮台，尽成瓦砾，海塘椿石，亦多裂断，原设铁炮，有敲断两耳，钉塞火门者，有推堕海中者，种种蹂躏情形，竟至目不忍视"。① 耆英督率军民重建吴淞炮台，添置火炮，同时"于吴淞口东西两岸，设立吴淞、川沙水师参将二员，守口巡洋。又于江北通州地方，设立狼山镇总兵一员，与江南之福山营游击，对峙于江海之交"。② 除吴淞外，在长江隘口江阴的鹅鼻嘴、丹徒的圌山及象山、焦山、燕子矶等处增设兵弁、建设炮台、添置战船。由此，战后江苏的防御设施有所改善，防御力量得以巩固与加强。

除了修复、修筑江海防御设施，耆英还提出改变传统的"以守为战"的御守之策，提出"水陆并重"的御守思想。1843年2月，漕运总督李湘芬上奏道光帝，认为对付夷人"拒水不如拒之于陆……而我之陆路可加倍胜之"。③ 这是一种建立在中国长于陆而短于水的传统认识基础上的看法，但鸦片战争的事实已证明，清军无论是水战还是陆战，均无法与英军抗衡。耆英根据当时对中英两国军事实力的综合认识，认为："舍水守陆，则水师废，水师废，则不必夷

---

① 王之春：《国朝柔远记》，赵春晨点校，中华书局，1989，第465—466页。
② 文庆等纂修《筹办夷务始末·道光朝》，第2507页。
③ 文庆等纂修《筹办夷务始末·道光朝》，第2564页。

人之或有反复，即沿海土盗已足为患……至设守必当水陆并重，不可偏废。"① "若一味株守口岸，或凭城自固"，只能处处被动挨打。耆英分析了海防、江防与城防三者的利弊优劣："从来议海防者，以出海会哨，毋使入港为上策；循塘拒守，勿使登岸为中策；出水列阵，勿使近城为下策；不得已而守城，即为无策。"② 强调上策、中策与下策即海防、江防与城防三者相结合，其中以海防最为重要，但考虑到当时清军水师的落后，"海防未备"，尚不能与对手争锋海上的现实，"不得不先议江防"。"防江之法，当以训练舟师，巡哨于江海之交。"③ 这里耆英所说的防江之法不是单纯地在江岸隘口设置炮台、布置军队，等待敌人的进攻，而是要训练舟师，日夜巡哨，主动拒敌于江海相交之区。从长远来看，海防之道必要突破原来的一味固守海岸的传统防守之樊篱，尽快尽力训练出新的强大的舟师，出海会哨，与敌搏击于大洋之中。耆英"水陆并重"的海防思想是对传统的"以守为战"御守之策的率先突破。

第二，师法西方先进的造船铸炮技术，改革水师定制。

鸦片战争失败的一个重要的原因是，清军陈旧、落后的武器与英军的"船坚利炮"太过悬殊。亲历江浙战场的钦差大臣耆英对此感受尤深，"彼之长技，在于大炮、火箭二项，其接仗时黑夷潜伏舱中，身有所护目有所见，装药下子，又甚便捷，白夷置身桅巅，用测远镜窥定，高下远近，号令施放，故能无发不中。火箭即随炮飞来，燃烧甚烈，我之炮力，本不如彼炮之致远，……我炮施放，一出之后，彼炮则接踵而来，官兵无容身之地，不及装药再放，是彼炮可以连环接续，而我一炮止有一出，发而不中，等诸无炮。"④ 并且指出"夷之不能制者"，不但在其"炮火猛烈，机法灵巧，连环轰击，竟

---

① 文庆等纂修《筹办夷务始末·道光朝》，第 2594 页。
② 文庆等纂修《筹办夷务始末·道光朝》，第 2509 页。
③ 文庆等纂修《筹办夷务始末·道光朝》，第 2543 页。
④ 中国史学会主编《鸦片战争》(3)，上海人民出版社，1957，第 471 页。

日不休",而且在于其"舟如城坚,铜墙铁壁,舵水纯熟,驾驶如飞",①"逆夷犯顺以来,恃其船坚炮利,横行海上,荼毒生灵,总因内地师船大小悬殊不能相敌……两年以来,迄无成效……其来不可拒,而其去不能追"。② 他指出,清军的战败"并非战之不利,亦非防之不严",③ 而是中英双方的武器装备太过悬殊。基于对中英双方实力的评判,战后耆英特别留心英军的"船坚利炮"。早在南京谈判时,耆英等就登上英旗舰皋华丽号,向璞鼎查、马儒翰及舰上的官兵仔细探询旗舰的构造、材料及火炮、枪械等武器的情况,并让随从登载记录。在奏折中,耆英就此向道光帝做了较为详细的介绍。《南京条约》签订后不久,耆英即上奏道光帝,"抚夷本属权宜之计,并非经久之谋,此时熟筹善后,原期经久","收拾民心,训练兵卒,造船铸炮,非一朝一夕可以奏效,而切要机宜,则在慎选守令将备,使之养教训练,庶民志固,兵气振,三年有勇,七年即戎。……不战屈夷,久安长治,全在于是……惟有卧薪尝胆,力挽颓靡"。④ 他认为"抚夷"仅仅是权宜之计,并非经久之谋,经此一役,朝廷上下须深刻反省,"卧薪尝胆"、"徐图自强",而抵御外侮、巩固海防的当务之急就是练兵铸炮。"筹议江海防守,自应首先购求战船枪炮。"⑤ 他上书朝廷请设苏宝局,制造新式枪炮、战船,仿造西式火轮船,学习西方军事知识,并将福建贡生丁拱辰的《演炮图说》"刊刻颁行各营,令明白文义之人,与各牟兵先行口讲指画,日夕讲解,俾知放炮之法,然后照式试演,以利军用"。⑥ 道光二十三年二月,耆英派员"将江粤二省收买洋枪共二十二杆并火药铜帽铅子药葫芦等物"呈进

---

① 《鸦片战争》(3),第 435 页。
② 《鸦片战争》(3),第 435 页。
③ 《鸦片战争》(3),第 471 页。
④ 《鸦片战争》(3),第 324 页。
⑤ 文庆等纂修《筹办夷务始末·道光朝》,第 2510 页。
⑥ 文庆等纂修《筹办夷务始末·道光朝》,第 2431 页。

朝廷，① 以期引起中枢对这种新式先进武器的重视。耆英认识到了西方的"船坚利炮"，主张师法西方先进的造船铸炮技术，改进和研制船舰炮械，以近代先进的武器来武装军队，这是其海防思想的历史进步性。

鉴于水师的腐败、落后，耆英进一步提出"整顿水师，改革定制"。他曾提请增设外海水师，配备新造水师战船，平素严加训练，定期出海会哨，以抵御海上强敌。同时，他奏请朝廷改变传统的水师营章程，"水师营以讲求操驾舟楫、辨识风云沙线、熟悉大炮鸟枪为首务，不重骑射……嗣后水师营将备员弁，应请查照定例，专取水务枪炮，即骑射稍有生疏，亦准录用，并将赴部之员由部先行阅看鸟枪，如果精熟有准，再准引见，以挽颓风而肃戎行"。② 道光帝对此表示赞同，批示："若不变通，难收实效。"③ 谕令兵部"妥议简明章程，通行沿海各省，一例照办，以肃军政"。④ 兵部遵旨奏报"变通水师章程折"，强调："外海水师迥非陆路可比，若非平日讲求水务，演习技艺，何以收发纵指使之用？是以定例于出洋弁兵，责成该管官留心试看，各验水务缓急，技艺高下，分别等第，本不得专较骑射，即将备千把等官，遇有升迁，亦一体考验各项技艺，以定黜陟。"⑤ 对于兵部所议"变通水师章程"，道光帝即予允准，以上谕的形式钦定，"以后水师考拔提升即以是否精熟枪炮为去取"。⑥ 耆英提出变通传统水师选拔章程，强调对水师官兵的基本战斗素质、新式技能等的培养与训练，这适应了近代战争的变化，可谓传统海军向近代海军转变的先声。

第三，内结民心，以御外侮。

海防的巩固与海疆的民心离向关系密切。耆英指出，海防失利、

---

① 蒋廷黻编《筹办夷务始末补遗·道光朝》第 3 册，北京大学出版社，1988，第 906 页
② 文庆等纂修《筹办夷务始末·道光朝》，第 2533 页。
③ 文庆等纂修《筹办夷务始末·道光朝》，第 2524 页。
④ 文庆等纂修《筹办夷务始末·道光朝》，第 2524 页。
⑤ 文庆等纂修《筹办夷务始末·道光朝》，第 2547 页。
⑥ 文庆等纂修《筹办夷务始末·道光朝》，第 2547 页。

鸦片战争惨败的一个重要原因是民情涣散，内不自安。鸦片战争期间，当英军进攻广州番禺、浙江余姚、江苏镇江等地时，当地少数民众或冷漠观火，或趁机揭竿起事，甚至给英军提供食物等。在全民族的反侵略战争中为什么会出现这种令亲者痛、仇者快的"伏莽莠民"现象呢？耆英认为根源在于清政府内政失修和吏治腐败。在两江总督任上，他曾上奏道光帝，揭露江苏地方吏治腐败之四端，"如催科之术，则以帮费为名、捐款为词，假手书役，任意浮收……设有不遵浮勒之人，书役则以惩一儆百为词，怂恿本官，或指为包揽，或指为挢交，甚或捏造事端，勾串棍徒，凭空奸告，将不遵浮勒之人，横加摧辱……此民情之所由涣散者一也"；"如遇有词讼，悉置高阁，棍徒因而无忌，讼师因而播弄，书役因而舞弊，案中生案，枝外生枝……设遇人命案件，未经相验，先索陋规，住离数里者指为邻佑，毫无见闻者，佥为干证，虽路毙必累多家，遇缉凶则人皆正犯，不将附近村庄资产荡尽不已，此民情之所由涣散者二也"；"迨至盗贼穷发，无不仰勒讳报，若不遵依，可欺者加以刑吓，难欺者指为捏报，辗转提讯，令其废时失事，盗贼并无一获，事主已受累无穷，甚至因此挟嫌，嘱贼诬攀，以为挟制。更可恶者，捕役豢窃得赃，令其择殷售卖，指赃为证，或牵入案中，或得钱私和，种种凌虐，无恶不作，此民情之所由涣散者三也"；"营员兵丁……借巡查则勒索商旅，买食物则不给价值，窝留娼赌，引诱良家子弟……牧放营马于田间，名曰放青，阻夺货物于道路，指为偷漏，盗劫案件，则怂恿地方官，扶同讳饰，兵民涉讼，则鼓胁众丁，群起而攻。此民情之所由涣散者四也"。① 正是地方官府和官吏的极端腐败，造成了国内尖锐的阶级矛盾，"官与民，民与兵役，已同仇敌"，"吏治日坏，民生日困，民皆疾视其长上，一朝有事，不独官民不能相顾，且将相防，困苦无告

---

① 王之春：《国朝柔远记》，第 468—469 页。

者,因而思乱,此实不能御寇之由"。① 在鸦片战争的海防善后事宜中,耆英认为修明政治、整顿吏治以结民心是海防巩固、国防安全的一条重要措施。整顿吏治,"首重慎选守令",应首先"从约束书役,清厘词讼,严拿盗贼,作为下手功夫",而后"渐推至于省刑罚、薄税敛",缓和官民之间的矛盾,"以收人心"。唯有如此,才能"俾良民为我所用,莠民亦化为良民,虽有强敌当前,而众志成城,彼亦无能为役矣"。英人以"彼有限之游魂,安敢轻视我无尽之兵民?"②

梳理鸦片战争后期两江总督耆英的海防善后举措与思想,其要旨有三点:一是提出"水陆并重"的御守原则,甚至强调海防重于陆防;二是倡导师敌长技制造枪船炮舰,注重训练舟师,搏敌于大洋之中;三是从整顿吏治与安抚民生的角度来思考海防建设。以"水陆并重"取代"以守为战",摆脱单纯被动的陆上防御,是海防防御战略布局的改变,可谓中国近代海权意识的萌芽;把造船制炮、训练远洋舟师与师敌长技相联结,是武器装备与军队的近代化的肇始;将清廷吏治腐败而造成的国内矛盾激化与巩固海防、抵御外侮相联系,指出海防巩固与抵御外侮成功的政治前提是整饬腐败吏治、废除苛捐杂税,安抚民生,以至于官民相融一体,这是鸦片战争后耆英海防思想的一个重要特征。

值得注意的是,鸦片战争后期耆英海防战略举措及其观念的改变,是对清军在战争中接二连三失利的反思及重新评估中英双方的实力而产生的。而这一改变与反思,却并非孤例。历经鸦片战争前局后被道光帝革职查办的林则徐亦经历过这一痛苦的思辨过程。鸦片战争中清军的惨败促使林则徐冷静地反省传统的"弃大洋、守内河、以守为战"的海防战略之不足,指出一味强调陆守,以守为战,"譬如两人对弈,人行两步,而我行一步,其胜负尚待问乎?"③ "徒守于

---

① 王之春:《国朝柔远记》,第468—469页。
② 《鸦片战争》(3),第466页。
③ 杨国桢编《林则徐书简》,福建人民出版社,1985,第177页。

陆，不与水战，此常不给之势。"① 由此，林则徐萌发了组建外洋水军的想法："船炮水军断非可已之事，即使逆夷逃归海外，此事亦不可不亟为筹划，以为海疆久远之谋，况目前驱鳄屏鲸，舍此曷济？"② 1841年4月，林则徐以戴罪之身上奏朝廷，提出改变重陆轻海的传统海防方略，学习西方的造船铸炮技术，组建船炮水军及"以民制夷"之海防建议。③ 其内容与鸦片战争后期耆英之海防变革思想惊人相似。鸦片战争期间，林则徐是强硬的主战派，耆英却是软柔的主和派，政见行事，泾渭分明，然而在对鸦片战争中中国军队遭遇失败的反思中，均能突破传统海陆防守之樊篱，师夷长技，提出建立强大的能涉远洋作战的水师之构想，可谓殊途同归。耆英、林则徐在鸦片战争前后关于海防战略的构想，尽管并未付诸实施，却为中国近代海防与近代海军的组建提供了最初的思想原料。

三 两广总督任上的懈怠：海防变革迟滞之溯疑

鸦片战争是中国国防形势面临"千古未有之变局"之开端，然而鸦片战争后的1842年底，道光帝倡导的喧嚣一时的海防善后筹议热潮，并未推动清政府开启振衰起敝、整军经武的变革之路。耆英于道光二十三年授两江总督，颁钦差大臣关防；道光二十四年至二十八年任两广总督兼五口通商大臣。位高权重、膺封疆之任的耆英本应有充分机会兑实其前期所提出的具有近代萌芽性质的海防变革之举措与思想。阅其在鸦片战争后十年的宦海历程，几无踪迹可寻。溯其迁延迟滞之缘，一是耆英的懈怠与"机变"，二是耆英对西洋的认识相当不足。

第一，耆英的懈怠与"机变"。

1844年3月，道光帝调两江总督耆英为两广总督兼五口通商大

---

① 杨国桢编《林则徐书简》，第182页。
② 杨国桢编《林则徐书简》，第192页。
③ 中国近代现代史研究组编《林则徐集·奏稿》中册，中华书局，1965，第885页。

臣，负责与法、美等国谈判，先后签订中美《望厦条约》、中法《黄埔条约》；1845—1848 年，广州城"民夷"冲突频繁，身任粤督的耆英回旋于"民夷"之间，东突西蹶，左右逢迎。① 忙于折冲樽俎的耆英似乎分身乏术，无暇落实其前期海防变革之举措与思想，若结合鸦片战争前后道光帝对海防整变的态度变化来考量，耆英之惰，实则另有一重意蕴。

鸦片战争清军的惨败、《南京条约》割地赔款的屈辱，曾激起道光帝"卧薪尝胆、整军经武"的雄心，在战后曾掀起一场"借取西洋武器"筹议海防的短暂热潮。而随着英军逐步退出海疆、粤东"抚局"议成，道光帝即刻谕令沿海各省撤军，以节约浩繁的军费开支；并谕示各地海防的善后重整、练兵制器当因地制宜，量力而行，宜戒因势兴奢靡浪费之风。② 整军经武需要庞大的军费开支，因而道光帝在战事稍平之后，对添枪铸炮持相当谨慎的态度。1842 年 11 月，广东绅士潘世荣仿造火轮船，而"内地匠役往往不得其法"，上书提议从澳门雇觅"夷匠"，道光帝即刻下旨阻止"毋庸雇觅夷匠制造，亦毋庸购买"。③ 1843 年 7 月，耆英曾进呈新式击发枪，请求仿造。道光帝复批曰："卿之仿造一事，朕知必成望洋之叹也。"④ 1844 年 2 月，耆英又进呈朝廷"洋枪二十二杆"，并奏请开局"逐渐仿造"。道光帝仅朱批对各地进呈洋枪"酌留之"，而于耆英等所请仿造之事，则无一字作复。⑤ 显然，此时的道光帝对于"整革海防""师西洋器"的态度已发生转变。而"多智术"、敏于时断、思虑精密的⑥耆英亦颇能领会上意："各省布置一切，所请军需，业已不少，

---

① 中国第一历史档案馆：《明清宫藏中西商贸档案》（七），中国档案出版社，1992，第 3925—3927 页。
② 《鸦片战争》（3），第 377 页。
③ 文庆等纂修《筹办夷务始末·道光朝》，第 2470—2471 页。
④ 蒋廷黻编《筹办夷务始末补遗·道光朝》第 3 册，第 832—833 页。
⑤ 蒋廷黻编《筹办夷务始末补遗·道光朝》第 3 册，第 907 页。
⑥ 马士：《中华帝国对外关系史》第 1 卷，张汇文等译，上海书店出版社，2005，第 116 页。

不特新制者皆化为乌有，即本有之军装船只炮台，亦多毁失，从新做起，经费实属不赀。臣虽不敢因惜费而误大计，惟制造若不精良，诚如训谕，临时安能得力？而欲期精良，又非克期可以奏功，器械即已精良，而兵多未练，有械仍同无械。"① 这份奏折反映了耆英对于练兵制器，需时耗费，非短期所能奏功的忧虑，也折射出耆英变革海防之意的游移与动摇。1844 年 6 月，中美《望厦条约》签订前夕，美使顾盛欲将"六轮手枪、步枪、蒸汽战舰模型、造船图纸、电话机、望远镜"等礼物送交耆英并请他代为转呈道光帝，耆英却拒绝了。② 有意思的是，半年前的耆英还在派员极力搜罗、购买洋枪以进呈朝廷，此次居然拒绝转呈美使送给道光帝的礼物，前后之反差，精明的耆英若不是准确地揣测到"上意"的变化，是绝不敢擅作主张的。1844 年 10 月，法使拉萼尼向耆英建议中国政府可"派官赴伊国，学习修船铸炮水战兵法"，③ 耆英回应道："船炮水战，用之各有其宜，便于西洋者，不必便于中国，且中国于洋船洋炮亦均能仿造，更无庸远赴弗兰西学习。"④ 此时对西方"船坚利炮"的认知和态度与其之前主张的"师夷长技"截然有别。观念懈怠随之而来的是行动上的迁延与保守。其后，耆英莅任两广总督，治粤七年，于粤东海防建设上除恢复旧观外，仅于 1846 年倡建九龙城寨。⑤ 而新建九龙城寨，从建筑结构、防御设施、防御功能等来看，与鸦片战争前清代传统的海防军事防御工事几无任何改造与更新。⑥ 其他诸如"水陆并重""师夷长技""改革水师""整顿吏治"的振衰革新之举更几无涉及。⑦ 另外，《南京条约》签订后，道光帝对退敌抚夷有功的耆英褒

---

① 《鸦片战争》(3)，第 471 页。
② 泰勒·丹涅特：《美国人在东亚》，姚曾廙译，商务印书馆，1959，第 121—126 页。
③ 《鸦片战争》(1)，第 75 页。
④ 《鸦片战争》(1)，第 79 页。
⑤ 邓开颂、陆晓敏主编《粤港澳近代关系史》，广东人民出版社，1996，第 31 页。
⑥ 参见茅海建《天朝的崩溃——鸦片战争再研究》，第 41 页。
⑦ 文庆等纂修《筹办夷务始末·道光朝》，第 3010—3011 页。

奖有加，赐予其"有胆有识""有守有为"两块牌匾；① 同时反复叮嘱在粤东继续善后"抚局"的耆英要与外夷立订万年和好之约，维持中外相安的局面。② 对于道光帝之意，负责主持对外交涉的耆英十分清楚，"力持和局""避免重启衅端"，不仅关乎朝局之稳、国之安危，也关乎其一生的荣誉得失。1847年12月5日，"黄竹岐案件"发生，耆英屈服于英方的压力，斩首4位村民，判斩、绞监候各1人，充军流放3人，杖一百徒三年6人。③ 为维持中外相安局面，不惜残民媚外，此所作为与其在两江总督任上所倡导的整顿吏治、联民抗"夷"竟相矛盾，一时朝野舆情喧嚣，而耆英的诉由是"兵端不可开，夷情不能不顺"。④ 事实上，"黄竹岐案件"的处理并没有影响耆英的仕途青云，道光帝称赞耆英忍辱负重，乃忠贤智良之臣。⑤ 道光二十八年，耆英离职入觐，留京供职，赐双眼花翎，管理礼部、兵部兼都统，拜文渊阁大学士，被称为"端揆"，并允准在紫禁城乘坐肩舆，权势荣耀臻于极致。

以上观之，两广总督任上的耆英对海防变革的疏离懈怠，表面看来，是其浸身于粤东抚局，分身乏术，背后的逻辑实质是鸦片战争前后道光帝的态度由海事而及于抚局的转向。耆英的机变契合了道光帝的好恶，也换得了道光后期海疆的暂时安定，他也因此登上了仕途的顶峰，而那场本该启动的海防变革却在社会短暂的平和与历史参与者的个人顺达中黯然湮没。这表明任何一场政治或军事变革，都离不开既具有坚定的改革意志又握有政治权力与政治资源的能臣名吏的主导，更离不开最高统治者的倾力支持。然而鸦片战争后的十年里，处于政治权力中枢的耆英随"上意"而机变，乾纲独断的道光帝恶闻

---

① 中国第一历史档案馆：《鸦片战争档案史料》第5册，天津古籍出版社，1992，第730页。
② 《明清宫藏中西商贸档案》第7册，第3925—3927页。
③ 马士：《中华帝国对外关系史》第1卷，第441页。
④ 蒋廷黻编《近代中国外交史料辑要》上卷，商务印书馆，1932。
⑤ 袁英光、童浩整理《李星沅日记》上册，中华书局，1987，第432页。

变革、因循苟且，因而鸦片战争时期海防变革思想之夭折也就成为理所当然。

第二，耆英对西洋的认识相当不足。

海防变革思想的产生源于耆英对鸦片战争情势的判断及其对西方有相当的认识；而海防变革之夭折则又缘于其对西方认识的不足，这恰如一枚硬币的正反两面。由于特殊的对外交涉的使命，耆英是鸦片战争时期接触西人次数最多、时间最长的封疆大员。其间比较留意西人西事，在两广总督任上，他也曾组织专人搜集西人信息。耆英对其时"西人之性"、西方的武器装备与军事技术、西医和西方的宗教均有相当的认识。耆英认为"西洋各国以通商为性命"，[①] 因此"妥议税饷章程"，裁减海关陋规，以商制之。[②] 他认识到"船坚利炮"与战争胜负的关系，因此提倡学习西方的枪炮船械制造技术，整军经武，以图自强，把学习西方先进的技艺同国家的自强联系起来。督粤期间，美国新教传教士医生伯驾医好了折磨耆英20多年的皮肤顽疾，耆英赠给伯驾"妙手回春""寿世济人"匾额，[③] 并对西医产生兴趣，认为西医和中医一样均能治病救人，带领所属官员多次到西医局看病，甚至对传教士在广州开办的医院和慈善机构持默许与肯定态度。对于西方的宗教，耆英认为，从性质来看，天主教是劝人弃恶从善的正教，与异端邪教迥然不同，[④] 因而在基督教弛禁问题上持积极态度。显而易见，耆英对西方的军事、经济乃至医学、宗教都有相当的认识，而其认识的功利性、实用性也是很明显的。

中西交冲之初，拘囿于时代，耆英对西洋的认识相当不足。总体来说停留在感官和直观的层面，缺乏对时代内涵的深刻发掘。即如对西医的赞誉与对西方宗教的宽容，主持对外交涉的耆英，其急用之

---

① 《鸦片战争》（1），第456页。
② 《鸦片战争》（1），第13页。
③ *The Chinese Repository*, Vol. 8, 1843, p. 303.
④ 卫青心：《法国对华传教政策》上卷，黄庆华译，中国社会科学出版社，1991，第373—375页。

功,则是作为融通交涉双方感情的润滑工具,而至于西医发达之科学原理,宗教背后之近代人文底蕴,则茫然不知。又如与商贸而言,耆英认为:"夷性嗜利尚气,而其嗜利之心更胜于尚气,是以不远数万里,历涉重洋,来粤贸易。凡属有利可图之处,即小有不平,亦隐忍不敢较量。粤中习俗,无论在官兵役,小民及肩挑步担、驾船受雇之人,即因其不敢较而侮弄之,又艳其得利厚而勒索之。大小文武官员,于内外之防,过于严峻,一切微文细故,无不持之过急,视之过卑,夷情不能上达,城狐社鼠,即假借为威。于是浮费日增,夷利日薄,随启走私之弊。弁兵胥役,又从而得规卖放,我之利权日渐下移,夷之得值更不如前。利薄则气生,以至逞其骄傲,酿成变乱。"①耆英既揭露了当时清政府吏治的腐败,也认识到从事商业贸易、追求商业利益是外人谋生的重要手段和主要目标,同时指出因追求商业利润受阻,英国不惜发动大规模的战争。这种识见,部分地触及了西方商贸的具象,是对传统商贸认识的突破然而这种认识的突破毕竟是有限的。他没有也不可能认识到近代西方资本主义国家贸易背后对外侵略扩张的本质,因此鸦片战争后,清政府亦只是通过开放通商口岸,实施新的优惠税则来满足西方的要求,以求收"一劳永逸"之功、而于振衰起敝、图强自为则迂闲迟滞。再如耆英比较清醒地认识到中英之间武器装备的巨大差距,亦试图探究其背后缘由,"内地制造枪炮之法,本系传自西洋,而恒不及西洋,每欲得其器,而审其所以","铁制精良,熔炼纯熟,其灵巧便捷非内地所能制造,细访西洋各国制造之法,不惜工本,勤加选择,稍不如式,即另行铸造,务求利用而后已,此内地之火器之所以恒不及西洋也"。②然而耆英根本无法认识到伏藏在"坚船炮利"背后的科学体系,更无法了解到其背后的强大工业及综合国力的支撑。震羡于西洋之"坚船炮利",

---

① 中研院近代史研究所:《近代中国对西方及列强认识资料编》,文海出版社,1976,第333页。
② 蒋廷黻编《筹办夷务始末补遗·道光朝》第3册,第832—833页。

一方面主"抚",另一方面强调"海防之变革"与"师夷之长技"。"言和""抚夷"原来被认为是权宜之计,其后竟成了经久之谋,整军经武、图谋自强本认为是经久之谋,其后竟成了权宜之计,甚至转眼成了历史的过眼云烟。正是因为耆英等人对西洋认识浅陋,故而不能根本唤起其强烈的忧患意识与强劲而长久的改弦更张、励精图治的动能。

余　论

综上所述,鸦片战争时期,耆英的海防举措经历了由"以守为战"到"水陆并重"的变化;在鸦片战争后期,耆英提出了"师夷长技""改革水师""整顿吏治"以推动海防建设的想法。这一变化并非孤例。鸦片战争后期,林则徐也提出改变"重陆轻海"的传统海防方略,学习西方的造船铸炮技术,创建船炮水军及"以民制夷"的海防建议。魏源在《海国图志》中总结了"夷之长技三:一、战舰,二、火器,三、养兵、练兵之法",[①] 明确提出"师夷之长技以制夷",[②] 向西方学习武器装备技术,特别是水师装备技术和军队建设方法,建设一支能打胜仗的远洋之师。遗憾的是,耆英、林则徐、魏源等人的这些可贵海防战略举措与探索,在鸦片战争后的十年间却没有付诸实践。溯其缘由,除历史活动主体如耆英等人所思所行的局限性之外,从整体上考察,还与鸦片战争前后的社会环境相关。经历了鸦片战争的创痛巨深及江宁城下的屈辱之盟,清政府应该卧薪尝胆、振作有为,总结鸦片战争失败的沉痛教训,吸纳耆英、林则徐、魏源等人提出的海防变革举措与想法,以启动一场深刻的政治、军事变革;事实却是,鸦片战争时期海防变革的思想认识既没有汇聚成社

---

① 魏源全集编辑委员会编校《魏源全集》第4册,岳麓书社,2004,第27页。
② 《魏源全集》第4册,第1页。

会思潮，也没有化成政治、军事实践的精神动力。《南京条约》签订之后，"都门仍复恬嬉，大有雨过忘雷之意。海疆之事，转喉触讳，绝口不提，即茶坊酒肆之中，亦大书'免谈时事'四字，俨有诗书偶语之禁"。① 人们茫然无措，一切都恢复到鸦片战争前之旧观——这就是充斥道光朝官场弥久不散的"因循苟且""尸位素餐"的懈怠之气，"结党营私""贪渎成风"的污浊之气，"闭目塞听""盲目自大"的慵懒虚骄之气。沈垚曾经这样评论道光以降晚清的社会风气："今日风气，备有元、成时之阿谀，大中时之轻薄，明昌、贞祐时之苟且。海宇清晏，而风俗如此，实有书契以来所未见。"② 世风的败落与政治生态的严重恶化注定了鸦片战争前后海防变革方开其端旋即夭折的命运。

---

① 《软尘私议》，《鸦片战争》（5），第529页。
② 沈垚：《与张渊甫》，《落帆楼文集》卷8，吴兴刘氏嘉业堂，1927。

《南京条约》作准文字及其影响*

杨秀云**

一部晚清史几乎就是一部中外关系和条约制度史。晚清的中外条约大多在结尾有类似的规定，即条约用某种文字写就，将来若遇有文辞辩解或歧义时，以某国文字为准，且大多要求以外国文字为准。这种规定就是法律上所说的条约作准文字。但《南京条约》没有这样的明文规定，这个晚清史上首个不平等条约的作准文字是什么，对以后中外条约的作准文字、条约制度及中外关系有何重大影响？对于这些问题，学界关注不够。① 本文尝试从法学、史学和翻译学的视角对此做一比较深入的探讨，以期对近代西方列强对中国话语权的褫夺与近代中外关系获得更为透彻的认识，为新时代中国外交和提升国际话语权提供历史借鉴。

---

* 本文为国家社会科学基金项目"近代中外约章关系中的海关外籍税务司研究"（23BZS131）的阶段性成果。

** 杨秀云，湖南第一师范学院马克思主义学院副教授。

① 关于中外条约作准文字，专论研究有郭卫东的《晚清中外条约作准文本探析》（《历史研究》2019年第5期）。其他专著如李育民的《中国废约史》（中华书局，2005，第187—188页）；胡门祥的《晚清中英条约关系研究》（湖南人民出版社，2010，第80—81页）；李育民的《晚清中外条约关系研究》（法律出版社，2018，第249、257—258页）均有一定涉及。

一 条约作准文字及其作用

条约谈判起草完成后需要得到缔约国的确认，结尾一般会规定最终约文以何种文字作准。一旦缔约方有纷争歧义，条约需要引证和解释，作准约文就凸显其法律效力。

国际法并未统一规定立约各方以何种语言文字作准，在历史与现行国际惯例及主权平等原则下，每个国家都有权在缔结的条约中采用本国语言和文字，所以作准文字可以是一种甚或几种，大约有如下几种类型。

双边条约作准文字。通常情况下，双边条约分别以缔约国双方的文字写成，两种文字具有同等的法律效力，如 1858 年中美《天津条约》在法律效力上中文本和英文本一样，1863 年中荷《天津条约》载明"若遇有文词辩论之处，各以本国文字为正"。[①] 而有些双边条约会进一步载明以何种文字作准，实力强大的国家往往拥有更多的话语权，迫使对方允准以强国文字作准，如 1898 年中俄《旅大租地条约》和《续订旅大租地条约》分别规定，"惟辩解之时，以俄文为本"，"遇有讲论，以俄文为证"。[②] 如果缔约双方使用同一种语言，则毋庸说明以何种文字作准，像德奥条约作准文字为德语，美英条约作准文字为英语。此外，还有相互约定以缔约双方以外文字作准的，1879 年中俄《伊犁条约》写明"遇有讲论，以法文为正"；[③] 1895 年中日《马关条约》在随后的《议订专条》中规定，日后如果对文本有异议，则以"英文约本为凭，以免舛错，而昭公允"。[④]

多边条约作准文字。多边条约由于缔约方为数众多，且各国文字

[①] 王铁崖编《中外旧约章汇编》第 1 册，三联书店，1957，第 212 页。
[②] 王铁崖编《中外旧约章汇编》第 1 册，第 742、755 页。
[③] 王铁崖编《中外旧约章汇编》第 1 册，第 363 页。
[④] 王铁崖编《中外旧约章汇编》第 1 册，第 618 页。

大多迥异，正式文本需要确定以何种文字作准。在中世纪时，拉丁文常用作欧洲多边条约的书写；到了19世纪，法文则成为条约的作准文字。即使到了近代，法文依然是诸多中外条约的作准文字。如1901年《辛丑条约》规定，条约条款及"后附诸国全权大臣所发之文牍，均系以法文为凭"。[①] 但到了第一次世界大战后，作准文字渐趋多样化，可同时使用几种文字，如《联合国宪章》的作准文字有英文、法文、俄文、中文、西班牙文及阿拉伯文6种；1969年订立的《维也纳条约法公约》也是"中文、英文、法文、俄文及西班牙文各本同一作准"；[②] 1968年《芝加哥公约》议定书最初由英文作准，后来逐步增加了法文、西班牙文、俄文、阿拉伯文和中文，多达6种。在法律效力上，所有作准文本一样。

作准文字的作用。由于不同国家的语言文字中，很少有一一对应、完全相同的定义和概念，要想在条约中用不同国家的语言文字精准地表述同一法律概念是非常困难的，不同文字文本必然导致理解上的分歧，国际条约自然得明文规定以何种文字作准。所以，作准文字是缔约国用来约定"赋予某一种或某几种文字所形成的约文以法律效力，并排除除此之外的其他语言文字所形成约文的法律效力"，[③] 亦即条约作准是为了赋予特定语言版本的约文以法律效力，当缔约双方发生分歧，条约需要解释时，以此作准约文为凭。但在条约实施过程中，作准文字由于缔约国存在语言、习惯、文化背景的差异及受话语权、政治等因素的支配，条约起草者无论怎样谨慎和竭力考虑周全，也总是无法做到不同语言版本约文含义的完全吻合和确保认证约文的一致性，从而导致了不同约文的差别和利害关系。因此，条约文本的不同解释常常成为引发争执和冲突的渊薮，争取本

---

① 王铁崖编《中外旧约章汇编》第1册，第1008页。
② 《维也纳条约法公约》，https://baike.so.com/doc/6078745-6291832.html，最后访问时间：2023年9月9日。
③ 伊鲁：《条约解释规则实证研究》，博士学位论文，华东政法大学，2017，第130页。

国语言文字为作准文字也就成为缔约国谈判的一项重要任务。

为消除不同语言的条约文本间的歧义，现代国际条约关系对条约解释进行了统一的规范，以化解不同语言版本条约文本之间的矛盾。例如，1969年《维也纳条约法公约》第三十三条明确规定："条约约文经以两种以上文字认证作准者，除依条约之规定或当事国之协议遇意义分歧时应以某种约文为根据外，每种文字之约文应同一作准。"①

晚清时期缔结的中外条约数量众多，作准文字纷繁复杂，特别是作准文字之于近代中外纠纷和条约关系有着重大影响和重要意义，因此值得史家、法家和翻译家共同关注。囿于篇幅，本文选取中国近代不平等条约体系的始作俑者、开启中国百年屈辱史的《南京条约》的作准文字做一考察。

二 《南京条约》的缔结与作准文字

《南京条约》是鸦片战争的直接结果。在整个条约谈判过程中，英国始终取攻势，中国取守势，英方全盘操控条约的谈判、起草、定稿、翻译、核对、誊写等所有事宜，不容中方置喙。

英国自16世纪初即派舰队闯入广州水域觊觎澳门，尝试用各种途径打开中国大门，均无功而返，后借虎门销烟之机挑起鸦片战争。1840年8月，英国陆、海军统帅义律呈交《英国管理通外事务大臣巴麦尊致大清国宰相书》给直隶总督琦善，提出包括赔偿被销鸦片的全部损失与军费、开放商埠、割让岛屿等众多要求。② 贪欲未完全得逞的英国于次年8月4日兵临南京城下，以炮轰南京城相威胁。

---

① 《维也纳条约法公约》，https://baike.so.com/doc/6078745-6291832.html，最后访问时间：2023年9月9日。
② 许锡挥等：《香港简史（1840—1997）》，广东人民出版社，2015，第38页。

道光帝仓皇中密令钦差大臣耆英、乍浦副都统伊里布商讨和议问题。由于官员中无人懂英语，伊里布遂派遣与英国人打过交道、略懂英语的家丁张喜赴英舰会晤英国传教士兼翻译马儒翰。14日，耆英派侍卫咸龄、江宁布政使黄恩彤与英军麻恭、马礼逊就英方早已拟好的中文约稿共计13条进行谈判。英军统帅璞鼎查限当日定议，拒绝中方修改，否则开炮攻城。中方代表对于英方要求几乎一概应允，只是对于早前英国要求福州开埠、占领舟山两点提出异议，"既没有中国意义上的折冲樽俎，也没有西方意义上的讨价还价"。① 17日，黄恩彤与马儒翰将条文商定。26日，璞鼎查带卫兵进入南京，正式交付条约文本，双方再次审读条约，但中方代表"对条文的字眼或者措辞一点吹求也没有"。② 鉴于前线将士的一败涂地，即便心有不甘，道光帝还是不得不在奏折上逐一画钩。29日，条约正式签字，史称《南京条约》。

这个使中国开始遭受列强欺凌梦魇的条约未指明以何种文字作准，依据国际法的相关规定，理论上中文与英文皆可作准。可在具体实施中，作准文字为英文。

看似中文。首先，《南京条约》属于中英双边条约，约文由中、英两种文字写就，中、英文理所当然同为作准文字。其次，在当时不谙国际法的中国人看来，自条约签订后，割地赔款、开放口岸等都是依据中文本来实施执行的，中文本即是权威。再次，清方只有中文本，没有英文本，条约的执行运作自然以中文本为蓝本和凭借。最后，在强势的英方看来，《南京条约》的作准文字也是中文。1848年12月，巴麦尊曾对其外交官包令抱怨过璞鼎查的错误——缔约时"没有坚持要是条约发生任何疑义时，作为权威根据的应该是英文本而不是中文本"。③ 因为早在开战前的1840年，巴麦尊秘密训令义律

---

① 张鸣：《开国之惑》，重庆出版社，2016，第132页。
② 瞿巍：《另一只眼看鸦片战争》，广西师范大学出版社，2015，第389页。
③ 齐思和：《广州入城问题和"修约"要求》，中国史学会主编《第二次鸦片战争》（6），上海人民出版社，1979，第24页。

等人，给了义律一本条约稿本，并授权他可随机应变地修改，但务必信守英文语法，且"为防范将来的任何疑义计，一切关于条约正确解释可能发生的问题，都必须以英文本为准"。① 但约文最终缺少以英文作准的明确规定，巴麦尊大为恼怒。

实则英文。《南京条约》形式上未注明以何种文字为准，理论上双方可以各执己见，可事实上，真正具有法律效力的是英文本而非中文本。

首先，英方占据绝对的语言优势，中方困于语言障碍。中方谈判人员耆英、伊里布和牛鉴无一人认识"夷言夷字"，所倚与英方直接交涉的译员张喜、耆英心腹刘建勋等人只略懂英语，完全丧失谈判主动权。而英方主要译员是谙熟中国文化、语言文字与政治运作、富有翻译经验且熟悉外交事务的传教士马儒翰、郭士立和罗伯聃。每次谈判都是先由英方提出草案经其译员译成中文后才与中方代表谈判讨论，英方译员"连日集议各条，撰就和约，缮出汉文"，② 再与中方代表逐款讨论。从条约的谈判、起草、定稿到翻译、核对、誊写等所有环节，中方代表只能坐等英方指示。因此，所有条款不是平行文本，不是先由中方或双方协商用中文拟定后译成英文，而完全相反，先由英方用英文定下要求而后译成中文。

其次，英方挟战胜之威极尽压榨，中方战场败北沦为"鱼肉"。谈判桌就是战场的延伸，清军的节节失利，英方为谈判桌上的"刀俎"，而"我为鱼肉"。英国曾在鸦片战争之初呈交《致大清国宰相书》，其中提出的各项要求根本不与中方逐条讨论，文字也不许动，强行通过，中方毫无置喙余地。所有条文"悉出自英使手定，三帅（耆英、伊里布、牛鉴——引者）受成而已"，③ 才会出现被后人诟病

---

① 《巴麦尊子爵致奉命与中国政府交涉的全权公使（懿律海军少将和义律大佐）函》，马士：《中华帝国对外关系史》第1卷，张汇文等译，商务印书馆，1963，第713页。
② 中国第一历史档案馆编《鸦片战争档案史料》第6册，天津古籍出版社，1992，第158页。
③ 夏燮：《中西纪事》，高鸿志点校，岳麓书社，1988，第64页。

不已的"在欧洲，外交家们极为重视条约的字句和语法，中国代表并不细加审查，一览即了"①的奇怪现象。事实上，中方代表不懂英文，译自英文本的中文本又不容更改，审查仔细与否，根本无济于事。

最后，中、英文两种版本诸多内容不符，中文本掩盖了侵略的本质和条约的不平等。通常翻译的任务是实现不同语言的文本转换，立场中立。作为法律文本的条约翻译却容易成为缔约双方权力和实力的较量，"译者的每一个选择都反映其背后的社会政治环境"。②《南京条约》的翻译明显有失中立，译员呈现鲜明的政治立场和侵略野心，这在英国首席谈判官马儒翰身上表现得尤为突出。谈判伊始，马儒翰就建议璞鼎查进攻至南京，不必攻打天津，兵临漕运咽喉南京即可阻绝南北，使清廷就范。璞鼎查遂改变乘胜北上直取天津的原定计划。

《南京条约》英文本的所有条文无不饱含近代中国丧权失地之耻辱，尽显英国利益及其居高临下之态度，可在中文本里英国故意制造出字面上的"友好"气氛，凸显中国皇帝的高高在上，企图以此来淡化和掩藏英国的侵略本质，使《南京条约》尽快通过。此类例子充斥整个《南京条约》，其中以下三种粉饰手段尤为突出。

一是有意从字面上抬高清帝地位。如《南京条约》第二款"His Majesty the Emperor of China agrees that British Subjects"译成"自今以后，大皇帝恩准英国人民"，将"agree"这个带有被迫意味的词译成具有唯一性和排他性的"恩准"。又如，将"publish and promulgate" "under His Imperial Sign Manual and Seal"分别译成"俯降御旨""誊录天下"③来虚幻地突出清帝的至高无上和英方地位的卑微，有意弱化英国的威胁口吻。

---

① 利洛：《缔约日记》，齐思和译，《鸦片战争》（5），第514页。
② Roman Alvarez, M. Carmen-Africa Vidal, eds., *Translation, Power, Subversion*. Clevedon, Philadelpbia & Adelaide: Multilingual Matters, 1996, p.5.
③ 陈帼培主编《中外旧约章大全》第1分卷上册，中国海关出版社，2004，第70、72页。

二是刻意选用中方易于接受的词语。如将《南京条约》第一款"persons and property"[人身与财产（权）]译为"身家"，将第七款有关赔款的命令式措辞"immediately"译为语气缓和的"此时"。① 用这些巧妙的隐性化处理给中方一种错觉——条约直接拟自中文，不是由英文翻译而来，有了这种归属感和身份认同，产生了情感上的共鸣后，对于条约条款自然易于接受。

三是故意隐藏或掩盖其侵略本质。如《南京条约》第三款"His Majesty the Emperor of China cedes to Her Majesty the Queen of Great Britain, etc., the Island of Hongkong, to be possessed in perpetuity by Her Britannic Majesty, Her Heirs and Successors..."译成"今大皇帝准将香港一岛给予大英国君主暨嗣后世袭主位者常远据守主掌……"② 将内含"被迫割让、屈服"意味的贬义词"cede"偷换成中性词"给予"，将对中国贻害无穷的"in perpetuity"（永久）弱化为"常远"，中国的屈辱反被拔高为"皇恩浩荡"和慷慨恩赐，英军的凶残掠夺被巧妙掩盖。

由上可知，《南京条约》的中英文本有很大差异，但囿于中方官员和译员的语言障碍，加之中方手中只有中文本而无英文本（英国则在英文本后附有中文本），清政府对于英方译员所做的手脚并不知晓。因此，这种非平行文本是由英国译员独揽在英文蓝本基础上译成的中文本，体现的全是英国的意志。无怪乎有学者言："《南京条约》谈判实际上就是由这几位译员发挥主要作用的一次外交谈判。"③ 因此，《南京条约》中文本在多数情况下虚有其表，缺乏应有的、充足的法律效力。一旦双方出现分歧，条约需要解释时，作准文字很可能就是英文本，因为"如果合同是以两种或两种以上具有同等效力的文字起草的，若这些文字之间存在差异，则应优先根据最初起草合同

---

① 陈帼培主编《中外旧约章大全》第1分卷上册，第70、72页。
② 陈帼培主编《中外旧约章大全》第1分卷上册，第70页。
③ 季压西、陈伟民：《来华外国人与近代不平等条约》，学苑出版社，2007，第522页。

时所用的文字予以解释"。① 所谓"翻译权就是话语权，双方谁获得了翻译权，谁就获得了外交中的主动权，翻译无疑就是软权力（soft power）"。②

三 《南京条约》作准文字引发的国际冲突与深远影响

英方译员在拟定和翻译《南京条约》时煞费苦心，有意无意地误译、漏译造成两种作准文字不一致，带来持续的中英冲突，并影响了中外关系的走向。由于《南京条约》在实施时，中英双方各以己方版本为据，两种文本的分歧成为诸多两国纷争的导火索，兹择一例以资佐证。

《条约》第二款中的"Cities and Towns"导致中英摩擦频发。英文原文为"His Majesty the Emperor of China agrees that British subjects, with their families and establishments, shall be allowed to reside, for the purpose of carrying on their Mercantile pursuits, without molestation or restraint at the Cities and Towns of Canton, Amoy, Foochow-fu, Ningpo, and Shanghai, and Her Majesty the Queen of Great Britain, etc. will appoint Superintendents or Consular Officers, to reside at each of the above-named Cities or Towns……"而其相应的中文本则是"大皇帝恩准大英国人民带同所属家眷，寄居大清沿海之广州、福州、厦门、宁波、上海等五处港口，贸易通商无碍；且大英国君主派设领事、管事等官住该五处城邑……"③

英文本中含义相同的"Cities and Towns"前后两次出现，但马儒翰将其翻译成两个不同的词，前者译为"港口"，后者则为"城邑"。

---

① 王清平主编《合同法》，中国农业出版社，2005，第261页。
② 屈文生：《〈南京条约〉的重译与研究》，《中国翻译》2014年第3期，第48页。
③ 陈帼培主编《中外旧约章大全》第1分卷上册，第70页。

依据英文本，五处通商城市的港口和市区，英国官民均可居住。而在中文本里，英国官民在华居住场所有别，英国普通百姓可居于五处港口、码头、口岸，但不能进入城镇，唯官员才有资格居住城内与市区。有学者认为，这一译法是主译马儒翰有意为之，① 蓄意造成条约原本和译本的多处不符。② 当时中方无人觉察两种文本的这种差异，也不可能理解英方的真实动机。自作聪明的马儒翰可能也未曾想到，他的擅自妄为给之后的国际交涉埋下了无穷的隐患。

一如1842—1849年，广州人民持续地、声势浩大地抗击英国人"入城"。其主因之一就是中英双方各执己方《南京条约》文本为凭，因"港口"和"城邑"之争互不相让。

由于前后两次出现的"Cities and Towns"在中文本中分别译成"港口"和"城邑"，入住区域不同。英方认为"Cities and Towns"可指城内，中方则认为城邑不一定指城内，英国人可在五口居住、贸易，但无入城的权利。所以当英国人曲解条约初次强行进入广州城时即遭到广州群众的强烈阻拦，不甘凌辱的广州人奋起焚毁洋馆，英国人被迫暂缓入城。此后入城与反入城的斗争成为鸦片战争后广州民众进行的规模最大、持续最久的反侵略斗争。清廷官员一度慑于英人再不许进城、只可动兵的恐吓，与其密定进城日期，结果被闻讯闯入府衙的数千名群众烧毁官服。1849年，英国率军1000余人、军舰20余艘突袭虎门，闯进珠江，恃强入城，广州十余万名民众齐集珠江两岸示威，号召"齐心杀绝，不准一步入城"，英国人又一次被迫放弃入城。但七年后，英国人以"广州入城"为借口之一，伙同法国发动第二次鸦片战争，进入广州。

二如福州人民反对英人入城租房斗争。广州反入城斗争后不久，

---

① 陈顺意、马萧：《从面子理论看近代中国不平等条约的翻译策略》，《贵州师范大学学报》2017年第2期，第136页。
② 成昭伟主编《"译"论纷纷：坊间翻译话语选读与诠释》，国防工业出版社，2012，第313页。

《南京条约》第二款引发的冲突在福州重演，长达半年之久的福州城内神光寺风波几乎激起"民变"。英国驻闽首任领事李太郭于1844年5月到达福州，要求到城内乌石山赁屋居住，不顾福州绅士200余人的联名反对，私自向乌石山积翠寺僧人租屋，强行入住。闽浙总督刘韵珂等官员只好承认既成事实，并与之约定，根据条约，以后只有领事官准租城内房屋，其余英方人员只能住在城外港口。但1850年6月，英国驻福州代理领事违背前约，为该国1名传教士和1名医生在乌石山神光寺租屋居住。

此举激起福州绅民坚决反对。福建巡抚徐继畬认为，这两个英国人非英国官员，条约只允许"大英国君主派设领事、管事领官住该五处城邑"，故断不能让其入城居住。而英国公使文翰坚称《南京条约》明文规定外国民众亦准住城邑。福建官员欲息事宁人，待他们6个月租期到了自然解决此事，但福州城的百姓坚决不答应。城里绅士缮写公启，交侯官县知县转致英国领事，命令传教士迅速搬到城外，书院生童相约到寺内跟英国人理论，有人到处张贴字条号召人们起来"割取夷人首级"。此外还夹杂着各种谣言。林则徐等朝廷内外大臣不断向皇上奏报，道光帝数次催逼福建官员尽快处理此事。英国传教士与医生被迫从神光寺搬出，暂住道山观，直至1851年中秋节民众捣毁道山观，迫使他们完全迁离城内。刘韵珂、徐继畬等官员因主张妥协，受到舆情谴责，并因此被免职。

"城邑"和"港口"之争，不仅在福州、广州出现，在厦门也引起了巨大争议。在厦门，中国人同样坚持除领事官外，其他外国人不得入城。因两个文本不符而引发的大规模冲突恐怕连译员自己都始料未及。

此外，《南京条约》签订不久后，英国就公布了《南京条约》的原文与译文两个版本，其中存在多处不对等翻译和部分条文漏译，由其宿敌法国独家披露，遂由翻译问题引发了情报及外交阴谋之说，[①]

[①] 王宏志主编《翻译史研究》，复旦大学出版社，2013，第131页。

爆出轰动国际的翻译丑闻。法国报刊披露，《南京条约》英文原文与中文译文内容不符是英方刻意所为，并非疏忽所致。正如李鸿章所言："遇中外大臣会商之事，皆凭外国翻译官传述亦难保无偏袒捏架情弊。"①

《南京条约》的不平等性不仅体现在众多屈辱的条约条款和武力威逼的缔结手段上，而且体现在作准文字及英方操弄的中英条约文本不符上。《条约》未确指作准文字，中文本译自英文本却又与其迥异，两个文本的不一致不断引发中英冲突，这种冲突又深刻地影响到后来的中外条约关系。

第一，列强侵夺作准文字权。《南京条约》因没有明确规定以何种文字作准，导致中英冲突一波未平一波又起。这种在条约需要解释时却缺少具有唯一法律效力凭据的问题使后人引以为鉴。例如，尽管巴麦尊在鸦片战争之初指示英方在华官员"条约用中文和英文书写……文义解释以英文为主"，但有学者认为，当时谈判主动权在握的璞鼎查并未照做，是因为清廷官员无人懂英文，马儒翰等自信译文不会出问题，也不会存在歧义，无以英文本为正说明之必要。②操控谈判的英国官员和译员的做法使巴麦尊及英国政府对此耿耿于怀，此后修约反复强调须以英文作准。第二次鸦片战争前修约谈判时，英国外交大臣克勒拉得恩特意嘱咐其驻华公使包令，条约措辞及一切疑点均参照英文本，"且仅以英文本为准"。③因此，包令修约时坚持要求"当以英字为确据"。④战争爆发后，巴麦尊再次对侵华头目额尔金强调，拟定条约时须明确将来条约解释出现歧义时"都应当完全以英文本为准"。⑤英方的这一夙愿最终在1858年中英《天津条约》里实现。不仅如此，在以后的中英立约中，英国几乎都坚持以英文作准这

---

① 栾兆鹏主编《李鸿章全集》第1册，时代文艺出版社，1998，第140页。
② 季压西、陈伟民：《来华外国人与近代不平等条约》，第537页。
③ 马士：《中华帝国对外关系史》第1卷，第768页。
④ 中国史学会主编《第二次鸦片战争》（3），上海人民出版社，1978，第46页。
⑤ 马士：《中华帝国对外关系史》第1卷，第549页。

一条,且屡屡得逞。

英国在条约谈判中坚持以英文作准的蛮横做法屡屡得利,引起了其他国家的觊觎,纷纷如法炮制。纵观晚清形形色色的中外条约如商约、界约等的交涉,列强无不在争取作准文字的这种话语权上肆意欺凌中方交涉代表,双边条约中用作作准文字最多的依次为英文、法文、俄文、日文。如在1885年的中法《越南条款》谈判中,关于第十款条约作准文字问题,中方谈判代表晚清总税务司、英国人赫德指示其助手与法国代表进行反复磋磨,都没能使法国放弃以法文作准,最终虽做了隐晦处理,但依然以法文作准。[1] 又如,中外商约的所有文本均规定"以英文为正义",中英商约、中美商约、中日商约无不如此。多边条约的作准文字多为法文和英文,鲜见中文。中国作为诸多主权利益让出国,在被勒逼订立的众多国际条约中,大多被迫放弃以中文作准的权利,能用中文作准的约章少之又少。列强纷纷"迫使中国放弃中文文本在缔约中的平等地位",排斥中国文字作准"也构成了对华不平等条约体系的一个组成部分"。[2]

第二,中国语言文字屡遭挑战和屈辱。语言本就是外交双方主权的一种象征。外国传教士、商人初到中国时,所书禀文只能使用汉语,不能同时使用本国文字。但是,从鸦片战争始,尤其是《南京条约》的拟订,使中国数千年来的语言主权优势慢慢旁落。从此以后,条约的谈判订立和翻译主动权都操于敌手,任由其粉饰和欺蒙,条约翻译沦为对方掠夺利益的政治工具,中国的语言文字遭到了有史以来最严重的挑战和屈辱。其中原因除了列强的专横霸道、贪婪掠夺和近代中国的积贫积弱等主因,中国外交和翻译人才的匮乏也不容忽视。国门洞开之初,通洋文的来华人员大多通晓或略知汉文,然而通晓汉文的华人却全然不懂洋文。清廷官员无一懂"夷言夷文",对外

---

[1] 详见杨秀云《赫德与晚清中外约章研究》,知识产权出版社,2021,第72—76页。
[2] 秦晓程:《中华人民共和国缔结条约的形式研究》,博士学位论文,北京大学,2003,第141页。

夷畏惧排斥，遇有中外交涉，只能依靠那些略通洋话但不谙洋文的所谓"翻译"以解燃眉之急，此类译员纯粹就是文字能力上极其有限的谈判员和商议者，缺乏对诸多重要信息的领悟力，觉察不出文本之间的不符。张喜"并没有真的如伊里布期待的那样，化为苏秦、张仪，跟洋人折冲樽俎"，[①] 而只是中英之间一个唯唯诺诺的传声筒而已。如此既不知己又不知彼，且缺乏对条约真伪辨别能力的人，自然"宜与宜拒，迄不得其要领"。[②] 远非条约拟写和翻译执笔马儒翰的对手。清政府失去了如此重要的政治文本的语言文字主动权，让后来的史家恨恨不已。

《南京条约》的中英文本不符绝非个案。比如，法国传教士在换约时欺负中国人不谙洋文，将"任法国传教士在各省租买田地，建造自便"[③] 偷偷塞进中法《北京条约》第六款，而法文本中并无此规定，不明就里的中方竟也糊里糊涂地签了字。这一条后来在中国引发了无数的教案。语言障碍带来的教训实在深刻，建翻译学院培养知己知彼的翻译人才遂成为当时有识之士的共同呼声。

小　结

由于清政府的羸弱，在那个弱肉强食的时代，近代中外条约都是按照列强的规矩签订的。中方对外交涉人员不通外国语言文字，严重制约了本国的交涉能力。加上国际惯例和国际法知识的贫乏，清政府对西人十分看重的条约翻译和作准文字这种语言主权重视不够，从而对语言文字主权的一再丧失难有切肤之痛，自然也就少有据理力争。《南京条约》中英文本的不符是这种积习的重要渊薮，随着近代中国半殖民地化的加深，文中的作准权一再被西方列强肆意剥夺，积重难

---

① 张鸣:《开国之惑》，第129页。
② 刘克辉、戴宁淑注说《校邠庐抗议》，河南大学出版社，2017，第284页。
③ 王铁崖编《中外旧约章汇编》第1册，第147页。

返成为历史的必然,也为此付出了沉重的代价。这些教训令人痛心,引人深思。今天,从国际法学的视野、历史的遗憾和翻译的视角来检视《南京条约》的作准文字和不同文本,它们既不是静止的僵化的文字,也不只是中英语言间的文本转换,而是国家国力与实力的体现,也是一国主权和话语权的象征,更是一国荣誉和尊严的体现。昨天的教训历历在目,应该成为今天中国话语权和外交奋发崛起的警钟。

道咸时期的"联俄"探索

谢建美*

道咸时期清政府为抵制西方列强海路的进攻,从中国古代"以夷制夷"策略出发,试图联合沙俄来抵制英美等西方列强的侵略。道咸时期清政府"联俄"的探索从处理对英关系的思考中诞生,又在局势缓和的情况下逐渐中止,其变化在一定程度上既反映了当时清政府对英美等列强本性的认识,也显示了清政府对沙俄不断吞噬自身领土的担心,对我们当今处理与西方国家乃至邻国的关系具有一定的启示意义。

一 道光时期的"联俄"思考

早在鸦片战争前,萧令裕就在对英的关系思考中提出了"以夷伐夷"的思想。萧令裕在《记英吉利》一文中写道:"(英国)精修船炮,所向加兵,……西南洋之印度及南洋濒海诸市埠与南海中岛屿,向为西洋各国所据者,英夷皆以兵争之,而分其利。"[①] 他认为,夷国之间存在矛盾,英夷与其他国家之间存在纠纷,因而可以使相攻击,以夷伐夷。

---

* 谢建美,中共长沙市委党校副教授。
① 《魏源全集》第6册,岳麓出版社,2004,第1429页。

鸦片战争期间，林则徐在此基础上提出了"以夷治夷"的主张。他认为："似可以夷治夷，使其相间相睽，以彼此之离心，各输忱而内向，若概与之绝，则觖望之后，转易联成一气，勾结图私……，与其泾渭不分，转致无所忌惮，曷若薰莸有别，俾皆就我范围。"① 这里林则徐提出的虽只是要防止各国之间勾结，使其"相间相睽"，但隐含了联合诸国（包括俄国）、以夷制夷的思想。

其他如伊里布、奕山等有类似林则徐的思想。伊里布曾奏："素知在粤通市各国，英吉利之外，惟咪利坚国最为强大，其国地平多米，英夷仰其接济，不敢触犯，而咪夷在粤向系安静，非若英夷之顽梗，若优待咪夷，免其货税，又将英夷之贸易移给咪夷，则咪夷必感荷天恩，力与英夷相抗，且英夷之船炮，多向海外各国租赁裹胁而来，若咪夷为我所用，则各国闻知，无难瓦解，至咪夷既经受恩，英夷必不服，各省口岸，恐有一二处被其冲突，然其势既衰，我坚壁清野，来则应之，亦不难于却退。"② 裕谦也主张："准尔等各国在外洋开炮轰击，或另用兵船，捣袭其国。"③ 奕山也奏称："奴才等以该国（法）向通贸易，素称恭顺，乃英夷兴兵犯顺，扰及海疆，阻挠各国生意，未始不怨恨英夷。今既据禀请当面密陈军务，正可因势利导，驾驭羁縻，为以夷攻夷之计。"④

林则徐与伊里布等人联合诸国、以夷制夷的主张的区别在于一个是使其"相间相睽"，另一个则是采取利益转让的方式，强调"因势利导，驾驭羁縻"。

鸦片战争后，随着国人对西方情况了解的深入，在如何抵抗外国侵略特别是英国方面，他们提出了许多新的宝贵的主张与建议。魏源在前人的基础上提出了"师夷长技以制夷"的思想，在如何处理与

---

① 中山大学历史系编《林则徐集·奏稿》，中华书局，1965，第795—796页。
② 文庆等纂修《筹办夷务始末·道光朝》第2册，中华书局，1964，第746页。
③ 文庆等纂修《筹办夷务始末·道光朝》第2册，第871页。
④ 文庆等纂修《筹办夷务始末·道光朝》第4册，第1716—1717页。

英、法的关系上,他认为,"英夷所惮之仇国三:曰俄罗斯,曰佛兰西,曰弥利坚。所惮我之属国四:曰廓尔喀,曰缅甸,曰逻落,曰安南。其攻之之法:一曰陆攻,一曰海攻。陆攻之法在印度","俄罗斯捣其西,则印度有瓦解之势,寇艘有内顾之虞"。① 因此,他提出陆上应同俄国结盟,以威胁英属印度,在海上则应与法国、美国结盟,以形成对英国的联合攻势。在此,魏源明确提出了联俄的想法,其想法也较前人有了进步,带有一种主动出击的姿态。

然而,当时的朝廷秉持一种对外苟安的想法,采取妥协退让、以商为饵的羁縻之策,魏源这种主动的联俄、联美及联法的主张自然变成了一句空话。然而列强的侵略接踵而来,俄国在此过程中先后侵占了庙街、库页岛及巴尔喀什湖以东、以西的大片领土,并在1851年强迫清政府与其签订中俄《伊犁塔尔巴哈台通商章程》,攫取了大量政治、经济特权。

二 咸丰时期的"联俄"

进入咸丰朝后,沙俄仍在向中国扩张,但清政府对此也没有抵抗的决心。清廷在答复《景淳奏俄人借口分界及防堵英法恣意往来可否撤回本省官兵防守折》中认为:"景淳此奏实属思患豫防,惟此时粤匪未平,正在攻剿之际,调出官兵,万难遽行撤回。只可将备调余丁,勤加操练,以成劲旅。从来抚驭外夷,惟有设法羁縻,善为开导,断无轻率用兵之理。"② 对于俄国的入侵、滋事,清廷的意见大都是"仍当善为开导,晓以利害、示以怀柔,毋使决裂"。③ 由此可见,清廷应对沙俄的侵略仍是主张采用妥协羁縻的"联"的方式来予以解决。

---

① 中华书局编辑部编《魏源集》,中华书局,1983,第866页。
② 贾桢等纂修《筹办夷务始末·咸丰朝》第2册,中华书局,1979,第445页。
③ 贾桢等纂修《筹办夷务始末·咸丰朝》第2册,第491页。

随着形势的发展，联俄的呼声不但没有减弱，反而变多了，开始主要由士人的思考正式成为清廷官员的建议乃至清帝的决策。

1858年4月8日，咸丰帝在上谕中强调："至俄罗斯上年至津投递公文，借词防堵英夷，今则与该夷等同恶相济，居心尤为谲诈。但中国与俄夷和好已百有余年，并无嫌隙，与英佛等夷不同，相待之理亦当稍有区别，如接晤普提雅廷，仍当以礼貌相待，谕以和好多年，不应干预英、佛等国无理之事，咪夷在粤并未助恶，亦可嘉其守信，俾知感服。如先解散俄咪两酋，不致助逆，则英法之势已孤，再观其要求之事，从长计议。英夷罪无可恕，法夷党恶，亦属可恨，惟此中原未靖，又行海运，一经骚动，诸多掣肘，不得不思柔远之方，为羁縻之计。"①

4月24日，咸丰帝又认为："其俄罗斯向在北路通商，今亦到津投递文书，似欲为英、佛说合，从中图利，虽居心叵测，惟俄夷为百余年交好之国，未便拒绝，傥借俄、咪二夷转圜，使英、佛自知悔罪，折回广东，听候钦差大臣查办，仍可宽其既往，以示怀柔。"② 在4月25日的另一道上谕中，咸丰帝仍认为，"俄夷与中国和好多年，自宜先行接晤，待以宾礼"，"至咪酋并未助恶，亦可假以词色，将该英夷无礼之处，令其评论是非。倘其为英、佛说合，亦告以如与中国体面无伤，尚可代奏"。③ 在1858年3月26日的上谕中，咸丰帝认为："俄夷既肯为我用，所请五口通商之处，着不必再与计较，即准其与各国一体贸易。"④

除咸丰帝外，其他大臣也有类似的论述。如谭廷襄就认为"若俄夷能就范，则可用俄以制英法"，⑤ "现在俄事渐可就绪，尚未全

---

① 贾桢等纂修《筹办夷务始末·咸丰朝》第2册，第685页。
② 贾桢等纂修《筹办夷务始末·咸丰朝》第2册，第715页。
③ 贾桢等纂修《筹办夷务始末·咸丰朝》第2册，第720页。
④ 故宫博物院明清档案部编《清代中俄关系档案史料选编》中册，中华书局，1979，第473页。
⑤ 《清代中俄关系档案史料选编》中册，第483页。

结，美则合乎俄而潜随英、法，自应用俄通美以制英、法"。① 在另一奏章中，谭廷襄认为："现在仍有俄、美说合，虽必要求无厌，较之用兵究有把握。若不如是，即再行调兵运炮，已赶不及，仍恐贻误。惟有仰肯天恩，垂念咽喉重地，准臣先为笼络俄美，仍示羁縻。"② 奕山也认为，"奴才伏思屡奉谕旨，均以不起边衅为要"，"若衅端一起，实不敢保将来结局如何"，③ 因而希望俄、美调解。

中俄签订《天津条约》后，咸丰帝在上谕中强调："今俄国已准五口通商，又在黑龙江定约。诸事皆定，理应为中国出力，向英、法二国讲理，杜其不情之请，速了此事，方能对得住中国。"④ 然而，《天津条约》并没有满足俄国的胃口，在《天津条约》签订后，俄国继续在商务、界务方面对我国进行侵略。

此时，清廷对沙俄的野心也有了一定的认识，开始意识到必须维护自己领土方面的权益，清帝多次下谕要严防、严拒沙俄侵占我国领土。⑤ 当然，亦有官员主张放弃妥协，对沙俄强硬。胜保就认为，"夫挟虚骄之气而来者，示之弱则彼将益张，示之强则彼将自沮"，"纵能全力将贼诛锄而拱手以待夷人之鱼肉，于情于理孰肯甘心"。⑥ 对于俄国新的扩张要求，清廷也予以严驳，强调"贵国又欲在乌苏里江、绥芬等处游行立界，此地面乃系我国吉林之地，与贵国毫无毗连之处，贵大臣来文，直云难免扰乱侵占，此等无理之言，先出于贵大臣之口，是情理之曲，乃出之于贵国矣"，"绥芬、乌苏里江等处，是断不能借之地"。⑦ 在一次谈判中，肃顺还愤怒地把沙俄迫订的

---

① 《清代中俄关系档案史料选编》中册，第 487 页。
② 《清代中俄关系档案史料选编》中册，第 491 页。
③ 《清代中俄关系档案史料选编》中册，第 505—507 页。
④ 《清代中俄关系档案史料选编》中册，第 520 页。
⑤ 《清代中俄关系档案史料选编》中册，第 608—609 页。
⑥ 《清代中俄关系档案史料选编》中册，第 624、626 页。
⑦ 贾桢等纂修《筹办夷务始末·咸丰朝》第 5 册，第 1541—1543 页。

《瑷珲条约》扔在桌子上,严正宣布它不过是废纸一张。①

不过,由于1859年英法联军借英法公使来京换约之机炮轰大沽口,继续扩大对华侵略,长江下游的太平军也在不断壮大,加上捻军活跃,清政府担心一旦与沙俄失和,致使其与英法、太平军等"勾结"起来,共同作战,因此"联俄"的呼声再次高涨。

大沽之战后,清廷就强调:"本日已敕肃顺等,照会在京之俄夷伊格那提业福,告以中国现与英夷接仗,各处口岸设防严密,如见伊船只,即行开炮,尔国船只不得擅自停泊,亦不得与英夷同船,恐致误伤,转失和好。"② 在清政府的官员中,还有人奏请"径攻印度,似俄人及廓尔喀均可收为我用",③ 主张联俄以制英法。当然,鉴于清政府与俄人在"吉林分界"④的纷争,这项建议并未得到采纳。

后清政府又在另一道上谕中强调,要保护被俘俄人,"所擒夷人五名内,如有俄、咪两国之人,不可伤害,派员送还,并照会该二国,既与中国和好,尔国之人断非助战,想是误被裹挟"。至若后来英法联军逼近京畿,形势越来越紧张,清廷急需议和,而俄人又有意调停时,咸丰帝更是求之不得,在上谕中说:"俄使伊格那提业福进京后,如欲从中说合,不必拒绝,倘有可乘之机,恭亲王等相机办理可也。"⑤

在奕䜣与俄使的交涉中,俄使提出"本国与贵国现有几件未定之事,王爷自必深悉。因恐后稍有失睦,必启各国疑贰之心,以为我两国二百年之敦笃友谊,尚且失睦,必疑贵国失信,而兵端不难屡兴矣。思及于此,请王爷速给照会,以作始终遵依和约之据,再派妥实官二员,到馆面议,妥办未完之事,则从此永无猜嫌矣。"而奕䜣则

---

① 复旦大学历史系本书编写组编《沙俄侵华史》,上海人民出版社,1986,第120页。
② 贾桢等纂修《筹办夷务始末·咸丰朝》第5册,第1544—1545页。
③ 贾桢等纂修《筹办夷务始末·咸丰朝》第5册,第1783页。
④ 贾桢等纂修《筹办夷务始末·咸丰朝》第5册,第1775页。
⑤ 中国史学会主编《第二次鸦片战争》(5),上海人民出版社,1978,第193—194页。

表示："查前日因本国大臣面称贵大臣为英、佛两国之事颇为不平，愿从中调处，是以给予照会，请贵大臣平允调处，永无嫌隙。现在如何调处，希贵大臣迅即知照。如能一切妥协，其贵国未定之件，自易速议办理，应请贵大臣无庸多虑也。"① 在此，奕䜣准备用吉林、黑龙江等处的边界让步，换得俄使的调停。

在俄使的调解下，清政府先后与英法签订了《北京条约》。随即，与沙俄就通商、边界问题进行谈判，清政府认为，"英法两夷敢于如此猖獗者，未必非俄酋为之怂恿，现虽和约已换，而夷兵未退，设或暗中挑衅，必致别生枝节"，"且该酋地接蒙古，距北路较近，万一衅起边隅，尤属不易措手"，"俄夷之事一日不了，即恐英夷之兵一日不退"。② 因此，清政府主张对俄全面妥协。在他们心中，英法才是心腹大患。在与俄使的谈判过程中，俄使"狡执异常，几于一字不能易"，清政府由于惧怕其"勾结英、法为患"，"不得不委曲允从，以便催令英酋退兵，俾京城根本，人心安定，以全大局"。③

清政府希望通过与沙俄的和解达到制衡英法的目的，所以在与沙俄签订的《北京条约》中，除确认《瑷珲条约》外，还将乌苏里江以东40余万平方公里的领土割让给俄国，在新疆、蒙古方面的商务上也做出了大量让步。

《北京条约》签订后，俄使向清政府表示愿帮助其镇压太平天国，清政府陷入两难，"如借俄兵之力帮同办理，逆贼若能早平，我之元气亦可渐复，但恐该国所在贪利，借口协同剿贼，或格外再有要求，不可不思患豫防"，因而"着曾国藩等公同悉心体察，如利多害少，尚可为救急之方，即行迅速奏明，候旨定夺"。④

对此，袁甲三、曾国藩等都认为利少害多。⑤ 袁甲三强烈反对借

---

① 《第二次鸦片战争》(5)，第212—213页。
② 《清代中俄关系档案史料选编》下册，第997、1001页。
③ 《清代中俄关系档案史料选编》下册，第1003—1004页。
④ 《清代中俄关系档案史料选编》下册，第1021页。
⑤ 《清代中俄关系档案史料选编》下册，第1029、1037页。

用俄兵，认为一旦俄兵与太平军勾结，则危害甚大，有可能形成割据之势，"俄、法各夷，则立国已久，幸金陵等处助我克复，必以为中国已失之城池，自彼得之，即不听彼占之，割据之势成而天下不堪问矣"。① 奕䜣也认为不宜借用俄兵镇压太平天国，指出借用俄兵有后患，"从前俄夷侵占越界，并未明动干戈，至今已难驱逐。若借词带兵剿贼，而据南省地方，则南北两路分途蚕食，何堪设想！"②

在此基础上，清廷也认同不宜借用俄兵助剿恐有无穷后患。而后，沙俄在商务、界务方面滋扰不断，清廷与沙俄政府又进行了交涉。沙俄总是想在双方的交涉中尽量多地占据中国的领土，双方的矛盾因外力的消除而进一步凸显，咸丰时期的"联俄"接近尾声，很快销声匿迹。

三 道咸时期"联俄"探索的启示

道咸时期的"联俄"探索最初起源于士人抵制西方列强海路进攻的思考，进而演变为清政府处理对俄关系的一种外交政策。它因英法等国海路侵略这一外部威胁的刺激而产生，又因这一外部威胁的消失而终结，是清廷在两害相权取其"轻"的一种无奈选择。

首先，道咸时期的"联俄"探索并没能帮助清政府抵抗住西方列强的海路进攻。相反，受"联俄"思想的影响，清廷不仅在与英法等列强的交涉中损失了大量的主权、利益，而且在对俄妥协的过程中损失了大量权益。

沙俄利用清政府的"联俄"及英法的侵略，侵占了中国大量的领土与权益，进而引发了沙俄直接以助剿代收的名义出兵伊犁。在第二次鸦片战争期间，中国的损失极其惨重，俄国"从中国取得了一

---

① 《清代中俄关系档案史料选编》下册，第1056页。
② 《清代中俄关系档案史料选编》下册，第1060页。

块大小等于法德两国面积的领土和一条同多瑙河一样长的河流"。①事后连奕䜣也不得不认为:"发捻交乘,心腹之害也;俄国壤地相接,有蚕食上国之志,肘腋之忧也;英国志在通商,暴虐无人理,不为限制,则无以自立,肢体之患也。故灭发捻为先,治俄次之,治英又次之。"②

其次,道咸时期的"联俄"探索虽受到了西方外交观念的影响,但仍停留在"以夷制夷"等"天朝上国"的传统观念上,鲜有新的外交理念。吴雁南在评价第一次鸦片战争失败的清政府时说,道光帝在面对自己的失败时并没有做深刻的反省,他一反原来高傲的姿态,"掉入自卑者的行列,大唱低调","他使中国社会的炮声静寂之后又沉沉睡去,从而断送了迎头赶上西方的机会"。③其实,该评论对于咸丰朝清政府的"联俄"探索来说同样适用。

清政府在"联俄"的过程中,面对俄国公使的欺诈毫无作为,一味任其宰割,丧失了许多权益,单领土一项,就可以说是世界之最。他们担心的只有沙俄与英法的联合,对于沙俄与英法等国家之间在欧亚大陆的矛盾一无所知,对于沙俄与英法等国在第二次鸦片战争中要实现的意图也非常模糊,不能做到区别对待。

最后,道咸时期的"联俄"探索在一定程度上反映了清政府"陆权"观念的淡薄,对"苦寒"之地的随意放弃进一步刺激了沙俄等国侵占中国领土的野心。中国古代经济重心自唐安史之乱后开始南移,至南宋时期初步完成。自此,南方的赋税成为历代的重要经济来源,统治者关注的重点开始转向人口赋税鼎盛的南方。自宋以降,除元朝外,鲜有统治者组织军队赴边远征。1685年,康熙帝组织清军收复雅克萨,结果兴安岭及额尔古那河以西约25万平方公里国土在《尼布楚条约》签订后丧失。雍正五年(1727),贝加尔湖之南及西

---

① 《沙俄侵华史》,第107页。
② 《第二次鸦片战争》(5),第341页。
③ 吴雁南等:《中国近代社会思潮》第1册,湖南教育出版社,1998,第63页。

南约 10 万平方公里国土又因签订《恰克图条约》而丧失。

上述两个条约虽说是清政府与沙俄签订的平等条约,在一定程度上阻止了沙俄的继续侵略,但每次都以放弃大量的领土为代价,既反映了清政府对于"苦寒"之地的忽视和"陆权"观念的缺乏,也体现了清政府对沙俄侵占中国领土的野心存在严重的误判和错误的认识。随着鸦片战争后清朝国内动荡的加剧及国力的衰弱,沙俄更是得寸进尺,开始对中国领土进行大规模的侵占。"清政府初次联俄,就被沙俄趁火打劫,强行割去了中国北部 100 多万平方公里的领土。"[①]

道咸时期的"联俄"探索与林则徐、魏源等设想的"联俄"有很大的差别,前者既缺少对列强之间矛盾的洞察,也缺少主动的"联合"出击,完全属于一种被动的、消极的、想当然的应付,其失败的直接原因在于自身军事实力的弱小,没有能力应付列强的侵略和制止"搅局者"的威胁、恐吓甚至无理取闹。

"能战方能止战!"道咸时期的"联俄"探索带给我们的启示是非常深刻的。在国家主权、领土遭受侵略时,任何的外交斡旋都必须以实力为基础。"打得一拳开,免得百拳来",唯有以坚定的决心和迎头痛击的能力将侵略者打痛、打倒甚至全歼,才能确保自身、周边乃至国际社会的和平发展!

---

① 王福春:《晚清政府的"以夷制夷"外交析论》,《国际政治研究》1998 年第 2 期,第 136 页。

蒲安臣对中美不平等商约关系的影响*

方 慧**

商约是近代国家秩序下规范国际贸易的法律基础。1862 年美国首任驻华公使蒲安臣来华时，美国已经通过《望厦条约》、《天津条约》及其通商章程，为"同中国的通商"设计出了"一种周到而全面的制度"，① 建立起了不平等的中美商约关系。为维护既得通商权益，蒲安臣在秉承美国政府训令与英法合作的同时，亦强调"在中国人的心目中播下信任的种子"，"以公开的政策和共同的行动来加深彼此的信任，赢得中国人的尊重"。② 由此，在 19 世纪 60 年代中美贸易纷争中，蒲安臣在竭力维护美国利益的前提下，一定程度上顾及中方的诉求。他呼吁美国政府规范商人领事制度，倡导有偿救助遇难商船，主张严惩违禁贸易，并通过中美《续增条约》率先给予了中国某些对等的通商权利。

---

* 本文为国家社科基金重大项目"近代中外条约研究学术文献的搜集、整理与学术史研究（1842—1949）"（21&ZD198）的阶段性成果。
** 方慧，湖南师范大学历史文化学院讲师。
① 《海斯总统否决〈限制华人向合众国移民法案〉的咨文（1879 年 3 月 1 日）》，阎广耀、方生选译《美国对华政策文件选编——从鸦片战争到第一次世界大战》，人民出版社，1990，第 194 页。
② Mr. Burlingane to Mr. Seward, June 20, 1863, *Papers Relating to Foreign Relations of the United States*. Washington, D. C.: Government Printing Office, 1863, p. 940.

一 呼吁规范领事制度

鸦片战争后,为确保中外贸易的有序开展,"领事的地位、职务和特权成为了通商航海条约的主题"。① 通过《南京条约》及其附件,英国率先拓展领事职权,为其商民架构起了一把"保护伞"。条约规定,在华领事拥有管理商贾、与地方官公文往来、协助商人报关、与地方官议定地界、司法裁判等权力。随后签订的中美《望厦条约》则进一步扩大了领事的职权,"美国领事的权力又比英国领事有所扩大"。② 在领事裁判权方面,美国攫取了英约所没有的"合众国民人由领事等捉拿审讯,照本国例治罪"的权力,③ 超出了国际法对领事职权的一般定义范围。

清政府之所以同意给予领事如此多的权力,主要与英美的强权政治和武力胁迫有关,也蕴含着行商制度取消背景下,冀图借助英美官方力量来管理中外贸易。然而,鸦片战争后除了"英国领事完全由官方派出人员担任",④ "其他各国的驻华领事,多数是由商人兼任"。⑤ 而对华贸易第二大国的美国,由商人担任领事的现象尤为突出(表1)。

表1 五口通商时期美国驻华领事情况

姓名	身份	驻扎口岸	出任时间
保罗·S. 福士	旗昌洋行老板	广州	1843年7月
吴利国	旗昌洋行商人	上海	1843年11月、1846年
吴利国	旗昌洋行商人	宁波	1844年3月

---

① 周鲠生:《国际法》(下),商务印书馆,1976,第572页。
② 汪敬虞:《赫德与近代中西关系》,人民出版社,1987,第117页。
③ 王铁崖编《中外旧约章汇编》第1册,三联书店,1957,第55、54页。
④ 梁建:《早期西方各国在华商人领事制概略》,《贵州文史丛刊》2008年第1期,第9页。
⑤ 严中平主编《中国近代经济史(1840—1894)》上册,人民出版社,2001,第16页。

续表

姓名	身份	驻扎口岸	出任时间
布拉德利	洋行老板	厦门	1849年8月
琼斯	商人	福州	1852年11月

资料来源：吴孟雪《美国在华领事裁判权百年史》，社会科学文献出版社，1992，第70—72页。

美国在华领事拥有如此大的权力却由商人担任，不可避免地会引发问题。正如英国人所言："美国的商人领事统统都是为他们自己的生意出力的，他们自己就走私，不可能禁止美国走私。"奕䜣也认为："以商为官，只图省廉俸之需，并不求公事之当。"① 商人领事制度带来的流弊成为横亘在中美贸易中的一个重要问题，也成为蒲安臣1862年抵京赴任后所面对的第一个问题。在给美国政府的信件中，蒲安臣写道："赴华后第一个需要与清政府直接讨论的问题便是商人领事问题。"②

1862年8月29日，蒲安臣照会奕䜣，希望中方能按照中美条约之规定对美国领事予以优待。蒲安臣说："本大臣曾派本国贤明人柏赖克往九江管理通商事务领事官缺，该员一经赴任，照知贵大臣，札饬该处地方官，务照和约相待，于领事官所欲建屋居住，或租或承受，该地方官理应力为妥办，以敦彼此和好之谊。再者，去年四月，署理本国钦差司曾委派本国韦良士前往汉口署理通商事务，前经赴任，亦当照知贵大臣札饬该处地方官，务照和约相待。"③ 奕䜣对此要求的回复是，美国若想要享受优待领事的权利，就必须履行1858

---

① 《奕䜣等又奏大吕宋国来请立约请先高以领事不得用商人充当片》（同治三年四月二十八日），李书源整理《筹办夷务始末·同治朝》第3册，中华书局，2008，第1089页。
② Mr. Burlingane to Mr. Seward, October 25, 1862, *Papers Relating to Foreign Relations of the United States*, 1863, p. 906.
③ 《美使蒲安臣致总署照会》（同治元年八月初五日），中研院近代史研究所编《中美关系史料·同治朝》，中研院近代史研究所，1968，第22—23页。

年中美双方之约定,即美国所派领事"不能干涉贸易"。①

奕䜣所指的约定,即上海税则谈判期间桂良与美国驻华公使列卫廉的往来照会。1858年9月30日,桂良照会各国驻华公使,明确提出不得以商人担任领事。桂良认为:"各该国欲设领事,必须各国特放一员,方准管事,不得以商人作为领事,以致有名无实。"② 对此,列卫廉率先回复。他说:"领事不得干预贸易也,现美国业经定制,凡干涉买卖者不得派作领事官。"③

尽管有约在先,但美国领事从事贸易的现象依旧存在。1861年8月28日,盛京将军、奉天府府尹向奕䜣报告,美国驻牛庄领事萧德到任后数月"仍开设同珍洋行生理"。④ 奕䜣听闻后,认为此"实与前次列大臣照复内事理不符"。他希望蒲安臣遵守中美之约,对此情况"示以限制","令其不得兼作买卖之处",⑤ 同时希望蒲安臣能"即速行文回国,赶紧派真正领事官前赴牛庄接管,不宜以久以商人代理"。⑥ 奕䜣还强调:"各口领事,向不得兼作买卖,如有兼作买卖开设洋行生理者,中国各官亦不能照真正领事官一体优待。"⑦

面对清政府改换商人领事的要求,蒲安臣虽以"条约内载,并无以开行之人不能领事之说""前次列大臣照复,其照会所开是指前时五港口之领事""俄法两国,亦有以生理人而领事者"⑧ 等为由予以辩驳,但主要考虑到商人领事制度对中美贸易确实造成了诸多流

---

① 《总署给美国大臣照会》(同治元年八月初十日),《中美关系史料·同治朝》,第23—24页。
② 北洋洋务局纂辑《约章成案汇览》甲篇卷二,光绪三十一年上海点石斋石印本,第45—46页。
③ 北洋洋务局纂辑《约章成案汇览》甲篇卷四,第44页。
④ 《总署收盛京将军奉天府府尹文》(同治元年八月初四日),《中美关系史料·同治朝》,第22页。
⑤ 《总署致美使蒲安臣》(同治元年八月初十日),《中美关系史料·同治朝》,第24页。
⑥ 《总署给美国大臣照会》(同治元年九月初九日),《中美关系史料·同治朝》,第34—35页。
⑦ 《总署受美国大臣照会》(同治元年九月十二日),《中美关系史料·同治朝》,第35页。
⑧ 《美使蒲安臣致总署照会》(同治元年九月初二日),《中美关系史料·同治朝》,第32页。

弊，他还是向中方承诺愿意向美国政府汇报此事。在给奕䜣的照会中，蒲安臣写道："本大臣查本国定例，各国通商口岸，领事甚多，凡奉本国特旨食俸之领事官，照例不准兼作买卖，买卖人未曾奉食俸，署理领事官，向来可行，此是本国一定之例，并且列大臣曾派过买卖一人，署理领事官，此系确证。本大臣又思，本国风俗，士人商贾，均是一体，品学果嘉，即准做官。所以各以本国国人所到之处，以买卖人作领事官者甚多。虽然本国定例，买卖人一定可作领事官，两国和约内亦未禁止此事，但本大臣细思，买卖人作领事官者，恐有不便。"他表示已经发文，"请本国特放食奉禄领事官替回，以便办事"，希望中方能宽待美国在华领事，"至现在各处买卖人兼摄领事官者，虽未食俸，照本国定例，实是真正官员，希望亲王饬谕贵国地方官，须要一体重待"。①

随后，蒲安臣致函国务卿西华德，建议美国政府给予领事一定的薪水，改变美国商人领事制度。蒲安臣指出："我认为，任命一位管理贸易的人并不是一个好政策……商行没有领事，就认为自己在贸易中处于不利地位，于是抱怨。因此，我恳切地建议，在汉口、九江和天津港，领事应该是有薪水的。"② 对此建议，西华德是认可的。他说："很明显，在很多情况下，领取政府足够薪金的执政官较聘用从事贸易的人为佳。"③ 不过，西华德也表示美国政府暂时无法改变商人领事制度。他说："现代商业的扩展条件使这个政府或任何其他政府不可能完全坚持这种制度。因此，每一个海上强国都雇用商人作为执政官，这往往得到条约的认可并得到各国法律的承认。目前，美国政府有特殊的理由在处理其外交和领事关系时尽可能地节约。总统完全了解这一事实，因此，他不能采纳你的建议——向国会建议给中国

---

① 《总署收美使照会》（同治元年九月十九日），《中美关系史料·同治朝》，第38页。
② Mr. Burlingane to Mr. Seward, October 25, 1862, *Papers Relating to Foreign Relations of the United States*, 1863, p. 906.
③ Mr. Seward to Mr. Burlingame, February 4, 1863, *Papers Relating to Foreign Relations of the United States*, 1863, p. 924.

新条约港口的领事职务附加薪金。你应坚持按惯例给予在这些港口担任职务的人以委任状，除非有人对他们提出个人反对意见。"① 当然，考虑到美国领事在中国具有裁判权之特殊权力，西华德在 1863 年 3 月 3 日的电文中又表示："关于中国政府对我国领事从事贸易的反对意见，我必须指出，这是一个需要国会采取立法行动的问题，而这个问题出现时，国会正处于休会的前夕，因此必须推迟到下届会议，届时将向该机构提出。"②

不难看出，在蒲安臣的呼吁下，美国政府逐渐意识到商人领事制度已经成为影响中美贸易和中美关系的一个重要问题。不过，囿于美国法律、财政、人才等方面的限制，美国政府无力解决这一问题。尽管如此，蒲安臣对商人领事制度态度的转变，还是在一定程度上推动了美国在华领事制度朝着规范化方向发展。1863 年，在奕䜣的强烈要求下，蒲安臣撤换了"自行走私之事"且"屡遇通商交涉事件，不惟听信通商人与监督为难，且由妄索赔补"的旗昌行行主、汉口领事毕理格，③ 改派沙德来出任新的汉口领事。④ 同时，特派"贤明人士裨治士"出任九江领事。⑤ 在清政府的努力和蒲安臣的支持下，美国领事由商人兼任之状况在"1866 年以后大为改善"。⑥ 厦门、镇江、潮州、广州等所属各省督抚陆续奏报，所查该口美国领事均"系真正领事"，"均非商人兼充"。⑦

---

① Mr. Seward to Mr. Burlingame, February 4, 1863, *Papers Relating to Foreign Relations of the United States*, 1863, pp. 924-925.
② Mr. Seward to Mr. Burlingame, March 3, 1863, *Papers Relating to Foreign Relations of the United States*, 1863, p. 927.
③ 《总署致美使蒲安臣照会》（同治三年四月十三日），《中美关系史料·同治朝》，第 167 页。
④ 《总署收湖广总督官文文》（同治三年十一月二十二日），《中美关系史料·同治朝》，第 218 页。
⑤ 《特派裨治士任驻九江美领事官之照会》（同治二年五月九日），《中美往来照会集（1846—1931）》第 2 册，广西师范大学出版社，2006，第 364 页。
⑥ 吴翎君：《美国大企业与近代中国的国际化》，社会科学文献出版社，2014，第 34 页。
⑦ 参见《中美关系史料·同治朝》，第 282、290、353、425、595 页。

二 倡导有偿救助遇难外国商船

对遇难商船及其财产进行救助,是保护海外贸易的一项重要原则和举措。鸦片战争后,美国率先提出了救助遇难商船的要求。《望厦条约》第二十七款规定:"合众国贸易船只,若在中国洋面,遇风触礁搁浅,遇盗致有损坏,沿海地方官查知,即应设法拯救,酌加抚恤,俾得驶至本港口修整,一切采买米粮,汲取淡水,均不得稍为禁阻,如该商船在外洋损坏,漂至中国沿海地方者,经官查明,亦应一体抚恤,妥为办理。"①

1858年中美《天津条约》及《通商章程》签订时,美国再次强调了商船遇难救助的问题。条约规定:"大合众国船只在中国海面遭风触礁搁浅,遇盗致有损害等害者,该处地方官一经查知,即应设法拯救保护,并加抚恤,俾得驶至最近港口修理,并准其采买粮食、汲取淡水。"② 而后,英、德等国纷纷效仿美国,均要求清政府对遇难商船予以救助。对此,清政府并没有提出什么异议。因为救助遇难商船,原本就是清政府"怀柔远人"的一个重要内容。1737年,乾隆帝曾下达谕令,指出:"沿海地方常有外国船只遭风漂至境内者,朕胞与为怀,内外并无歧视,外邦民人既到中华,岂可令一夫之失所。嗣后如有似此被风漂泊之人船,着该督抚督率有司加以抚恤,动用存公银两,赏给衣粮,修理船楫,并将货物查还,遣归本国,以示朕怀柔远人之至意。将此永著为例。"③ 尽管清廷救助各国难船之意识由来已久,美英各国又复以条约来予以强化,但包括美国在内的外国商船遭风遇险后遭到乡民劫掠的情况时有发生。这一现象发生的原因,主要是既有商约并没有涉及救助报酬的问题,救

---

① 王铁崖编《中外旧约章汇编》第1册,第55—56页。
② 王铁崖编《中外旧约章汇编》第1册,第92页。
③ 《清实录》第9册,《高宗纯皇帝实录》第52卷,中华书局1985年影印本,第889页。

助缺乏激励机制。

1863年7月28日，蒲安臣照会总理衙门，要求中国处理两起美国商船遇难遭抢的案件。据蒲安臣所言，第一起案件发生在1861年11月26日。商船"柔间地厘"由台湾往厦门，被风卷至义县布袋嘴洋面，离台湾府约30里，船半入沙，导致搁浅。船只遇难后遭到乡民抢掠其船货物。船主前往台湾府，求其保护，但是"该地方官不即往救"，致使该船"被乡民夺取货物，约值银二万元"。第二起案件发生在1861年11月。商船"辣基士打"由上海开往香港，也是在台湾府淡水厅鸡笼港口之中间遭风触礁。船只遇难后同样遭到乡民抢劫，船主及其孩子还被乡民捉拿，除夺走了首饰衣服外，还索取了一千元的赎金。后来船主前往淡水港口报告地方官，但地方官"亦不即出力"，致使"船中棉花什物银两，尽为一空，约值八万元"。蒲安臣认为："查阅和约第十三条内载，得知外国船只被风搁浅，该地方官应为保护，时时查访，免被乡民残害。因台湾海面地极危险，今二次禀诉，实不知官府无权抑或延懦？"他要求清政府"严饬地方官凡于外国船只，须加留心保护，即为出力，或通知乡民里长，遇有被搁浅者，乡民救护其人，该船货当照外国例论功分赠，是亦情理"。①

海难救助报酬是指"救助人对遇险船舶进行救助而可取的报酬"。② 1681年，法国率先颁布《海事条例》，明文规定海难救助的报酬原则，得到了各国的认可。③ 在1833年《美暹友好通商条约》中，美国与暹罗曾约定救助报酬问题。条约规定："合众国沉船的财产应该被仔细保存并归还给他们的国民，合众国将偿还国王陛下为这种沉船所支付的一切费用。"④ 不过，在与中国缔约时，美国却从利

---

① 《关于美国商船遇风搁浅台湾后被抢掠案之交涉照会》（同治二年六月十三日），《中美往来照会集（1846—1931）》第2册，第370页。
② 张湘兰主编《海商法》，武汉大学出版社，1996，第100页。
③ 罗记松：《海商法》，中国法制出版社，2000，第248—249页。
④ S. Wells Williams, *Treaties between the United States of America and China, Japan, Lewchew and Siam*. Hongkong, 1862, p.182.

己主义出发,只单方面规定了中国对遇难船只的救助义务,而对于救助报酬只字不提,致使鸦片战争后中美之间围绕商船救助问题交涉不断。蒲安臣在处理这些交涉案件时,意识到了既有商约之不足。他希望通过"论功分赠"的方式,激励中国官民施救遇难船只,进而保护美国在华商船之安全。

蒲安臣的建议得到了清政府和各国公使的认可。1869年,总理衙门决定引用福州英国领事所拟定的《酬赏失事洋船章程》,对参与失事洋船救助的华民"按物、按工、按照时势","秉公端给功劳之资若干"。① 1876年,清政府"为保护中外船只,防患未然起见",将福建巡抚丁日昌拟定的《救护中外船只遇险章程》五条颁行于沿海各省,力图杜绝"莠民遇此等危险之船,乘机抢夺,或有将破坏船只拆毁之事"。② 在蒲安臣的倡议和清政府的努力之下,遇难美国商船的救助活动才有了切切实实的制度保障。

表2 19世纪七八十年代中国救助美国商船一览

时间	事件	出处
1870年11月14日	美船巴西号遭风破坏,人货被洛阳司钟等搭救	《中美往来照会集(1846—1931)》第3册,第340页
1872年1月12日	美国主致谢中国及恬波船主	《中美往来照会集(1846—1931)》第3册,第413页
1877年3月10日	致送金表酬谢仗义拯救船只炮船船主	《中美关系史料·光绪朝》第1册,第206页
1881年5月17日	美篷船遇险获救,请转致谢意	《中美关系史料·光绪朝》第2册,第767页
1881年8月3日	美篷船遇险获救,请转致谢意	《中美关系史料·光绪朝》第2册,第795页
1882年5月1日	感谢水师提督等救护美船善行,特送金牌二面	《中美关系史料·光绪朝》第2册,第853页

① 王铁崖编《中外旧约章汇编》第1册,第314页。
② 《总署致美使西华照会》(光绪二年五月初八日),中研院近代史研究所编《中美关系史料·光绪朝》第1册,中研院近代史研究所,1968,第121页。

续表

时间	事件	出处
1883年4月10日	致谢美兵船碰石遇难获救	《中美关系史料·光绪朝》第2册，第957页
1884年2月28日	赠送援救美舰海难人员金牌一面，即转发颁收	《中美关系史料·光绪朝》第2册，第1016页
1888年5月21日	申谢闽省救援美船	《中美关系史料·光绪朝》第2册，第1273页

三 主张严惩违禁贸易

清政府与各国签订的通商条约尽管被掠取了很多通商权利，但也保留了其对贸易的管辖权。特别是19世纪五六十年代，已经将"灭发捻"置于最高战略目标的清政府，清楚意识到"严断接济一节，实为围攻金陵第一要着"。① 在1858年签订的中美《通商章程善后条约：海关税则》和1861年签订的《长江各口通商暂行章程》中对军火、食盐等重要战略物资的禁运问题做了明文约定。中美《通商章程善后条约：海关税则》第三款规定："凡有违禁物品，如火药、大小弹子、炮位、大小鸟枪并一切军器等类及内地食盐，以上各物概属违禁，不准贩运进出口。"② 清政府在与各国商定的《长江各口通商暂行章程》中也明确指出："在长江不论何处私将器械、火器各等类出卖，或多带军器与照内数目不符者，即将江照撤回，不准该船在长江贸易。"③ 尽管上述条约与章程均明文规定不准外国商人从事军火与食盐贸易，但在实际的中外贸易中，各国商人受巨额利润驱使罔顾条约规定，从事违禁贸易。正如外国学者所言："在保持

---

① 《复杨值菴军门》，汪世荣编《曾国藩专刊信函》，中华书局，1959，第166页。
② 王铁崖编《中外旧约章汇编》第1册，第138页。
③ 王铁崖编《中外旧约章汇编》第1册，第176页。

与中国的和平关系上,最大的实际困难是西方商人无法无天的特点。"① 为了与清政府长期"合作",蒲安臣在担任驻华使节期间支持清政府的缉私行为,主张严惩违禁贸易。

1862年,清廷接到江苏巡抚密报,称太平军已经汇款50万两白银给美国"奸商",试图向美国购买船炮。奕䜣立刻致电蒲安臣,要求美方严查此事。奕䜣指出,不仅此案专指"逆匪私赴贵国购买","沿海沿江各口风闻近日亦有贵国人贩运各项枪炮私行接济逆匪,希图获利"。奕䜣要求美国应"行文各领事官严饬各口商人,毋得再有私贩枪炮接济逆匪等事",并表示"遇有此等私贩,无论中国外国之人均一体严拿、尽法惩治,毋稍疏懈"。② 收到照会后,蒲安臣十分重视,立刻予以回复。他说,奕䜣所言之事早在去年11月已有所闻。当时美国浸礼会牧师罗孝全"由南京出来称说长发欲到美国购船亦有五十万两等语"。蒲安臣表示,"自闻此说之后",他便"致书回国报本国",但政府回信称"各港口查无此事"。随即想面见罗孝全了解此事,但"其时已离南京不在矣"。蒲安臣估计,可能是"欲买轮船,因无银两"只能不了了之。尽管此案只是虚惊一场,但清政府较为严厉的态度还是触动了美国。蒲安臣曾明确指出,日后将"会同中国员弁或可商议阻其犯禁之事"。③

1863年4月23日,江苏巡抚在上海查获了一起军火走私案,其中牵扯到美国宝隆洋行,但美国驻上海领事西华德试图庇护。为此,清政府照会蒲安臣,希望美国能督促其迅速查办。清政府说,美国虽"不啻三令五申"强调不允许走私,而该行"竟敢视同具文,故意违

---

① J. H. Bridge, *England and China*, in *International Policy: Essays on the Foreign Relations of England*. Chapman and Hall, 1866, p. 437.
② 《希即行文各口领事严饬各洋商不得私贩枪炮接济逆匪之照会》(同治元年闰八月十八日),《中美往来照会集(1846—1931)》第2册,第306—307页。
③ 《关于要求阻禁美商私售枪炮于逆匪一事之复照》(同治元年九月三日),《中美往来照会集(1846—1931)》第2册,第310—311页。

犯。前次贩私破案，经英领事罚银监禁，尚复不知悛改，此次竟敢以军火多件，接济贼匪，是其怙恶不悛，断难再事姑容"。清政府认为"此案证据确凿"，美国驻上海领事应"按照条约，将该船主迅速交中国地方官自行办理治罪，不得稍有袒护……若该领事仍复故意迟延，意图开脱，则中国地方官惟有执定条约自行办理矣"。① 与西华德态度不同的是，蒲安臣对此案甚为重视。他当即表示，将勒令"该西总领事照约妥办"。② 1864 年，当太平军余众转战福州时，不少美商复而向福州走私军火。1865 年 4 月 20 日，中方查获美商花耳等三人贩运军火到漳州，甚为震怒。清政府指出，"花耳等仍敢执持苏游历执照，潜赴福建贩卖洋枪接济匪徒，是其有意违背条约"，要求美方应"按约惩办，以戒将来"。③ 接到照会后的蒲安臣同样以较为积极的态度表示，该案已经"行饬上海西领事按约惩治。一俟申复到日，再为照会"。④ 在蒲安臣的督促下，最终美方"从严责罚"，并勒令美商花耳即刻回国，"不准逗留中土，取具甘结"。⑤

从这些交涉案中我们不难看出，尽管中美政府对军火走私态度明确，但美商军火走私依旧屡禁不止。造成这一现象的原因主要有二。其一，军火贸易确实利润可观。据洋枪队法尔思德回忆："在上海十五元或二十元能够买得到的短枪，太平军须付走私者一百元。"⑥ 其二，美国领事对不法商人的庇护。尽管中美《天津条约》第十四款明文规定："其有走私漏税或携带各项违禁货物至中

---

① 《就美国领事于洋人贩运军火接济贼匪事宜之照会》（同治二年三月六日），《中美往来照会集（1846—1931）》第 2 册，第 353 页。
② 《关于宝隆行私运军火案美公使给恭亲王信函》（同治二年十二月二十八日），《中美往来照会集（1846—1931）》第 2 册，第 409 页。
③ 《美国人花耳等三人贩卖洋枪接济贼匪一案之照会》（同治四年四月十日），《中美往来照会集（1846—1931）》第 2 册，第 474 页。
④ 《将花耳等人贩卖洋枪一案行饬上海领事按约惩治之照会》（同治四年四月十一日），《中美往来照会集（1846—1931）》第 2 册，第 474 页。
⑤ 《关于花耳私贩军火已勒令回国了案之照会》（同治四年五月二十八日），《中美往来照会集（1846—1931）》第 2 册，第 480 页。
⑥ 北京太平天国历史研究会编《太平天国史译丛》第 3 辑，中华书局，1985，第 119 页。

国者，听中国地方官自行办理治罪，大合众国官民不得稍有袒护。"① 但美国领事恣意庇护其不法商人，导致走私偷漏日渐严重。

与美国领事略有不同的是，驻华公使蒲安臣对于美商违约私贩违禁品的行为并不支持。他明确表示："中国当局无权扣留美国公民，也无权在任何情况下惩罚他们，但私贩违禁品除外。"② 对于在华外商的违法行为，蒲安臣以较为鲜明的态度表示要予以严惩。他说："中国政府以条约的方式放弃了对我国公民的司法权，不能进行处罚或是罚款，但我们有义务对违反条约和法规的公民进行处罚。"③ 蒲安臣要求："美国公民，或代表他的领事，在任何案件中都不应由自己不按法律随意行动。这是会解除中国政府应负的责任，并且使一切友好关系变为不可能。"④ 他强调："凡是有美国公民从事违禁品交易，美国政府总是最乐意揭露他们，并协助中国政府将他们绳之以法。"⑤

四　给予中方某些对等的通商权利

1867年11月，即将卸任驻华公使的蒲安臣被清政府聘为"办理各国中外交涉事务大臣"，⑥ 率领中国使团前往欧美各国，协商修约事宜。此次修约源于中英《天津条约》第二十七款的规定："此次新

---

① 王铁崖编《中外旧约章汇编》第1册，第92页。
② Mr. Burlingame to Mr. Seward, November 3, 1863, *Papers Relating to Foreign Relations of the United States*, 1863, p.916.
③ Mr. Burlingame to Mr. Seward, June 18, 1864, *Papers Relating to Foreign Relations of the United States*. Washington, D. C.: Government Printing Office, 1864, p.429.
④ 《附录一　北京美国公使致上海总领事函》（1864年6月15日），马士：《中华帝国对外关系史》第2卷，张汇文等译，商务印书馆，1963，第467页。
⑤ Mr. Burlingame to Mr. Seward, January 12, 1863, *Papers Relating to Foreign Relations of the United States*, 1863, p.921.
⑥ 《奕訢等奏拟请命卸任公使蒲安臣代办遣使外国折》（同治六年十一月二十一日），李书源整理《筹办夷务始末·同治朝》第6册，第2160页。

定税则并通商各款，日后彼此两国再欲重修，以十年为限……酌量更改。"① 虽然条约规定的是税则和通商各款"酌量更改"，但在华英商早就期待乘此机会"消除导致条约执行完全失败，特别是各省官员所设置的障碍"。② 为防止英国施加外交压力，清政府希望蒲安臣能为中国"排难解纷"，③"告诉条约国他们友好和进步的真诚愿望，说明中国修约之实际困难"。④

蒲安臣荣膺此任后十分振奋。他激动地向国务卿西华德报告："当世界上最古老的国家，拥有三分之一的人口，第一次寻求与西方国家建立关系，并通过其代表请求最年轻的国家传达这种变化时，这个使命是不应该被请求或拒绝的。"⑤ 1867 年 11 月，蒲安臣带领中国官员志刚、孙家谷等人踏上了前往欧美的旅程。1868 年 7 月 25 日，蒲安臣代表清政府与美国签订了《续增条约》（又名《蒲安臣条约》）。

中美《续增条约》被美国视为"美国外交与原则的胜利"，"为美国人赢得了中国政府的保护及在中国生活和贸易的权利"，⑥ 为美国解决劳工问题提供了便利。同时，蒲安臣努力向美国政府介绍中国，呼吁美国顾及中国的利益。1868 年 6 月 23 日，在纽约的演讲中，蒲安臣讲道："中国确实没有带来威胁，她仅仅带来两千三百余年前孔子之遗训：己所不欲，勿施于人……她不希望战争，只希望西方不要干涉其内政……中国过去数年来的伟大进步，世界上任何一地均不能与之相提并论。她的贸易已经扩张，税制已改良，海陆军均改

---

① 王铁崖编《中外旧约章汇编》第 1 册，第 99 页。
② Sir Rutherford Alcock to Prince Kung, November 9, 1868, *Papers Relating to Foreign Relations of the United States*. Washington, D. C.: Government Printing Office, 1869-1870, p. 311.
③ 王铁崖编《中外旧约章汇编》第 1 册，第 99 页。
④ Mr. Burlingame to Mr. Seward, November 14, 1867, *Papers Relating to Foreign Relations of the United States*. Washington, D. C.: Government Printing Office, 1868-1869, p. 494.
⑤ Mr. Burlingame to Mr. Seward, November 14, 1867, *Papers Relating to Foreign Relations of the United States*, 1868-1869, p. 494.
⑥ S. Wells Williams, *Chinese Immigration*. New York: Charles Scribner's Sons, 1879, pp. 20-21.

组,并建立起一所大学以教授近代科学及外国语文。这些工作都是她在十分艰苦中完成的。"他告诫美国政府不要使用武力压迫中国,"若你们用强力去压迫那个伟大的民族,你们可以看到,任何想实行这种暴虐政策的企图不仅会影响中国,而且会使你们卷入浴血的战争"。① 由于蒲安臣在美国素有声望,他的演讲在一定程度上影响了美国政府对华之决策。就通商事务而言,美国政府最终也给予了中国些许尊重和某些对等的权利。

第一,条约承认了中国自定贸易章程之权利。条约第二款规定:"嗣后如有于两国贸易兴旺之事,中国欲于原定贸易章程之外,与美国商民另开贸易、行船利益之路,皆由中国作主自定章程,仍不得与原约之义相背,如此办理似与贸易所获利益较为安稳。"② 此款虽然强调了"不得与原约之义相背",但第一次以法律形式充分肯定了中国对贸易的管辖权,既体现了美国对中国主权之尊重,亦蕴含了对英国对华经济侵略之抵制。正如志刚、孙家谷在上奏清廷时所言,该款暗指"两国贸易兴旺,方开利益之路。若于外国贸易兴旺,与中国贸易伤碍,则不能另外利益之路也",因此,对于英国要求"贩盐、开矿、内地行轮、增口岸等事……中国亦有转身地步"。③

第二,条约明确了中国商人赴美国贸易、居住之权利。条约第五款规定:"两国人民互相来往,或游历,或贸易,或久居,得以自由,方有利益。"④ 该款虽然旨在输入华工,客观上便利了中国商人在美贸易。特别是在中国洋务运动方兴未艾之际,这一条款对中国商务发展不无裨益。

第三,赴美华人享受最惠国待遇。第六款规定:"中国人至美

---

① Fredecick Wells Williams, *Anson Burlingame and the First Chinese Mission to Foreign Powers*. New York: Charles Scribner's Sons, 1912, pp. 134-139.
② 王铁崖编《中外旧约章汇编》第1册,第262页。
③ 志刚:《出使泰西记》,湖南人民出版社,1981,第26—27页。
④ 王铁崖编《中外旧约章汇编》第1册,第262页。

国，或经历各处，或常行居住，美国亦按照相待最优之国所得经历与常住之利益，俾中国人一体均沾。"① 尽管受美国"排华风潮"的影响，赴美华人并没有切实享受到最惠国待遇，但不可否认的是美国是第一个给予中国双边最惠国待遇的国家，对日后清政府的外交产生了一定影响。

第四，条约给予了中国派驻领事及优待的权利。该约第三款规定："大清国大皇帝可于大美国通商各口岸任便派领事官前往驻扎，美国接待与英国、俄国所派之领事官，按照公法条约所定之规，一体优待。"② 派驻领事就是为了便利商务。尽管当时中国在美国之商务甚是寥寥，但给予中国领事一体优待的权利，对日后中国赴美贸易之开展无疑是有益的。

结　语

与英国不同的是，美国重视"培养中国人的友好感情，以此作为一种廉价的手段来促进美国的商业利益和建立反对欧洲竞争者的优势地位"。③ 蒲安臣来华的 1862 年，美国正处于南北内战，对华政策也日趋保守和谨慎。作为"一个真诚的理想主义者"④ 和"具有骑士般大慈大悲的胸怀和崇高的善意的人"⑤，蒲安臣在秉承政府训令与英法合作的同时，尤为重视"在中国人的心目中播下信任的种子"，"赢得中国人的尊重"。除了主动将《万国公法》引入中国、制止各国在宁波开辟租界等活动，蒲安臣在 19 世纪 60 年代中美贸易的纷争中也在一定程度上顾及中方的诉求与利益。他呼吁美

---

① 王铁崖编《中外旧约章汇编》第 1 册，第 262 页。
② 王铁崖编《中外旧约章汇编》第 1 册，第 262 页。
③ 韩德：《中美特殊关系的形成——1914 年前的美国与中国》，项立岭、林勇军译，复旦大学出版社，1993，第 13 页。
④ 刘广京：《19 世纪后半期的美国与中国》，中国社会科学出版社，1991，第 81 页。
⑤ 马克·吐温：《社论两篇》，《马克·吐温文集》第 17 卷，河北教育出版社，2002，第 10 页。

国政府规范商人领事制度，倡导有偿救助遇难商船，主张严惩违禁贸易，并通过中美《续增条约》给予了中国某些对等的通商权利。当然，蒲安臣对中美商约关系的这些调整并没有触及协定关税、领事裁判权等商约中的核心问题，不足以改变晚清中美商约关系不平等的本质。

李鸿章维系宗藩关系的认知与抉择（1871—1882）

黄泽平[*]

19世纪70年代初期至80年代初期，李鸿章从传统中逐步脱离出来，在继续坚持传统宗藩关系的基础上，越发重视用条约等西方国际公法的手段维护宗藩关系，并认识到推动属国自强的重要性。对于维护宗藩关系的目的和出发点，李鸿章也由强调维系清朝"天朝上国"的威严而转变为维护清政府的国家利益，表现出维护宗藩关系的现实主义色彩。

一 运用条约维护宗藩关系的尝试

天津教案后，李鸿章调任直隶总督兼北洋通商事务大臣，正式开启了其作为北洋大臣主持对外事务的生涯。1871年，日本求订条约。在与日本立约通商的过程中，李鸿章认识到敌体之国对属国的威胁，并形成了运用条约维系宗藩关系的观念。

李鸿章支持中日通商立约，认为中国与日本均已和西方列强立约通商，日本"援例而来，似系情理所有之事"，而且日本并非清朝的

---

[*] 黄泽平，江西寻乌中学教师。

属国，如果拒绝，欧美列强到时介绍中日立约，"彼时再准立约，使彼永结党援，在我更为失计"。并指出，日本与中国地理位置接近的现实决定了"笼络之或为我用，拒绝之则必为我仇"。李鸿章洞悉了日本将给中国带来的威胁，所以支持与日本通商立约，实际目的是"俯允立约，以示羁縻"。①

此外，李鸿章获得的情报佐证了这一观点。当时美国为调查舍门将军号事件和促使朝鲜门户开放派军舰前往朝鲜。李鸿章从天津机器局沈保靖处获悉，美国等国将派军舰前往朝鲜，并且日本也有军舰随同，"如高丽不与通商，其势必得打仗等语"，②使李鸿章直接感受到美日等敌体国家对清朝的威胁。

通过李鸿章等人与日本使臣往复辩论，在"所有西约流弊均经预为禁绝"③的情况下，最终达成《中日修好条规》18条，以及通商章程33条。这些条规对中日之间的政治往来、经济交往、司法审判等事务做出了较为明确的规定，"这是中国首次按照自己的主张订约，避免了中外条约中的种种弊端"。④其中第一条规定，"两国所属邦土亦各以礼相待，不可稍有侵越，俾获永久安全"，⑤即互相尊重主权和领土完整。李鸿章把它列为第一条，可见该条款在其心目中的重要程度。其中所言"邦土"，既包括清朝直接统属的内地十八省、关外三将军辖区及新疆、内外蒙古、青海、西藏等藩部地区，也包括朝鲜、越南、琉球等藩属国。李鸿章多次言明，两国邦土"不可稍有侵越"，主要指朝鲜等属国。他曾就会拟条规章程上奏："至于条规中所筹维者，第一条载明两国所属邦土不可稍有侵越等

---

① 《遵议日本通商事宜片》（同治九年十二月初一日），顾廷龙、戴逸编《李鸿章全集》第4册，安徽教育出版社，2008，第217页。
② 《致总署　条列五事》（同治十年二月二十日），顾廷龙、戴逸编《李鸿章全集》第30册，第192页。
③ 《复西征粮台翰林院侍讲学士袁》（同治十年九月初一日），顾廷龙、戴逸编《李鸿章全集》第30册，第314页。
④ 李育民：《近代中外条约关系刍论》，湖南人民出版社，2011，第98页。
⑤ 王铁崖编《中外旧约章汇编》第1册，三联书店，1957，第317页。

语，隐为朝鲜等国预留地步。"① 李鸿章在向总理衙门的条陈中也提到，朝鲜为中国东北部屏障，日本陆军强于海军，距朝鲜又近，倭寇侵略江浙一带只是肢体小患，日本侵朝鲜则是东北的巨大忧患，"前订规条以所属邦土不可侵越等语，实欲预杜此意"。② 从这些言语可知，朝鲜与日本比海而邻，让李鸿章认识到日本对属国朝鲜的强大威胁。藩属国朝鲜的存亡关系到清朝东北"龙兴之地"的安危，所以李鸿章强调"不可稍有侵越"的邦土范围包括朝鲜等藩属国并非虚言。

李鸿章已经认识到日本将给藩属国造成的威胁，并积极运用条约规范日本与清王朝的邦土关系，极有先见之明。但是随后中日两国还是在藩属国是否属于邦土问题上产生了分歧。光绪元年十二月二十八日（1875年1月24日），李鸿章与日本公使森有礼在天津会晤。森有礼认为朝鲜只是接受中国册封，中国不管其财税，不理政事，"所以不算属国"；李鸿章认为，"邦土"中的"土"指中国本土的各省份，而"邦"则是藩属诸国，朝鲜作为外邦，钱粮政事一向由其自主，这是中国历来的传统，并诘问日本，朝鲜"如何说不算属国"。③

将前文李鸿章的言语与其在此处的话语相互印证，可知李鸿章所言邦土中的"土"指中国各直省，"邦"指朝鲜等藩属国并不是违心之言。中日出现此种分歧的原因主要有两方面。一方面，李鸿章描述"邦土"范围时使用的是传统宗藩关系的话语体系，而日本则是按照西方国际公法的属国定义进行界定，两者对属国定义的标准是不一样的。另一方面，日本并不是真正的西方国际秩序的遵守者，对于西方

---

① 《日本约章缮呈底稿折》（同治十年七月十五日），顾廷龙、戴逸编《李鸿章全集》第4册，第369页。
② 《致总署　论日本与台湾朝鲜秘鲁交涉》（同治十二年六月十五日），顾廷龙、戴逸编《李鸿章全集》第30册，第542页。
③ 《附　日本使臣森有礼署使郑永宁来直隶督署内晤谈节略》（光绪元年十二月二十八日），顾廷龙、戴逸编《李鸿章全集》第31册，第340页。

的思想观念其采取的是有益则取之、无用则弃之的策略，强调朝鲜非中国属国，意在通过否认朝鲜与清王朝的宗藩关系来抹杀清朝对朝鲜所应尽的保护义务，进而有利于日本对朝鲜侵略。从随后中日两国在条约含义上的争论来看，李鸿章虽然开始运用条约作为抵御敌体之国对宗藩关系侵蚀的有力工具，具有了利用西方国际公法规则维护宗藩关系的想法，但是其想法是零散破碎的。质而言之，其维护宗藩关系的条约手段是西方国际公法情境下的，而对条约文本的具体解读又是传统宗藩语境下的。这与李鸿章对西方国际公法规则认识不深、对条约关系理解不够有关，而深层次的问题在于李鸿章旧有的观念不能适应新式外交规则。

总结起来，李鸿章身处外交折冲之地，已认识到了中国传统的宗藩关系可能会遭受其他国家的威胁，并初步产生了利用西方国际秩序，具体来说是利用西方条约关系制约他国侵蚀宗藩关系的想法，并付诸实践。

二 以国际法维护传统属国的存续

明治维新后，日本开始有计划、有目的地对外扩张。琉球作为清朝的藩属国，因为历史、地理位置等原因，成为日本侵略的第一个清朝藩属国。1872年，明治天皇亲政，琉球遣使朝贺，日本政府趁机封琉球国王尚泰为藩主，把琉球纳入日本"内藩"之列。次年，日本又"把琉球藩置于其他府县同列，受内务省管辖"。[①] 1875年，日本向琉球提出停止向清政府朝贡等五点要求，企图使琉球脱离清王朝，而纳入日本的政治秩序。对此，李鸿章的应对主张浸润着很强的国际法观念。

日本阻贡之初，以何如璋为代表的一批人士主张武力援护琉球。

---

① 东亚同文会编《对华回忆录》，胡锡年译，商务印书馆，1959，第99页。

何如璋认为，日本阻挠琉球向中国进贡是灭亡琉球的前奏，琉球灭亡则"次及朝鲜"，①"今日争之患犹纾，今日弃之患更深也"。② 他主张清政府应积极与日本争夺琉球，不能坐视琉球为日本所吞并。其并提出了处理琉球问题的上、中、下三策。上策，一面与日本争辩，一面派兵遣将责问琉球，强迫其进贡，"阴示日本以必争"；中策，联合琉球共同抵御日本侵略，"日若攻球，我出偏师应之"；下策，"或援公法邀各使评之"。③ 三策中，何如璋倾向于上、中两策，主张使用武力援护琉球。

相比于武力援护，李鸿章坚持以外交途径解决琉球争端。他认为作为琉球的宗主国，中国应该援护琉球，"俾海东片壤稍延宗社，乃足昭字小之谊"，如若中国沉默不救，彼将视之为懦弱，并由琉球而祸及朝鲜，"不如早遏其萌，使无觊觎"。④ 虽然李鸿章主张过问琉球问题，但过问的方式值得商榷。他认为琉球弹丸之地孤悬海外，远离中国而接近日本，如果单凭笔舌和日本理论，其未必肯听，若使用武力争夺如此小国的朝贡，"务虚名而勤远略，非惟不暇，亦且无谓"。⑤ 琉球与中国存在宗藩名分，中国作为宗主国，必须有所处置，但是使用武力与日本进行争夺是没有必要的，所以他建议，由驻日公使向日方施压，表明态度，使其有所顾忌，如果听之而不从，"再由子峨援公法商会各国公使，申明大义"。⑥ 可以知晓，李鸿章主张以公法为依据，坚持在公法框架内，以外交手段解决这一问题。

何如璋在清政府的指示下就琉球问题与日本交涉，但效果不佳。1879 年，日本废琉球之藩名，改之为日本的郡县。面对日本的进逼，

---

① 《何如璋集》，天津人民出版社，2010，第 96 页。

② 《附 何子峨来函》（光绪四年四月二十八日），顾廷龙、戴逸编《李鸿章全集》第 32 册，第 308 页。

③ 《何如璋集》，第 96 页。

④ 《复何子峨》（光绪四年四月二十九日），顾廷龙、戴逸编《李鸿章全集》第 32 册，第 312 页。

⑤ 《复何子峨》（光绪四年四月二十九日），顾廷龙、戴逸编《李鸿章全集》第 32 册，第 312 页。

⑥ 《复总署　密议日本争琉球事》（光绪四年五月初九日），顾廷龙、戴逸编《李鸿章全集》第 32 册，第 321 页。

郭嵩焘提出"宜下明诏止其入贡,宣告日本不得擅废其国",而且"万国公法有保护小国之例,据此以诘日本,合众国之力维持之"。① 对此,李鸿章认为:"筠仙论宽免入贡一节,即使琉球侥幸图存,恐朝贡有不得不免之势;但令球国终能自主,免贡出自朝命,似尚无伤国体。"② 可知,此时李鸿章支持主动解除中琉宗藩关系,以公法之力共保琉球。

随后李鸿章又积极寻求列强的调停。其以日本侵占琉球"违背公法"③为由请美国前总统格兰特出面调停。调停中,日本抛出"分岛改约"的主张,提出将琉球南部的宫古、八重山分给清政府。作为代价,清政府要在中日通商条约中增加利益均沾条款,允许日本往内地贩运货物。对此,李鸿章认为南岛土地贫瘠、物产不丰,隶属中山,向来由当地人掌握政令,"今欲举以畀球,而球人反不敢受",如果日本能放回球王,再以中、南两座岛屿复立一国,"其利害尚足相抵,或可勉强允许",不然的话,"则彼享其利而我受其害,且并失我内地之利",实不可取。④ 加之国内反对意见强烈,如陈宝琛认为若以南岛分封给琉球王室,"则贫不能存,险无可守,他日必仍为日本所吞并。此分割琉球之说断不可从者也"。⑤ 张之洞也认为,"若球案率结,寥寥荒岛,即复封尚氏,终难自存",当前且"姑悬球案以观事变,并与立不得助俄之约,俄事既定,然后与之理论"。⑥

---

① 《附 郭筠仙侍郎拟宣示日本书并附注二则》(光绪五年三月二十二日),顾廷龙、戴逸编《李鸿章全集》第32册,第410页。
② 《复总署 论日本废琉球》(光绪五年闰三月初六日),顾廷龙、戴逸编《李鸿章全集》第32册,第416页。
③ 《附 与美前总统晤谈节略》(光绪五年四月二十三日),顾廷龙、戴逸编《李鸿章全集》第32册,第434页。
④ 《妥筹球案折》(光绪六年十月初九日),顾廷龙、戴逸编《李鸿章全集》第9册,第199页。
⑤ 《右庶子陈宝琛奏琉案日约不宜遽结折》(光绪六年九月二十五日),王彦威、王亮辑编,李育民等点校整理《清季外交史料》第2册,湖南师范大学出版社,2015,第450页。
⑥ 《日本商务可允球案宜缓折》(光绪六年十月初一日),赵德馨主编《张之洞全集》第1册,武汉出版社,2008,第42页。

且当时清朝正与俄国就伊犁地区的收回进行交涉，外交局势紧张。所以，李鸿章提出处理球案"惟有用延宕之一法最为相宜。……俟俄事既结，再理球案，则力专而势自张"。① 主张暂缓与日本就琉球问题交涉，等中俄伊犁交涉结束后再处置琉球问题。张树声也认为："现在俄约尚在未定，与日人用支展之法，无可疑者。"② 而"其'延宕'或'支展'之法，实际上是没有办法的办法，最终未能阻止日本的吞并"。③

由上可知，李鸿章处理中琉宗藩关系及对日交涉的抉择中带有较强的国际法观念，其主张在国际法框架内处理有关宗藩关系的交涉，坚持通过外交手段慑服日本，以求保全琉球，其平和的手段无疑助长了日本的侵略气焰。然而也须指出，传统宗藩观念对李鸿章的影响也不可忽视。如李鸿章也承认，"琉球初废之时，中国以体统攸关，不能不亟与理论"，④ 说明李鸿章就琉球问题与日本交涉关乎的是"体统"，而所谓的"体统"实则是传统宗藩体制、制度。"臣思中国以存琉球宗祀为重，本非利其土地"，⑤ 也表明传统属国观念中的存祀主义对李鸿章的决策仍有影响。

从李鸿章在琉球问题上的主张和举措来看，由原来的强调维系宗藩关系对展示"天朝上国"威严的重要性，转变成维系宗藩关系对国防安全的现实意义，李鸿章在处理宗藩关系时日益现实。事实上，李鸿章处理宗藩问题务实的特点在同时期的缅甸问题上也有所体现。光绪五年，李鸿章与英国驻华公使威妥玛就缅甸问题有过面谈。李鸿

---

① 《直督李鸿章奏日本议结琉球案牵涉改约暂宜缓允折》（光绪六年十月初九日），《清季外交史料》第 2 册，第 462 页。
② 《粤督张树声等奏球案不必急议日约未便牵连折》（光绪六年十一月二十五日），《清季外交史料》第 2 册，第 474 页。
③ 李育民：《近代中外条约关系刍论》，第 119 页。
④ 《妥筹球案折》（光绪六年十月初九日），顾廷龙、戴逸编《李鸿章全集》第 9 册，第 199 页。
⑤ 《妥筹球案折》（光绪六年十月初九日），顾廷龙、戴逸编《李鸿章全集》第 9 册，第 199 页。

章提出，英国"如有欲灭缅甸之举，须先告知中国"，"不过缅甸系中土属国，你们若与缅甸动兵，先给我们一个信，就于彼此交谊无碍，与日本办琉球情形不同"。① 当时李鸿章寄希望于英国调停中日琉球问题，将属国缅甸作为换取英国出面的筹码，在会谈中表现出对缅甸这一属国的放弃也就可以理解了。可见，李鸿章考虑宗藩问题的出发点是清朝的国家利益，遵服于国际公法规则，是其宗藩观念受国际公法观念深刻影响的体现。总之，李鸿章在处理宗藩关系时越来越受到国际法观念的影响，但传统观念的影响仍然不可忽视。

三 立约通商与练兵制器相辅而行

以日本为代表的列强对清朝属国的侵略，使李鸿章深切感受到宗藩关系的不稳定。李鸿章认可清廷推动的劝导属国立约通商的举措，并形成了自己的认识。其意图通过属国与欧美列强立约通商，达到推动属国融入公法秩序的目的。而属国的对外开放不能不以强大的武力为保障，故而在劝导通商之余，也大力支持属国武备自强。

（一）引导属国融入公法秩序的尝试

大变革时代，李鸿章顺应时代大势，极力推动朝鲜与欧美列强立约通商。他一方面希冀通过立约通商，达到"以夷制夷"的目的；另一方面也希望通过朝鲜与欧美立约通商，推动朝鲜进入国际公法体系，保证朝鲜能够享受公法权益。

1875年，江华岛事件爆发，以日本和朝鲜签订《江华条约》告终。《江华条约》第一款规定："朝鲜国自主之邦，保有与日本国平等之权。"② 名为承认朝鲜为自主之邦，实际上欲借该条款颠覆清朝

---

① 《附 在天津英领事署与威使晤谈节略》（光绪五年五月初六日），顾廷龙、戴逸编《李鸿章全集》第32册，第441页。
② 日本外交省调查部编《大日本外交文书》第9卷，日本国际协会，1940，第115页。

与朝鲜之间的宗藩关系。清朝与朝鲜所构建的宗藩关系具有非契约性的特点,这种关系的维系依赖两国的认同,其他国家对于此关系的承认与否并不影响它的存在。近代以来,国际公法秩序逐渐在东亚确立,条约规范国与国之间关系的效力得到越来越多国家的认可。《江华条约》第一款称朝鲜"自主"之语,在条约关系的语境下,等同于朝鲜和日本都承认朝鲜具有独立自主地位,有契约性效力,清鲜宗藩关系存在被颠覆的危险。

面对日本对朝鲜的侵略,清政府也意识到必须变革传统宗藩关系。所以,在美国等西方国家积极寻求与朝鲜通商的过程中,清政府逐渐形成促使朝鲜与西方国家通商往来,订立条约规范双边关系的意识。清政府认为朝鲜与日本实力悬殊,将来日本必将依仗诈力"逞志朝鲜,西洋各国群起而谋其后,皆在意计之中"。[①] 而当前各国欲与朝鲜通商,"倘借此通好修约,庶几可以息事,俾无意外之虞"。[②] 解析总理衙门这番话,实际上仍是抱着"以夷制夷"想法,希望通过朝鲜与西方列强立约通商,制约日本对朝鲜的侵略。

丁日昌曾就朝鲜问题上奏,指出日本全力发展铁甲战舰,不是南犯台湾,就将北图朝鲜。他认为此时朝鲜与其和日本立约,不如与欧美列强通商立约,因为"日本有吞噬高丽之心,而泰西无灭绝人国之例",[③] 提出"似可由使臣密劝勉从所请",并劝朝鲜派遣使臣前往有约国家,"苟能聘问不绝,自可休戚相关……庶几高丽不致蹈琉球覆辙"。[④] 丁日昌的建议被清廷采纳,并上升成为国家意志,清政府要求李鸿章打破督抚不能与属国使臣往来的定例,把丁日昌

[①] 《密劝朝鲜通商西国折》(光绪五年七月十四日),顾廷龙、戴逸编《李鸿章全集》第 8 册,第 434 页。
[②] 《密劝朝鲜通商西国折》(光绪五年七月十四日),顾廷龙、戴逸编《李鸿章全集》第 8 册,第 434 页。
[③] 中国科学院近代史研究所史料编辑室、中央档案馆明清档案部编辑组:《洋务运动》第 2 册,上海人民出版社,1961,第 395 页。
[④] 《洋务运动》第 2 册,第 395 页。

的建议作为李鸿章的意思转达给朝鲜,"俾得未雨绸缪,潜弭外患等因"。①

对于丁日昌的建议,李鸿章深表赞同,认为丁日昌所陈述的各节"为朝鲜计,实为中国计"。②"惟朝鲜地僻俗俭,囿于风气……若骤语以远交之利,恐彼国君臣成见未融,势难相强",③他表示只能婉为开导。当时李鸿章与朝鲜重臣李裕元有书信联系,所以将相机开导的突破口放在了李裕元身上。其在给李裕元的信中全面地表述了对朝鲜立约通商的认识。他认为日本"宗尚西法,营造百端",致使"国债累累",必然"冀拓雄图,以偿所费",而"其疆宇相望之处,北则贵国,南则中国之台湾,尤所注意"。他建议朝鲜,一方面,暗中修整武备,筹集粮饷,训练兵士,"慎固封守";另一方面,"恪守条约,勿予以可乘之端"。李鸿章指出朝鲜"财力非甚充裕,即今迅图整顿,非旦夕所能见功",而"中国即竭力相助,而道里辽远,终恐缓不及事",万一日本利用通商利益与英、法、美等列强勾结,或用领土诱结俄罗斯,"则贵国势成孤注,隐忧方大"。所以当时,只有与欧美列强次第立约,"借以牵制日本",且立约通商"并可杜俄人之窥伺,而俄亦必随即讲和通好矣"。最后他还建议朝鲜如能与西方列强立约通商,不需要增开其他口岸,只需要在与日本通商的口岸多招引其他国家商人,其所分薄的日本商人的贸易,与朝鲜并没有太大关系。如果能够确定关税,"则饷项不无少裨",熟悉中外商情,"则军火不难购办",更是可以派遣人员前往有约的国家联络情谊,如果发生他国侵占无礼的事件,"尽可邀集有约各国,公议其非,鸣鼓而

---

① 《密劝朝鲜通商西国折》(光绪五年七月十四日),顾廷龙、戴逸编《李鸿章全集》第8册,第434页。
② 《密劝朝鲜通商西国折》(光绪五年七月十四日),顾廷龙、戴逸编《李鸿章全集》第8册,第434页。
③ 《密劝朝鲜通商西国折》(光绪五年七月十四日),顾廷龙、戴逸编《李鸿章全集》第8册,第434页。

攻，庶日本不至悍然无忌"。① 可以说，朝鲜与欧美列强立约通商，政治、经济利益皆可获得。但李裕元以朝鲜"不暇外交"，② 且西方文化和朝鲜文化有异为由回绝了。

对于李鸿章劝导朝鲜与西方列强立约通商，学术界普遍认为这是"以夷制夷"观念主导下的外交行为。不可否认，李鸿章在劝导朝鲜立约通商的言论及实践中体现了"以夷制夷"，寻求实现朝鲜国际均势的观念。但是也存在另外一层含义，即李鸿章希望通过朝鲜与西方列强立约通商，将朝鲜纳入西方国际秩序，运用西方国际公法规则对朝鲜进行保护。前文提到1874年李鸿章与日本来华公使森有礼会晤，有过这样一番谈话：

> 近来日本兵船至高丽海边取淡水，他便开炮伤坏我船只。答云你兵船是去高丽海口量水。查《万国公法》，近岸十里之地即属本国境地，日本既未与通商，本不应前往测量，高丽开炮有因。森使云中国、日本与西国可引用《万国公法》，高丽未立约，不能引用公法。③

森有礼反驳李鸿章的理由是朝鲜未立约，不能引用公法，深层次的含义是朝鲜并未加入公法体系，属于未立约国，其所享有的国际公法权利并不为他国所承认。而在与李裕元的通信中，李鸿章也说欧美约定俗成的定例，"向不得无故夺灭人国，盖各国互相通商而公法行

---

① 《复朝鲜原任太师李裕元函稿》（光绪五年七月初九日），顾廷龙、戴逸编《李鸿章全集》第8册，第436—437页。
② 中研院近代史研究所编《清季中日韩关系史料》第1卷，中研院近代史研究所，1972，第399页。
③ 《附 日本使臣森有礼署使郑永宁来直隶督署内晤谈节略》（光绪元年十二月二十八日），顾廷龙、戴逸编《李鸿章全集》第31册，第340页。

乎其间"。① 更举土耳其、丹麦等国家因为公法而保存的例子，言土耳其被俄国征伐，情势危急，英、奥等国出面争论，使俄国敛兵撤退，如果土耳其孤立无援，俄国早已侵吞之，而欧洲比利时、丹麦等小国，自从与各国立约后，遂无随意侵凌，认为"此皆强弱相维之明证也"。② 两段话结合可知，比利时等小国因为与各国立约，被纳入国际公法体系，享受《万国公法》的保护。朝鲜国小而民贫，与比利时、丹麦等国相似，所以在劝导朝鲜立约通商时，李鸿章特别谈及这一事例，不无暗喻通过立约通商，将朝鲜纳入公法体系，受《万国公法》保护，保全朝鲜的想法。总而言之，李鸿章劝导朝鲜与欧美列强立约通商，一方面希望通过"以夷制夷"而减缓列强对朝鲜侵略；另一方面希望通过把朝鲜纳入国际法体系，保证朝鲜能够享受《万国公法》之权利，用西方国际公法秩序维护清鲜宗藩关系。

李鸿章在与列强交往的过程中逐渐认可国际法的效力，并产生积极利用西方国际秩序维护宗藩关系的观念，但这不代表李鸿章全盘接受西方国际法思想，必须看到他从实用主义角度出发，用西方国际法规则来维护宗藩关系，坚持宗藩关系的一些传统观念。如对于朝鲜咨询船舶上悬挂旗帜一事，李鸿章认为："凡西国商船旗式皆系国主之旗，因海上往来，俾知为某国船只。今贵国王自用之旗，据称是画龙方旗，亦与中国龙旗相仿。自可以画龙旗为国旗，即作为船舶旗标。"③ 又如对朝鲜咨问的与他国国书往来称谓，李鸿章坚持朝鲜使用"王"的封号，防止乱了宗藩等级名分。

引入西方国际法规则的目的是维护宗藩关系，任何可能产生宗藩

---

① 《复朝鲜原任太师李裕元函稿》（光绪五年七月初九日），顾廷龙、戴逸编《李鸿章全集》第 8 册，第 436 页。
② 《复朝鲜原任太师李裕元函稿》（光绪五年七月初九日），顾廷龙、戴逸编《李鸿章全集》第 8 册，第 436 页。
③ 《附　酌复朝鲜询问各条照缮清单》（光绪七年二月初二日），顾廷龙、戴逸编《李鸿章全集》第 9 册，第 305—306 页。

关系离心力的国际法规则都为李鸿章所不容。李鸿章要求《朝美修好通商条约》"内须提明中国属邦,政治仍得自主字样",但美方坚决不允,"意甚决绝"。李鸿章就该事情与美国使节薛斐尔、何天爵进行了四五次会商,激辩 20 多日,"始有成议"。① 最终的结果是两者各退一步,声明朝鲜为中国属邦的条文由朝鲜在定约后另行照会,"至大朝鲜国为中国属邦,其分内一切应行各节,均与大美国毫无干涉"。②

在朝美缔约过程中,李鸿章表现出对朝鲜藩属国名分的固守观念,在利用条约效力抵制列强对清王朝藩属的蚕食之外,更是看到了条约关系可能对宗藩关系所构建的严密的上下等级关系的动摇,故而其在行动中积极地调适与变通。传统宗藩关系的存在依托于宗主国及藩属国对于宗藩关系的承认,可以说这种关系的建立并不需要第三国的认可。但是近世以降,列强成为威胁宗藩关系稳定的重要因素。李鸿章在巩固宗藩关系时,以国际公法作为手段,在一定程度上反映出李鸿章有把传统宗藩关系融入西方国际公法情境的趋向。但也要看到,在有关属国的对外交涉中,李鸿章时时强调列强对于宗藩关系的认可,这种认可不仅仅是口头上的,更是想落实成为书面协议,表明在融入西方国际公法体系之外,其试图获取西方列强对宗藩关系的承认,实现西方国际秩序对东方国际秩序的认可。

(二)支持属国练兵制器以求自强

"至朝鲜与西人通商一节,实系谋国要图,与练兵制器相辅而行",③ 在推动属国朝鲜与欧美列强立约通商,寻求融入国际公法秩序的同时,李鸿章还认识到必须推动属国武备自强,以防"引狼入室"之患。

---

① 《筹办朝美议约折》(光绪八年三月初六日),顾廷龙、戴逸编《李鸿章全集》第 10 册,第 55 页。
② 《清季中日韩关系史料》第 2 卷,第 675 页。
③ 《妥筹朝鲜武备折》(光绪六年九月初四日),顾廷龙、戴逸编《李鸿章全集》第 9 册,第 172 页。

在劝导朝鲜立约通商时，李鸿章就提出，朝鲜"似宜及此时密修武备，筹饷练兵，慎固封守"。① 对此建议，朝鲜在随后的行动中给予了积极回应，提出要仿古代外国人来中国学习之例，咨请礼部挑选精明干练的人员"在天津等处学习军器武备"。②

当时李鸿章任直隶总督兼北洋大臣，在治下积极创办洋务企业，成绩斐然。对于朝鲜学习军器武备的要求，他欣然允诺，认为此举可"增彼军实，固我藩篱"。③ 当时俄国陈兵远东，有用兵朝鲜之意向，李鸿章提出朝鲜武备自强"似只能就其力所逮者而利导之"，并指出："将来必须代为购器，代筹练兵，皆事之连类而及，缺一不可者。"④ 他主张清朝在帮助朝鲜整顿武备、实现自强、购买军备、操练士兵、培养军事技术人才等方面要尽心竭力。此外，李鸿章还对细节问题进行了指导："今为该国筹画制造一事，当择易办而急需者行之，如子弹、火药及修理军械之机器，必须酌量购备。朝鲜王城现兵三万，应分炮队、马队、步队为用器之则。炮队拟购克鹿卜后膛钢炮；马队拟前后膛枪各半；步队以三分之二用前膛枪，其余间用后膛枪。而沿海要隘之需及水雷、电机之学，又在该国循次量力而行。"⑤ 而对于朝鲜国王提出的"且简选能事人员，或于边外极徼获遂来学之愿，亦纡往教之道"⑥的要求，李鸿章认为："惟机器购之西洋，非经年不能运到，应由该国先选聪颖艺徒来津，就现成之器，师众工之巧，可以事半功倍。俟其粗得门径，然后器匠同归，即教者亦易为力，此制器

---

① 《复朝鲜原任太师李裕元函稿》（光绪五年七月初九日），顾廷龙、戴逸编《李鸿章全集》第 8 册，第 436 页。
② 《清季中日韩关系史料》第 1 卷，第 395 页。
③ 《妥筹朝鲜武备折》（光绪六年九月初四日），顾廷龙、戴逸编《李鸿章全集》第 9 册，第 171 页。
④ 《妥筹朝鲜武备折》（光绪六年九月初四日），顾廷龙、戴逸编《李鸿章全集》第 9 册，第 171—172 页。
⑤ 《妥筹朝鲜制器练兵折》（光绪六年九月二十七日），顾廷龙、戴逸编《李鸿章全集》第 9 册，第 186 页。
⑥ 《朝鲜国王移部咨文稿》（光绪六年八月二十九日），顾廷龙、戴逸编《李鸿章全集》第 9 册，第 174 页。

之宜来学而后往教也。枪队、炮队操法不同,若先派数员往教,恐言语不通,即步伐止齐,口令手法呼应不灵。若先选该国弁兵数十人来津,分隶各队朝夕操演,耳濡目染,所得较多,俟枪炮购到,然后随同所派之员归司帮教,庶可递相传授,此练兵之宜来学而后往教也。"① 综上可知,对于朝鲜谋求武备自强的愿望,李鸿章表示支持,且根据自身的经验,结合属国武备存在的弊端和问题,为其出谋划策。

而为了方便属国来华学习练兵制器,李鸿章主张对传统宗藩体制进行变通和调适。

传统宗藩体制下,藩属国与宗主国最为频繁的互动就是进贡及敕封。对于宗藩之间的往来,清政府严格依照礼制规定进行。朝鲜派员到天津学习先进的军备技术,此外还需要购买军械,必将与传统定制有所抵牾。朝鲜"又称该国义州距营口仅六百里,由营口附轮船直达天津不过数日,或自津门航海东驶,可径泊该国黄海道之长渊、丰川两府,将来领运器械、来学员弁,当从海道为便捷等语"。② 面对吁请,李鸿章也认为,"虽格于定例,而军需紧要,未便过涉拘泥,转阻其向化之诚",命令郑藻如等人与朝鲜使臣商议章程四条,"于通融中略示限制"。此外,他还向清廷建议,属国来华学习武备,作为创举应该有所变通,对于"朝贡及常行公事仍须恪遵成宪……公文分咨一条,若循向例,朝鲜来文须由礼部转行,然练兵、学艺、购器诸物,皆属刻不容缓……今令该国分咨礼部及臣衙门,以免迂折而昭迅速,仍由臣随时奏明办理"。③

李鸿章把传统宗藩事务与涉洋事务分离开来,主张旧务按旧制、新务按新制的办法进行落实。可见其并未固守传统宗藩关系的礼仪定

---

① 《妥筹朝鲜制器练兵折》(光绪六年九月二十七日),顾廷龙、戴逸编《李鸿章全集》第9册,第186页。
② 《拟议朝鲜来学章程片》(光绪六年九月二十七日),顾廷龙、戴逸编《李鸿章全集》第9册,第189页。
③ 《拟议朝鲜来学章程片》(光绪六年九月二十七日),顾廷龙、戴逸编《李鸿章全集》第9册,第189页。

制，而是在时局变动下，对一些不适合的礼仪定制进行调适和变革，表现出其应对宗藩危机的革新趋向。

结　语

19世纪70年代初到80年代初，在处理宗藩交涉事务的过程中，李鸿章初步认识到传统宗藩秩序受到了外来力量的威胁，察觉到利用传统手段对维护宗藩关系已经不合时宜。因此，他尝试把藩属国纳入条约体系，试图通过条约效力保障属国不受列强的侵犯。他随后更是将国际公法作为处理宗藩危机的有效手段，试图通过引导属国与列强立约通商，实现"以夷制夷"和把属国纳入国际公法秩序保护范围的目的。此外，李鸿章清醒地认识到只有属国强大才能更好地维系宗藩关系，故而大力支持属国练兵制器，希冀通过属国军事上的革新，增强宗藩关系对列强侵略的"抵抗力"。

李鸿章的举措表明，传统宗藩关系受到西方国际秩序挑战的现实已经影响其对宗藩事务的处理，其宗藩观念开始受到西方国际公法观念的影响。这一时期，李鸿章产生了利用西方国际规则巩固传统宗藩关系的想法，这是其宗藩关系观念"变"的一面。但值得注意的是，李鸿章利用西方国际公法维护宗藩关系，坚持的指导性观念是"中体西用"。维护清政府与周边政权建立的传统关系是"本"，对于传统宗藩关系中的末微细节进行更改是"末"；保证清政府与属国之间建立的上下等级名分不失是"体"，在宗藩关系中引入西方国际法规则是"用"。所以，一方面，李鸿章在观念上超出传统范围，融入国际公法观念；另一方面，对于一些传统观念却又表现出固守的态度。如在《朝美通商条约》中，李鸿章固执地要求在条约中写明朝鲜乃大清之属邦，因为这关乎传统宗藩关系能否继续得到国际社会认可，非一般小事。可以说，"中体西用"观念贯穿于李鸿章处理宗藩事务的始终，该观念对于宗藩关系的变化和存废影响深远。

曾纪泽与国际法

蒋跃波[*]

鸦片战争后，西方列强用坚船利炮打开了奉行"闭关锁国"政策的清朝的大门，中国被迫走向世界。在频繁的国际冲突与交往中，一部分先进的中国人开始学习并运用国际法抨击西方列强的暴行，维护国家主权与民族利益，曾纪泽就是其中杰出的代表。本文就曾纪泽对国际法的学习、认识与运用等问题做一些探讨。

一 曾纪泽对国际法的学习与认识

国际法，旧称"万国法"或"万国公法"，"他是主要调整国家之间的关系的有拘束力的原则和规章制度的总体"。[①] 自产生后，国际法逐渐成为西方国家处理对外关系的重要准则而受到普遍的重视。19世纪三四十年代，西方近代国际法开始传入中国。林则徐1835年在广州禁烟时，将瑞士人法泰尔（Vattel）所著《万国法》一书的几节译出，称《各国律例》。1864年，美国传教士丁韪良第一次正式将美国人惠顿的《国际法原理》译出，称之为《万国公法》，献给总理衙门。接着他又将伍耳锡的《国际法研究概论》（即《公法便

---

[*] 蒋跃波，浙江丽水学院马克思主义学院副教授。
[①] 王铁崖：《国际法》，法律出版社，1981，第1页。

览》)、布伦奇里(Bluntschli)的《国际法法典》(即《公法会通》)等介绍到中国。① 随着列强侵略的加深、中外交往日益频繁,涉身洋务的部分清朝官员有了更多了解、学习国际法的机会。由于对外交涉的需要,更由于列强侵略奴役中国时常常用国际法粉饰其罪恶行径,为了力挫强权、维护国权,曾纪泽对国际法进行了孜孜不倦的学习与研究。

出使前,曾纪泽便对国际法有一定的了解。其父曾国藩任两江总督和直隶总督时(1866—1872),曾纪泽长期随父生活,开始接触一些国际法的著作。19世纪70年代初,曾纪泽在北京与丁韪良等人有密切的交往,从中接触了不少近代国际法知识。② 从1877年8月承袭一等毅勇侯到出使英法,曾纪泽对国际法进行了系统的学习与研究。其主要途径有三。一是读书,主要的书目如《万国公法》《公法便览》《星轺指掌》《国使指南》《出使章程》《公法会通》等,曾纪泽从中学习与掌握了国际法的一些基本知识。如1879年2月,曾纪泽提出了外交人员的外交豁免权问题。他指出,《万国公法》载:"公使所寓,如其本国辖境,不归主国地方官管理。馆中人役,亦不受主国官宪约束。有在外犯法者,询属某国人,即交其国公使讯治,主国不侵其权。然必确系寓居使馆,派有职事之人乃然,所谓公使应享之权利也。"③ 二是请教其前辈,如郭嵩焘等人,了解有关国际法的知识。如根据国际法与国际惯例,公使的上任是以呈递国书为依据的。曾纪泽出使前对此并不清楚,直到出使英法时,经郭嵩焘的点拨才明白。④ 三是交友,曾纪泽常常与张焕纶、马建忠等人研讨国际法。1878年11月5日,曾纪泽与张焕纶讨论国际法的作用与遵行情况时,认为"《万国公法》,西人未必尽遵,然大小相维,强弱相系,

---

① 周忠海等:《国际法学述评》,法律出版社,2001,第21页。
② 吴宝晓:《初出国门:中国早期外交官在英国和美国的经历》,武汉大学出版社,2000,第7页。
③ 《曾纪泽日记》,岳麓书社,1998,第840页。
④ 《曾纪泽遗集》,岳麓书社,1983,第160页。

诚能遵行，可以保世滋久，谋国家者所宜宝贵也"。① 此外，曾纪泽还结交了诸如丁韪良、马格里、各国驻英法公使和《万国公法》会友等外国朋友，向他们了解一些国际法的知识。如1880年4月，曾纪泽与万国公法会会友屠爱士交谈，明白了"两国凡立条约，分疆划界之约与开埠通商之约，必须分两次办理，以地界永远订定，而通商之务有时须变更"的道理。②

随着外交实践的日益增多，曾纪泽对国际法有了较为深刻的认识。首先，他肯定国际法的进步作用，主张运用国际法来维护亚洲国家之间的平等关系。他指出："西洋各国以公法自相维制，保全小国附庸，俾皆有自立之权，此息兵安民最善之法。"③ 为此，他建议亚洲各国仿效西洋国家，以公法维持彼此之间的关系，以杜绝大国、强国欺凌小国、弱国的现象。

其次，他已经觉察到西方国家存在不遵守国际法的现象。他指出："公法者，出于刑律，虽有无数专家编辑成书，然弱国恃以自保，而强国时时犯焉。"④ 对列强自鸦片战争以来武装侵略中国、强订不平等条约等严重损害中国主权的罪恶行径，尤其是对其在华攫取的领事裁判权和片面最惠国待遇等特权，曾纪泽表示极大的愤怒，认为最不合西洋公法。根据《万国公法》，在他国享有免受其法律管辖特权的公民是特定的，只有三类人享有这种特权：一是国君；二是钦差大臣；三是经国君特许入境而不贻害该国的兵旅水师。⑤ 然而，列强侵华时将这一特权推广到所有来华的外国人，显然违背了《万国公法》的基本原则和精神，因此领事裁判权是非法的，严重破坏了中国的司法权，成为列强侵华的护身符。曾纪泽指出："西人犯法必

---

① 《曾纪泽日记》，第801页。
② 《曾纪泽日记》，第970页。
③ 《曾纪泽日记》，第859页。
④ 《曾纪泽遗集》，第181页。
⑤ 《万国公法》第2卷，同治三年京都崇实馆存版，第26页。

归领事官按西法惩办，不归地方官管辖，此系交涉之变例，为欧美两洲各国之所无。""西人在华犯事归领事官惩办，而华民在西国属地犯事者不能归华官惩办"① 是极不公平的。为此，他主张废除列强在华的领事裁判权。对于片面最惠国待遇，曾纪泽认为，"一国倘有利益之事，各国一体均沾"，最不合西洋公法，他建议清政府予以废除。②

最后，由于各国的具体情况不同和对国际法的理解存在分歧，曾纪泽主张慎重对待国际法。他指出："《公法》之始，根于刑律，《公法》之书，成于律师。彼此刑律不齐，则意见不无小异。"因此，"凡遇交涉西洋之事，亦常征诸《公法》以立言，但事须行之以渐，目下断不能锱铢必合者"。要之，"《公法》不外'情理'两字，诸事平心科断，自与《公法》不甚相悖"。③

曾纪泽这种对待国际法的态度，展现了他冷静的头脑和真识烁见，比起同时代那些迷信国际法，幻想依靠国际法遏制列强侵略野心的人来说的确是前进了一大步。郭嵩焘就是过分迷信国际法作用的代表。中俄伊犁交涉期间，郭氏就认为："俄人虽甚猖獗，亦不能违越万国公法，以求狂逞。"④ 他甚至以"西洋公法有保护中立国之例"为由，建议清政府听从英国调处，让新疆、喀什尔地区脱离中国而独立，以杜绝俄国和阿古柏对新疆其他地区的领土野心。⑤ 事实证明，郭嵩焘的想法是错误的。

二 曾纪泽对国际法的运用

曾纪泽在学习和研究国际法的同时，也在外交实践中运用国际法

---

① 《曾纪泽遗集》，第 198 页。
② 陶飞亚、刘天路：《曾纪泽思想评议》，《东岳论丛》1986 年第 4 期。
③ 《曾纪泽日记》，第 890 页。
④ 《郭嵩焘奏稿》，岳麓书社，1983，第 393 页。
⑤ 《郭嵩焘诗文集》，岳麓书社，1984，第 196 页。

同列强据理力争。1878年11月,曾纪泽运用国际法挫败了英国驻上海领事达文波的傲慢。根据国际法,公使与领事见面,应该是领事先拜见公使,而后公使再回拜。另外根据中国礼节,行客拜坐客之礼仅适用于平职或平辈之间。当曾纪泽以驻英法公使身份行至上海时,达文波不仅不先拜访曾纪泽,还诘问他:"中国不有行客拜坐客之礼乎?"对达文波的妄自尊大和浅薄无知,曾纪泽以上述国际法知识和中国的礼规辩驳。后来达文波自知理亏,便借口游历镇江,而不敢拜见曾纪泽。① 这是曾纪泽在外交实践中第一次运用国际法挫败列强外交人员的嚣张气焰,初步显露了他的国际法意识和外交语言艺术,也表明了他的民族气节。

曾纪泽运用国际法力挫强权、维护国权的典例是通过谈判,成功改订《中俄伊犁条约》。1880年8月,曾纪泽一到俄国就遭到俄国代表的百般刁难。俄国外交大臣格尔斯指责中国惩罚崇厚,有损俄国颜面,拒绝《里瓦几亚条约》违背《万国公法》精神,声称《里瓦几亚条约》"只候照行,无可商议"。②《万国公法》规定:两国所议条约,议约者"若无权而立,或越权而立者,谓之擅自立约,必待请命君上,或明许,或默许,方可施行","使臣执全权议约,虽已明言其君必将准行,若有违训事件,则君不必准也",即使全权钦差未违训,如果议订之约"必贻害于他国,则其约虽已准行,即可废除"。③ 根据上述规定,中国惩罚崇厚、拒绝《里瓦几亚条约》的行为是合理的、正当的。因此,曾纪泽驳斥道:崇厚受罚缘其不听朝廷吩咐,擅自立约,属于中国的内部事务,与俄国无关;中国拒绝《里瓦几亚条约》符合《万国公法》精神,况且"约不批准,西洋向有之事",④ 怎么能说中国违背《万国公法》呢?在曾纪泽的据理辩

---

① 《曾纪泽日记》,第809页。
② 《金轺筹笔·小方壶斋舆地丛抄》(四),杭州古籍书店,1891,第354页。
③ 《万国公法》第2卷,第14—15页。
④ 《金轺筹笔·小方壶斋舆地丛抄》(四),第362页。

驳下，俄方代表败下阵来。但其不甘心到口的肥肉溜走，于是刁难说，中国"增兵设防，似欲启衅"。① 曾纪泽驳斥道，备兵设防是各主权国家维护其自身权益的需要，中国备兵设防正是出于这一目的，并非猜疑俄国，因此没有必要中止；况且中国主要是增兵海防，而在中俄交界的陆路上未添一兵一卒，"增兵启衅"缘何说起？俄国代表见一计不成，又生一计，以曾纪泽的身份做刁难的题材。由于曾纪泽是二等公使，而非头等，加之又不称全权。俄国代表布策便诘问曾纪泽："头等所定，岂二等所能改乎？""全权者所定尚不可行，岂无全权所能改转可行乎？"曾纪泽驳斥道，"西洋公法，凡奉派之公使，无论头等、二等，虽皆称全权字样，至于遇事请旨，不敢擅专，则无论何等，莫不皆然"，"按之万国公法，使臣议约，从无不候本国君王谕旨，不与外部意见相合而敢擅行画押者"。② 在曾纪泽多番据理辩驳下，俄国代表理屈词穷，不得不硬着头皮坐下来谈判。

改约谈判中，曾纪泽不时运用国际法知识挫败俄国代表的恐吓。在赔款问题上，俄国公然向中国提出赔偿俄国"兵费"的无理要求，热梅尼十分荒谬地说，"此系中国赔补俄国备兵设防之款。盖中国既不批准前约，又不向本国和平商议，遽然调兵制械，一切举动，显示与本国不睦之意，逼得本国亦动用巨款，备兵设防"，"所以本国既因中国所逼，以致费此巨饷，理应向中国索偿"。③ 明明是俄国出兵威胁，双方并未开仗，却要向中国勒索兵费。对于这种强盗逻辑，曾纪泽义正词严地指出，"这是国际公法没有先例的要求：人们曾见某些国家在战后要求赔款，但从未见过要赔偿和平时期的军备费用"，④ 表示"兵费名目不正，中国碍难答应"。在曾纪泽的据理力争下，俄

---

① 《金轺筹笔·小方壶斋舆地丛抄》（四），第354页。
② 《曾纪泽遗集》，第51—52页。
③ 《中俄交涉记》，文海出版社，1974，第106—107页。
④ 查尔斯·耶拉维奇、巴巴拉·耶拉维奇：《俄国在东方（1876—1880）》，商务印书馆，1974，第162页。

国被迫取消了赔偿"兵费"这一名目，代之以"代收代守"伊犁费用，从而避免了列强"事无大小，即派兵船数只，希图向中国索要兵费"① 的危险先例。

三 曾纪泽学习与运用国际法的原因

曾纪泽对国际法进行了孜孜不倦的学习和研究，并积极运用国际法力挫强权，维护国权。究其原因，笔者认为主要有以下三个方面。

首先，中外关系格局的变化是曾纪泽学习与运用国际法的前提。鸦片战争前，宗藩体制下的清政府以"天朝上国"自居。鸦片战争后，在西方列强坚船利炮的冲击下，宗藩体制日趋瓦解。从 19 世纪 60 年代起，清政府被迫改变了对西方国家的态度和政策：观念上，开始逐步淡化"天朝上国"的虚骄，改变鄙视西方国家并斥之为"蛮夷"的做法；体制上，建立适应外交需要的机构，1861 年 1 月设立总理各国事务衙门，专门管理对外交涉事务；外交原则上，逐步认可并趋同西方国家的交往原则；外交活动上，由深闭固拒转为逐步走向世界。随着清政府对外政策与方略的变化，中外交往日益频繁，晚清的外交官不仅在国内有了更多接触、了解和学习西方国家文化的机会，而且还能以驻外公使或领事的身份直接参与处理与西方国家交涉的事务。由于清朝恩威并用、剿抚兼施，"叛则诛之、服则抚之"② 等传统的外交方略无法驾驭用炮舰武装起来的列强，晚清的外交官在处理对外关系时不得不借鉴西方国家处理对外关系的某些基本原则。于是，盛行于西方国家并被其视为神圣不可侵犯的国际法便成为他们首选学习的对象。曾纪泽学习和运用国际法正是在这种历史背景下进行的。

---

① 《中俄交涉记》，第 109 页。
② 贾桢等纂修《筹办夷务始末·咸丰朝》，中华书局，1979，第 2496 页。

其次，西方列强在运用国际法处理对外关系时推行双重标准，凌辱弱小国家，是曾纪泽重视国际法的重要外部原因。自国际法产生后，它逐步成为西方国家处理彼此之间关系的重要准则。然而，西方国家在处理对外关系，尤其是对弱小国家的关系时，并没有严格遵守国际法，而是推行其双重标准。一方面，它们要求其他国家严格按照国际法来处理与自己的关系，不能损害其作为国际法主体的主权独立国家的利益；另一方面，它们却无视国际法的基本准则，肆意践踏弱小国家的独立、主权和领土完整，并且常常用国际法来粉饰其罪恶行径。为此，多少弱小国家在遭受列强侵略时，由于不谙国际法知识，更谈不上善于运用国际法，无法通过外交手段抨击列强的暴行，讨回公道，赢得国际社会的同情与支持。鸦片战争后列强的对华关系就是例证。对此，曾纪泽深有感触地说，中国人办洋务的难处在于"外国人不讲理，中国人不明事势"。① 为了以理服人和明白事势，曾纪泽留心国内外形势，学习与借鉴国际法的知识和经验。出使期间，他目睹西方国家之间存在大国欺压小国、强国凌辱弱国的现象，尤其在对外交涉时常遭到对手"面冷词横"的对待，作为一名外交官却常常"不见礼于敌廷"。② 这些使曾纪泽更深刻地认识到在列强弱肉强食的侵略原则下，弱小国家难以取得外交平等地位。因此，他在主张增强国力以作为外交后盾的同时，为了更好地利用外交途径同西方列强做斗争，对国际法进行了广泛深入的学习与研究。除了阅读国际法著作、与各国驻英法公使讨论国际法及参加万国公法会学习与研究国际法，曾纪泽还在对外交涉的实践中学习、积累了国际法知识与运用国际法进行斗争的经验。

最后，高尚的爱国情操与高度的责任感是促使曾纪泽重视国际法的重要主观原因。从小时候起，曾纪泽就培养起对祖国的热爱之

---

① 《曾纪泽日记》，第 776 页。
② 《曾纪泽遗集》，第 201 页。

情。鸦片战争后，列强侵略的逐步深入，民族危机的不断加深，激发了曾纪泽强国御侮的爱国热情。在强烈的爱国心的促使下，当时并没有涉身洋务的曾纪泽开始留心和研究国内外形势。他认为，在列强弱肉强食的侵略原则和国力不足为恃的背景下，以列强所尊奉的国际法为武器，"援彼之矛，陷彼之盾"，[①] 不失为抨击列强暴行、维护国家权益的良策。基于这一认识，为了将来能更好地报效祖国，曾纪泽开始有意识地学习和积累有关国际法的知识。1878年9月，当接到清政府下达的出使英法的诏令后，曾纪泽深感责任重大，表示要"拼却声明以顾大局"。[②] 为了尽量减少在对外交涉中出现差错，无论是在行程中，还是在出使期间，他都对国际法进行了孜孜不倦的学习、研究和大胆的实践。尤其在1880～1881年改订《中俄伊犁条约》的交涉中，曾纪泽抱定"仓卒珠盘玉敦间，待凭口舌巩河山"[③] 的决心，运用国际法同俄国代表进行了英勇机智的斗争，收回了已失的部分权益，取得了中国近代史上难能可贵的对外交涉的胜利，展示了其国际法的知识与意识。事后，俄国外交大臣格尔斯感叹："他们十分傲慢，并且熟悉世界知识，我们的示威没有使他们害怕。"[④]

然而，受多种主客观因素的制约，曾纪泽对国际法的认识和运用不可避免地存在某些缺陷，如对待不平等条约，他虽然觉察到了其对中国主权的危害，并且提出了一些修改不平等条约的积极建议，但只是主张通过谈判方式逐步修改不平等条约，并没有呼吁依据国际法逐步废除不平等条约。尽管如此，曾纪泽怀着强烈的责任感和高昂的爱国热情，大胆地学习和运用国际法，抨击列强的暴行，维护了国家主权，为后来的外交家树立了榜样，对中国外交近代化起到了一定的推动作用。

---

① 《曾纪泽遗集》，第169页。
② 《曾纪泽日记》，第777页。
③ 《曾纪泽遗集》，第278页。
④ 查尔斯·耶拉维奇、巴巴拉·耶拉维奇：《俄国在东方（1876—1880）》，第148页。

1885年中日《天津条约》第二款朝鲜教习问题考述

匡 艳[*]

1885年4月18日，北洋大臣李鸿章和日使伊藤博文在天津签订了中日《天津条约》。该约中有关驻朝教习的第二款规定："两国均允劝朝鲜国王教练兵士，足以自护治安；又由朝鲜国王选雇他国武弁一人或数人，委以教演之事，嗣后中、日两国均勿派员在朝鲜教练。"[①] 目前对于这一条款的研究较少，仅在对中日《天津条约》的个别研究中略有提到。如王萌以伊藤使团来中国交涉的始末为研究对象，简要分析了此条款谈判过程；[②] 日本学者大泽博明分析了这一条款的执行情况，[③] 目前尚没有对该条款形成始末的专门研究。本文根据中日文原始资料，考察这一条款形成的背景、原因和过程，从而揭

---

[*] 匡艳，湖南师范大学历史文化学院博士研究生，湖南城市学院讲师。
[①] 参见《天津会议专条》（1885年4月18日），王铁崖编《中外旧约章汇编》第1册，三联书店，1957，第465页。1885年中日《天津条约》又称《中日天津会议专条》或《朝鲜撤兵条约》，其第一款和第三款内容分别为：（一）议定中国撤驻扎朝鲜之兵，日本国撤在朝鲜护卫使馆之兵弁，自画押盖印之日起，以四个月为期，限内各行尽数撤回，以免两国有滋端之虞；中国兵由马山浦撤去，日本国兵由仁川港撤去。（三）将来朝鲜国若有变乱重大事件，中、日两国或一国要派兵，应先互行文知照，及其事定，仍即撤回，不再留防。
[②] 王萌：《1885年中日〈天津条约〉谈判始末》，硕士学位论文，华东师范大学，2007。
[③] 大泽博明「日清天津条約（1885年）の研究」『熊本法学』第106期、2004年。

示中日《天津条约》第二款所承载的中日在朝鲜问题上的考量,以期补充对中日《天津条约》的研究。

一 中日两国在朝鲜派教习的开始

1876年日本强行打开朝鲜国门后,屡劝朝鲜进行武备改革,希望插手朝鲜军事。1881年,日本驻朝公使花房义质策动日本政府向朝鲜赠送新式大小炮、弹药等,以"帮助"朝鲜进行军事改革。此举博取了朝鲜政府的好感。同时,日本派遣陆军少将崛本礼造担任教官为朝鲜训练兵士,训练出了朝鲜最早的近代新式军队——别技军。

这支由日本教习训练的别技军得到了当权闵妃集团的重视和优待,其待遇薪金高出朝鲜旧式军队五倍之多。但因为是日本人训练的军队,加上训练方式异常扰民,别技军在朝鲜十分不得人心。1882年7月,被拖欠军款长达13个月之久的旧式军队发动了攻击别技军营的"壬午兵变",大量百姓也参与其中,军民一同袭击了日本使馆,打死日本教官崛本礼造与几位日本人,并冲进王宫杀死数名亲日官员,导致闵妃集团倒台。高宗生父大院君利用这次兵变掌握了朝鲜政权,裁撤了别技军,并将士兵分散由朝鲜人组织训练,从此恢复旧五营和三军府。

"壬午兵变"后,收到闵妃集团求援的清政府为防止日本武力逼迫朝鲜,派吴长庆所部6营3000人乘舰东渡朝鲜,8月下旬诱捕了大院君,平定了"壬午兵变"。

是年8月30日,日本强迫朝鲜签订《济物浦条约》。该条约第五款规定:"日本公使馆备兵员若干以备警事,设置修缮兵营,朝鲜国任之。若朝鲜兵民守律一年之后,日本公使亲做不要警备不妨撤兵。"[①] 故日本

[①] 摘自《附件二 朝鲜与日本续订之约款》,故宫博物院编《清光绪朝中日交涉史料》第6卷,1932,第20页。

谋取了在朝鲜的驻兵权，从此"名为护卫使馆，实则酣睡卧榻、盘踞把持，用心殊为叵测"。① 日本在朝鲜驻兵再次引发了清政府对中朝宗藩关系的警觉，这也成为朝鲜和清政府的一块心病，因此吴长庆所部6营军队为防范日本而留驻朝鲜。

面对朝鲜局势，在朝鲜编练新军成为中国和朝鲜的共同诉求。如庆军重要幕僚张謇在《朝鲜善后六策》中主张对藩属国施行积极干预政策，提出改革朝鲜内政、为其编练新军的建议。翰林院侍读张佩纶光绪六年十月底上奏《朝鲜善后六事》，提议"选派教习，代为购置洋枪，为朝练军"。② 平定"壬午兵变"后，朝鲜国王派大臣来中国，恳请清政府对朝鲜整军经武，编练军队，清政府予以应允。于是，李鸿章下令由驻朝庆军派教习为朝鲜编练新军，并赠予朝鲜练兵武器。对清政府而言，在朝鲜内乱外患交迫之时，助朝练兵之事无疑是"保朝鲜兼扶植中国军事势力，一举两得"③。起初吴长庆派袁世凯和朱先民为朝鲜编练了两营各500人的"新建亲军营"，其后朝鲜国王又请袁世凯改编了镇抚营。清政府为朝鲜编练新军在一定程度上加强了宗主国对朝鲜的军事影响力，也强化了中朝宗藩关系。

日本在朝鲜壬午驻军后，"使用了经济、外交和军事的一切手段，想要确立自己独占朝鲜的殖民地统治"，然而因为清军的驻扎和"清廷稍微加强了在朝鲜的势力"，以及"闵妃党实行反日政策而依附清廷"，④ 日本在朝鲜的扩张受阻。为去除清朝在朝鲜的势力，逐出驻朝清军，1884年12月，趁中法战争之机，日本驻朝公使竹添进一郎策动朝鲜亲日派发动了"甲申政变"，企图通过政变一举断绝中

---

① 《全权大臣李鸿章奏与日使商议朝鲜撤兵画押互换折》，王彦威、王亮辑编，李育民等点校整理《清季外交史料》第3卷，湖南师范大学出版社，2015，第1155页。
② 《右庶子张佩纶奏形象主兵请修德讲武折》（光绪八年九月十八日），故宫博物院编《清光绪朝中日交涉史料》第4卷，第28页。
③ 王信忠：《中日甲午战争之外交背景》，文海出版社，1963，第257页。
④ 李清源：《朝鲜近代史》，丁则良、夏禹文译，三联书店，1955，第61—62页。

朝宗藩关系，达到让朝鲜独立于清政府、臣服于自己的目的。由于驻朝清军接到朝鲜大臣求援后果断进行干预，甲申政变失败了。

二 中日双方关于清军教习撤派的筹划

甲申政变失败后，明治政府深知以当时日本的国力和战备根本无力与中国开战，且法国欲占台湾的消息使日本不敢联合法国对清作战；若法国占领台湾，将严重妨碍日本侵占台湾和琉球的计划。因此，日本政府决定通过与朝鲜和中国分别进行和平谈判的方式，来取得政变未竟之目标：撤出在朝的所有清军，以求改变在朝鲜不得势的状况。所以日本政府明知甲申政变之责在于驻朝公使竹添进一郎，却设法把政变归咎于中国和朝鲜。先是派外务卿井上馨强迫朝鲜签订《汉城条约》，推卸在政变中的所有责任，然后再与中国谈判。谈判前日本政府有意引导国内舆论对中国强硬，并大肆渲染战争气氛，佯装以战争为后盾，积极营造"如果谈判破裂将大兵压境"[1]的氛围来威胁中国以达其目的。

1885年2月8日，井上外务卿致电驻华公使榎本武扬，明确提出与清政府交涉的主要目标为："第一，要求清国适当处理营官；第二，为了今后和清国的和平交谊，以及维持友谊且避免冲突，我政府提议撤回两国在朝驻兵。"即惩官和撤兵。井上还在电报中提出："为维护朝鲜和平秩序及内地警察，可将朝鲜士兵四五百人编成一队，形成如宪兵一般的军队。然后从没有纠葛关系的英、德或者美国聘请二三名士官训练此等军队，无疑六个月内便可达成目的。鄙人在朝鲜京城就此事与朝鲜官员交谈时，彼等答曰：'此乃良

---

[1] 「日清開談ノ機ニツイテ意見披瀝ノ件」(私信)(1885年2月27日)、日本外務省編纂『日本外交文書』第18卷第8册、日本国際連合協会、1950、194頁。

策，当可实施。'"① 由此可知日本所谓撤兵，是撤出包括中国教习在内的所有清军，且计划待中国教习撤回后，由朝鲜"从没有纠葛关系的英、德或者美国聘请二三名士官训练此等军队"。显然这些没有纠葛关系的任何一国充任朝鲜教习，都比留任中国教习对日本有益，且对于将来朝鲜的练兵方式也准备了具体方案，还曾就此与朝鲜官员有过交流，朝鲜官员自然不敢反对。可见井上馨对于撤出清军教习一事目标明确且准备充分。

"日兵驻扎王城，原约一年为期，现吴长庆既平内乱，本可撤回，臣因日兵未撤，……俟日军一年期满撤尽，庆军乃酌量抽撤。"② 对于壬午中国驻朝军队，甲申政变前李鸿章曾考虑过撤回，但因为日本驻军不撤而仍须防范，并且即使"日军一年期满撤尽"，庆军也只是"酌量抽撤"。甲申政变后，清政府自认为在政变中毫不理屈，且日本如此挑唆朝鲜开化党人"离清亲日"，本就筹划清军久驻朝鲜以加强防范。所以，政变后吴大澂从朝鲜打听到日本要求中日共同从朝鲜撤兵时也说："该国乱党未靖，尤不可撤。"③ 清政府对撤兵予以坚决拒绝。又，朝鲜国王在甲申政变中被迫几经移宫，曾惊恐中请求清军一路护送，深感"向无戒备"之苦。于是，光绪十年十二月十五日，朝鲜国王函寄李鸿章称："照得敝邦向无戒备，所有兵士不知操练，壬午冬请袁司马督练亲军左营及沁营兵，三年之间蔚有成效，现值时事多虞，不可忘危，添建前后别三营，以资宿卫。惟此三营或招募民丁，或步伐殊法，难以齐整，请贵大臣札派袁司马再行督练，应如左右两营一律教练，俾成终始之美。"④ 朝鲜国王肯定清军为其练

---

① 「朝鮮事変に関し清国武官処罰及撤兵に関し意見問合ノ件」(1885 年 2 月 8 日)、日本外務省編纂『日本外交文書』第 18 巻第 8 冊、192-193 頁。
② 王芸生编著《六十年来中国与日本》第 1 卷，三联书店，1979，第 204 页。
③ 《军机处电寄黎庶昌徐承祖谕旨》（光绪十年十二月初九日），《清光绪朝中日交涉史料》第 6 卷，第 42 页。
④ 《正月二十六日北洋大臣李鸿章文稿》（光绪十一年正月二十六日），《清季中日韩关系史料》第 4 卷，中研院近代史研究所，1972，第 1653 页。

兵的成效，内外交困之时，希望延请袁世凯继续为之添练三营新军，以资宿卫。收到朝鲜国王请求添派教习函后，李鸿章于光绪十一年正月二十三日准允，因政变后袁世凯请假回国，便让吴长庆派教习为之练兵。① 由此可知，甲申政变后，清政府为防范日本不仅不打算撤兵，还计划应朝鲜国王之请添派教习，且政变使朝鲜和中国对于朝鲜练兵强军更为重视。

日朝《汉城条约》签订后，井上馨向中国驻日公使徐承祖提出共同从朝鲜撤兵的要求，遭到徐承祖和清政府的坚决反对。由于其后井上馨多次"游说"徐承祖，并以战争相威胁，还暗示俄使有意与日本商谈分占朝鲜，诱导徐承祖转变了态度。② 于是，亲见日本国内反华形势和备战状态的徐承祖转而认为，中法战争之际为免腹背受敌，可采用缓兵之计同意从朝鲜撤兵，并致信李鸿章表达了撤兵建议，认为"即有未妥，不难俟法事定后再与理争，谅蕞儿日本，必可就我范围"，③ 并提出"与日人议明，俟一年或半年后，韩廷练兵足以自卫，再行撤防"。④ 也就是说徐承祖在"蕞儿"日本面前有着明显的高位姿态，虽然迫于形势同意"暂撤"驻朝清军，但是在朝鲜练兵足以自卫的一年或半年之后再撤兵，故徐承祖设想的清军教习撤回时间至少是"朝廷练兵足以自卫"之后。

李鸿章原来就有撤兵打算，只是不准备全部撤回，但当时正值中法战争，日本趁机要求撤兵的态度强硬，且"日君谕于三日内出阅广岛、熊本两镇兵操，以备缓急"，⑤ 即日本国内正有序开

---

① 《正月二十六日北洋大臣李鸿章文稿》（光绪十一年正月二十六日），《清季中日韩关系史料》第4卷，第1653页。
② 李育民、匡艳：《宗藩之破：中日〈天津条约〉第一款朝鲜撤兵问题考述》，《史学月刊》2022年第7期，第68页。
③ 《北洋大臣李鸿章涵稿：照录出使日本徐大臣来函》（光绪十一年正月十五日），《清季中日韩关系史料》第4卷，第1650、1651页。
④ 《照录出使日本徐大臣来函》（正月十五日北洋大臣李鸿章涵稿），《清季中日韩关系史料》第4卷，第1650页。
⑤ 《李鸿章来函》（光绪十一年二月初七日），《清季外交史料》第3册，第1123页。

展战争准备。于是，李鸿章收到徐承祖撤兵建议后，在致总署函中言，"适接孙麒（徐承祖）去腊十五日来函：拟似一半年后，朝鲜练兵足以自卫，彼此再行撤兵，为暂时转圜之计"，"如果日人允即尽撤，我军亦未尝不可暂撤；由敝处代为选雇德弁往朝教练，期其渐成劲旅，自行保卫；徐察局势随时酌办，仍可常派兵船赴朝巡探，似亦可备一策"。① 由此可见，李鸿章同意徐承祖所言撤兵时间，即待朝鲜练兵足以自卫的一年半后，同时李鸿章认为在我军"暂撤"之前，"由敝处代为选雇德弁往朝教练，期其渐成劲旅，自行保卫"。由此看来李鸿章和徐承祖都建议以"转圜之计"同意暂时撤兵，但不放弃帮助朝鲜练兵强军的计划，而且由于日本的共同撤兵要求，帮助朝鲜练兵强军变得更为迫切。其意见得到清政府采纳，但撤兵的时间、范围、方式等不过是他们的一厢情愿。

综上可见，甲申政变后，对于清军在朝鲜的教习，中日两国各有筹划：日本政府企图撤尽驻朝清军，并已盘算好清军教习撤回后，由朝鲜聘请两三名外国武弁训练朝军；而清政府迫于形势，面对日本的共同撤兵要求，计划以暂时撤兵相妥协，但教习撤回时间计划在朝鲜练兵足以自卫之后。

三 教习撤回与否的中日论争

中日双方对于教习撤派问题各有筹划，且差之甚远，如何达成共识，必定是中日撤兵谈判的重要内容。中日双方在天津第四次谈判中，对教习撤回问题论争激烈。虽尚无定论，但李鸿章已无意继续坚持教习留任，内心转向妥协。

---

① 《直督李鸿章致总署徐使电日派伊藤来华全权议事函》（光绪十一年二月二十五日），《清季外交史料》第 3 册，第 1140 页。

1885年2月底，日本派参议兼宫内卿伊藤博文来华谈判。伊藤博文向来主张积极的朝鲜政策，这次作为对华谈判的全权大使来到中国，无疑做好了充分准备。4月3日下午，在天津直隶总督衙门，伊藤博文率日方谈判代表开始与中方谈判全权大臣李鸿章进行首次交涉。伊藤方面提出，"商办朝鲜之事约有两层，一为以前之事，一为将来之事，请先说将来之事"。其中伊藤所说"将来"之事是指因中日在朝鲜驻兵数量悬殊，中多日少而难免猜忌，"恐将来中日因此失和，莫如由中国撤兵，使两国永远和好"。李鸿章表示若中日同撤，中国亦可考虑撤回。伊藤表示中国可商撤，日本亦可，"如中国不肯撤仍留多兵，日本亦须照数添兵，两国兵力不相上下，更易生事"。①谈判伊始伊藤就试探到了中方对于撤兵的主张。其后伊藤就以往之事提出要求中国惩办镇压甲申政变的清军营官，以及对政变中遇难日本人进行赔恤。接下来第二次、第三次谈判双方都在争执事变中的责任问题。伊藤确实准备得很充分，让自以为理直气壮的李鸿章备感谈判艰难，惩官、赔款的论争陷入僵局。为打开局面，李鸿章提议"将来之事"可谈。

　　4月10日下午，双方进行第四次谈判，李鸿章首先提议商议撤兵一事，伊藤表示赞同。在撤兵数目和时间上，伊藤以两国互相均一为宗旨，提议尽数撤兵和尽早撤兵，以免在朝鲜再生冲突，并根据双方君主批示和撤兵准备的实际时间，提议以四个月为期限，李鸿章没有发表异议。李鸿章原计划"拟待朝鲜练兵足以自卫的一半年后"再行撤兵，但因为前三个回合的谈判过于艰难，希望谈判有所进展，所以没有在时间上多做坚持。② 撤兵问题因为双方已早有考量，所以很快达成初步共识。

---

① 《附件二　李鸿章与日使伊藤等问答节略》（光绪十一年二月十八日），《清光绪朝中日交涉史料》第7卷，第23页。
② 李育民、匡艳：《宗藩之破：中日〈天津条约〉第一款朝鲜撤兵问题考述》，《史学月刊》2022年第7期，第75页。

但是谈及朝鲜国王聘请的中国教习，李鸿章指出："我兵撤回时，在朝鲜营中酌留教习之人，此不在兵队之数，须与伊藤大人言明。"但伊藤回答："莫若两国一律办理，不至互相猜忌。"并表示如果中国仍留教习，日本也将派教习，如此"彼此争胜，又恐生衅，似武弁总不宜留在朝鲜"。李鸿章列举了清军教习应该留任的数条理由，如朝鲜各营已随清军改用德国操法、朝鲜人不愿西欧人教习、朝鲜贫弱无力重资聘请西欧教习等。然伊藤坚持"总须两国均一办理方好"，表示若中国仍留教习，"我国亦有愿往朝鲜自备资斧充当教习之人"，而"两国教习留任难免彼此争胜易生事端"，所以仍然反对清军教习留任。李鸿章问伊藤："朝王留我教习，愿练兵以自强，伊藤大人既与朝鲜要好，岂不欲其自强乎？"伊藤回答，"若除去中国武弁便无教习之人，可说我不愿朝鲜自强，如他国之人均可当教习，何必定用中国人方能自强。我意不愿朝人立党，并非不愿华人当教习"，且"二十人教习未免过多，似与带兵官一样"。吴大澂插言："中国人教习专为教操，不能与闻营政。"伊藤认为中国士官留驻朝鲜若仅为训练朝鲜兵，双方当劝告朝鲜国王选雇外国士官："不必请中国人教习，亦不必请日本人教习。他国武官能当教习者甚多。如论格致功夫精益求精，原不容易，若仅操演步伐口令技艺，寻常小兵头皆能教习。教成一队又可由本营之人自行推广，教习亦不必多用外人。"李鸿章解释"朝鲜贫甚不能多费钱"，然伊藤借穆麟德之口，道出朝王"并不愿中国各营在彼驻防"。① 穆麟德乃德国人，1882年被李鸿章派往朝鲜，主要监管朝鲜海关和外交，但他在中日筹划从朝鲜撤兵之际，鼓动朝鲜政府寻求俄国势力保护，"朝鲜王室与戚族为图自保，接受了穆麟德的所谓'联俄拒清政策'，制造了'朝俄密约'事件"。② 俄国势力的乘虚而入、朝鲜的离心，都给中朝宗藩关

---

① 《辅件二　李鸿章与日使伊藤问答节略》（光绪十一年二月二十五日申刻），《清光绪朝中日交涉史料》第7卷，第38—39页。
② 曹中屏：《朝鲜近代史（1863—1919）》，东方出版社，1993，第122页。

系带来了新的压力。由上可知,中方及李鸿章不愿撤回朝营中的清军教习,但伊藤主张劝朝鲜国王聘请其他外国士官而不请中日两国士官为之练兵。

伊藤始终坚持"两国均一",坚决要求清军教习撤回。日方史料记载,李鸿章无奈转换了话题:"唯恐待我兵一朝撤回,贵国趁机直接吞并朝鲜。"伊藤以朝鲜极其贫弱且日朝有约否认日本有觊觎朝鲜之心。李鸿章表示日后若有侵略朝鲜之他国,清政府将力保朝鲜独立:"若将来他国有侵朝之举,中国必当派兵,日本亦可便宜出兵。"伊藤回答:"支持朝鲜为独立之国。"① 李鸿章不愿撤回教习,是不愿完全解除对朝鲜的军事影响,担心会给日本吞并朝鲜以便利,也担心俄国势力会让中国猝不及防,所以李鸿章在教习问题谈判尚未结果之时,转而向伊藤表明中国保护朝鲜的决心,得到伊藤否认有侵朝之心后,又提议若他国侵朝,中日共同出兵保护朝鲜独立,伊藤回答甚为狡黠。伊藤此话也是日本一贯以来的对朝政策,一是不愿承认中朝宗藩关系,二是反对俄国侵朝,但在此处用于回答联日防俄、共同保护朝鲜的邀请,李鸿章收到的信息无疑以后者为主。对于教习撤回,李鸿章据理力争之后转向了妥协。

李鸿章转向妥协,究其原因包括两个方面:一方面,伊藤态度强硬,始终坚持"两国均一",李鸿章不希望因此谈判破裂;另一方面,李鸿章认为强邻俄国趁机插足朝鲜,比日本威胁更大,为联日防俄做出妥协。因此,中方在撤兵时间、范围上都大打折扣。

四 中日《天津条约》第二款的最终形成

在第四次谈判中,中日双方就教习撤回与否进行了激烈争辩,

---

① 「伊藤李天津会談筆記要略(第四回)」(明治18年4月10日)、伊藤博文公編『秘書類纂・朝鮮交渉資料』上巻、秘書類纂刊行会、1936、593-598頁。

伊藤态度始终强硬，最后李鸿章转向妥协。在第五次谈判中，中方副使吴大澂和伊藤各拟草案，双方主要就草案进行了谈判。关于教习，中方草案第二款："朝鲜练兵各营之中国教习武弁，酌留十余人至二十人为度，定立年限，年满再行撤回。"日方草案第四款："两国均允劝朝鲜国王，使其团练精良巡兵足以自护其国，兼保护驻留外国人，又依两国所协同认可由朝鲜国选他国武弁一员或数员，委以教演之事。"① 对于中方第二款，伊藤表示："第二款欲留中国教习亦难应允。"② 日方史料记载得更为详细："就吴氏草案第二款，正如本大臣昨日当面向吴氏陈述的那样，不得不断然抗议，此事前一次已经亲自向阁下陈述，若欲贵国士官驻留朝鲜，对此，要以贵我双方相互均一为标准。"③ 李鸿章没有在这个问题上再与其争执，因为他在第四次谈判中已经准备妥协，这里拟入草案主要是吴大澂认为让步太多而做的最后争取。而在日方草案第四款中，并没有再提教习撤回之语，但第五款中提到"将现在彼此派驻朝鲜国兵员于画押盖印之后，四个月限内均行尽数撤回"。④ 由此可知，伊藤把朝营中的中国教习都归于"驻朝鲜国兵员"的撤兵范围。尽管中国教习全部撤回，李鸿章无疑还是希望朝鲜继续练兵自保，不过只能聘请他国武弁进行教练。所以双方没有再过多讨论教习撤派问题，接下来双方主要争辩了将来派兵问题，本文不多论述。

到第六次谈判时，伊藤再拟约款三条，其中第二条是："两国均允劝朝鲜国王使其教练兵士，足以自护治安，又由朝鲜国王，选他外

---

① 《辅件二 吴副宪拟交条款》（光绪十一年二月二十七日申刻），《清光绪朝中日交涉史料》第 8 卷，第 2 页。
② 《辅件四 李鸿章与日使伊藤问答节略》（光绪十一年二月二十七日申刻），《清光绪朝中日交涉史料》第 8 卷，第 2—3 页。
③ 「伊藤李天津会談筆記要略第五回」（明治 18 年 4 月 12 日）、伊藤博文公編『秘書類纂・朝鮮交渉資料』上卷、605 頁。
④ 《辅件二 吴副宪拟交条款》（光绪十一年二月二十七日申刻），《清光绪朝中日交涉史料》第 8 卷，第 2 页。

国武弁一人或数人，委以教演之事。"① 相对于前次草案，已去掉"兼保护驻留外国人"字句，又将"又依两国所协同认可由朝鲜国选他国武弁一员或数员"改为"又由朝鲜国王，选他外国武弁一人或数人"。李鸿章将伊藤再拟草案上奏，于三月初一申刻与伊藤第六次谈判开始之时接到总署转来谕旨："至教练兵士一节，亦须言定两国均不派员为要。"② 于是李鸿章对伊藤的再拟草案"再三斟酌，添易字句"，③ 加进"嗣后中、日两国均勿派员在朝鲜教练"，④ 条款基本确定。三月初四日，伊藤博文与李鸿章正式签订中日《天津条约》，关于教习的第二款最终形成。

该条款使中国撤出已派教习，且放弃应朝鲜国王所请再派教习添建三营的既定计划。而日本自别技军解散后，原本没有理由和契机再向朝鲜派遣教习，所以该条款看似两国均等，实则让日本如愿以偿地达成预期目标，而使清政府撤兵考量大打折扣，失去助朝练兵的权力。

结　语

综上所述，日本打开朝鲜国门后，为控制朝鲜军事，达到征朝目标，最先"帮助"朝鲜练兵。"壬午兵变"后，清政府为保护属国、维护中朝宗藩关系，开始帮助朝鲜练兵自强。因为清政府在朝鲜的军事实力具有绝对优势，阻碍日本的侵略政策，所以日本在武力不足与中国正面抗衡、策动政变又失败的情况下，趁中法战争之际采取武力为后盾的和谈方式达其目标。由于中法战争、俄国势力乘虚深入朝鲜

---

① 「伊藤李天津会谈笔记要略第六回」(明治18年4月15日)、伊藤博文公编『秘書類纂・朝鮮交渉資料』上卷，637页。
② 《附件　李鸿章信》(光绪十一年三月初三日)，《清光绪朝中日交涉史料》第8卷，第9页。
③ 《附件　李鸿章信》(光绪十一年三月初三日)，《清光绪朝中日交涉史料》第8卷，第9页。
④ 《附件三　李鸿章与日使伊藤约定之约款三条》(光绪十一年三月初四日)，《清光绪朝中日交涉史料》第8卷，第15页。

及朝鲜离心等复杂的国内外局势，清政府不可能集中力量对付日本，经不起日本再乘人之危对华开战。所以谈判中李鸿章为求和局，也为联日防俄而妥协，无奈放弃据理力争的教习留任，同意不再向朝鲜派遣教习，最终形成事与愿违的中日《天津条约》第二款。

该条款使明治政府如愿以偿地从朝鲜撤出了包括教习在内的所有清军，将来勿派教习约定等于切断了朝鲜和中国的军事联系，为日本的侵略朝鲜政策扫除了障碍。依照该条款，中国教习从此退出朝鲜，往后既不能有力保护朝鲜政权，又不能助力朝鲜练兵自强，势必加剧朝鲜的离心。日本不遗余力地挑衅加上朝鲜离心，危机四伏的清政府维护中朝宗藩关系已是力不从心。清政府与周边国家的传统宗藩关系建立在国力和文化的向心力之上，这种关系的维持"是以中国比周边各国更具实力为前提的"。[①] 然而，自鸦片战争被迫打开国门后，在列强的侵略之下，清政府已是风雨飘摇，国内危机尚且自顾不暇，保护属国更是有心无力。

---

① 依田熹家：《近代日本的历史问题》，雷慧英等译，上海远东出版社，2004，第138页。

晚清河南铁路利权外流与央地因应*

付　超**

　　19世纪末20世纪初，帝国主义列强在华兴起以掠夺铁路和矿山为主要目标的侵略活动。河南境内的卢汉（京汉）、道清、汴洛和洛潼（陇海铁路前身）等铁路亦成为列强觊觎的目标，从而引发各方围绕河南路权展开较量。目前学界有关晚清河南铁路建设的研究成果较多，聚焦于铁路借款问题，[①] 或对某线路进行考量。[②] 对晚清河南铁路利权外流及中方因应的系统研究较为薄弱，难以形成对近代河南铁路发展历程、特征及影响的全面认识。鉴于此，本文

---

* 本文为河南省哲学社会科学规划项目"清末河南新政与社会变迁研究"（2022BLS010）、河南省高校人文社会科学研究项目"利权视角下晚清河南地方对外路事交涉研究"（2023-ZDJH-419）的阶段性研究成果。

** 付超，新乡医学院马克思主义学院讲师。

① 相关研究成果主要有罗桂生《难以延伸的铁路：道清铁路展筑的多重困境》，《西南交通大学学报》2021年第4期；米凌轩《1903—1907年汴洛铁路债务问题》，《兰台世界》2019年第9期；冀满红、吕霞《进退维谷：芦汉铁路借款谈判与中外纷争（1896—1898年）》2016年第3期；李成新《陇海铁路债务研究（1903—1937）》，硕士学位论文，安徽师范大学，2011；马陵合《晚清铁路外债观初探——以芦汉铁路为中心》，《史学月刊》2001年第6期。

② 相关研究成果主要有韩康康《论道清铁路收赎及影响》，《河南理工大学学报》2019年第4期；袁文科《清末民初洛潼铁路研究（1906—1914）》，《西南交通大学学报》2017年第6期；郭少丹《清末陇海铁路研究（1899—1911）》，博士学位论文，苏州大学，2015；申瑞杰《清末民初河南收回铁路路权运动述略》，硕士学位论文，吉林大学，2015。

试从列强对河南铁路的觊觎着手,阐述清廷及河南各界的因应,揭示内外合力作用下河南铁路建设的特点及其社会影响。

一 列强对河南铁路利权的觊觎与争夺

甲午战争后,列强加大对华经济侵略力度,突出表现之一就是攫夺中国的铁路利权,它们或强行擅筑,或假借"合办",或通过贷款控制等手段来达其目的,其特定野心"一半是为有投资的场所;一半为深入内地市场"。① 河南地处中原,区位优势十分明显,自然成为列强投资筑路的必争之地。河南先后建成卢汉、汴洛、道清等铁路,其中"京汉直接,汴洛横起,道清络水运之冲,洛潼续西通之线"。② 在河南铁路史上皆占有重要地位,引起了列强的觊觎和争夺。

其时,中国财政匮乏,铁路建设需多方筹资方能成行,"至于筹款之法,当以商股、官帑、洋债三者并行,始能集事",③ 其中"尤以洋债为挹注之资"。④ 清政府"借债筑路"的想法引起列强的极大兴趣,它们从攫取贷款权着手,再以债权人的身份控制铁路。清政府在筹建芦汉铁路时,英、法、美、德、比等国蜂拥而至,争相提供借款。清政府权衡利弊后决定向比利时借款,但比利时并不具备独自完成这一任务的能力,"给它援助的自然是那些同它已经有政治、企业和经济上关系最密切的大国"。⑤ 通过芦汉铁路借款暨行车合同可以看出,法、俄联手打造的华俄道胜银行操控了主要财权,比利时主要掌控了建造及经营权。显然,这里的"大国"即法、俄两国。两国

---

① 伯尔考维茨:《中国通与英国外交部》,江载华、陈衍合译,商务印书馆,1959,第134页。
② 《河南铁路之政策》,《河南官报》第102—103期,1910年。
③ 《光绪十五年八月一日总理海军事务奕譞等奏》,中国史学会主编《洋务运动》(6),上海人民出版社,1961,第261页。
④ 《洋务运动》(6),第261页。
⑤ A. 施阿兰:《使华记:1893~1897》,袁传璋、郑永慧译,商务印书馆,1989,第133页。

暗中"以比利时公司的形式渗入了这件事情中"。① 法国驻华公使施阿兰曾公开承认,在芦汉铁路借款问题上,俄、法、比"协同一致",从1897年起"在借款的形式下取得了让与权和经营中国第一条铁路干线的权利"。② 日本驻华公使内田也向东京报告:"这件事的交涉是受到驻北京的俄法两国代表的积极支持的。"③ 在此事件中,英、美、德也一直未放弃努力,正如施阿兰所说,我们的竞争者"决不会错过利用我们的缓慢程序来试图取而代之,更迅速地抢走他们所觊觎的特许权"的任何机会。④ 可以说,芦汉铁路借款之争就是外国不同利益集团对华经济控制权之争。从更深层面言之,也是列强在华抢占势力范围的政治之争。就此事件而言,法俄集团最终战胜了英美集团。从芦汉铁路借款合同规定的借款数目来看,法国占了很大一部分。正如张之洞在致盛宣怀的一封电稿中所言:"卢汉多系法股,将来不免干预。"⑤ 张之洞的担忧不无道理,因为借款暨行车合同中均规定:有争执情事,倘中比未能断妥,则"照会分卖借票之国之公使"最后裁定。⑥ 作为最大债权方的法国自然掌握了处理分歧的最终裁判权。芦汉铁路借款暨行车合同的签订,意味着法国"同它的盟国俄国,它的伙伴比利时一起,在中国铁路上取得了真正突出的地位"。⑦ 其中,法国无疑是幕后的操刀手和最大赢家。根据芦汉铁路借款暨行车合同规定,外国人实际掌握了铁路管理权、财政权和人事权;比公司包办一切向国外购料事宜,并可以任意抬高价格;比公司除获得高额利润外,还坐享20%的铁路余利;以路抵债;等等。可见,此合同是

---

① 肯德:《中国铁路发展史》,李抱宏等译,三联书店,1958,第94页。
② A. 施阿兰:《使华记:1893—1897》,第189页。
③ 宓汝成:《中国近代铁路史资料(1863—1911)》第1册,中华书局,1984,第307页。
④ A. 施阿兰:《使华记:1893—1897》,第135页。
⑤ 盛宣怀:《愚斋存稿》卷34,文海出版社,1975,第25页。
⑥ 《芦汉铁路比国借款续订详细合同》《芦汉铁路行车合同》,王铁崖编《中外旧约章汇编》第1册,三联书店,1957,第779、781页。
⑦ 宓汝成:《中国近代铁路史资料(1863—1911)》第1册,第307页。

建立在不平等基础之上的，严重侵犯了中国的铁路主权，影响深远。

俄、法、比取得芦汉铁路投资修筑权引起了英国的强烈不满。英国认为，在铁路建筑特权方面"受到中国的歧视"，要求"英商有权在享有同比国一样的条件下"，① 承筑五条线路，其中就有"由河南、山西两省至长江一条"（此路乃是福公司矿产按照合同得一通河口捷径）。1902年，英商福公司以杨树湾水道浅狭，不便重运为由，议订筑造由卫辉府属浚县之道口起，至怀庆府属武陟县之宁郭驿附近矿地止运矿支路章程。清外务部拟"准其筑至道口，但须议明专运矿产，不能搭客载货"。② 河北矿务候补道韩国钧认为，筑路虽为矿务应有之义，"然节节扩充，步步求进，难于限制，已可想见"。但外务部电示准其造至道口，"惟不得侵占芦汉干路利权"。按照外务部的指示，河南巡抚锡良与福公司代表柯瑞晤商，"欲将不准搭客运货列入章程"，但柯瑞坚称合同第十七款③并未提及，"总不肯添入"。经反复交涉，柯瑞才复函称，该铁路"专为转运矿产之用，并无意思做别项生意"。外务部电饬将柯瑞的回复列入章程。"又往复相商"，柯瑞仅允许在章程第十三条中列入。对此，锡良不无担忧地指出，即便勉强列入章程，但流弊无穷，请外务部"体察情形，早为防范，自保利权之计"。④ 最终，双方签订支路章程二十款，明确支路由福公司筹款自办，性质为"商与民交涉之事"，并在第十三条中加入了"以为转运该省煤铁与各种矿产出境之用"的字样。外务部文告路矿

---

① 欧佛莱区：《列强对华财政控制》，郭家麟译，上海人民出版社，1959，第29页。
② 《福公司筑支路至道口一节据柯瑞复称并无意做他项生意致碍干路是否可允咨请核夺由》（1902年6月16日），外务部档案，中研院近代史研究所档案馆藏，档案号：02-04-007-01-026。
③ 《河南矿务合同章程》第十七款规定："各矿遇有修路、造桥、开浚河港，或须添造分支铁道接至干路或河口以为转运该省煤、铁与各种矿产出境者，均准福公司禀明河南巡抚，自备款项修理，不请公款。其支路应订章程，届时另议。"王铁崖编《中外旧约章汇编》第2册，三联书店，1959，第772页。
④ 《福公司支路专为转运矿产不做别项生意等语柯瑞已有信作凭不肯再列入章程咨请核夺由》（1902年7月26日），外务部档案，中研院近代史研究所档案馆藏，档案号：02-04-007-01-030。

总局:"当以该章程所拟各条约均属可行,应即照准。"① 在清政府的许可下,福公司开工筑路。为此,河南巡抚陈夔龙函告外务部:"此事关系地方利害綦重,若不慎之于始,听其婪索,不特失自有之主权,抑且贻将来之隐患,乃稍注意权限,即不满彼族之意,动辄凭空结构,嗾动钦使,肆其恫喝,以冀遂所要求。"夔龙唯有按照原订合同,不激不随、相机因应,"务使上维国体,下顺民情,于守经之中,仍委婉行权,以期就范"。② 但这并不能阻止福公司开矿筑路的步伐。1907 年,运煤专线道清铁路全线通车。后因福公司煤矿生意不佳,"恐收入无法养路",于是福公司请英国公使出面向清政府施压,要求其赎回道清铁路。铁路总办盛宣怀亦有意挽回晋豫开矿合同中失去的权利,"彼既欲因矿而及路,我即欲因路而及矿"。③ 最终,中国向福公司借款 70 万英镑赎回道清铁路,成为道清铁路债务的恶性开端。

另外,为了"预筹干路还款,保全支路利益",④ 清政府又向比利时借款展筑汴洛铁路。两次共借 4100 万法郎,实收 1528 万法郎。汴洛铁路借款暨行车合同的签订,"使比国'合法'的掌握了中国铁路财政、技术和运营的实权,扩大了侵略范围",⑤ 侵占了中国大量权益。

如用人权方面,1908 年 6 月,法国公使巴思德照会清外务部,要求聘用法国人为汴洛路工程师。外务部表示:"铁路系营业之事,而非交涉之事,一切用人办法均以与本路情形合宜与否为断,本与外交无干。"卢汉、汴洛、正太各路现已雇用大量法国人,就连外务部铁路总局也有法人雇员,"皆系量材择用,无所用其徇情,亦无所用

---

① 《福公司运矿支路章程钞送备案由》(1902 年 8 月 28 日),外务部档案,中研院近代史研究所档案馆藏,档案号:02-04-007-01-032。
② 《福公司在豫开矿争索权利惟有按照原订合同相机因应由》(1903 年 12 月 12 日),外务部档案,中研院近代史研究所档案馆藏,档案号:02-04-007-01-043。
③ 《铁道年鉴》第 1 卷,铁道部铁道年鉴编辑委员会,1933,第 1054 页。
④ 刘锦藻:《清朝续文献通考》卷 364,商务印书馆,1955,考 11087。
⑤ 洛阳市大河文化研究院编纂《洛阳大典·交通典》上册,黄河出版社,2008,第 295 页。

其挑剔。两国盛情自不因此而加轻重"，①婉拒了法国的请求。1909年3月，义国署使以汴洛路劫案中包工拉梅洛"被劫之时损失甚巨"为由，要求清外务部"向邮传部极力保荐，代为设法俾得一枝有托，庶可借包有工段，稍补其损失"。②同年4月，法国署使也借口本国人巴克索曾被劫抢，"以致受亏颇重，总宜体恤补偿"，照会外务部"允其承办路工，俾得以偿其失"，并声明包揽情形"愿与华人一律，毫无请享特别利益之意"。③外务部分别函复义使、照会法使称："路政归邮传部主持，本部碍难越俎，各省铁路局筑路工程照章分段招人投票承筑，亦未便荐人揽办。"④未准两人的请求。至于列强对行车管理、资金调度、购料等利权的争夺，从相关铁路借款暨行车合同中即可管窥一豹，此处不再赘述。

二 央地政府的因应

从1842年到1949年，中国与外国公司和企业订立的协定、章程与合同，是中国不平等条约制度的重要组成部分。⑤中国近代史研究专家将这些文件归类并统称为"准条约"。⑥围绕这类"准条约"，清

---

① 《雇用汴洛路工程师应与比国商办》（1908年6月12日），外务部档案，中研院近代史研究所档案馆藏，档案号：03-05-021-01-006。
② 《拉梅洛被劫受损请荐往邮传部包修路工》（1909年3月26日），外务部档案，中研院近代史研究所档案馆藏，档案号：02-03-018-02-014。
③ 《巴克索被劫受亏请令承包粤汉雷阳诏州段工》（1909年4月1日），外务部档案，中研院近代史研究所档案馆藏，档案号：02-03-018-02-016。
④ 《未便荐揽拉梅洛包修广九路工》（1909年5月15日），外务部档案，中研院近代史研究所档案馆藏，档案号：02-03-018-02-025；《未便荐揽巴克索包修雷阳韶州路工》（1909年5月15日），外务部档案，中研院近代史研究所档案馆藏，档案号：02-03-018-02-026。
⑤ 邓正来编《王铁崖文选》，中国政法大学出版社，2013，第234页。
⑥ 李育民在《近代中国的条约制度》（湖南人民出版社，2010）中引入了"准条约"这一概念，并在《中国废约史》（中华书局，2005）中指出：准条约主要是体现资本输出的路、矿及工业投资的特权制度。还在《晚清中外条约关系研究》（法律出版社，2018）中对准条约进行了分门别类。侯中军在《企业、外交与近代化：近代中国的准条约》（中国社会科学出版社，2016）、《近代中国的不平等条约——关于评判标准的讨论》（上海书店出版社，2012）及一些论文中对"准条约"进行了阐述。

政府对外展开条约外交，运用"以夷制夷"等交涉策略，主动求益；对内调整铁路政策，支持商办。河南当局积极配合，央地上下联动，共保铁路利权。

甲午战争后，清政府的条约观和利益观均有较大改变，在对外交涉中更重视"考究"和利用约章、国际法，主动求益，并将主权问题规定于条约中，"此乃将彼所索有益于彼之款，变为由我所索有益于我之款，似于中国有利无害"。① 清政府在河南路权交涉中，主要围绕借款合同的具体内容展开。如汴洛铁路借款"所有议订合同各条"，由总公司法文参赞、候选道柯鸿年等与比国公司代理人卢法尔"数月磋磨"，并经盛宣怀"逐条斟审"，参照卢汉合同"量为删汰"，又与河南巡抚陈夔龙"互相商榷"，"复经函呈外务部详加增改"，"旋准电复"，"要以保持权利，不令旁生枝节为断"。此次所订合同，大致以卢汉干路办法为基址，而"酌量增删钩勒，较为严紧"。② 较之以往借款合同，体现出更强的利权意识。基于此，下文就以汴洛借款暨行车合同为例展开论述。

1903年11月，铁路总公司与比国铁路合股公司签订汴洛铁路借款暨行车合同。在中方争取下，该合同草案在修改后专门增加了一条："倘中国国家自行筹款，或招集华商股本，接展此路，比国公司不得争执。"这反映了清政府铁路自主意识的觉醒，为日后集股自办铁路埋下了伏笔。尽管该合同声称"所有章程按照芦汉正续合同办理"，③ 但从其具体内容来看，还是有不少改进的。第一，关于借款信用担保问题。在芦汉铁路借款交涉中，借贷双方、清廷内外曾围绕信用担保问题争论不休，最终以"经中国国家批准在案"④ 的形式确

---

① 《致外务部》（光绪二十八年六月十六日发），苑书义等主编《张之洞全集·电牍八十三》卷252，河北人民出版社，1998，第8852页。
② 《河南巡抚陈夔龙等奏芦汉铁路展造开封河南铁路议订合同折》，王彦威、王亮辑编，李育民等点校整理《清季外交史料》卷176，湖南师范大学出版社，2015，第3256页。
③ 《汴洛铁路借款合同》，王铁崖编《中外旧约章汇编》第2册，第216、210页。
④ 《芦汉铁路比国借款续订详细合同》，王铁崖编《中外旧约章汇编》第1册，第774页。

认了合同。《汴洛铁路借款合同》则对国家在铁路债务关系中的地位做了较为明确的规定:"本合同所订借款之付息、还本,除中国国家自应以所有之进款担保外……"① 从"国家批准"到"国家担保"的转变,进一步明确了国家在铁路借款中的直接担责者身份。第二,关于行车中的邮政问题。"邮政一端重同铁路",② 但《芦汉铁路行车合同》中并未提及邮政问题,《汴洛铁路行车合同》则增加了邮政一项,规定:"中国邮政局由此铁路寄送各邮件,应可特备专车。又,沿途各站皆须备给房屋以设邮局,均照中国各铁路通行章程办理。沿途并不得由承办之国另设邮局。"③ 这既有利于中国铁路和邮政的"联姻",也能有效维护铁路附属利权。第三,有关用人权问题。芦汉铁路借款暨行车合同中未规定中方人员参与铁路建设和运营管理问题,《汴洛铁路借款合同》则对此做了明确规定:"凡应需中国人员或办工程,或充他项差使,总公司督办大臣应有专权选派";无论何等华洋人员,若未禀督办大臣允准,"不得聘用";"凡中国人曾学有造诣或曾经熟练者,由督办大臣指派总工程司,即得按照外国人员,一律充当差使";无论华洋员工,遇有犯事,一经督办大臣查出,即可将犯事情由知会总工程司,"立时斥革";总工程司"归督办大臣节制";督办大臣可以派员到路工之处,"畀以全权,代办一切事宜"。④ 这些规定扩大了中方的用人权,赋予了中方人员参与铁路建设和管理的权利,有利于铁路监管和利权维护。第四,有关资金调度问题。《芦汉铁路行车合同》第八款规定:"设遇行车进款不敷开销,中国总公司自应筹款弥补,俾得照常行车。"⑤《汴洛铁路行车合同》则在其后补充说明:"但此添补之款,应作为暂垫之款。一俟行车进

---

① 《汴洛铁路借款合同》,王铁崖编《中外旧约章汇编》第 2 册,第 211 页。
② 《请办邮政片》,戴显群、林庆元注译《张之洞刘坤一诗文选》,巴蜀书社,2011,第 33 页。
③ 《汴洛铁路行车合同》,王铁崖编《中外旧约章汇编》第 2 册,第 224 页。
④ 《汴洛铁路借款合同》,王铁崖编《中外旧约章汇编》第 2 册,第 214、215 页。
⑤ 《芦汉铁路行车合同》,王铁崖编《中外旧约章汇编》第 1 册,第 781 页。

款,除经费外,得有赢余,即当优先清还。"① 另规定,购票之现款"至少须以十分之一兑换银两",寄存于中方指定的中国银行,并由督办大臣担保,以备镑价大跌之时。总公司"不合以金镑换银,即用以拨付工程用款";银行收存借款未用之先,"按期生息",比京所存未用者,"亦一律生息",务必要求对中方"极有裨益"。② 从而在一定程度上减轻了铁路对国家财政的消耗,遏制了列强利用铁路干扰国家政策的图谋,维护了债务方的利权。第五,有关铁路免税范围。《芦汉铁路借款合同》将其规定为:"比公司所办材料进口,或入内地,均准免完厘税。"③《汴洛铁路借款合同》则进一步将其明晰为:除借票、息票及此项借款进出"概免捐税"外,在中国今日所有课税,如地税,或日后中国所设各项税捐,如印花等税,"中国商务一律概行征收者,则此项铁路及铁路生意亦一律征收",并"应照中国各铁路一律通行章程办理"。④ 从而明确了汴洛铁路的免税范围,有利于避免或减少在合同执行过程中中国的利权损失。第六,有关购料问题。《芦汉铁路借款合同》中规定,营造汉、保全路及行车后所需制造材料,除汉阳各厂所能造者先尽购办外,"皆归比公司承办"。⑤《汴洛铁路借款合同》则就购料问题特别约明:"凡本合同所订铁路之路工并行车所需机器、材料,应由盛督办所辖之工厂、矿局优先承办。"⑥ 从而使中方掌握了采购物料的优先权,有利于抵制外货倾销,促进本国民族企业的发展。不可否认,在汴洛铁路借款暨行车合同的具体执行过程中,中国的国家利益和主权均受到进一步的侵犯,但合同中相关条款的改进及清政府为此所做的努力,则反映了清政府债务思想的进步及国家主权和利权意识的强化。

---

① 《汴洛铁路行车合同》,王铁崖编《中外旧约章汇编》第 2 册,第 224 页。
② 《汴洛铁路借款合同》,王铁崖编《中外旧约章汇编》第 2 册,第 213、214 页。
③ 《芦汉铁路比国借款续订详细合同》,王铁崖编《中外旧约章汇编》第 1 册,第 778 页。
④ 《汴洛铁路借款合同》,王铁崖编《中外旧约章汇编》第 2 册,第 213 页。
⑤ 《芦汉铁路比国借款续订详细合同》,王铁崖编《中外旧约章汇编》第 1 册,第 778 页。
⑥ 《汴洛铁路借款合同》,王铁崖编《中外旧约章汇编》第 2 册,第 216~217 页。

另外，清政府的铁路观也发生了重大变化，已认识到铁路"尤为交通之利器，必我握之，可以制人，人握之亦恐以制我……我不自筑，必将代我而筑之"。① 因而调整铁路政策，成立铁路总公司，"力行实政为先"，亟造铁路。② 1898年，清政府设矿务铁路总局，主管全国矿务铁路，并奏准颁行《矿务铁路公共章程》，"示洋股之限制，保华商之利权"，鼓励铁路商办。清末新政之初，商部上奏朝廷一再强调，应"首重路权"。③ 拥护铁路商办，宣布对商办铁路公司如同其他商办公司一样，随时"维持保护"，不用官督商办名目，亦不另派监督总办等员，以防弊窦。此外，商部认为，"商务实为利权所系"，"立法尤宜防弊"。④ 在原《矿务铁路公共章程》的基础上颁布《铁路简明章程》，"其宗旨在于重国家之权柄，全华民之利益"。⑤ 规定无论华洋官商，都"可禀请开办铁路"，不过在洋商投资、融资等方面做了严格的限制。如在规定外资份额时，要求铁路公司"集股总以华股获本多数为主"，若附搭洋股，则"以不逾华股之数为限"，且"不准于附搭洋股外另借洋款"；若洋商请办，无论集股多少，"总须留出股额十分之三，任华人随时照原价附股"。从而进一步限制了外资的扩张。至于铁路借款担保问题，《铁路简明章程》规定"商借商还"，国家概不承担，准公司以机器和房产抵押，但不准以地和请办之路作抵。这些在河南铁路建设中均有不同程度的体现。⑥ 商部还支持全国性的收回路权运动，并不顾列强的阻挠和抗议，鼓励

---

① 刘锦藻：《清朝续文献通考》卷362，商务印书馆，1955，考11057。
② 刘坤一：《遵议廷臣条陈时务折》（光绪二十一年八月初七日），《刘坤一集》第2册，2018，第401页。
③ 朱寿朋编，张静庐等校点《光绪朝东华录》第5册，中华书局，1958，总第5445页。
④ 《拟商部章程折》（癸卯九月），唐文治：《唐文治文集·茹经堂奏疏》第1册，邓国光辑释，上海古籍出版社，2018，第323页。
⑤ 《署川督锡奏设立川汉铁路公司折》，《东方杂志》第1期，1904年。
⑥ 《袁世凯为商部重订铁路简明章程事札津海关道等 附：商部奏》（1903年12月16日到），天津市档案馆编《袁世凯天津档案史料选编》，天津古籍出版社，1990，第85、86、87页。

各省士绅、华商成立铁路公司，筹款自办，以防利权外流。1906年，清政府设邮传部，铁路归其管辖，初期亦鼓励铁路商办。在清政府的大力提倡下，地方政府积极响应，商办铁路盛极一时。洛潼铁路即是河南商办铁路的典型案例。

为实现豫省铁路"远通开、陇，近达京、津，必须先事绸缪，以杜外人窥伺"的目的，1906年2月，河南巡抚陈夔龙在豫绅景仲升等人的请求下奏请自办洛潼铁路。他在奏折中称：修筑铁路是国家自强的基础，豫省缩毂中原，毗连七省，"非铁轨交通，不足以资利便，而控形势"，亟应统全省之力，"自行筹办，借挽路权"，请旨先行立案，"以杜觊觎"。① 1907年，河南在籍绅士王安澜等40余人联名呈请河南巡抚袁大化，称"铁路为生民命脉，中州缩铁路枢机"，所以"非急筹自办，不足以杜觊觎"，力请自办铁路。袁大化将王安澜等人的动议呈奏清廷，他在奏折中再次强调："豫省地方，握干路之枢纽，开枝路之始基，中国大利之所萃，当筹画经营，不遗余力。"自芦汉铁路竣工后，比公司就有展筑汴洛支路之请，但公司借款"终多损失主权"，豫省铁路"非自办无以挽利权，非速办无以杜口实"。② 在河南官绅的努力争取下，清廷准奏并责成比公司信守成约，不得干预洛潼铁路建设，从而将洛潼铁路商办正式提上日程。

值得一提的是，1908年前后，清政府支持河南借债筑路，也是运用"均势"外交策略的体现。列强在华借铁路扩张势力范围，妄图瓜分中国，无力反击的清政府只好"利用外债以救瓜分"，盖谓"救联缀之弊宜牵掣。故铁路莫妙于借款，营造之国不与其占夺保护之地相连，以毒攻毒"。③ 试图通过"以夷制夷"的手段，分化列强势力，摆脱被瓜分的厄运。如芦汉铁路借款时，因法俄的干预，中比

---

① 李立朴等编校《陈夔龙全集》，贵州民族出版社，2014，第169—170页。
② 交通部铁道部交通史编纂委员会编《交通史路政编》第16册，1935，第243、244页。
③ 夏东元：《盛宣怀传》，四川人民出版社，1988，第230页。

始终难以达成正式协定，盛宣怀等迅速与美国美华合兴公司草签《粤汉铁路借款合同》并议定，中比订立的《芦汉铁路借款合同》"如已作废，督办大臣当准美华合兴公司建造"；另议允芦汉铁路各段，不论已完工或仅部分完工，美华合兴公司"均可利用"。① 这引起了法、俄、比的极大恐慌，促使比国快速达成借款协议，同时又阻止了英国觊觎粤汉铁路的野心。

三 河南各界的因应

晚清时期，中国商民的铁路观也发生了重大转变，"现在均愿开造铁路"。同时，民间对外国势力在华修筑铁路多持反对态度，如"豫省铁路工程常有士人阻碍，总韩观察因函致工程司甘君荐奎兴斋守戎为总稽查，闻甘君以主权不宜旁落婉辞之"。② 20世纪初，随着川、鄂、湘、粤等省绅商、民众收回铁路修筑权运动的开展，特别是1905年粤汉铁路收归国有改为商办后，"建造铁路之说，风行全国，自朝廷以逮士庶，咸以铁路为当务之急"，③ 废除借款合同，自办铁路遂成为一股社会潮流。正如商部所言："比年以来，各省官绅耳目所习，智虑所周，咸知借款造路，不免损失利权，于是合力同心，先后争筑自办。"④ 其中，豫省各界亦积极行动，开展筑路自救活动，"借商办以保主权"。⑤ 绅商劝股拒款、自筑铁路、文明抵制；学界组织会社、发行刊物，启迪民智；下层民众亦踊跃认股，支持自办铁路。

---

① 《粤汉铁路借款合同 附件一》，王铁崖编《中外旧约章汇编》第1册，第749页。
② 《中外近事·河南》，《大公报》1903年2月12日，第5版。
③ 赵尔巽等：《清史稿》，中华书局，1976，第4437页。
④ 《锡良收商部咨奏准各省筹筑铁路亟应统筹全局预定路线遵照办理文并原奏》（光绪三十二年四月二十二日），中国社科院近代史所编《近代史所藏清代名人稿本抄本·锡良档》第3辑，第35册，大象出版社，2017，第224页。
⑤ 《商办浙省铁路有限公司暂定章程》，《申报》1906年3月2日，第3版。

绅商层面。河南绅商"未成铁路公司，先立铁路公所，萃全省士绅，合之海外留学者与之协谋"。① 1907 年，绅士王安澜等筹办河南铁路公司，因其专办洛潼铁路，1910 年改为洛潼铁路公司，制定《商办河南全省铁路有限公司招股章程》，"专集华股自办，不收洋股，不借外债"，"拟定办法集股三千万元，以五元为一股，先集一千五百万元，以先交之三百万元为优先股，余一千二百万元为普通股"。② 铁路公司成立之初，股款尚未筹集，由河南巡抚拨发开办及勘路经费银 16000 两，另给官、商、农派股，但仍难以满足自办铁路所需费用。为此，河南巡抚林绍年上奏清廷指出，洛潼路线"非速筹自办，无以挽利权而维大局"，提议加收盐捐，"无论官运商运，每斤均抽捐款四文"。同时，芦、潞、淮、东各商纲，"念唇齿相依之谊，无不主持提倡，乐观厥成"。③ 为避免利权外流，河南士绅多次召开会议商讨洛潼铁路事宜，特规定河南铁路公司"收买木料及采买地段等事，均由本公司举人办理"，"本公司所开路线无地不产佳煤，现拟先采煤矿以免受人挟制"。④ 为解决路款问题，铁路股东大会提议："筹议能使各州县官绅竭力相助，立借巨款；妥议提各州县社谷公款或车马余款充股生息，以办地方新政。"⑤ 虽各方不懈努力，但实收股金仍与开工所需相去甚远，无奈最终仍以举借外债的形式于 1910 年 8 月开工。民国时期，洛潼铁路收归国有并入陇海线。此外，豫省一些府、州、县人士也积极筹商集股筑路，如卫辉府成立"集股拒款会"，"以集股为拒款计，纯以自筹路股力争路权为宗旨"，并强调成立该会"并非侵犯政府，更非仇视外人"；⑥ 孟津县属铁谢镇距道清路数十里，无航路，货产转运不便，该县谢绅某"特集资

---

① 王锡彤：《抑斋自述》，河南大学出版社，2001，第 135 页。
② 《河南铁路办法》，《顺天时报》第 1857 号，1908 年，第 4 页。
③ 《巡抚林绍年为自办洛潼路而加收盐捐》，《东方杂志》第 6 期，1908 年，第 102 页。
④ 《洛潼铁路之办法》，《盛京时报》1909 年 8 月 10 日，第 4 版。
⑤ 《洛潼铁路总理意见》，《申报》1910 年 5 月 29 日，第 12 版。
⑥ 《河南卫辉府集股拒款会草章》，《大公报》1907 年 12 月 10 日，第 6 版。

股，在该镇市口建筑支路，直接道清干路，以便运输商货"；① 禹州人士集股 60 万金，测勘路线，自禹州直达许州，衔接京汉，以便交通。还有人筹集巨款，禀请承办开封至安庆段铁路。由于种种原因，上述设想均未实现，但仍反映了河南民众捍卫路权、抵制外侵的觉悟和决心。

学界层面。1906 年，学界发起组织河南铁路研究会，推选李敏修为正会长、景仲升为副会长，颁布《河南铁路研究会暂行章程》，"其宗旨在建筑河南全省铁路，以保利权"。研究会指出，河南财政困难，"倘坐视各省吸收，不急为大声疾呼，日后人穷财尽将何所恃以兴修，且豫省为中国之腹心，铁路为腹心之气管，使外人扼我气管，岂特腹心受病，四肢亦将不堪"。所以，河南铁路不应只受到本省重视，更应受到全国的重视。"学潮急矣，时局迫矣，及早图谋犹惧，弗及一再迟疑，膏脂已尽。"② 在铁路研究会的号召下，学界通过撰文立说、创办刊物等活动进行舆论动员。北洋师范河南学生上外务部袁尚书，对浙路借款移办浦信铁路深表担忧，指出"保浦信即以保河南，保河南即以保中国，断不至隔膜以待"，至于集股自办一节，为河南人应尽之义务，"虽民间凋敝，亦应共为筹画，以兴大利"。③《敬告河南人集股保路书》指出，路权损失的祸害有三：损国、办理时受亏累、路成后即阴伏兵戎之祸。要减少或避免祸害，挽回利权，就应集股筑路。"不先集股，即政府废约，我不能筑路，必仍有拒虎进狼之忧；若集股有成，则我路我筑，自不难指挥如意矣。"时危势迫，呼吁"人人以保路为目的，处处以开会集股为义务"，④ 共同抵制外来侵略。《浦信铁路警告书》指出，省垣及各府、州、县成立的拒款总会及分会，"其宗旨以抵制外债为先锋，以集股

---

① 《各省铁路汇志》，《东方杂志》第 5 期，1906 年，第 135 页。
② 《河南铁路研究会公启》，《北洋官报》第 1238 期，1906 年，第 11 页。
③ 《北洋师范河南学生上外务部袁尚书禀》，《大公报》1907 年 12 月 5 日，第 6 版。
④ 《敬告河南人集股保路书》，《大公报》1907 年 12 月 19 日至 21 日。

自办为后劲"。呼吁河南人民从大局和自身利益出发，"富者输其财，能者竭其力"，众志成城，"保我路权，遏外患于方萌"。①《劝河南同胞集股书》谴责政府"求欢外人"，致使河南利权外流，号召全省人民"缩衣节食，各尽国民之分"，② 集股自办，共保河南一片净土。为进一步扩大宣传，豫籍留日学生在东京创办《豫报》（1906）、《河南》（1907）等刊物，刊布与河南路权相关的文章，尤以《豫报》居多。如《〈豫报〉之原因及其宗旨》指出："芦汉干路成，而我完全无缺之河南破而为二矣。汴洛支路修，而我破为二之河南复分为四矣。试披我河南地图，如切西瓜，横竖两刀，恰成十字。"危急关头，"我父老兄弟，尚能安然无事，寝处其间，食息以终老乎？"③ 号召河南人民速速觉醒，奋起抗争。《潼洛铁路之电商》呼吁河南商界、学界"赶紧起来办点事"，如果大家都致力于铁路建设，"想那巡抚也不肯坐视不理"。④《得友人书言汴洛铁路告成感赋三绝》中写道："风霆指掌炫雄图，敲骨吸髓戕病夫，公理强权浑不管，赚将条约作灵符，谁看河山值寸金，通航假道听分侵，自从隶入测量薄，不到黄河不死心。"⑤ 揭露了列强掳掠河南铁路利权的罪行，以及由此引发的危局。《敬告同乡父老筑路书》昭示了河南铁路的现状及隐患。文章指出，"卢汉虽贯吾南北，犹当早制比公司开洛枝路之势，使其不得养成，而吾豫犹得自振其右臂也"，"能筑一路，即少收一分利。筑一路而断他国略地之通途，即少受一分害。去大害就大利，即少尽一分心"。⑥ 号召河南人民自筑铁路，以除后患。《敬告河南官绅请急筹办洛潼铁路启》认为，洛潼铁路"自办与人办、速办与缓办"之所攸关"路权存亡，主客易势力，事理之急，孰亟于此"，呼

---

① 《浦信铁路警告书》，《大公报》1907年12月12日，第6版。
② 《劝河南同胞集股书》，《大公报》1907年12月15日至17日。
③ 仗剑：《〈豫报〉之原因及其宗旨》，《豫报》1906年第1号，第42页。
④ 《潼洛铁路之电商》，《豫报》1907年第1号，第36、37页。
⑤ 《得友人书言汴洛铁路告成感赋三绝》，《豫报》1907年第1号，第53页。
⑥ 《敬告同乡父老筑路书》，《豫报》1907年第2号，第12、13、24页。

吁河南官绅统筹全局，"先其所急"，① 尽快将洛潼铁路自办提上日程。此外，下层人民和小学堂也踊跃认股，如河南河内高等小学堂对于路事异常奋激，日前在该县城隍庙开会，到会者数百人，当场无不踊跃认股，校中堂役崔凤羽亦认念股，② 以资自办铁路。

尽管各界做了不少努力，但"一则财政困难，二则信用久失，三则内地人不知铁路之利，四则本国无通工程学之人，五则政府之志不坚，六则外人之压力极重"，③ 河南商办铁路并未取得较大成效，这也是清政府再次调整铁路政策，将干线收归国有的原因之一。

结　语

综上所述，近代河南铁路的建设是19世纪末伴随着帝国主义的侵华战争，从沿海向内陆不断延伸和扩张而兴起的。其兴起并非完全出于发展河南地方经济的考虑，而基于政治、军事等非经济因素，是清政府抵御外侮、巩固统治的一种手段。如汴洛铁路原本是作为平汉铁路支线，便利其与洛阳、开封等地联系而修筑的；芦汉铁路途经郑州而非开封（当时的河南省会），主要是基于其地理位置的优越程度选择的。

随着河南铁路的修筑，豫省门户洞开，各类"洋人""洋商""洋教士""持照来豫游历者，络绎于道"。他们无视条约规定，在豫省各处倾销洋货，掠夺原料，大肆进行经济侵略。"实借攘夺铁路矿产为张本"，将河南纳入自己的势力范围。诚如杨度所言：铁路之所至，即"商务政权兵力之所并至，质言之，则瓜分线之所至，势力

---

① 《敬告河南官绅请急筹办洛潼铁路启》，《豫报》1907年第3号，第2页。
② 《中国日报》（1907年12月31日），河南省地方史志编纂委员会主编《河南辛亥革命史事长编》下卷，河南人民出版社，1986，第25页。
③ 《敬告各省自办铁路者》，《东方杂志》第10期，1905年，第87页。

范围之所至"。① 所以，无论从经济还是政治来说，都是帝国主义侵略势力深入中原及河南半殖民化加深的体现。

另外，外来先进文明与科学技术的传播催生了河南民族资本主义新经济，唤醒了民众，一场"提倡于缙绅先生，响应于劳动社会"，② 主导于政府，以挽回利权为旗号的文明"排外"运动在河南蓬勃兴起，传统绅商向近代转型，民族民主意识、实业救国思想越发深入人心，奠定了河南立宪运动和辛亥革命的基础，推动了河南社会的近代化进程。

---

① 刘晴波主编《杨度集》，湖南人民出版社，1986，第110页。
② 《全浙绅商特开大会集议苏杭甬铁路事》，《申报》1905年11月12日，第3版。

清季英国与他方缔结的涉华条约及清政府的反应[*]

胡门祥[**]

对于晚清中国来说，有一种特殊的条约与自己的利益密切相关。这就是列强与侵占新疆的阿古柏伪政权之间、列强相互间订立的涉及中国的条约。订立这类条约的首要国家，是彼时在华势力最盛但又面临激烈竞争的英国。中国是作为条约第三方存在的，英国与他方未经中国同意便随意处置涉华事项，屡屡侵犯中国权益，清政府不得不加以应对。学术界主要从个案层面对英国所订的此类条约展开探讨，取得了较为丰硕的成果，[①]但迄今为止缺乏整体性的研究成果，未能在类型学的意义上，在宏观与整体的视野下揭示其全貌并系统剖析。本文在既有研究的基础上，拟就此做一专题考察，冀以进一步揭示帝国主义侵略中国及晚清中英关系中的这一重要面相。

---

[*] 本文为国家社科基金重大项目"近代中外条约研究学术文献的搜集、整理与学术史研究（1842—1949）"（21&ZD198）的阶段性成果。
[**] 胡门祥，四川轻化工大学马克思主义学院教授。
[①] 这些个案研究散见于各类中外关系史著作及相关学术论文，有的条约研究还比较深入，如《英国和喀什噶尔条约》就有两篇专文加以探讨，分别是朱新光《英国的精明无为政策与1874年喀什噶尔通商条约》，《新疆大学学报》2001年第2期；石沧金《评析〈英国和喀什噶尔条约〉》，《新疆地方志》2005年第1期。

一 英国与他方缔结涉华条约概述

清季英国与他方缔结的各涉华条约，在 19 世纪 70 年代就已发端，迨至 19 世纪末 20 世纪初已经形成一定的规模，它们从根本上说是英国在华侵略扩张的产物。

1865 年，中亚国家浩罕的军官阿古柏借中国新疆回民起义的时机侵入新疆，并逐步窃取了南疆，建立起伪政权，又进而将势力伸展到北疆。为了获取国际支持，阿古柏极力讨好英国。英国为了对抗俄国对英印的野心，也决心与阿古柏伪政权发展关系，以其辖地为英俄的缓冲区。1873 年，英国委任福赛斯为全权特使访问阿古柏伪政权，并在 1874 年与之签订了《英国和喀什噶尔条约》。阿古柏在条约中被称为"喀什噶尔和叶尔羌地区元首"，其"统治"由此获得了英国的正式承认；阿古柏当然也投桃报李，通过条约向英国出卖了中国新疆的大量权益。[1] 除了遗产处理、债务清偿等项尚称平允，条约规定的贸易居留权，实质是给了英国对新疆进行经济渗透和侵略的权利；所谓互派代表，实则方便了英国对阿古柏伪政权的监视与控制；房地产权，让英国借以掠夺新疆的土地与房产；司法诉讼权则全面破坏了司法主权，是领事裁判权的翻版；英印权利使各项条约特权的适用对象扩大到了英印所有的王公和土邦的臣民。《英国和喀什噶尔条约》是一个不折不扣的侵华条约，让英国可以肆意对中国新疆进行侵略和掠夺。英印总督诺思布鲁克曾称："同阿古柏订立条约不单纯是为了商业利益，更重要的是应达到英国控制阿古柏政权的政治目的，使英国有权对该地区的事务进行干预。"[2] 这一目的显然已经达到。

俄国长期以来是英国在中亚及中国的主要对手，两者既有频繁的对抗，也需要进行妥协，因而成为英国与之订立涉华条约最多的国家。

---

[1] 条约原文参见包罗杰《阿古柏伯克传》，商务印书馆，1976，第 257—262 页。
[2] 高鸿志：《英国与中国边疆危机（1637—1912）》，黑龙江教育出版社，1998，第 153 页。

1873 年的《格兰维尔-哥尔查科夫协议》成为最早的英俄涉华条约，其以中国帕米尔地区的萨雷库里湖及其以西一线为界，划分两国在帕米尔地区的势力范围。1895 年，英俄又订立英俄《关于帕米尔地区的势力范围的协议》，划定了两国在萨雷库里湖以东的势力范围，从而完成了对中国帕米尔地区的瓜分。1899 年，英俄订立协定，划定各自在华的利益范围，并同意相互尊重在各自"范围"内的权利，英国不在中国长城以北，俄国不在长江流域谋取任何铁路让与权。迨至 1907 年，英国又与俄国订立《英俄协定》，前两部分分别与波斯和阿富汗相关，第三部分为"关于西藏的协定"，规定双方尊重西藏领土完整，不干涉西藏内政；承认中国对西藏的"宗主权"，双方只通过中国政府同西藏进行交往；双方不向拉萨派遣代表；双方不在西藏强求或获取铁路、公路、电报和矿产的租让权或其他权利；西藏的收入不得抵押或提供给双方及其臣民。从英俄关系来看，"关于西藏的协定"是俄国对英国在西藏利益的认可与妥协；在中国立场上讲，这个协定将中国对西藏的主权诬蔑为"宗主权"，严重侵犯了中国的主权。

英国与法国在中国西南竞争激烈，两国为缓和局势于 1896 年初订立协定，规定："两国政府同意，根据它们和中国在 1894 年 3 月 1 日和 1895 年 6 月 20 日分别订立的条约，在中国云南和四川两省给予英国或法国的一切商业或其他特权或利益，只要是它们所能决定的，都应给予两国和它们的人民和属民共同享有；它们约定为此对中国政府施用它们的影响。"① 两国将云南和四川纳为共同的势力范围。

随着英国与德国在华竞争的加剧，1898 年，英德银行团便订立了关于在华筑路权的协定，不仅瓜分了津镇铁路投资权，还划定了两国在华铁路投资范围：英国主要为长江流域并可北经河南至山西，德国主要为山东省及黄河流域并可南至镇江或南京。"此项协定虽然是两国银行家资本家所订，然而系经各本国政府裁可的，所以其实在的

---

① 威罗贝：《外人在华特权和利益》，王绍坊译，三联书店，1957，第 88 页。

力量，亦无异与正式的条约，依此项条约，列强不顾中国的意思如何，在中国领土内自由画定他们某种经济之利益范围。"① 1900 年，英德两国官方又签订了《扬子协定》，以图保持两国在华利益及现行权利。协定有四条："第一，将中国之江河及沿海各口岸各国贸易及其他正当经济活动，自由开放、毫无差别。此为列强之共同永久利益；两国政府相约凡其势力所能及，对于一切中国领土均应遵守此原则。第二，德帝国政府及英女王陛下政府不得利用现时之纷扰在中国获得任何领土利益，其政策应以维持中国领土不使变更为指归。第三，若他国利用中国现时之纷扰，无论用何方式，欲获得领土利益时，两缔约国关于为保护本国在华利益所采用之步骤应保留初步之谅解。第四，两国政府应将本协定通知其他关系列强，如奥、法、意、日、俄、美等国，并请其接受本协定所采取之原则。"②

此外，英国与日本在清末十年先后三次订立了同盟条约。1895 年日本取得了甲午战争的胜利，英国开始对日本另眼相看。随着英俄在远东的对抗日益激烈，英国渐感力不从心，开始谋求与日本结盟，以之为对抗俄国、维护英国在东亚利益的桥头堡。1901 年 7 月，英国官员伯蒂提出了"与日本缔结政治协定的第一个尝试性大纲"，其内容直指英国在华利益：双方保证，"未经彼此协商，不得与任何其他列强就有关中国问题缔结单独性协定"。双方发表一则声明："两国的政策是保持中华帝国的独立和完整；双方遵守为两国所知晓及未提出过反对的那些条约，尤其是'门户开放'和'机会均等'的规定。"双方缔结一项协定："当这些原则中的任何一项遭受危害时，两国将进行协商由海上保护中国，反对任何列强采用强制手段获取违背英日协定目标的条约或让与权。"或者双方缔结一项秘密协定："我们将从海上援助它抗拒俄国占领朝鲜，日本则要从海上援助我们

---

① 周鲠生：《现代国际法问题》，商务印书馆，1931，第 249 页。
② 孙瑞芹译《德国外交文件有关中国交涉史料选译》，商务印书馆，1960，第 209—210 页。

抗拒任何外国列强对长江流域和华南的侵犯。"① 英国未参与三国干涉还辽让日本颇有好感，进而认识到与英结盟的巨大价值。这样，双方均属有意。1902年1月，英日缔结同盟条约，主旨是"英国政府及日本国政府希望在远东维持现状及全局之和平，尤以关于维持中国与朝鲜之独立及领土完整，及保证在该两国中各国商工业之机会均等"，规定"两缔约国承认中国与朝鲜之独立，声明两缔约国在中国、朝鲜境内绝无侵略的趋向"。但是鉴于英国利益以在中国为主，日本利益除在中国外，还在朝鲜，"两缔约国承认若此等利益因他国之侵略的行动，或因中国或朝鲜发生扰乱而受侵害，两缔约国为保护其臣民之生命及财产须加干涉时，得采取为保护利益所必需之措置"。又规定，英日任何一方"为保护上述之利益而致与他国开战时，则他方应守严正中立，并努力阻止其他国家参加战事攻击其同盟"。如在上述情形下，"另一国或数国参加对于该同盟国战争时，则他一缔约国应予以援助，媾和时亦须相互同意，然后实行"。同时约定，"双方均不得未经与他方协议而与他国另作足以损害上述利益之处置"。② 1905年8月、1911年7月，英日又分别续订了该条约。英日同盟条约是两国在东北亚对抗俄国势力扩张的产物，是相互保证在该地区利益与军事互助的政治条约。该约在维持地区和平与保全中国的幌子下，宣布英日互保双方在华之特权与利益，实质为以英国为主导构建的侵略性的涉华条约。

综上，英国在中英双边条约关系之外，极力构建了另一个涉华条约关系网络。这一条约关系网络，包括缔约他方并非列强的《英国和喀什噶尔条约》在内，不仅是英国与其他列强在华竞争与冲突、合作与协调的产物，更是英国力求在国际关系变幻中维持和扩大在华特权与利益的结果。

---

① 杨国伦：《英国对华政策（1895—1902）》，刘存宽、张俊义译，中国社会科学出版社，1991，第316—317页。
② 褚德新、梁德主编《中外约章汇要（1689—1949）》，黑龙江人民出版社，1991，第351—352页。

二 涉华条约对华效力与实际危害

无论是英国与阿古柏伪政权，还是与其他列强订立的涉华条约，均非与中国政府缔结的条约，对中国并不产生法律上的拘束力。虽然两者对中国均没有效力，其法理基础却是颇为不同。前者是非法条约，因为阿古柏伪政权是中国领土上非法的外来政权，并不具备条约关系主体资格，英国与之缔结条约，对其予以国际承认，并不改变其为非法政权的事实。何况，其时英国与清政府建立了正式的外交关系和条约关系，这标志着英国在法理上承认清政府对中国领土享有全部主权，此时与阿古柏伪政权缔约公然分裂中国，悖谬至极，显然背离了其宣扬的国际法与国家主权原则。

后者，两缔约方虽然均具备条约关系主体资格，即具有合法性，但中国是作为第三国存在的，并非缔约一方或者说是条约当事国。从学理上讲，国际条约对第三国并不产生拘束力。吴昆吾认为，"契约之效力，原则上只及于当事人，不得利及或损及第三者，条约亦然"，"条约之效力不及于第三国，是为原则"。① 奥本海也指出：依照条约对第三国无利害可言的原则，"凡条约只能关涉缔约国，其他诸国，并无权利义务可言"。② 申而言之，在英国与其他列强订立的涉华条约中，中国不过是条约的客体，并非缔约一方或者条约当事国。作为第三国存在的中国，并没有与英国建立此类条约关系，因而它们在法理上对中国并不发生效力。

不过，上述各条约在事实上给中国领土与主权完整及社会经济造成了巨大的影响和危害。《英国和喀什噶尔条约》的订立，"是英国侵略新疆过程中的重要一步，它标志着英国与阿古柏的勾结进入了一

---

① 吴昆吾：《条约论》，商务印书馆，1931，第58、60页。
② 奥本海：《奥本海国际法——平时》，岑德彰译，商务印书馆，1926，第566页。

个新的阶段"。① 英国此举在国际政治上造成中国分裂的"法理事实",对阿古柏伪政权分裂中国、窃取中国领土的侵略行径予以"法理承认"。条约订立后,英国派沙敖为驻喀什噶尔代表,要求他"维持与艾米尔政府的友好关系,维护在艾米尔领土上的英国商业利益,从总的层面监督该条约被执行的情况,并改进该条约的效力"。② 该约的实施给中国的主权及各项利益、新疆人民带来了伤害和痛苦,英国则捞取了大量利益。仅以贸易而论,由于通过条约取得大量优惠条件,英属印度对阿古柏伪政权的贸易额在签约后的数年间猛增。1871年双方贸易额为 1241177 卢比;1872 年为 1578812 卢比;1873 年为 1776729 卢比;1874 年急剧上升,达到 2630932 卢比;尽管 1875 年回落至 2160789 卢比,1876 年又攀升至 2999247 卢比。③ 在英国与俄国订立了划分帕米尔地区势力范围的协定后,1895 年 7 月,两国对协定的"边界线"进行标定,最终将中国帕米尔地区的大部分领土强行掠去,只留下塔格敦巴什帕米尔和郎库里帕米尔的一部分给中国。英俄"关于西藏的协定"的要害在于否定中国的主权,代之以所谓"宗主权",这虽然不能从根本上否认中国对西藏享有并在事实上行使主权,但却是英国企图分裂中国的重要步骤。它既使英国的"宗主权"理念得到俄国的承认,协调了两国的立场,又使西藏地方分裂主义分子有了从事分裂活动的一个"法理依据",并且为中英之间彻底解决"西藏问题"设置了障碍。英俄、英法、英德划分在华势力范围的协定虽然对中国没有法律效力,"不过事实上,列强凡有一种条约的根据,不论约章的性质属于何一类,无不主张其在中国势

---

① 董志勇:《阿古柏入侵期间英国对我国新疆的侵略》,西北大学西北历史研究室编著《西北历史研究(一九八六年号)》,三秦出版社,1987,第 176 页。
② 《英国印度事务部档案》,来自印度和马德拉斯的机密公函及其附件,第 17 宗,第 957 页。印度 1874 年 6 月 2 日第 36 号文件的附件,英印政府 1874 年 5 月 29 日致沙敖的文件,转引自董志勇等译《英属印度的北部边疆(1869—1895)》,新疆人民出版社,2014,第 57 页。
③ 董志勇等译《英属印度的北部边疆(1869—1895)》,第 350—351 页。

力范围之权利,而中国亦常不得不迁就其主张而酿成一种不可移易之事实"。① 英国即以此为据,在华疯狂地掠夺了大量路矿及他项经济权益。如英国在 1898 年 8 月向清政府勒索了天津至镇江、晋豫两省至长江、九龙至广州、浦口至信阳、苏州至杭州或展至宁波等五条铁路的修筑权。依据这些铁路合同,英国还享有购料垄断权与优先权、借款优先权、转让优先权等。

英日同盟条约对于中国的影响,与此前各项条约相比有特殊性,即它并没有体现英国对中国领土与主权的直接损害,反倒是其盟友日本借此加大了侵华力度。对此,有民国学者予以精辟的概述:"英日同盟条约对于中国的影响是:英日同盟条约成立后,英国对于日本侵略中国的政策只能袖手旁观,因之他国援助中国的干涉亦不能生效,终之促成日本对中国的侵略政策。"② 斯言甚是矣,且在日俄战争及日本对中国东北的侵略中得到淋漓尽致的体现。1900 年,俄国借镇压义和团运动强占了中国东北。日本担心俄国染指被自己视为禁脔的朝鲜,在 1902 年与英国缔结盟约后,不再担心欧洲列强一起对付自己,便开始对俄国采取强硬态度,要求其退出东北,打着维护中国"独立与领土完整"的幌子,因此日俄两国的矛盾迅速激化。由于 1902 年日英同盟条约关系的建立"准备了日本对俄国的战争",③ 日本在 1904 年发动日俄战争并取得了战争的胜利。1905 年日英续约,使日本在与俄国的《朴次茅斯条约》谈判中继续得到英国的支持。日本在该约中颇有"收获",其最大者又当为从俄国手中夺得在中国东北南部的大量权益。后日本逼迫清政府承认了这种"转让",从此日本成为生长在东北,乃至中国身上的毒瘤,最终成为威胁中华民族生存的祸患。追本溯源,这一切均与清末十年的日英同盟条约有着密不可分的关联。

---

① 周鲠生:《现代国际法问题》,第 251 页。
② 张忠绂:《英日同盟》,新月书店,1931,第 188 页。
③ 《列宁全集》第 23 卷,人民出版社,1958,第 126 页。

三 清政府对涉华条约的态度与应对

对于这些对中国本没有法律效力,实际上却危害极大的涉华条约,清政府的反应是异常复杂和耐人寻味的。总体而言,反应因条约而异,既有强硬的反对,也有软弱的默许,甚至有一时的赞同。

对于与阿古柏伪政权缔结条约,英国驻华公使威妥玛曾在1870年和1872年两次发出警告:"中国永远不会承认英印政府具有与一个独立的喀什噶尔签署任何条约的权利。"《英国和喀什噶尔条约》签订后,"中国人尽管没有提出官方正式的抗议,但是中国人的反应可能就不仅仅是震惊了"。① 英国曾要求清政府承认阿古柏伪政权,遭到总理衙门的严词驳复:"新疆与朝鲜、安南等中国的属国不同,它是中国的一部分。中国政府在平定陕甘之乱后,接着就要平定新疆之乱。"② 1875年,清政府任命左宗棠为钦差大臣督办新疆军务,开始了收复新疆的军事斗争。英国不断进行所谓的"调停",但始终不能动摇清政府的决心。1877年阿古柏命丧库尔勒,1878年元月清军收复南疆,清政府恢复对南疆全境的管辖,那个非法的《英国和喀什噶尔条约》自然被湮灭在历史的尘埃中。对于1895年英俄划分帕米尔地区的协定,清政府的立场是鲜明的,态度也是非常坚决的,认为"英俄不顾中国允认与否,遽行定界,迹近强占,尤出情理之外",并分别致电驻俄公使许景澄、驻英公使薛福成"与俄英外部执约力辩",③ 又郑重声明中国坚持《中俄续定喀什噶尔界约》中的原则,"日后必重申前说",④ 坚决维护中国的主权。英俄"关于西藏的协定"制造中国对西藏仅仅享有宗主权的谎话,而这一谎话早在1906

---

① 董志勇等译《英属印度的北部边疆(1869—1895)》,第82页。
② Immanuel C. Y. Hus, *The Ili Crisis*, Oxford, 1965, p.29, 转引自樊明芳、孟泽锦《阿古柏入侵时期英国对中国新疆地区的侵略》,《西域研究》2010年第3期。
③ 甘肃师范大学历史系编《帕米尔资料汇编》,1978,第149页。
④ 王彦威纂辑,王亮编《清季外交史料》第2册,书目文献出版社,1987,第1916页。

年就被中方打破。是年，中英订立《续订藏印条约》，挫败了将英印承认中国对藏"宗主权"的内容写入条约的阴谋，维护了中国的主权。正如中国代表对英国代表费礼夏所说："中英所以会议者，以西藏主权在中国也。"① 可见，中国是不赞同英俄协定的"宗主权"之说的。舆论对该协定也表达了强烈的不满，并深刻揭示了其侵略性质。1907年《东方杂志》刊登评论文章《论英俄协约与西藏之关系》，指出该约"自表面观之，似与中国外藩之谊尚未放弃"，然不过是"今世灭国新法，借保全之名，墟人家国"罢了。②

对英国与俄国、法国、德国等订立的划分在华势力范围的协定，清政府则是软弱无力之态。以英法掠取川滇矿权为例，在四川，英法于1899年4月、5月分别与中方签订了《四川矿务华洋合办章程》《四川矿务章程》；在云南，英法于1902年6月共同设立隆兴公司，与中方签订了《云南隆兴公司承办七属矿务章程》。前已叙及，英法已在1896年订立了两国共享在川滇权益的条约，此举不啻为对该约之履行，同时反映了清政府在事实上对这个协议的无可奈何。

对于英日同盟条约，由于一度以为可以借以保全自己，清政府基本上是持赞同态度的。对于1902年签订的英日同盟条约，时人认为"其用意亦良不恶，非惟不恶，于中国目前之局面，或多赖焉"，不但清政府"感激涕零"，"人民之所感亦当如是"，③ "凡较为开通的中国人，全欢迎这个同盟条约。"④ 日俄战争后，中国开始怀疑日本对中国东北究竟抱有何种目的，但日本的恶意此时既未完全暴露，清政府也还没有完全意识到英日同盟条约的真实意图。因此，当第二次英日同盟条约公布后，慈禧及光绪帝对于该约全文表示"满意"；奕

---

① 何藻翔：《藏语》，上海广智书局，1910，第18页。
② 《论英俄协约与西藏之关系》，《东方杂志》第4卷第11期，1907年，第87页。
③ 梁启超：《英日同盟论》，下河边半五郎编《饮冰室合集类编奥附》，帝国印刷株式会社，1904，第525页。
④ 张忠绂：《英日同盟》，第176页。

诓认为该约签订后，俄、德、法三国将不能如昔日一样不断侵略中国，中国的领土与利益将获得"保障"；袁世凯在彼时亦认为该约对中国极为有利。直到1907年日本与俄国达成协定，中国才认识到不能依靠英国来抵抗日本与俄国。第三次英日同盟条约于1911年7月订立的时候，"中国正值内乱，无暇顾及"。①

为何清政府对英国与他方缔结的涉华条约有不同反应，这主要与条约对中国造成直接损害的程度有关。英国妄图分裂新疆、西藏及瓜分帕米尔，威胁到中国领土主权的完整，随着国际法的深入传播，清政府的领土主权意识已不是旧日可比，自然要对侵略上述地域的涉华条约采取积极、坚决的反对姿态和行动。英国与其他列强划分在华势力范围的各项协定，清政府之所以反应并不强烈，既在于列强之侵夺，也与清政府借以维持各国在华势力均衡及达到互相制衡的意图有关，并且这些协定所涉及的基本是经济权益，在清政府看来，自然比不上对其领土完整的侵犯。至于对英日同盟条约的赞同态度，与当时中国孤立无援、为人肆意欺凌的国际地位及环境有密切关系。只是，待到国人日渐看清英日同盟条约的本质及其对中国的危害时，"试问人之保全我者何意，他人欲保全我而乃特立一约者又何意，奈何不以为耻而以为幸也，则诚不能不痛哭流涕"。② 要言之，清政府对有关涉华各约的反应虽然不乏值得肯定之处，然而形格势禁，其中亦有颇多无奈和失误。这也折射出晚清时期中国外交的困境和艰难。

---

① 张忠绂：《英日同盟》，第177—178页。
② 《论英日联盟事》，国家图书馆分馆编选《时事采新汇选》第1册，北京图书馆出版社，2003，第95页。

"夷夏之防"观念的瓦解与晚清外交体制的构建

杨宇勃[*]

从 18 世纪末到 20 世纪初,中国"夷夏之防"的传统观念成为影响清政府对外交往的重要思想,中国近代外交思想的萌发及外交体制的初创也与这一观念的变化紧密相关。在近代,中国传统政治观念在西方武力胁迫下发生了一系列变化,并引发了传统政治的深刻变革,"夷夏之防"正是其中之一。随着清朝危机的加深,"夷夏之防"观念开始逐步瓦解,并引发时人对中西外交的再思考。其间,有识之士逐渐形成了新的中外交往观念,并逐渐突破了以往文化和政治意义上的"夷夏之防",开始从近代国际形势及国家政治体制转型的角度理性地认识中西交往方式的调整对近代中国的意义与价值。

一 传统"夷夏之防"观念与中国的"天下"秩序

早在夏商时期,我国便形成了华夏居中,"四夷"环绕的族群分

---

[*] 杨宇勃,河南师范大学政治与公共管理学院讲师。

布格局。西周晚期到春秋中叶首次民族大纷争时，周人为提升族群的凝聚力，通过礼乐文化使夷、夏杂处走向夷、夏分界，奠定了中国历代奉行文化民族主义的基石。周定王曾说："夫戎狄，冒没轻儳，贪而不让。其血气不治，若禽兽焉。"① 孔子也曾言："夷狄之有君，不如诸夏之亡（无）也。"② 孔子的"夷夏之防"是以礼仪文化为标志建构的，其倡言"诸夏用夷礼则夷之，夷狄用诸夏礼则诸夏之"。③ 孟子则提出了更具刚性的"用夏变夷"思想，"吾闻用夏变夷者，未闻变于夷者也"。④

"夷夏之防"在颇具冲突性的同时又形成了鲜明的相对性，后者随着周边民族入主中原而凸显。西晋末年到五胡十六国时期，以及北朝时期少数民族建立政权，在一定程度上冲击了"夷夏之防"。到了五代、辽、夏、金、元时期，沙陀、契丹、女真、蒙古等少数民族再次进入中原，又一次颠覆了汉民族政权。明清鼎革之际，"华夷之防"又再次升温。为了消除"夷夏之防"所造成的民族冲突，历代儒家借助"以夏变夷"解释路径，调和"夷夏之防"的内在冲突，并构筑起了新的"夷夏一体"观念。如此则"以夏变夷"的解释路径在古代中国形成了强大的说服力。

早在春秋晚期，孔子就提出"诸夏用夷礼则夷之，夷狄用诸夏礼则诸夏之"。⑤ 东汉今文经学家何休曾称："中国所以异乎夷狄者，以其能尊尊也。王室乱，莫肯救，君臣上下败坏，亦新有夷狄之行，故不能使主之。"⑥ 金人赵秉文提出："春秋诸侯用夷礼则夷之，夷而近于中国则中国之。"⑦ 宋元之际的大儒郝经主张，不论南宋还是元

---

① 《国语精华》，中华书局，1937，第18页。
② 杨凤贤译注《论语》，世界图书出版公司西安公司，1997，第24页。
③ 朱诚如、王天有主编《明清论丛》第11辑，故宫出版社，2011，第78页。
④ 天宜：《孟子浅释》，齐鲁书社，2013，第140页。
⑤ 朱诚如、王天有主编《明清论丛》第11辑，第78页。
⑥ 蒋庆：《公羊学引论：儒家的政治智慧与历史信仰》，福建教育出版社，2014，第187页。
⑦ 赵秉文：《闲闲老人滏水文集》，商务印书馆，1937，第196页。

朝，不论华夏还是夷狄，只要能"行中国之道"就可称为"中国之主"。①"以夏变夷"逐渐从"夷夏之防"走向"夷夏一体"。

按照儒家所设想的"天下秩序"，实现"夷夏一体"成为历代帝王的理想。李世民就称："自古皆贵中华，贱夷狄，朕独爱之如一。"②北宋仁宗也称："朕奉承端命，抚有万方。上席祖宗之谋，靡佳兵革之举。专任德教，以统御华夷。"③《大明一统志》写道："惟皇明，诞膺天命，统一华夷。"④清代康熙帝称："朕统御寰区，一切生民，皆朕赤子，中外并无异视。"⑤乾隆帝也称："朕抚驭外夷，无不体上天好生之德，从未敢穷兵黩武。"⑥即便是在1863年，同治帝在致函美国总统时也称："朕谨受天命，抚驭寰宇中外一家，罔有歧异。"⑦

将"四夷"纳入"天朝体制"的关键，是前者接受中华礼制。历代王朝均试图"通过礼仪将外邦'藩王'纳入中华帝国尊卑有序的体制之中"，⑧于是是否恪守传统"礼制"是区分夏、夷的核心。明清时期，礼制在封贡体制中得到深入贯彻。属国朝鲜、琉球、苏禄、暹罗、缅甸、南掌等来华朝贡所涉及的贡期、贡道、贡物等均有着烦琐的礼制规定。而中原王朝也有一套围绕朝贡、册封等展开的建制性载体，以期在礼制的演示与规训中塑造中心与边缘有机结合的"天朝体制"。当时，哪怕是向来不具有藩国、藩部身份的"夷人"，只要其按照华夏礼制与中原王朝发生关系，进入"天朝体制"，就可为王朝所接纳。因之，学者李云泉称，中国的朝贡体制为"礼仪性

---

① 田同旭校注《郝经集校勘笺注》，三晋出版社，2018，第14页。
② 刘俊文笺解《唐律疏议笺解》，中华书局，1996，第480页。
③ 叶隆礼：《契丹国志》，贾敬颜、林荣贵点校，中华书局，2014，第227页。
④ 方志远等点校《大明一统志》，巴蜀书社，2017，第7页。
⑤ 纪大椿、郭平梁原辑，周轩等整理订补《清实录新疆资料辑录》（1），新疆大学出版社，2017，第30页。
⑥ 赵尔巽等：《清史稿》，中华书局，1977，第544页。
⑦ 马士：《中华帝国对外关系史》第2卷，张汇文等译，上海书店出版社，2000，第148页。
⑧ 费正清：《中国：传统与变迁》，张沛译，世界知识出版社，2020，第222页。

的朝贡关系"。①

但客观而言,即便是再具有广泛意义的"天朝体制",其在现实政治中也很难实现理想状态下的"天下一统"。"天下"之外仍有另外一个不受中华礼制规训的"异域世界",处于另外一套文明系统且拒绝接受中华礼制的"化外之民"始终存在。如此,对于身处"天下之中"的中原王朝而言,只要有新的"化外之民"出现,其作为"蛮夷"的身份便会被文化上自视为有优越感的中原王朝所认定,如此则"夷夏之防"形成的文化冲突便必然存在,中原王朝统治者追求文化意义上大一统战略的使命也就始终存在。在这样的逻辑下,18世纪90年代,随着西方文化的传入,清朝通过"以夏变夷"来调和夷、夏冲突的传统路径因国家实力不济而不产生作用被锁死,"夷夏之防"观念甚嚣尘上。在西方武力及文明的冲击下,"夷夏之防"逐步瓦解,新的近代外交被迫开始。

二 "夷夏之防"观念的打破及清王朝的羁縻外交

由于"夷夏之防"的恪守是借助"以夏变夷",通过中华礼制来调和的,所以从中西礼仪冲突中找到缺口。1793年,英国派马戛尔尼使团访华,力求"通过签订一项商业条约来扩大英国的对华贸易"。② 然受华夷观念影响,乾隆帝认为英使来华属"四夷宾服",其试图通过中华礼制将英国纳入"天朝体制",遂令长芦盐政徵瑞告知马戛尔尼,"各处藩封到天朝进贡观光者,不特陪臣俱行三跪

---

① 李云泉:《万邦来朝:朝贡制度史论》,新华出版社,2014,第59页。
② Earl H. Pritchard, "The Crucial Years of Early Anglo-Chinese Relations, 1750–1800," in Patrick Tuck, ed., *China Trade: British Commerce and the Opening of China, 1635–1842*, Vol. Ⅵ. London, Routledge, 2000, p. 307.

九叩首之礼，即国王亲自来朝者亦同此礼"。① 然遭到马戛尔尼的拒绝。乾隆帝对此不满，对于英国扩大对华贸易及派使驻京等请求，也以"与天朝体制不合"予以回绝，②并对英构筑起了"夷夏之防"。③

鉴于对华通商的重要性，1816 年，英国又派出阿美士德使团来华。临行前，外交大臣卡斯尔雷训令阿美士德，此行"不能有损你的君王的荣誉或降低你自己的尊严"。④英国丝毫没有打算与清朝建立有损其国家荣誉的关系，但嘉庆帝仍力图通过礼仪将英国纳入天朝体制。他要求"贡使"不得"擅自改道，亦不准私行登岸"，⑤甚至谕令钦差大臣、工部尚书苏楞额，"将该贡使等礼节调习娴熟，方可令其入觐，如稍不恭顺，即令在津等候，毋庸亟亟起程来京"。⑥阿美士德则表示，清廷要求的三跪九叩是藩国对宗主国的礼仪，予以拒绝。双方再次因为礼仪问题发生冲突，嘉庆帝在给英王的敕谕中称，"来使于中国礼仪，不能谙习"，"嗣后毋庸遣使远来，徒烦跋涉。"⑦嘉庆帝也树起了"夷夏之防"。

"夷夏之防"使中英停止了政府交往。随着 1833 年东印度公司对华贸易垄断权被英国政府取消，以及英商希望打破清朝的贸易管制政策，"将对华贸易从现行的广州商业制度的桎梏中解放出来"，⑧英国遂向广东派出了商务监督处理对华贸易，表示"过去一个商人所

---

① 蒋廷黻：《中国近代史（插图增补版）》，现代出版社，2018，第 131 页。
② 王之春：《清朝柔远记》，赵春晨点校，中华书局，1989，第 140 页。
③ 《谕令军机大臣着沿海各省督抚严查海疆防范夷船擅行贸易即汉奸勾结洋人》，中国第一历史档案馆编《英使马戛尔尼访华档案史料汇编》，国际文化出版公司，1996，第 62—63 页。
④ 《卡斯尔雷勋爵致特使阿美士德勋爵》（1816 年 1 月 1 日），马士：《东印度公司对华贸易编年史（1635—1834 年）》第 3 卷，区宗华译，中山大学出版社，1991，第 276 页。
⑤ 戴逸、李文海编《清通鉴》第 12 册，山西人民出版社，1999，第 5315 页。
⑥ 郭廷以编纂《近代中国史》第 1 册，商务印书馆，1940，第 304 页。
⑦ 魏源：《海国图志》第 4 卷，岳麓书社，2011，第 1914 页。
⑧ 格林堡：《鸦片战争前中英通商史》，康成译，商务印书馆，1961，第 67 页。

能容忍的侮辱，现在就有关国体，应加以抵抗了"，① 应直接向北京派驻使节，"任何为了保护贸易而任命驻留广东的政府官员的尝试，都不会对问题的改善产生任何效果"，② 甚至叫嚣道："不做一次可能导致战争的武力炫示，改革是绝对不可能的。"③

相较于英国的变化，清政府仍坚持"夷夏之防"。其认为："把任何一个未曾被天朝的风教熏陶过的国家看作文明的并屈尊与其缔结平等条约，都会贬低他们的人格。"④ 为巩固"夷夏之防"，两广总督卢坤等上书提出防范"夷人"规条，以期"肃体制以防逾越，严交结亦杜汉奸"。⑤ 此议为道光帝所允。道光帝表示："坚拒勿与通商，以绝其逗留之念，消其叵测之情。"⑥ "夷夏之防"在当时盛行，普鲁士传教士郭实腊（Karl Friedrich August Gützlaff）写道："虽然我们与他们长久交往，他们仍自称天下诸民族之首尊，并视所有其他民族为'蛮夷'。"⑦

1840年，英国发动鸦片战争，迫使清政府签订了《南京条约》。《南京条约》规定："准英国人民带同所属家眷，寄居大清沿海之广州、福州、厦门、宁波、上海等五处港口，贸易通商无碍；且大英国君主派设领事、管事等官，住该五处城邑，专理商贾事宜，与各地方官公文往来。"⑧ 但清廷并未放弃"夷夏之防"，继续羁縻外交。

羁縻外交毕竟改变了中西隔绝的状态，冲击了"夷夏之防"。眷

---

① 《伦敦东印度与中国协会致巴麦尊子爵》（1839年11月2日），杨家骆主编《鸦片战争文献汇编》第2册，鼎文书局，1973，第648页。
② 武汉大学历史系鸦片战争研究组编《外国学者论鸦片战争与林则徐》上册，福建人民出版社，1989，第126—127页。
③ 格林堡：《鸦片战争前中英通商史》，第180页。
④ 广东省文史研究馆译《鸦片战争史料选译》，中华书局，1983，第43页。
⑤ 梁廷枏等纂《粤海关志》，文海出版社，1975，第2088页。
⑥ 《清实录》第38册，中华书局，2012，第9页。
⑦ 爱汉者等编《东西洋考每月统记传》，黄时鉴整理，中华书局，1977，第12页。
⑧ 王铁崖编《中外旧约章汇编》第1册，三联书店，1957，第31页。

英在奏报清廷时称："既经曲事羁縻，亦复无暇顾惜。"① 清前期，王朝实行严格的"人臣无外交"体制，"天朝大臣，非朝贡等事及奉有谕旨，不准与外夷接见"。② 然在列强的逼迫下，清朝不得不开始与列强开展外交活动。1844 年，为应对时局，清廷任命耆英为两广总督，并将"各省通商事宜均交该督办理"。③ 此举开启了两广总督例兼管理各国通商事务钦差大臣的惯例，创设了两广与西方交涉的制度性安排。英国人当时就称，两广总督兼"外务大臣"。④ 清政府的羁縻外交仍力图维持"天朝体制"，避免朝廷与各国直接发生关系，它客观上反映了近代中外交往的新趋向，使近代外交孕育于京城千里外的广东及通商口岸。

三 "夷夏之防"观念的危机与晚清国家外交体制的萌芽

"夷夏之防"所蕴含的价值理念与近代外交的平等观念榫卯不合。《天津条约》规定："嗣后各式公文，无论京外，内叙大英国官民，自不得提书夷字。"⑤ 咸丰帝称，"中国与外国往还，总在边界，惟有属国，始行进京朝贡，亦无钦差驻京之事"，⑥ 并要求公使"到京后只准暂住若干时，一切跪拜礼节，悉遵中国制度"等，⑦ 然在西方压力下只得按条约办。⑧

---

① 《耆英等奏详陈议和情形折》（道光二十二年七月壬申），齐思和等整理《筹办夷务始末·道光朝》第 5 册，中华书局，1964，第 2306 页。
② 《两广总督卢坤谕示》（道光十四年八月初六日），佐佐木正哉编《鸦片战争前中英交涉文书》，文海出版社，1984，第 17 页。
③ 中国第一历史档案馆编《鸦片战争档案史料》第 7 册，天津古籍出版社，1992，第 424 页。
④ 钱实甫：《清代的外交机关》，三联书店，1959，第 72 页。
⑤ 中英《天津条约》（咸丰八年五月十六日），王铁崖编《中外旧约章汇编》第 1 册，第 102 页。
⑥ 《军机大臣拟答法国各条》，贾桢等纂修《筹办夷务始末·咸丰朝》，中华书局，1979，第 748 页。
⑦ 《廷寄》，贾桢等纂修《筹办夷务始末·咸丰朝》，第 986 页。
⑧ 《廷寄》，贾桢等纂修《筹办夷务始末·咸丰朝》，第 1014 页。

中国内部对"夷夏之防"有新认识。王韬指出:"自世有内华外夷之说,人遂谓中国为华,而中国以外统谓之夷,此大谬不然者也。"吴可读认为:"诸臣以为各国不从中国礼节,即足为中国羞,而臣以为各国若从中国礼节,更为中国害。"① 郑观应指出,当今天下是"华夷联属之天下",中西互动已为天理,"天地不能终古而不变,东、西洋不能永远而不通,西人来华亦属循天理之自然"。② 上述思想冲击了"夷夏之防",也推动了近代外交体制的萌芽。

首先,饶有规模的地方外交体制初步形成。

第二次鸦片战争后,清政府的守约意识逐渐增强。1859 年,两江总督何桂清奏称,各省在办理交涉中缺乏协同,导致"歧途百出,枝节横生,该夷即借为口实,肇衅要求,实为办理夷务一大弊"。③ 于是清廷要求"各该省及通商大臣、钦差大臣随时咨报京城总理处,而各省将军府尹督抚随时应办事件,亦应彼此声息相通"。④ 1860 年,清廷又规定:"各省中外交涉事件,应由本省地方官按照条约随时办理。"⑤

此外,五口通商大臣负责交涉通商事务的体制得到改易。1859 年,为了便于对外交涉,何桂清建议将钦差大臣由京城简放至上海。咸丰帝遂谕令:"移钦差大臣于上海,并知何桂清才力能副斯任,援两广总督之例,授为钦差大臣,办理通商事宜。"⑥ 清廷随后颁布上谕称:"两广总督黄现管之五口通商关防已撤交两江总督何接办,嗣后各国通商事宜统归上海办理。"⑦ 两江总督由此开始兼任五口通商大臣,负责处理中外交涉事宜。

---

① 黄濬:《花随人圣庵摭忆》下册,李吉奎整理,中华书局,2013,第 202 页。
② 《华人宜通西文说》,夏东元编《郑观应集》,中华书局,2013,第 62 页。
③ 《何桂清奏胪陈办理通商机宜八条折》,贾桢等纂修《筹办夷务始末·咸丰朝》,第 1311 页。
④ 《章程六条》,贾桢等纂修《筹办夷务始末·咸丰朝》,第 2678 页。
⑤ 《章程六条》,贾桢等纂修《筹办夷务始末·咸丰朝》,第 2678 页。
⑥ 《廷寄》,贾桢等纂修《筹办夷务始末·咸丰朝》,第 1312 页。
⑦ 《接知两江总督接办现管五口通商事务之照会》,《中美往来照会集(1864—1893)》第 2 册,广西师范大学出版社,2006,第 137 页。

不久后，由于通商口岸向北扩展，奕䜣等建议在南、北口岸分设大臣管理中外交涉。此议经咸丰帝允准得以推行，进而形成了两江总督兼任南洋通商大臣、直隶总督兼任北洋通商大臣的中外交涉体制。后来北洋大臣的权重越来越大，一度成为晚清左右中外交涉的重要力量。晚清还形成了海关道参与中外交涉的制度，由守巡道兼任海关监督的定制，使以通商口岸为单位的对外交涉由巡守道负责。但受"夷夏之防"影响，清廷不愿意与西方开展外交，其虽授权地方与外国交涉，但地方外交毕竟与近代国家外交的精神相悖，甚至会威胁晚清的国家外交。

其次，国家外交体制因总理衙门的设立而露端倪。

第二次鸦片战争后，清廷开始在中央建立与西方打交道的机构，此举成为近代国家外交体制建设的萌芽。1861年，各国公使陆续进驻北京，成为清廷必须直面的外交难题。为此，1861年1月13日，奕䜣等奏称，英、法等非"心腹之害"，只是"志在通商"，① 其建议清廷信守条约，维系中外和局，在"京师请设立总理各国事务衙门，以专责成也"，"兼备与各国接见"。② 此议得到咸丰帝的准许。

新成立的总理衙门除了设有英、法、俄、美、海防五股，还设有司务厅、清档房、电告处等机构。对总理衙门的设置，1861年，英国驻华公使普鲁斯照会奕䜣称："此次新立衙署，足见贵国亦有此意，本大臣实深欣慰。"法国驻华公使布尔布隆也表示，总理衙门的设置为"中外各国永敦睦好之最妙良法"。③ 创设总理衙门是晚清宗藩外交向近代国家外交过渡的重要阶段，既有利于"夷夏之防"的打破，也有利于推动近代国家外交的构建。就连当时属国朝鲜的事

---

① 《奕䜣桂良文祥奏统计全局酌拟章程六条呈览请议遵行折》（咸丰十年庚申），贾桢等纂修《筹办夷务始末·咸丰朝》，第2675页。
② 《章程六条》（咸丰十年庚申），贾桢等纂修《筹办夷务始末·咸丰朝》，第2676页。
③ 中国史学会主编《第二次鸦片战争》（5），上海人民出版社，1978，第389—390页。

务，也在一定程度上被纳入总理衙门的职权。①

然而，设置总理衙门在当时看来只是权宜之计，清政府仍难以摆脱"夷夏之防"观念的影响。奕䜣等就曾表示，总理衙门的设置旨在"按照条约，不使稍有侵越，外敦信睦，而隐示羁縻"，②"俟军务肃清，外国事务较简，即行裁撤"。③ 此外，受"夷夏之防"观念的影响，总理衙门只是兼办洋务的机构，还不足以成为专办中西外交事务的近代外交机构。此时其也尚未形成清中央政府总揽外交的态势，地方外交、督抚外交仍占据了晚清外交的重要地位。

最后，采纳近代遣使制度及允许各国按照"西礼"觐见皇帝。

咸丰帝对"夷夏之防"的固守使外国公使觐见难以成行，该局面直到同治朝才有所松动。当时，左宗棠认为："自古帝王不能胥外国而臣之，于是有均敌之国。既许其均敌矣，自不必以中国礼法苛之，强其从我。"④ 曾国藩表示："中外既以通好，彼此往来，亦属常事。"⑤ 李鸿章也称："如必求觐，须待我皇上亲政后，再为奏请举行，届时权衡自出圣裁，若格外示以优容，或无不可。"⑥ 清廷遂决定待同治帝亲政后再行商议。

同治帝亲政的次日，清廷便接到各国公使请求觐见的照会。总理衙门要求觐见"只能将中国素有之礼相待，不能以中国未有之礼相

---

① 总理衙门奏报称："查属藩定制，公牍往来职之礼部，不特有需时日，且机事亦易漏泄。"于是建议将部分朝鲜事务由总理衙门处理。此议得到清廷允准。参见李毓澍主编《清季中日韩关系史料》，郭廷以主编《中国近代史资料汇编》，中研院近代史研究所，1972，第31—32页。
② 《奕䜣桂良文祥奏统计全局酌拟章程六条呈览请议遵行折》（咸丰十年庚申），贾桢等纂修《筹办夷务始末·咸丰朝》，第2675页。
③ 《奕䜣桂良文祥奏统计全局酌拟章程六条呈览请议遵行折》（咸丰十年庚申），贾桢等纂修《筹办夷务始末·咸丰朝》，第2676页。
④ 《上总理各国事务衙门》（同治六年），《左宗棠全集》，岳麓书社，2009，第51页。
⑤ 《曾国藩奏议复修约事宜折》（同治六年丁卯十一月），李书源整理《筹办夷务始末·同治朝》，中华书局，2008，第2227页。
⑥ 《李鸿章条说》（同治六年十二月乙酉），李书源整理《筹办夷务始末·同治朝》，第2259页。

待"。① 各国公使对此坚决拒绝。李鸿章建议，中西"嗣后成约，俨然均敌，未便以属礼相绳。据而不见，似于情理未洽"。② 于是清廷同意各国以西礼觐见，但其并未彻底放弃"夷夏之防"。清廷将觐见地点选在了接见藩国使臣的紫光阁，并提出了一系列限制性规定。然以西礼觐见宣告了"夷夏之防"被进一步打破，反映了清政府进一步接受西方近代交往之道，认可了中西间的平等关系。

同时清政府开始向西方遣使。1865 年，赫德建议清廷"委派大臣驻扎外国，于中国有大益处"。③ 次年，英国驻华使馆参赞威妥玛也照会清廷，向他国遣使"此中华全取其益者"，只有实现中西"同礼"，才能密切邦交。④ 奕䜣等也认为："所陈内治外交，各种利弊，反复申明，不无谠言微中。"⑤ 李鸿章也认为，遣使"得见其君、执政，明相诘责，曲为晓譬，且得援引该国政教法律以为比例，或可排难而解纷"。⑥ 于是清廷在 1876 年以"马嘉理事件"为契机，决定对外遣使。此后，清政府先后向英、法、美、俄、德、日等国派驻公使及领事，主动接纳近代外交体制。

总之，咸同时期，清政府已突破了"夷夏之防"观念，国家外交也开始从传统向近代转型。但其仍未彻底抛弃"夷夏之防"，当时的外交仍面临不少问题。首先，受"夷夏之防"的影响，清廷忌惮于同洋人交往，不断将外交权授予地方督抚，使外交权进一步下移，

---

① 《复各国节略》（同治十二年三月丙申），李书源整理《筹办夷务始末·同治朝》，第 3610 页。
② 《外国公使觐见礼》，赵尔巽等：《清史稿》卷九十一志六十六礼十，中华书局，1977，第 2680 页。
③ 《总税务司赫德局外旁观论》（同治五年二月丙午），李书源整理《筹办夷务始末·同治朝》，第 1671 页。
④ 《英参赞威妥玛新议略论》（同治五年二月丙午），李书源整理《筹办夷务始末·同治朝》，第 1678—1679 页。
⑤ 《总理各国事务恭亲王等奏》（同治五年二月丙午），宝鋆等纂修《筹办夷务始末·同治朝》卷 40，文海出版社，1966，第 11 页。
⑥ 《李鸿章条说》（同治六年十二月乙酉），李书源整理《筹办夷务始末·同治朝》，第 2260 页。

不利于近代国家外交体制的系统性建设。其次，受"夷夏之防"观念的束缚，当时的外交行为仍被视为权宜之计，且未摆脱传统的"羁縻之道"，也仍未形成国家自觉。最后，受"夷夏之防"观念的制约，晚清政府尚未从国家层面形成建立集中、规范、近代的外交体制的构想，而该局面的出现直到庚子之变后才露端倪。

四 "夷夏之防"观念的瓦解与国家外交体制的初创

经历甲午战争、庚子之变后，清朝的统治秩序面临严峻危机，加之被迫与列强订立了《马关条约》《辛丑条约》，"夷夏之防"最终瓦解，晚清外交进一步向近代国家外交转型。清廷开始较为自觉地按照近代国际法及国际惯例构建由中央主导的近代国家外交体制。

第一，清政府开始积极接纳近代国际法及国际公约。

庚子之变后，清政府放弃了"夷夏之防"，逐步接纳了近代国际法及国际公约。早在1864年，蒲安臣向总理衙门推荐刊印丁韪良译的《万国公法》。奕䜣虽以"中国自有体制，未便参阅外国书"为由予以拒绝，但在奏报清廷时称："查该外国律例一书，衡以中国制度，原不尽合，但其中亦间有可采之处。"① 总理衙门甚至资助丁韪良刊印《万国公法》300本，并向各通商口岸分发，以便以之与各国交涉。

一些开明人士也认识到国际法的重要意义。薛福成奏陈："事关军国者，尤当以万国公法一书为凭。"② 其建议清政府再次刊印《万国公法》，分发给各州县，以便地方参阅。郑观应指出："公法一

---

① 《奕䜣等又奏美丁韪良译出万国律例呈阅已助款刊行折》（同治三年七月），李书源整理《筹办夷务始末·同治朝》，第1185页。
② 朱寿朋：《光绪朝东华录》，中华书局，1960，第69—70页。

出，各国皆不敢肆行，实于世道民生，大有裨益。"① 张斯桂表示，《万国律例》"大有裨于中华，用储之以备筹边之一助云尔"。② 清政府虽认识到国际法的价值，但只是将其作为维护自身利益的工具，最终目的仍是维护封建专制。对此，曾纪泽曾指出："中国自有成法，与西洋各国刑律不同，而睦邻绥远之道，亦未必与公法处处符合。"③

庚子之变后，"夷夏之防"彻底瓦解，一批开明士大夫力主采纳近代国际法。1901年，李鸿章称："公法者，环球万国公共之法，守之则治，违之则乱者也。"④ 御史陈其璋称："我国与外洋互市以来，交涉既繁，条约屡换。而每事吃亏，指不胜屈。"他并建议："为万国公法，各国遵行，拟请与各国订明同列公法之内，以免歧异而杜欺凌。"⑤ 端方甚至表示："西人之公法，即中国之义理。……常人得之以成人，国得之以立国。"⑥

此外，天朝体制的崩溃使清王朝抛弃了"夷夏之防"，产生了融入国际社会的自觉。1896年，清政府开始有选择地接受各国所约定的《航海避碰章程》。1899年，欧洲、美洲、亚洲26个国家代表在海牙召开公约制定会议，清政府也参与其中，并签署了《和解公断条约》《陆地战例条约》《推广1864年日来弗原议行之于水战条约》等。庚子之变后，清政府参与国际公约的步伐加快。如其参与了《红十字公约》《罗马万国农业会合同》《关于医院船公约》《和解国际纷争条约》《限制用兵力催索有契约债务条约》《战争开始条约》

---

① 《论公法》，夏东元编《郑观应集》，第66—67页。
② 《〈万国公法〉序》，程丽珍主编《江北历代名门望族资料选编》，宁波出版社，2018，第545页。
③ 《巴黎致总署总办》（庚辰六月十六日），《曾纪泽遗集》，喻岳衡点校，岳麓书社，1983，第181—182页。
④ 丁韪良译《公法新编》，上海广学会，1903，前言，第1页。
⑤ 《御史陈其璋请与各国订明同列万国公法折》，李宗棠辑《李宗棠文集·奏议辑览初编》，李兴武校点，黄山书社，2016，第73—74页。
⑥ 丁韪良译《公法新编》，端方序言，第1页。

《战时海军轰击条约》《海战时中立国之权利义务条约》《万国邮政公约》等。

第二，清政府成立了专办外交的近代国家外交机构。

庚子之变后，清廷在列强的胁迫下撤销了总理衙门，建立了首个专办中外交涉的近代外交机构——外务部。列强当时要求"改革外交事务的衙门"，① 并推举美使柔克义、日使小村寿太郎与李鸿章、奕劻商议此事。列强认为："总理各国事务衙门已设四十年之久，于应办各事实属未能获益，诸国全权大臣以为应照他国成局更易，方克与中国政治及邦交睦谊两有裨益。"② 李鸿章也认为须废除总理衙门，成立新的外交专责机构。清廷也表示："内开总理各国事务衙门革故鼎新，其如何变通之处由诸国酌定，中国照允施行。"③ 1901 年，《辛丑条约》规定："将总理各国事务衙门，按照诸国酌定，改为外务部，班列六部之前。"④

1901 年 7 月 24 日，清廷颁布谕旨："现当重定合约之时，首以邦交为重，一切讲信修睦，尤赖得人而理。"清廷要求"总理各国事务衙门着改为外务部，班列在六部之前"。⑤ 这时外务部尚未做到以专责成，而这点直到 1906 年新官制改革时才有所好转。1906 年 11 月 2 日，奕劻等奏称："今共分十一部，更定次序，以期切于事情，首外务部。"⑥ 在《阁部院官制节略清单》中，他提出"列邦封峙，首中外交，外务部宜居第一"。⑦ 在奕劻看来，外务部职掌"外交政

---

① 《北京公使回忆，第三回至第七回，西班牙全权大使致加藤外务大臣》（1990 年 11 月 9 日），海军省公文备考，日本防卫省防卫研究所藏，亚洲历史资料中心，Ref. C08040827600。
② 《全权大臣庆亲王等咨》（光绪二十七年三月），故宫博物院明清档案部编《义和团档案史料》，中华书局，1959，第 1125 页。
③ 《全权大臣奕劻等折》（光绪二十七年三月），《义和团档案史料》，第 1123 页。
④ 《辛丑条约十二款清单》（光绪二十七年七月），《义和团档案史料》，第 1313 页。
⑤ 《上谕》（光绪二十七年六月初九日），《义和团档案史料》，第 1256 页。
⑥ 《庆亲王奕劻等奏厘定中央各衙门官制缮单进呈折》（光绪三十二年九月十六日），《中国全鉴（1900 年—1949 年）》第 1 卷，团结出版社，1998，第 542 页。
⑦ 《阁部院官制节略清单》，《中国全鉴（1900 年—1949 年）》第 1 卷，第 544 页。

务,暨侨居各国之本国臣民及通商事务,监督驻扎各国之出使大臣及领事,并稽查直省外务司"。① 带着这样的目标,与外交无关的事务被分离出去,外务部的职权日趋专一,加快了外交机构的正规化进程。

总理衙门的裁撤及外务部的设置,表明清政府以邦交为重,慎重外交,放弃了传统的羁縻外交,体现了清政府改革外交体制的自觉,不但促进了中国外交的近代化,也有利于清政府融入国际社会。美使柔克义指出:"从整体来看,这一新官署在帝国的对外关系中,较其他统治机构的诸官署地位更优,因此对新官署的构成极为满意,正是该官署的设立,将为我们与中国的关系,带来崭新及重要的变化。"②

第三,清政府力图将地方政府处理对外交涉事务统归于中央。

受"夷夏之防"的影响,晚清地方外交权过重,威胁到清政府对外交的掌控。1867年,奕䜣对此称:"办理洋务,其纲领虽在内,其实事仍在外。"③ 总理衙门当时也规定:"外省交涉案件办事之权,疆吏操之。"④ 鉴于此,进入20世纪后,清廷在近代国家外交构建过程中设法集地方外交权于中央。

首先,撤销了地方对清廷外交事务的干预。在改总理衙门为外务部的次日,清廷便颁布谕令,撤销了地方各将军、督抚在总理衙门中的兼衔。"前因各直省办理交涉,事务殷繁,特令各将军督抚均兼总理各国事务衙门大臣之衔。现在该衙门已改为外务部,特设专官。各将军督抚即着毋庸兼衔。"⑤ 上谕虽依旧承认地方将军、督抚的对外

---

① 黎海波:《海外中国公民领事保护问题研究(1978—2011)》,暨南大学出版社,2012,第138页。
② 川岛真、薛轶群:《晚清外务的形成——外务部的成立过程》,《中山大学学报》2011年第1期。
③ 《奕䜣等奏豫筹修约请饬各将军督抚大臣各抒所见折》(同治六年九月),李书源整理《筹办夷务始末·同治朝》,第2120页。
④ 周家楣:《期不负斋政书》(1),志钧编,文海出版社,1973,第81页。
⑤ 《上谕》(光绪二十七年六月),《义和团档案史料》,第1257页。

交涉权，但裁撤其在中央外交机构中的兼衔，既有利于厘清地方对中央外交权行使的影响，也有助于以国家为主导的近代外交体制的创建。

其次，在清末新政改革中着力削弱地方政府的外交权。1906年，奕劻等奉旨对省一级官制提出了改革办法。其一，仿照西方立宪国官制，使督抚只持有一省的行政权，原有外交权则由外务部统辖。其二，"以督抚径管外务、军政，兼监督一切行政、司法"，[1] 使一省的外交权与行政权分开。1907年，奕劻等拟定了《各省官制通则》，规定一省或数省设总督一员，总理该管地方外交、军政，统辖该管地方文武官吏，并兼管所驻省份巡抚事，总理该省地方行政事宜；每省巡抚一员，总理地方行政，统辖文武官吏。该省外交、军政事宜应商承本管总督办理。通则将督抚"直接掌管外交"改为"总理"，又设立交涉科，对此前的洋务局、交涉局等处理地方洋务的机构酌情裁撤，以削弱其交涉权。[2]

最后，设交涉使司使各省外交权集于外务部。1910年，为削弱地方外交权，建立近代国家外交体制，清廷在各省设置交涉使。在《各省交涉使章程》中规定，交涉使为正三品，负责全省交涉事务。其选任由外务部预保候简，或从外务部丞参、出使大臣、实缺道员中简选。交涉使虽属督抚属官，归其节制、考核，但仍由外务部随时考察，不得力者由外务部奏请撤换。交涉使人选虽然可以由地方举荐，但仍归中央任命。这意味着交涉使在某种程度上属于外务部的派出人员，并对其负责。交涉使的设置有助于限制督抚的外交权，促进晚清

---

[1] 《厘定官制大臣致各省督抚通电》（光绪三十二年九月十九日），庄建平主编《近代史资料文库》第1卷，上海书店出版社，2009，第389—390页。

[2] 1908年，东三省总督锡良致函周树模时称："慕帅谓督抚对于外交负完全之责任。简帅谓一省外交督抚得直接受君主之委任，行其职务。坚帅谓外交应集权中央。湘帅谓各省交涉皆系外人私权纠葛，将来法律改良仍属内务行政。"参见《东三省总督锡良致周树模电》（宣统二年十一月十三日），《清末筹备立宪档案史料补遗》，《历史档案》1993年第3期，第52页。

外交权的集中统一。然由于地方督抚权力过重,上述措施的效果十分有限。

结　语

从传统"夷夏之防"观念的打破到晚清近代国家外交体制的建构,在内外因素的推动下,清政府试图建立近代国家外交体制,应对动荡的内外局势。在列强势力冲击下,晚清士大夫逐渐认识到传统宗藩体制已无法适应近代中西交往需要,而建构新的以近代国际法为内核的国家外交体制,既是对近代潮流的回应,也是近代潮流的要求。晚清近代国家外交体制的构建是近代中国的大事,它改变了在传统"夷夏制之防"观念基础上所建构的"天下秩序"。在外力的冲击下,晚清政府援引近代国际法及国家交往准则,完成了近代国家外交体制的初创,这是近代中国首次参照西方外交模式对自身外交体制的重塑,为近代中国国家外交体制的发展积累了宝贵经验。特别是清政府按照西方国家外交体制,力求建构一个集中化、规范化、近代化的由中央统一领导的国家外交体制,可谓意义重大。但在近代内忧外患的背景下,近代国家外交体制的构建很难摆脱列强的干预,而清政府中央与地方的矛盾及中国传统"夷夏之防"观念,都在不同程度上阻碍了晚清近代国家外交体制的建设。

清末"领土"观念的形成[*]

易 锐[**]

晚清时期,中国传统的知识与观念体系发生了复杂而深刻的转型。在此过程中,中国的疆土观念日益摆脱固有的发展轨道。至辛亥鼎革前夕,国人已形成与西方近代领土观念较为接近的认识。其中,清末十年的转变成为中国近代领土观念形成的关键时段,在整个中国疆土观念演变历程中具有历史性的变革意义。目前,学界关于清末疆土观念变迁的研究尚较薄弱。[①] 本文拟从疆土概念、界务交涉、舆图绘制三个维度,较为系统地揭示这一时期中国"领土"观念形成的过程及其特点与趋向,以期深化我们对近代中国疆土观念转型的认识。

一 "领土"概念在清末中国的生成与运用

清末中国近代领土观念形成的一个显著表征,便是过去长期处于

---

[*] 本文为国家社科基金青年项目"晚清疆土观念变迁与舆图绘制研究"(20CZS061)、湖南省教育厅创新平台开放基金项目"政府间国际组织与近代中国国际化研究"(20K083)的阶段性成果。
[**] 易锐,湖南师范大学历史文化学院副教授。
[①] 对此问题有所涉及的代表性成果有茂木敏夫「清末における「中国」の創出と日本」『中国—社会と文化』第 10 号、1995 年;Gang Zhao, "Reinventing China: Imperial Qing Ideology and the Rise of Modern Chinese National Identity in the Early Twentieth Century," *Modern China*, Vol. 32, No. 1 (Jan., 2006);邹逸麟《论清一代关于疆土版图观念的嬗变》,中国地理学会历史地理专业委员会、《历史地理》编辑委员会编《历史地理》第 24 辑,上海人民出版社,2010;岡本隆司編『宗主権の世界史—東西アジアの近代と翻訳概念』名古屋大学出版会、2014。

核心疆土概念地位的"版图",逐渐让位于源自日本的"领土"。这一现象不仅意味着近代国人相关表述习惯的变化,还折射出其认知疆土问题思维方式的转换。

古代中国尚无"领土"一词,但表述传统疆土概念的词较为丰富,清前期主要有"版图""疆土""疆域"等。其中,"版图"最具权属特性,且使用频次较高。① 在西方,"territory"是英文中对应近代"领土"概念的用词。它诞生于欧洲,经历了漫长而复杂的演变,逐渐形成了这样一种定义:在一群人控制之下,具有固定边界、内部排他主权和外部平等地位的封闭空间。② 在19世纪,以传教士为主体的来华西人汉译"territory"时,大多基于中国固有词语,即使在后者基础上有所变化,也离"领土"较远。

关于"领土"来源问题,有学者较早指出该词源自日语,但长期未展开实质性研究。以笔者管见所及,日本在甲午战争时期便已开始使用"领土"一词。如内田清四郎1894年编的《征清军士忠勇谭》第36节,以"佐藤大佐の技队清国领土に先登す"为标题,其内容中便使了"清国领土"的表述。③ 在1894年出版的《英和新辞林》中,"领土"开始作为"territory"的对译词之一出现。④

笔者所见国内最早运用"领土"一词的人,是维新派领袖唐才常。1897年6月30日至9月7日,《湘学报》第8—15号刊载唐的长文《公法通义》。文中使用了"领土"一词:"一千七百六十二年,法国将牛奥领土与路细也纳送与西班牙。"⑤ 据唐氏介绍,该文取材于近期翻译的公法著作。而"领土"一词的出现应与此有关。同年

---

① 参见拙文《清前期"版图"概念考析》,《中国历史地理论丛》2020年第1期。
② Stuart Elden, *The Birth of Territory*. Chicago: University of Chicago Press, 2013, p. 18.
③ 内田清四郎编『征清軍士忠勇譚』淡海堂、1894、40-41頁。
④ エフ・ワーリントン・イーストレーキ等『英和新辞林』三省堂、1894、1159頁。
⑤ 《公法通义》,中华书局编辑部编《唐才常集(增订本)》,中华书局,2013,第112页。

11月15日,《实学报》上《台湾植物之盛》一文称"自台湾归吾领土"。① 此文为程起鹏所译,原文出自9月26日的日本《时事新报》。综合来看,戊戌前后国人运用"领土"一词的情况有诸多相似之处。第一,大多出自译文;第二,运用者思想较趋新;第三,作者多有日文基础。可见,中日语言交流在"领土"初步入华的过程中扮演了极为重要的角色。这一时期,较之"领土"新词,"疆域""版图""疆土"等固有词语在中国仍处于绝对优势。"领土"真正被大量运用要到20世纪初。

1901—1904年,笔者所见已经开始运用"领土"者,还有康有为、梁启超、蔡锷、杨度、秦力山、孙中山、欧榘甲、杨毓麟、蒋百里、曹廷杰、汪荣宝、夏曾佑等人。这些人大都有赴日的经历。在此期间,清朝官方也开始使用"领土"一词。1901年,日本贵族院议长近卫笃麿寄函湖广总督张之洞,针对中国东北的形势,他提出:"窃以为今日之事,惟有开放门户,以保领土耳。开放门户,则列国不违。保全领土则金瓯不缺,而俄国南下之患亦自长阻矣。……夫开放门户、保全领土二大义者,既列国之所声明,则此案之归列国公议,盖不容疑。"② 在此,近卫笃麿连续多次使用"领土"。自1905年起,"领土"不仅广泛见诸新式知识分子的文章,而且也逐渐为清朝官员所使用。如1905年10月15日,修订法律大臣伍廷芳、沈家本奏称:"将来新律告成,范围全国,凡领土之内,法权在所必行。"③ 同年10月19日,袁世凯致电各省将军、督抚,摘录日俄条约中与中国有关系者:"凡在前段所开领土内之俄国臣民,所有一切

---

① 程起鹏译《台湾植物之盛》(1897年11月15日),中华书局编《实学报》,中华书局,1991,第551页。
② 《近卫笃麿原寄江鄂书函》,赵德馨主编《张之洞全集》第4册,武汉出版社,2008,第43—44页。
③ 《修订法律大臣奏轻罪禁用刑讯答杖改为罚金请申明新章折》(光绪三十一年九月十七日),上海商务印书馆编译所编纂《大清新法令(1901—1911)》第1卷,商务印书馆,2010,第294页。

产业权，在日本政府均应切实推重。"① 这都说明，在1905年以后，"领土"传播的深度与广度皆进入了一个新的时期。

此外值得一提的是，上海圣约翰大学教师颜惠庆等人历时两年多编成、1908年出版的《英华大辞典》，对"territory"的汉译为："1. 地、土地、地方；2. 治境、国土、领土、领地、地舆、属地、畿、皇畿、畿辅。"② 这应是英华字典（辞典）中，首次出现以"领土"对译"territory"的情况。这不仅表明1908年以前"领土"已具有一定认可度，而且也意味着通过这部颇具影响的辞典，"领土"得以更为广泛地传播。

辛亥鼎革前后极具影响的退位诏书和宪法文件，也反映了"领土"已经上升为当时最有代表性的指代疆土的词。1911年7月8日，负责起草宪法的汪荣宝在其日记中写道，宪法拟定10章，"（一）皇帝；（二）摄政；（三）领土……"③ 在宪法草案的章目用词上，汪必定是经过反复推敲的，以"领土"为章节用词，显然是认为其已是最佳选择。1912年2月12日，清帝退位诏书曰："合满、汉、蒙、回、藏五族完全领土，为一大中华民国。"诏书据说最初由张謇起草，后经袁世凯修改。④ "领土"最终被留存在这一极为关键的诏书中，足见该词在当时已具有相当广泛的认同。

随着"领土"一词在华迅速传播，较完整意义的近代领土理念也传入中国。如1905年由日本著名公法学家中村进午口授、湖北法政编辑社所编的《平时国际公法》载："土地者，人民赖以生活，而国家主权之范围，必以是为定者也。此中关于国际者有二：一曰领土之取得，一曰领土之区域。……区域之要，在于国界。自昔定界之

---

① 《致各省将军督抚电》（光绪三十一年九月二十一日未刻发），骆宝善、刘路生主编《袁世凯全集》第14卷，河南大学出版社，2013，第197页。
② 颜惠庆等编辑《英华大辞典》，商务印书馆，1908，第2237页。
③ 韩策、崔学森整理《汪荣宝日记》，宣统三年六月十八日，中华书局，2013，第220页。
④ 《拟清帝逊位诏》（清宣统三年十二月），李明勋、尤世玮主编《张謇全集》第1册，上海辞书出版社，2012，第238页。

法，惟以地面为限。降及今日，空中能乘气球，于是空中境界之问题生；地下能凿隧道，于是地下境界问题又生。"① 由于此类西方近代领土知识在中国不断传播，国人对"领土"的理解也逐渐加深。

较之中国传统疆土概念，"领土"最重要的内涵特征是其以排他性的"主权"理念为基础。1904 年，梁启超评论中外租界条约说："条约正文中既明言主权所在，则其地尚不失为中国领土。"② 1910年4月14日，《申报》载文称："主权之范围，以领土为限。内国之主权，不能出自国领土以外。他国之主权，亦不许入自国领土之中。"③ 更是清晰地意识到"领土"具有明显的主权特性。国人对"领土"之"主权"属性的认知，也充分体现在"领土主权"这一术语的大量运用上。1906—1907 年，胡汉民于《民报》上连载的颇具影响的《排外与国际法》长文，对"领土主权"进行了大量阐述，如"领土主权，于国内可以绝对形势主权者"；④ 势力范围乃"蔑视中国领土主权"。⑤

更引人注目的是，一些清朝官员意识到"领土"对于表述清朝的疆域范围，以宣示清廷对蒙回藏等边疆地区统治的合法性，进而消除列强觊觎之心具有重要意义。1906 年 10 月 12 日，御史赵炳麟奏："青、藏、蒙古为我边疆，视作领土，乃为我有，名以藩属，便启戎心。"⑥ "藩属"在过去曾长期作为清朝对蒙、回、藏等藩部和朝鲜、越南等属国的指称，但此时赵察觉到，这一表述已足以构成列强渗透和侵占这些地区的借口，只有同内地一样以"领土"视之，才有助于维护对其统治。在这里，"领土"已不再只是简单的

---

① 中村进午口授，湖北法政编辑社社员编辑《平时国际公法》，湖北法政编辑社，1905，第 9 页。
② 《日俄战役关于国际法上中国之地位及各种问题》（1904），《梁启超全集》，北京出版社，1999，第 1240 页。
③ 《领事裁判权问题》，《申报》1910 年 4 月 14 日，第 3 版。
④ 汉民：《排外与国际法》（续第 6 号），《民报》1906 年 9 月，第 19 页。
⑤ 汉民：《排外与国际法》，《民报》1906 年 5 月，第 78 页。
⑥ 《御史赵炳麟奏新编官制权归内阁流弊太多折》（光绪三十二年八月二十五日），故宫博物院明清档案部编《清末筹备立宪档案史料》上册，中华书局，1979，第 442 页。

新式概念，而更多的是一种较中国传统疆土话语更有优势的理论工具。

二 "间岛"交涉与中国近代领土观念的形成

中国近代领土观念的形成，并不仅是西学东渐层面的认识变迁，它在很大程度上也是中外交涉互动的具体历史过程的产物。因此，欲清晰把握清末领土观念形成的过程、动因及其影响，很有必要将其置于具体的历史进程中加以细致观照。1907—1909 年发生的中日"间岛"交涉，较为典型地反映了清末疆土观念的转折性变化。

清在入关以前，便与朝鲜以鸭绿江、图们江为界。同光之际，朝鲜灾荒不断，大批朝民越境至图们江北垦居，由此引发中朝长期界务交涉。自 19 世纪 80 年代初到 20 世纪初，清朝官员中虽有人主张勘明中朝界址，但反对之声依然存在，而清廷对勘界的态度始终不积极和坚定，且多以外界态度为转移。这种状况直到 1907 年 8 月"间岛"危机发生后始有明显改变。

1907 年 9 月 11 日，东三省总督徐世昌、奉天巡抚唐绍仪电外务部称："日人侵我主权，遽行驻兵设电，殊出情理之外。日使前复钧部，有允撤兵勘界之意，似应速为开议，庶可徐图补救。"[①] 19 日，外务部致出使日本大臣杨枢："希即切告外部，转电统监，饬令全数撤退，各守各界，以免争端而杜效尤。至撤兵，必须勘界，界务不清，诸多谬戾。"[②] 较之徐、唐"似应速为开议"之议，外务部态度鲜明地表示"必须勘界"，盖其已从日本出兵延吉充分感到界务不清会招致领土危机。

---

① 《东三省总督徐世昌奉天巡抚唐绍仪复外务部电》（光绪三十三年八月初四日），骆宝善、刘路生主编《袁世凯全集》第 17 卷，第 5 页。
② 《外部致杨枢派员会勘延吉界希商日外部撤兵电》（光绪三十三年八月十二日），王彦威、王亮辑编，李育民等点校整理《清季外交史料》，湖南师范大学出版社，2015，第 3687 页。

然而，当清朝提出勘界要求后，日方以"间岛"归属存在争议为由，拒绝派员会勘。由此，中国东北官员愈感疆界未清之贻害无穷，及会同勘界之刻不容缓。1908年10月初，徐世昌奏："自日人创为间岛之说，诡言疆界未定，无端越境，侵我主权，阳借保护韩民之名，阴为占领土地之计……日人以保护韩侨为词，倡言国界未定，遂成国际交涉，自以勘定界务为最要。"① 此处"勘定界务为最要"一语，颇能体现徐世昌内心对勘界之重视和期待。10月中旬，徐与吉林巡抚陈昭常因日人枪伤我警致电外务部："请钧部乘此机会，速向日使交涉，先责其举动之违理，迫令速派专员，会同勘界，以期早日解决。"② 此时，徐世昌等人不再只是呼吁或建议日本会同勘界，而是主张"迫令"对方会勘，其态度之坚定由此可见。

"以勘定界务为最要"的认识，同样见诸当时舆论。10月下旬，《申报》刊载长文，批评中国应对"间岛问题"的政策。其中指出，1904年中韩中止会勘界务乃一重大失误："使其时得此两政府之同意，界务苟早日勘定，则间岛交涉，亦可不起。不料日人乃以日俄战役为词，百端挠阻，以隐行其侵占吉林南部之计。我国政府又不催逼韩政府，从速会勘，迁延观望，堕其术中而不自知，于是勘界之议遂罢。而中日间岛之交涉，乃从此发生矣。"而1907年以来，"我国政府，复以其悠悠忽忽敷延迁就之手段对付日本，一任日本之从容展布而不之顾，并仍茫然于间岛地方之谁属，而犹烦派员查勘"。③ 总之，从速勘界乃解决"间岛问题"之要举。

1908年10月21日，唐绍仪与日本外务大臣小村寿太郎会谈，了解到若中国认可日本在延吉有保护韩民之权，"彼亦认我在延吉有地主之权"。唐据此向外务部建议，于延吉择出一二处开放。28日，

---

① 《密陈筹办延吉边务情形折》（光绪三十四年九月二十日到），徐世昌：《退耕堂政书》，文海出版社，1973，第1016、1017页。
② 《徐世昌陈昭常致外部日人枪伤我警请乘机勘界电》（光绪三十四年九月二十一日），《清季外交史料》第8册，第3858页。
③ 《书吴禄贞调查延吉边务报告书后续》，《申报》1908年10月29日，第3版。

徐世昌、陈昭常致电外务部，赞成此法，同时提出数条须先与对方约明者。其中论及界务问题，称："图们江北、江东为中国领土，江南为韩国领土，今应以江心分界，日、韩国家及其人民，不得以己意修桥，及设浮桥。"① 可见，徐、陈不仅颇为重视图们江源处界址的划清，而且认为"江心分界"较之过去以江为界更为妥善。

在日后反复曲折的谈判中，上述必须划清中朝边界的要求为中方所坚持，并最终体现到条约之中。1909年9月4日，中日签订《图们江中韩界务条款》。该约规定："中、日两国政府彼此声明，以图们江为中、韩两国国界，其江源地方自定界碑起至石乙水为界。"② 光绪朝以来的中朝图们江界务争端乃告一段落。

17世纪前期，清朝在与朝鲜频繁的界务交涉中，逐渐形成了各守封疆、互遣逃人、严禁私越等观念。③ 这意味着，清朝较早就具有了一定的边境管辖意识。不过，受中朝宗藩关系影响，这种管辖意识常为藩属之义所淡化，而主权理念迟迟未能真正贯彻。清朝在思想上将整个朝鲜垦民管辖问题上升到"主权"层面，亦发生在中日"间岛"交涉中。

1907年"间岛"危机爆发后，日本斋藤中佐于11月28日致电吉林巡抚朱家宝称，"间岛"有韩人杀害清人，其中两名凶犯为清朝官员捕获，应按约将此凶犯送交日本官宪。朱将此电告东三省总督徐世昌："此事关系司法主权，并且牵连领土主权，日人处心深狡，明攘司法，暗攘领土。"该地并非通商口岸，而韩民"系为越垦而来，几同土著"，且日方属于"擅派官吏"，故根本不适用《中韩通商条约》中有关领事裁判权的规定。徐认为，朱论"似颇正当"，并转达

---

① 《东三省总督徐世昌署吉林巡抚陈昭常致外务部电》（光绪三十四年十月初四日），骆宝善、刘路生主编《袁世凯全集》第18卷，第200、201页。
② 《图们江中韩界务条款》（宣统元年七月二十日），王铁崖编《中外旧约章汇编》第2册，三联书店，1959，第601页。
③ 参见拙文《清前期边界观念与〈尼布楚条约〉再探》，《四川师范大学学报》2019年第2期。

外务部。① 这表明，二人意识到，日方对"间岛"韩民领事裁判权要求的背后是对中国领土主权的严重侵犯，而其最终目的则是对延边领土的侵夺。

12月7日，吉林边务督办陈昭常电告徐世昌，经据案力驳，斋藤已无词应对。同时特别提醒："所示复外部电，有韩人如系曾剃发，自应由华官裁判一语，此地虽久经纳租，受我管辖，而剃发易服，百不一二，若以此语回答，恐司法、行政权将尽失。"② 这一言论，一方面表示陈意识到对日交涉中以剃发为管辖韩民之依据可能会自丧主权；另一方面意味着他察觉到过去对越垦韩民宽松的入籍政策是一种失误。正是基于这种反思，陈与吉林边务帮办吴禄贞于10日电徐世昌："现时对于日人既不能以威力阻止其进行，惟有一面维持主权，一面要结韩人。"③ 进而提出"要结韩人"的具体方案。在此，二人希望通过积极的"要结韩人"之举达到扼制日本对延吉领事裁判权的要求。这种主张较之过去的消极政策，可谓不小的转变。

1908年10月21日，唐绍仪会晤日本外务大臣小村寿太郎，得知日方可认中国在延吉之主权，但延吉韩民应归日保护。次日，唐致电外务部："莫如在延吉择出一二处开放，作为商埠，工巡、卫生一切，由我自办，并与其磋商，所有越垦韩民，应明定年限，准其领地，至应纳地方各项税捐，与华人同。倘若彼索设警权，可较以自开商埠，并非租界，向不准他国另立巡警。"④ 显然，唐意在通过自开

---

① 《东三省总督徐世昌致外部电》（光绪三十三年十月二十三日），骆宝善、刘路生主编《袁世凯全集》第17卷，第140页。
② 《东三省总督徐世昌致外部电》（光绪三十三年十一月初三日），骆宝善、刘路生主编《袁世凯全集》第17卷，第171页。
③ 《徐世昌唐绍仪致外部日韩暗扰延吉应付为难电》（光绪三十三年十一月初六日），《清季外交史料》第7册，第3726页。此处日期存疑，参见骆宝善、刘路生主编《袁世凯全集》第17卷，第173页。
④ 《外务部致东三省总督徐世昌电》（光绪三十四年九月二十八日），骆宝善、刘路生主编《袁世凯全集》第18卷，第200页。

商埠来限制日方对延吉韩民的保护权,从而维护中国领土主权。28日,徐世昌、陈昭常就唐所拟办法致电外务部,表示"可允日本在延吉通商地方,设一领事官,以保护日韩之商、工、侨民",但应严格限定"韩侨"范围。① 同日,徐又致电外务部,强调"保护"二字亟应切实辩明,并对日本"保护权"设法限制。②

其后,主张限制日本保护权者尚有不少。如外务部章京等公同商拟关于延吉八条协议,对其第六款曰:"如允日本一概保护,彼有治外法权,虽认我为地主,而彼保护所及,即法权所及。仍其归彼保护,无异得虚名而受实祸,流弊不可胜言。"③ 吴禄贞更是明确反对给予日本"保护权"。他态度坚定地指出:"界务之兴,由于韩民越垦。我以清厘界务万不能认其有此保护权。以既认之后,不允其设官、置警势所不能。"如此,"必致害我法权,从此多事"。④

以上观点影响了外务部的谈判方略。1909年2月17日,外务部尚书梁敦彦会晤日使伊集院彦吉,指出:"该处韩民与寻常情形不同,既已领地耕种,久服中国管治,一旦分归日本裁判,实有势所不能。且日本允认中国领土权,而不允中国以吏治裁判之权,不特有名无实,中国主权仍不能行使。"伊云:"日本为保护韩民起见,万不能自弃其裁判权。中国既有领土权,于主权已属完全。"梁表示:"贵大臣如必坚执,请分别有地韩民归中国管治裁判,其往来贸易游历人等,则按照通商条约归日本裁判。中国可自行指定一二处开为通商埠,准各国人民居住贸易,照各通商埠通例办理。其余在商埠外领土耕种之韩民,实不能允日本管治裁判,因此等韩

---

① 《东三省总督徐世昌署吉林巡抚陈昭常致外务部电》(光绪三十四年十月初四日),骆宝善、刘路生主编《袁世凯全集》第18卷,第201页。
② 《东三省总督徐世昌致外务部电》(光绪三十四年十月初四日),骆宝善、刘路生主编《袁世凯全集》第18卷,第203页。
③ 《遵拟延吉事宜预备提议》,中国社科院近代史所编《梁敦彦档》(2),虞和平主编《近代史所藏清代名人稿本抄本》第1辑第132册,大象出版社,2011,第218—219页。
④ 《吴协统意见书》(1909),皮明庥等编《吴禄贞集》,华中师范大学出版社,2011,第213页。

民已与归化中国无异。"① 梁之要求，日后多有重申。② 经过艰难交涉，双方于该年 8 月议定，日本仅对商埠内韩民行使裁判权，对商埠外重大案件仅有观审之权。

不难看出，自 1907 年起，在讨论朝鲜垦民管辖问题时，清朝反复使用"领土""领土权""主权"等词；而在 19 世纪末期中朝界务交涉中屡屡出现的"藩属""体恤""民人生计"等论说则基本退出中国外交语境。要而言之，清朝对越垦朝民的管辖发生了从"体恤穷黎"到"力保主权"观念的转变。

三 清末疆域地图与近代领土观念的显现

在古代中国，舆图绘制有极为悠久的历史。时至清代，康雍乾三朝实测舆图的成就可谓举世瞩目，但中国舆图形态的根本转型要到清末。在此期间，国内疆域地图空前清晰地呈现了中国领土主权空间及其形象，这从一个侧面显现了清末近代领土观念的形成。

清末舆图绘制的一个重要背景，是光绪朝《大清会典·皇舆全图》的测绘。该图绘成于 1899 年，是继康乾内府舆图之后，再次由清朝中央政府主持、采用西方近代技术绘制的全国实测地图。与内府舆图不同的是，本次舆图测绘工作全由国人独立完成。此图绘制精详，代表了晚清官绘舆图的最高成就。③ 从当时的历史背景来看，光绪朝绘制会典舆图，不仅因为清代有续修会典及其舆图的传统，也因为清朝君臣日益意识到，那些陈旧过时且不够准确的舆图难以满足中外变局下的疆土治理之需，尤其是造成中国在界务交涉中的被动与失

---

① 《外部尚书梁敦彦与伊集院议延吉领土权韩人裁判权及路矿事语录》（宣统元年正月二十七日），《清季外交史料》第 8 册，第 3904—3905 页。
② 《外部致伊集院关于东省中日交涉六案节略》（宣统元年二月二十七日），《清季外交史料》第 8 册，第 3838—3939 页。
③ 席会东：《中国古代地图文化史》，中国地图出版社，2013，第 125 页。

误,以致带来丧土失地的严重后果。①

光绪会典舆图之总图绘有呈弧形的经纬度线,分图采取计里开方之法绘制。其考虑在于,"经纬度分南佟北敛,非用弧线不能得地势之真形,非用平方不能计道里之远近"。② 即旨在提升舆图的准确性。今观此图,可知其精确性明显要超过国内过去的疆域地图。引人注目的是,此图并没有绘出陆疆边界线,而仅绘出河流的走向和湖泊的形状。其实,并非绘制者没有意识到绘制边界的重要性,相反是因为认为边界的绘制关涉过于重大,担心与实际有所出入而造成严重弊端,只好付之阙如。③

光绪时期著名地图学家邹代钧绘编的《中外舆地全图》出版于1903年,为清政府指定的首部教学地图集。该图集制作精良、技术先进,对清末民初舆图的绘制产生了重要影响。《皇朝一统图》系《中外舆地全图》中的清朝疆域图,此图以胡林翼主持绘制的《大清一统舆图》为蓝本,并参考了诸多中外测绘的新图。无论绘制方法的科学性,还是所载信息的精准性,《中外舆地全图·皇朝一统图》都代表了当时国内疆域总图的前沿水准,并且在一定程度上反映了当时世界的地图测绘水平。

与数年前的光绪朝《大清会典·皇舆全图》相比,《中外舆地全图·皇朝一统图》清晰绘制了清朝疆域的界线,从而精确地呈现了清末的中国疆域。如果说前者是限于技术手段、出于慎重态度而未绘出疆界,那么后者则是基于专业水准、立足权威资料方绘明界线。从晚清疆域观念演变的角度来看,《中外舆地全图·皇朝一统图》的重要意义之一,在于它充分反映了清末国人已经具有通过利用世界最新

---

① 王一帆:《清末大地理测绘:以光绪〈会典舆图〉为中心的研究》,博士学位论文,复旦大学,2011,第50—51页。
② 《奏折》(光绪二十五年七月十五日),《钦定大清会典图》卷首,光绪二十五年重修本,无页码。
③ 《奏折》(光绪二十五年七月十五日),《钦定大清会典图》卷首。

的权威资料和绘制手段来准确反映国家疆域形态和边界位置的意识。与此同时，作为政府认定、受众颇广的教学地图集，该图还广泛地传播了精确呈现版图范围、具有清晰线状界限、明确区分疆域内外的领土观念。换言之，这种代表了官方主流意识的观念，由此逐渐得以普及化和常识化。

不仅如此，《中外舆地全图·皇朝一统图》还成为日后长时期里舆图绘制的典范。清末一些颇具影响力的疆域图，如1905年上海商务印书馆出版的《大清帝国全图·大清帝国》、[1] 1906年周世棠与孙海环所绘《二十世纪中外大地图·中国全图》，[2] 皆是在此图基础上修改而成。正因如此，《中外舆地全图·皇朝一统图》所体现的追求精准、客观的科学性舆图绘制取向，日益得以发扬和彰显。

伴随着以《中外舆地全图·皇朝一统图》为代表的精确呈现中国版图形体的地图的广泛传播，清末国人开始了对清朝疆域与地图的象征化表述。1909年罗汝楠编纂的《中国近世舆地图说》，系广东教忠学堂的地理教科书。书中的中国疆域图以《中外舆地全图·皇朝一统图》为底本绘制而成。此书总论部分称，中国地形"俨等秋海棠叶"。为了让读者有更形象的认识，书中还专门绘制了中国地形与秋海棠叶的对比图。[3] 据徐复观回忆，其在1911年前后发蒙时读到"我国地图，如秋海棠叶"。[4] 这些情况表明，在宣统年间，国内教育界已较多地将清朝疆域形象化地表述为"秋海棠"。

这一时期中国疆域象征化表述的出现与诸多因素有关，而清末走向规范化的近代舆图无疑在其中扮演了重要角色。在清朝前期，中外之间的诸多疆界仍处较大变化之中，或者只是一种较为模糊且非线状的传统习惯边界。这种疆界形态自然会给界线的绘制带来极大困难。

---

[1] 《大清帝国》，商务印书馆编《大清帝国全图》，商务印书馆，1905，第1图。
[2] 《中国全图》，周世棠、孙海环编辑《二十世纪中外大地图》，新学会社，1906，第7图。
[3] 罗汝楠：《中国近世舆地图说》卷1下，广东教忠学堂，1909，第4页。
[4] 徐复观：《学术与政治之间续篇》第1册，九州出版社，2014，第411页。

而中国传统舆图本不太讲究所谓的科学性，又兼受限于知识和技术，所以难以绘出较为精确的疆域地图，更难令人在此基础上产生形象化的联想。

到20世纪初年，中国的主权意识与民族主义高涨，近代地理学和地图学初步形成，中外国界也基本以条约的形式确定。在上述背景下绘制的《中外舆地全图·皇朝一统图》《大清帝国全图·大清帝国》等舆图，空前清晰、准确、规范地呈现了中国的疆域范围，改变了过去舆图形态和版图轮廓纷繁多样的局面。随着这种走向规范化和统一化的专业地图在国内广泛传播，清末国人心中的中国版图日益走向具象化和同一化，进而有力地刺激了时人对中国疆域形象的想象和描述，由此出现"秋海棠叶"之类的象征化表述。

结　语

晚清疆土观念的演变，并非始于清末十年，但其根本性的转变，则主要发生在这一时期。正是在此时段，中国开始真正进入具有近代意义的"领土"观念时期。这不仅表现在中国的核心疆土概念发生了从"版图"向"领土"的转换，更体现在具体的疆土实践中。清朝日益接纳和运用以西方主权理论为基础的领土观念，还表现在其时国内的疆域地图，采用西方最新技术空前清晰地呈现中国领土主权空间及其形象。

从清末"领土"观念形成的动因来看，西学东渐和边疆危机影响最为显著。事实上，此二因素对疆土观念演变之作用几乎贯穿整个晚清。不过，二者在清末十年之效应与过去又有相当不同。在19世纪中后期，边疆危机的促进作用往往较西学东渐更为直接、有效。盖此时期国人对西方近代领土规则尚未形成价值层面的普遍认同，而对中国传统疆土理念心存依赖。直到19、20世纪之交，因传统政策反复受挫，宗藩体制业解体，加之西方领土知识加速传入，朝野才开始真正意识到有必要接纳西方领土理念以保全中国疆土。

晚清疆土观念根植于中国固有的思想理念,又受制于中国独特的客观环境。因此,直至清朝退出历史舞台,中国的疆土观念与西方的领土理念依然存在一定差异,如藩属主义对中国疆土观念的影响并未彻底消失。① 这类带有中国传统色彩的意识,与清末时期形成的新观念,作为疆土方面的思想遗产共同进入民国。

---

① 参见张启雄《外蒙主权归属交涉(1911—1916)》,中研院近代史研究所,1995。

界内与界外：民国时期的租界卫生交涉（1912—1937）[*]

李传斌[**]

卫生外交是全球化的产物。有学者指出，1851—1951 年是"国际卫生外交的第一个百年"。[①] 在这百年里，中国的卫生外交显得有些特殊。除一般性的卫生外交外，由于国家地位的边缘化、外人在华享有特权，中国发生了诸多与卫生相关的交涉。围绕租界内、外的卫生问题，中国与列强发生了诸多租界卫生交涉。目前，学术界对近代中国的租界卫生、通商口岸卫生及租界防疫交涉多有研究，[②] 对于民国时期的租界卫生交涉少有专门的探讨。本文拟以上海为中心，结合相关个案，从卫生关联与冲突的角度，探讨 1912—1937 年的租界卫生交涉，揭示租界内外的华、洋关系及背后的利益诉求。

---

[*] 本文为国家社科基金重大项目"近代中外条约研究学术文献的搜集、整理与学术史研究（1842—1949）"（21&ZD198）的阶段性成果。
[**] 李传斌，湖南师范大学历史文化学院教授。
[①] David P. Fidler, "The Globalization of Public Health: the First 100 Years of International Health Diplomacy," *Bulletin of the World Health Organization*, 79 (9), 2001, pp. 842–849.
[②] Kerrie L. Macpherson, *A Wilderness of Marshes: The Origins of Public Health in Shanghai: 1843–1893*. Oxford: Oxford University Press, 1987；罗芙芸：《卫生的现代性：中国通商口岸卫生与疾病的含义》，向磊译，江苏人民出版社，2007；彭善民：《公共卫生与上海都市文明（1898—1949）》，上海人民出版社，2007；俞刚：《公共卫生与晚清中外关系：以1910年上海公共租界检疫风潮为中心》，硕士学位论文，中国人民大学，2004。

一 租界、华界关系与卫生交涉的产生

租界是近代中国约开口岸中的特殊区域，租界制度"是由通商口岸制度发展而来的一种特殊制度"。[①] 租界设有市政机关，并有专门的机构管理公共卫生。而且租界移植的是西方城市治理的模式，较早地进行了近代医疗卫生建设。

在通商口岸，租界与华界实行分治，在治理制度与医疗卫生建设方面存在较大的差异。然而，两者又是彼此毗连的区域，相互之间有着密切的关联。卫生问题往往关系到两者利益。这种利益不仅涉及地方利益，而且涉及地方行政权，以至国家主权。因此，租界与华界不可避免地会因卫生问题而产生交涉。作为租界交涉的一个重要方面，卫生交涉的产生有其特殊之处。

就租界而言，其对待华界与界内华人的态度和政策均会导致冲突与交涉的产生。一方面，租界作为拥有特殊权力的空间，往往对华界采取排斥性政策，扩大租界范围成为列强的重要目标。列强甚至以周边不卫生为借口，提出额外要求，以达到扩大租界的目的。这种情况在晚清时期即已产生。1909年，时人在论及上海租界扩大时，就指出近年"他人日挟其扩张权力之政策，乘间蹈隙，稍有借口，即起交涉"。这些交涉"有以捕务废弛为言者，有以卫生妨碍为言者，有以道路不修为言者"，"其目的总不外乎'推广租界'四字"。[②] 民国时期，卫生仍然是各国扩大租界的借口之一。1913年，有人听闻上海"将改闸北巡警局为警察分署，而警察总厅则设于南市"，故不无担忧地说："于关系重大之闸北仅设分署，一切布置如卫生、缉盗等

[①] 关于租界制度的具体情况，参见李育民《近代中国的条约制度》，湖南人民出版社，2010，第59—88页。

[②] 南溟：《论上海推广巡警之必要》，《申报》1909年5月11日，第1张第2—3版。

事,一或未周,外人有可借之词,推广之谋将因而益急。"① 1914 年,时人在抵制上海公共租界推广时,明确指出外人推广租界"所借口者厥惟两端,一曰:租界人满,不得不推广;一曰华界污秽,易于传染时疫"。二者均无道理,就卫生而言,"光复以后租界上时有鼠疫发现,而华界无之。岂得诬为华界所传染?且思无论租界若何推广,总须与华界为邻。华界果尽污秽,彼亦何所容身?"② 不仅上海,其他通商口岸也有这种情况。1914 年,各国提出扩大汉口租界,理由就是"租界拥挤,不便保卫,及界外不讲卫生"。③ 显然,以卫生为由扩大租界是列强的惯用手段。卫生问题因此引发了租界交涉。

另一方面,租界实行独立于中国主权之外的殖民制度,对居住于界内的中国人实行管辖。诚如晚清时论所言:"各处租界皆非我权力所能及,以本国之人民而受治于他人之法律,以本国之法律而不能及于本国之人民,丧权辱国莫此为甚。"④ 而且,租界当局常以卫生为借口,限制中国人在租界的生活与经营。如取缔或干预中国人在租界办理的学校、工厂等,向租界的中国居民或商家征收卫生捐,限制界内中国人的行医活动,对由华界运入的食品卫生严加限制,等等。租界当局的这些举动并不合理,因此引起了租界内外中国人的不满,交涉由此产生。

就中国而言,租界当局的上述态度和政策往往涉及中国的国家利益与民众利益。而且,随着卫生意识的增强,居民对于租界内外的卫生问题更为看重。因此,中国官方会针对租界的要求而采取相应的措施,或因民众的要求而向租界当局表示抗议,中外交涉由此产生。此外,中国官方得知本国民众在租界内的处境和遭遇后,也会出于维护国家主权和民众利益,向租界当局提出交涉。

---

① 《缩小闸北警察范围之反动》,《申报》1913 年 2 月 22 日,第 7 版。
② 《抵制推放租界之呈文(续)》,《申报》1914 年 2 月 15 日,第 10 版。
③ 《专电・北京电》,《申报》1914 年 4 月 25 日,第 2 版。
④ 南溟:《论上海推广巡警之必要》,《申报》1909 年 5 月 11 日,第 1 张第 2—3 版。

当然，卫生不只关系到租界与华界中的某一方。毕竟租界与华界是毗连的区域，卫生问题还会关系到界内外的公共利益。如租界生产和生活废水、污物排放，租界垃圾运出界外倾倒等都会对华界带来影响。中方为处理这种问题，不得不与租界交涉解决。当然，华界的垃圾处理、不良习惯（如露天暂存棺椁、随意倾倒垃圾等）也会影响附近的租界。租界当局出于清洁卫生或防疫的需要，也会向中方提出交涉。此外，防疫等问题的处理还需要租界与华界合作，双方不得不就此进行交涉。1910年上海发生鼠疫后，双方为采取应对举措进行了交涉。1910年11月11日，上海道台刘燕翼在北洋务局与英国驻沪总领事霍必澜就检疫进行磋商。刘燕翼指出："英美租界检疫风潮虽由匪徒造谣、愚民误会所致，然亦未始非检查员所用华人过于强迫之故。在工部局之意，本欲保卫公安，乃因检查疫症过于严厉，反致破坏治安。中外商民均有不利。"所以，他提出"嗣后凡有举动，总以和平为是"。霍必澜将其意见"即转告工部局"，工部局"各西董亦深以为然，故即出示得以安靖"。① 民国时期此类交涉仍然存在。

所以，租界与华界的卫生问题不仅关系到二者之中某一区域的卫生，而且会影响二者关系。其间特权、主权、公共利益、群体利益等因素交织在一起，导致租界与华界产生了多种交涉。

二 租界卫生交涉的多维面相

晚清时期，租界与华界产生了多种形式卫生交涉，上海防疫交涉就是典型的例证。民国时期，随着租界和华界的发展，卫生问题越发突出。中外之间围绕租界内外的卫生问题进行的交涉，涉及不同利益主体。1912—1937年，租界卫生交涉主要有以下几个方面。

---

① 《再志租界查验鼠疫之大风潮》，《申报》1910年11月13日，第2张第2版。

（一）卫生与主权交涉

租界制度是条约特权制度的重要内容之一，对中国主权造成了极大的侵害。民国时期，因卫生导致的与租界有关的主权交涉主要有三种情况。

一是扩大租界与卫生交涉。租界当局为扩大租界，常以华界不卫生为由，这理所当然地遭到中方的拒绝。1914年，各国公使就扩大汉口租界一事与民国政府进行交涉，其所持理由之一就是华界不讲卫生。双方就此事交涉数星期，然而中国政府"恐益增长养乱渊薮，但允担保卫生，不允所请"。媒体对此进行报道时也称："此问题一时恐难解决。"① 不过，受特定因素的影响，有的租界经中外交涉之后达到了推广的目的。1914年，上海法租界的推广就是一例。而且，外交部特派江苏交涉员杨晟与法国驻上海总领事甘世东，在商议拓展上海法租界时，对相关卫生问题进行了商议。1914年4月8日，双方达成《上海法租界推广条款》，7月14日正式公布。其第八条规定："为卫生起见，此约批准以后，所有华人棺柩只准在界内掩埋；不准浮厝，如有特别情形暂为殡寄者，应得公董局之批准。"② 这一条款以强制的方式改变了新纳入租界范围的华人旧俗。

二是与卫生相关的租界违约越界交涉。租界常有违约的越界行为。中国民众和地方当局从维护主权出发，反对越界行为，对于越界办理卫生事业也表示反对。1913年，法租界德文医学堂派工匠在徐家汇附近的"廿七保五图方门泾地方"，"筑路砌沟，并在四面围打竹笆"。该图地保沈韩嘉认为"事关外人越界筑路"，于9月26日至上海县公署禀报，"并呈草图一张"，上海县知事"立即函请张交涉使派员阻止，以保主权"。③ 1921年，上海反对租界当局越界在曹家

---

① 《专电·北京电》，《申报》1914年4月25日，第2版。
② 王铁崖编《中外旧约章汇编》第2册，三联书店，1959，第1031页。
③ 《法公董局越界筑路》，《申报》1913年9月27日，第10版。

渡设立排污管道，目的之一就是维护主权。①

三是收回租界过程中的卫生交涉。第一次世界大战后，天津奥租界的收回交涉与卫生有较大的关联。1917年，中国对德、奥宣战后收回两国在华租界。意大利提出接租天津奥国租界，未能如愿。在巴黎和会上，意大利又提出接租奥国租界的要求，理由之一就与卫生有关，中方对此表示反对。1919年7月15日，五国专门委员会讨论此事，意大利委员提出接租天津奥国租界的理由有三。第一是"津租界义最小，不敷居住。奥界毗连义界，有桥直达华界，义得之，可兴商务"。第二是"奥界多水坑，不料理碍卫生，义得之，可整顿"。第三是意大利"不欲强据奥界，愿请五国公平估价，由奥约赔义款项下扣除"。对于这一要求，美、法、日三国代表"甚为反对"，英国代表"似亦直我曲义"。显然，意大利未得到其他四国的支持。不过，陆征祥在当日向国内报告时指出：意大利的第二条理由"闻颇动听"，其要求"即将全部打消，各国于租界内居民卫生，恐难缄默。奥界现既由我管理，似当及早设法注意此事，以杜口实"。②次日，各国继续讨论，意大利代表"将奥界全部之请求正式声明撤回"，但是提请中国注意三事。第一是"奥义交界处东面一段，义国前年曾向中国政府有重勘界线之请，此事仍当商办"。第二是"奥界注意卫生"。第三是"奥界沿河一带，筑坝防水患"。关于第一项请求，四国代表"允向中国政府表示意愿"，希望中国政府"允将该问题重加考量，但不能作为请求"；关于第二项和第三项请求，四国代表"以奥界前此本不由中国管辖"，所以对中国"尚无责言"，"只可请中国设法留意而已"。③7月17日，中方探得消息，专门委员会取消意大利要求的报告送交给了五国会议，并于当天下午通过。其结果

---

① 《工部局在曹家渡装阴沟交涉》，《申报》1921年12月4日，第14版。
② 《法京陆专使电》（1919年7月15日），天津市历史博物馆编《秘笈录存》，知识产权出版社，2013，第197页。
③ 《法京陆专使电》（1919年7月16日），《秘笈录存》，第197页。

是奥约关于天津奥租界的约文"均仍旧,不加修改",但是卫生、河工和勘界三事由五国会议"面达中国委员处"。① 虽然如此,中国能否改良卫生也是应对问题的关键之一。②

然而,意大利驻天津领事在接受《京津泰晤士报》记者采访时,仍就天津奥国租界一事冠冕堂皇地提及卫生问题,称:"彼对于此事初未有所闻,惟本埠一般中外人士咸愿将意界扩充,划入奥界五分之一。意国医院与铁路终点之间,房屋湫隘,地方污秽,实有碍公共卫生,应另行改筑。意国之要求,不过为公益起见,并无攘夺土地、增加收入之意。不然即使中国以奥界完全让与意国,彼亦不愿领受纳之。中国当局应利用时机,仿西人方法改良市政。"③

7月26日,巴黎和会会长致函陆征祥,告知高等会议对天津奥租界的处理意见。他指出高等会议在预备奥约、研究将天津奥租界完全归还中国的条款时,意大利全权代表"固请在该租界周围内必须从速施行各种公益之工程",并专门提及河工之事。高等会议"为综核中外人民公共利益起见,公同申请中国政府对此情形优加注意,并请在条约签字后一年内",由专门机关着手办理。陆征祥根据信函的要求,将上述意见呈报北京政府,并拟答复意见:"来函所称各节即转达政府,惟中国政府仍照前函整顿奥界内卫生、河工等事务早已有所筹划,何时奥约签定,奥租界完全归还中国后,即行举办。"同时,陆征祥提醒北京政府"此后奥租界管理情形,当为各国所注意。如办理得法,非但可免意人之借口",对以后中国交涉收回租界"亦可稍树地步"。④ 最终,奥国租界收回问题得以解决。鉴于意大利提出接租奥国租界时"以清洁卫生为口实",北京政府致电天津地方政府,指出奥国租界虽已收回,"但该处毗近他国租界所有一切管理手

---

① 《法京陆专使电》(1919年7月18日),《秘笈录存》,第198页。
② 《专电·北京电》,《申报》1919年7月22日,第6版。
③ 《意大利要求天津奥界问题》,《申报》1919年7月23日,第6版。
④ 《法京陆专使电》(1919年7月26日),《秘笈录存》,第198页。

续,如警察、治安、卫生、户籍等事,应随时加意维持,免贻外人口实,以维国土"。①

总体上看,以上三种交涉数量较少,而且第三种交涉较为特殊。不过,它们从不同角度展现了卫生导致的主权问题与主权之争。

(二)清洁卫生交涉

租界与华界相邻,华界的清洁卫生问题会影响租界,租界的清洁卫生也会影响界内中国人,相关交涉由此产生。

在毗邻租界的华界,有的地段的确存在清洁卫生问题。租界常以此为由,向中方提出交涉。民国时期,这种交涉屡见不鲜。1927年4月,上海租界领袖领事致函江苏特派交涉员称,"公共租界总董函称,对于闸北现在卫生情形,甚行不满。夏令将近,蚊蝇丛生,饮料将被染传,租界亦可同受其害","为特严重抗议,请迅速设法补救,以重卫生"。为应对此事,1927年4月15日,在中央政治会议上海临时分会第二十三次议会召开时,郭泰祺将此函提出讨论,会议议决交警厅和卫生委员会办理。②

而且,中国的浮厝对地方卫生多有影响。上海租界当局为此向当地政府提出过交涉。1920年,上海公共租界工部局致函驻沪领袖领事,声称"胶州路之西距离租界三百码之遥,现有棺木约五百具抛露未葬,实与地方卫生有碍,应即迁葬而顾公益"。驻沪领袖领事为此致函江苏特派交涉公署,请其"转知地方官办理"。江苏特派交涉员收到来函后,"当即函致上海县知事,转饬赶为掩埋,以重卫生"。③ 1921年,法国驻沪总领事致函江苏特派交涉公署,声称:"本租界内西部马路旁坟山地上,时有发现浮厝棺柩,除已葬之坟外,际此天时日热,难免秽气,有碍卫生,希即转行知照,嗣后不

---

① 《京闻汇要·整理天津奥界》,《申报》1919年8月4日,第7版。
② 《政治分会二十三次会议纪》,《申报》1927年5月17日,第9版。
③ 《催埋沪西租界附近之棺木》,《申报》1920年3月30日,第11版。

准浮厝，以重卫生。"①

各国租界虽然注重卫生，但是界内也有公共卫生较差之处，这引起过中方的交涉。1928年11月底12月初，上海地方政府应居住在公共租界公平路公安里市民的要求，向公共租界提出交涉。当时居住在公安里的市民致函上海市卫生局，指出居住里弄的人"垃圾随意倾倒，便溺随地污秽，殊与卫生有碍，请予取缔"。上海市卫生局派员查勘，发现该里弄处于"虹口提篮桥兆丰路附近，地属公共租界，住户约有二百余户"，卫生状况确如来函所言。卫生局认为"该地系属公共租界，敝局管理所不及。而市民欲求卫生上之幸福，函请援助，亦系实情"。因此，卫生局函请上海交涉公署"转知公共租界工部局，注意卫生，力加整顿，俾可增进市民之健康"。② 随后，上海特派交涉员决定由交际科"派员前往接洽"。③ 不过，这种因租界卫生不洁引发的交涉相对较少。

（三）租界垃圾、污水、污物处理的交涉

租界标榜注重卫生，然而租界的垃圾、污水、污物处理时有影响华界之举。为自身利益计，中国地方政府向租界进行了交涉。

民国时期，运送租界垃圾的船只常将垃圾倾倒在界外河中或岸边，影响周边环境和航运，从而引发交涉。1921年，吴淞江水利工程局局长陈恩梓呈文上海交涉员许沅，指出"租界垃圾船率在苏州河岸起卸堆积，有碍水利"，"呈请转行领袖领事转饬工部局，严行取缔，另在浦东择相当之地堆置"。许沅为此与领袖领事进行交涉，得到的答复是："据工部局复称，本局向不准垃圾船将垃圾倾弃河中及堆积两旁河岸之上。"然而，倾倒垃圾的行为并没有停止。陈恩梓

---

① 《函请禁止浮厝棺柩》，《申报》1921年4月20日，第11版。
② 《卫生局促租界当注意卫生》，《申报》1928年12月5日，第15版。另参见《函请注意租界卫生》，《申报·上海特别市市政周刊》第57期，1928年11月29日，第1版。
③ 《卫生局促租界当注意卫生》，《申报》1928年12月5日，第15版。

再次呈文许沅，指出"工部局慎重卫生，不欲堆置垃圾于人烟稠密之地"，但是"此等载运垃圾船只之人往往不顾公德，贪图省便，见有向曾堆过垃圾之河岸，辄复就近堆置，风吹雨淋，大半卸入河内"。这会导致河道壅塞，弃置的垃圾在炎暑之际还会引发疫疠。所以，他请许沅"转行领袖领事，速饬工部局取缔此项垃圾船，不准再在本局已经浚过之小沙渡至叉袋角一带河畔起卸堆置，并禁地主不得将此沿河空地租给于人堆此垃圾，以保水利而重卫生"。①

1922年，陈恩梓因前述问题未能解决，又致函上海总商会会长，指出苏州河淤塞"原因大半由于租界垃圾之私行倾弃，致河身日渐淤垫；因工部局只知扫除租界范围内之垃圾，不问其运往何处、有无妨碍"。不仅导致河道淤塞，而且"垃圾一物为酝酿疫疠之媒介，倾入河中或堆积岸旁，雨淋日炙，往往滋生疫症，一发而不可收拾"。"西人极重卫生，岂肯以区区垃圾之物贻害界内居民。故为苏州河根本问题计，只有杜绝来源，将此项垃圾船运出黄浦，就杨树浦附近旷野内堆积。"陈恩梓还提到他曾在1921年请交涉员转咨领袖领事，"饬知工部局令其设法运出黄浦"，工部局答复"允为严行取缔"，但是到1922年"尚无切实办法之表示"。所以，他请上海总商会会长转告顾问，再向工部局交涉。②然而，苏州河淤塞一事直到1923年仍未得到妥善解决。③

随着租界的发展，生产和生活产生的污水、污物的排放成为问题。这一问题的处理又会影响华界，交涉由此而生。

污水排放不仅关系租界，而且影响华界。1921年，工部局在极司非而路建设阴沟，总出水口在曹家渡码头下。当地商家致函曹家渡商业公会称，码头由当地所建，为曹家渡商家所公有，"不应工部局擅来埋出水管筒"；而且码头是附近居民"洗濯之处"，如果安装出

---

① 《呈请禁堆垃圾之公牍》，《申报》1921年7月19日，第15版。
② 《水利局函述苏州河根本问题》，《申报》1922年3月14日，第14版。
③ 《开浚苏州河之考虑》，《申报》1923年9月8日，第14版。

水口,"全镇秽水皆由该处泄出,则该处之水势必污浊",对居民卫生"大有关碍",请其致函工部局,不在该处安置总出水筒。该会为此致函工部局,反馈民意。此外,当地居民还致函交涉员,请其向工部局交涉。① 11月30日,法华乡地保向经董李鸿藿报告称,曹家渡码头由商家集资,为方便居民汲水、淘米而建;工部局在该码头下装阴沟瓦筒,"有碍主权",请其转呈阻止。该经董查实"码头在马路之外,确系华界,工部局何得自由建筑,蔑视主权"。"在码头下为总管,出水势必秽浊不堪,人民汲饮殊碍卫生,不仅越界侵权已也。"于是,李鸿藿致函陈县公署,请"转报交涉员,函致工部局移设他处,以保主权而慰商民"。12月3日,上海县公署为此呈请交涉员"函致总领事,转饬工部局移设他处,以保主权而顺舆情"。②

除越界设排污管道外,租界厂家的排污也引起交涉。1928年3月,上海市水巡队闸北分队巡官发现临近苏州河一带的厂家常排放污水,大王庙的竞成纸厂每每趁夜深人静时排放污水,该厂东后面的宰牲场每晨通过阴沟排放污水,甚至用大桶向河中倾倒"污秽质料","以上两厂,均与河水卫生有莫大妨害。虽经查获,实难澈底究办。值此春令初交,地气上升,若不从速取缔,其为害不知伊于胡底"。所以,闸北分巡官呈请水巡队队长转呈上海市公安局局长,"请交涉公署照会租界当道,严予取缔"。水巡队队长经勘查后认定属实,呈文公安局局长定夺。公安局局长除令四、六两区随时查禁外,函请交涉公署照会租界当局,"转行捕房饬知该两厂,将所有龌龊之水切勿倾倒河中,并随时协助取缔,以重卫生"。交涉公署随即照会领袖领事,指出"污水流入河中,妨碍卫生,民众胥蒙其害,亟应严加取缔",请领袖领事"转致工部局转饬制止,并随时协助取缔,以重卫生"。③

---

① 《曹家渡拒绝越界埋沟》,《民国日报》1921年12月1日,第10版。
② 《工部局在曹家渡装阴沟交涉》,《申报》1921年12月4日,第14版。
③ 《函请取缔污水倾入河中》,《申报》1928年3月21日,第15版。

租界企业排放污物也会引起交涉。1928年，浦东市政促进会呈文上海卫生局，指出"洋泾区地方有英商亚细亚上栈及华商益中厂，擅将废油流入新沟浜及黄浦附近，以致水含毒质，有碍安全"。同时，该会呈文交涉署，请其"严行交涉"，"并严令该华商等，迅即建筑滤油池，或另谋安全办法，以重卫生"。①

上述这些交涉涉及日常生产、生活，牵涉租界内外。有的交涉取得了成功；有的交涉并不顺利，甚或难以奏效。如1928年底、1929年初，因为西班牙人在法华乡白利南路开设的硝皮厂排放毒水，上海交涉员与西班牙驻沪领事进行了交涉，但是过程并不顺利。②

（四）租界经营管理与卫生交涉

租界在卫生管理方面有相应的制度和政策。不仅界内的中国人及其企业均受其约束，由华界运入租界的食品等也会受到租界当局的限制。租界管理的不合理行为必然引起中国人的反对，相关利益主体常因租界的不合理政策呈请地方政府与租界交涉。此类交涉中典型的有1913年上海公共租界小贩经营问题交涉、1926年上海法租界卫生捐交涉、1927年上海公共租界干涉华商烟厂交涉、1928年上海运入租界食品的卫生交涉、1930年代的上海法租界行医交涉等。下文以运入租界的食品的卫生交涉为例加以说明。

华界的饼干、糖果、罐头食品公司常将产品运往上海租界。1927年以后，这些产品运输常遭到公共租界工部局的干涉，"不曰制法不合，即曰原料不良，甚至谓制造场所须迁入租界、领取租界照会"。由于事涉外交、卫生等问题，上海农工商局为华商利益计，一方面"函请江苏交涉公署提出交涉"；另一方面"派员会同卫生局，将各制造厂设备及原料严密检查"。江苏交涉公署交涉后，得到的答复

---

① 《浦东市政会请禁废油流浦》，《申报》1928年10月26日，第16版。
② 《市指委会六十三次常会纪》，《申报》1928年12月13日，第14版；《请饬改良上海制革厂设备之函复》，《申报》1929年2月26日，第16版。

是，工部局卫生处"已饬令该处人员，不得再有扣留或处罚华商罐头食物情事"。①

事实上，工部局在应对中方交涉时，态度并不是这样干脆。1928年初，上海农工商局和浙省商民协会执委员因工部局"无故扣留饼干公司出品"，致函江苏交涉公署，请其"致函领袖领事，严重交涉"。江苏交涉公署派员与工部局卫生处进行交涉，后者的答复是："近来租界上时有毒质之罐头食物发现，故本局为公共卫生起见，尝一令各检查员对于中外各项罐头食物严加注意；当时虽有提议取缔如不合卫生之商店，并令各制造厂领照会后，因董事会未尝通过此项提议，故本局亦未尝有何等之进行。"如果上海农工商局、浙省商民协会所说工部局人员"时在途中扣留经过租界之罐头食物及任意处罚等事属实，则恐系本局人员误会余之命令，以致有此项行动"。其处理办法是，"即日再通告本局人员，不能再有扣留或处罚华商之罐头食物"，"再请贵署函致农工商局及浙省商民协会，请查明本局人员在何时何处任意扣留或处罚何商店之物，转告敝局，以便纠正敝局人员"。② 江苏交涉公署就此函告上海农工商局。上海农工商局经过调查，发现1927年饼干公司运货入租界被扣留没收之事有4起，遂将具体情形通过江苏交涉公署告知工部局。③

就在中方得到工部局的上述答复后，泰昌饼干面包厂差人送面包到租界靶子路，又被租界卫生处人员"扣留没收"。上海农工商局认为租界卫生处人员"不顾信用，妨碍华商营业"，函请交涉公署交涉，"务使该处速将扣留物品如数送还，惩办非法检查人员，并用书面向该局保证，以后不再发生此项情事"。④ 由于"公共租界

---

① 《农工商局维护华商饼干业》，《申报》1928年1月6日，第15版。
② 《工部局取缔饼干业交涉》，《申报》1928年1月16日，第15版。
③ 《农工商局调查华商饼干厂被取缔情形》，《申报》1928年2月24日，第14版。
④ 《公共租界卫生处扣留华商面包之交涉》，《申报》1928年3月2日，第15版。

对于本市商民制售之糖果、饼干、面包、罐头食物，每以制法不合，或原料不良为借口，强令领取租界照会"，上海卫生局与上海农工商局便一同规范相关厂家，"经视察合格后，给予营业执照，始准正式营业，并发送递券，以便送递货物合格之证明，并向租界工部局交涉"。① 此后，华界各食品厂向卫生局领取了执照。但是，公共租界工部局却"借口卫生关系，勒令各厂向该局领照"。对于这种要求，各厂并不接受，认为"厂址设在华界，已向市政府领照，此事实非必要"。然而，工部局对租界内运销的各种食品"检查颇严"。泰昌号就被工部局控告于临时法院。由于此事关系国家主权，上海市政府和同业公会"极为重视"。1928年9月15日，该控案开审，上海市卫生局局长胡鸿基、饼干食品同业公会主席委员张一尘等都列席旁听。而且，卫生局"因主权关系，曾派员出庭陈述"。②

显然，因租界管理政策而起的交涉进行颇为不易。随后发生的法租界行医交涉也是如此。诚如1931年6月上海市卫生局致函上海市医师公会、中华民国医药学会时所说的："法租界举办医生登记，所订条例多未妥善，迭经本局严重交涉，已得相当结果。"③ 这都反映了在不同行政与利益格局下交涉的困难。

（五）租界违法经营的交涉

租界作为特定管辖的区域，是不法商人牟利的重要场所。在租界贩卖麻醉药品、销售伪药的行为屡见不鲜，相关交涉多有发生。

民国初年，中国就因租界贩卖鸦片与列强进行过交涉。1912年，俄国商人在杭州租界开设洋行"专卖印药"，外交部、浙江省政府分

---

① 《业务报告·市卫生局》，《申报·上海市政周刊》1928年8月16日，第2版。
② 《食品厂执照发生问题》，《申报》1928年9月16日，第15版。
③ 《法租界医生登记解决》，《申报》1931年6月4日，第14版；《卫生局通知医师出诊法租界办法》，《申报》1931年6月13日，第14版。

别与俄国驻华领事、公使进行交涉。中方依据中外约章和《海牙国际鸦片公约》与之争辩,仍难阻止俄商开店经营。①

事实上,其他通商口岸也是一样,"各国租界开设烟店,私吸、私售者极多,致吸烟者均视为逋逃之薮,奸商运售恃作来源,尤于禁缉烟犯困难特甚"。所以,全国禁烟联合会于1913年3月27日呈请外交部,"通饬各省外交员与都督、民政长协商办法,向外人严重交涉,请其于租界及轮船、铁道之路线内,一律禁缉"。外交部回复称,"海牙禁烟公约第十五、十七、十八各条,具载租界禁烟办法",各国虽然没有批准公约,但是当年6月将开会协商此事,外交部"正拟调查各省租界情形",并就调查一事咨文各省民政长。直隶民政长收到咨文后,令天津警察厅调查,发现德、法、日租界均有烟膏店。于是,他函请外交特派员向天津的各国领事"严重交涉,务达目的"。随后,法国驻天津署理领事发布布告,称"经本界公议局议决,次第缩减烟膏店"。直隶民政长认为法租界"显系未肯立与勒闭,殊与禁烟功令有碍。若不乘此机会,据约力争,于禁烟前途阻力非浅"。所以,他咨请外交部"向各公使严重交涉"。②

然而,当地政府对租界禁烟的交涉难以奏效。1929年初,交涉员金问泗为上海租界禁烟一事呈文外交部指出:"上海公共租界及法租界对于禁烟办理不力,外间每多烦言。前虽迭经交涉,率未得有确切表示。"③ 1929年2月7日,外交部部长王正廷为此致节略给英、法驻华公使,声明中国政府"对于肃清全国烟毒早具决心,内地及租界自应一律办理",请其转饬本国驻沪总领事"对于租界内禁烟事

---

① 《外交部关于俄商在杭设行专卖印药事与俄使馆往来节略》(1912年10月1日—23日),马模贞主编《中国禁毒史资料》,天津人民出版社,1998,第591—592页。
② 《民政长咨外交部查明天津租界各烟膏店字号请严重交涉文》(1913年5月20日),《直隶公报》第3498期,1913年。
③ 《禁止贩运鸦片及麻醉药品交涉各案(二)·附特派江苏交涉员呈》(1929年1月24日),《外交部公报》第1卷第11期,1929年。

宜切实办理，并随时与华界官厅接洽协助，以期租界与内地同时禁绝"。① 此时，浙江潜县查获烟犯，事涉上海租界同顺丰号；② 上海太古码头发生太古公司"武昌号"起卸大批烟土之事。③ 外交部训令金问泗办理两案，"如果属实，应即查明，分别交涉，惩罚同顺丰号及太古码头之巡捕"。④ 然而碍于租界制度，中国政府的交涉难以奏效。中国代表在"国联"多次指陈租界对中国禁烟的影响，均未能如愿。

除麻醉药品问题外，在华洋行违规经营伪药也引发过中外交涉。1929年，美国三德洋行在中国制售生殖灵和甘露晶引发的交涉就是典型事件。这两种药物在中国销售多年，其中生殖灵先经中央卫生试验所化验，含有春药育亨宾（Yohimbine），上海市卫生局据此呈请卫生部明令取缔该药。随后，三德洋行送请化验甘露晶，经中央卫生试验所化验发现含有麻醉品可待因（Codein）。因此，上海市卫生局决定查禁两药。⑤ 此外，卫生部亦多次收到有关生殖灵的举报，化验又证实其含有春药成分，故卫生部要求各地禁止生殖灵的销售。⑥ 行政院鉴于"生殖灵含有春药毒质，甘露晶含有麻醉品"，责令上海市"令行市卫生局禁销，并由公安局随时查禁"。然而，三德洋行并不接受中方的处理，呈请美国驻沪总领事提出抗议。美国驻沪总领事遂致函江苏特派交涉公署表示抗议，声称甘露晶不含有毒物质，要求"恢复该行所有正当普通权利"。交涉公署将函转达至上海市卫生局，

---

① 《禁止贩运鸦片及麻醉药品交涉各案（二）·节略致英蓝使、法玛使》（1929年2月7日），《外交部公报》第1卷第11期，1929年。
② 《禁止贩运鸦片及麻醉药品交涉各案（三）·抄原代电》（1929年2月），《外交部公报》第1卷第11期，1929年。
③ 《禁止贩运鸦片及麻醉药品交涉各案（三）·附禁烟委员会来函》（1929年2月26日），《外交部公报》第1卷第11期，1929年。
④ 《禁止贩运鸦片及麻醉药品交涉各案（三）·外交部训令（第八四〇号）》（1929年3月2日），《外交部公报》第1卷第11期，1929年。
⑤ 《卫生局查禁甘露晶生殖灵》，《兴华》第26卷第30期，1929年。
⑥ 《卫生部咨》（第二四八号），1929年8月19日，《卫生公报》第9期，1929年；《卫生部训令》（第二六九号），1929年8月19日，《卫生公报》第9期，1929年。

请其"查明办理"。上海市卫生局致函交涉公署指出,两种成药经中央卫生试验所化验,"证明含有毒质",化验程序正当合法。此外,两种成药"完全违反美国国家规定之食品及药物取缔法律",其含有毒质和麻醉品,"照卫生及法律原则论,自应在取缔之列",同时其广告"任意宣传,尤属违背其本国法律"。中国卫生机关"取缔该项业经化验证明含有毒质之成药,实为维护人民体健极正当之办法","此种办法尤系美国早已实行之办法"。美驻沪总领事"若能重视美国国家之法律,及中国主权,早应自动制止"。所以,上海市卫生局认为不能答应美方的不正当要求,请交涉公署向美方"据理驳复"。①

与此同时,上海公共租界工部局参与进来,认为生殖灵和甘露晶"早经运销中国各地,经过海关并无阻碍",指责上海临时法院干涉该行之经营"似无充分理由"。工部局还向中方提供了两种药物的化验书和成分表,然而这与中方的化验结果"颇有出入"。江苏省政府根据上海临时法院的呈报,将上述信息咨报卫生部。1929年11月16日,卫生部咨文江苏省政府,指出中央卫生试验所化验证实生殖灵含有毒质、甘露晶含有麻醉药品,生殖灵的广告"夸大宣传"。卫生部还从中美医药品的管制方面驳回了三德洋行、工部局的无理要求,认为该行"不仅违背售药本旨,并且有碍社会风俗,其前后处方之不同,益足证其有意朦混",应当严予取缔。因此,卫生部在咨文中请江苏省政府"转饬上海工部局速为认真查禁,以重民命"。②

卫生部部长刘瑞恒也向媒体表示:生殖灵"含有毒剧药料"证据确凿,美国驻沪总领事和工部局抗议中方取缔该药,是干涉中国卫生行政,因为"取缔成药,权在吾国"。③1929年11月28日,江苏省政府根据卫生部的前述咨文,训令江苏交涉员、上海公共租界临时法院,切实查禁生殖灵与甘露晶,并令江苏交涉员"转致上海工部

---

① 《市卫生局函交涉署驳复美领抗议》,《申报》1929年11月8日,第13版。
② 《卫生部咨》(第十二号),1929年11月16日,《卫生公报》第12期,1929年。
③ 《卫生部长刘瑞恒昨宴拉西门》,《新闻报》1929年11月18日,第13版。

局切实查禁"。①

以上仅结合部分个案,对民国时期不同类型的租界卫生交涉做了简要的阐述。这些交涉只有少数涉及中央政府,主要是地方交涉。受地方交涉体制的影响,这些交涉多由通商口岸的交涉员或交涉公署负责。南京国民政府成立后,地方交涉体制的改变对交涉产生了一定的影响。这些交涉有的直接因卫生而起,有的是因卫生与其他问题共同造成。既有租界当局提出的,也有中国地方政府提出的;既有地方政府直接提出的,也有地方政府受民众、社会组织和团体影响而提出的。其交涉结果既有协调解决的,也有不了了之者;既有中方交涉成功的,也有租界当局搪塞应付者。这些交涉事件大多细小,具有显著的地方特征,但是利益主体、涉及问题多样;有的交涉还颇有影响,受到媒体和社会的关注。

三 多重利益格局视域下的租界卫生交涉

作为租界交涉的一个组成部分,租界卫生交涉具有特殊性。这不仅与租界、卫生的特殊性有关,而且与利益主体较多有关。各种利益主体间的冲突、协调,使租界卫生交涉及其成效和影响较为复杂。

(一)主权与特权之间

作为特殊的区域,租界实行不同于华界的治理措施,不受当地政府约束。因此,租界是不同于华界的独立行政区域。这就造成了租界内外医疗卫生的割裂,对租界内外的防疫等卫生问题产生了重要的影响。为解决边界内外的割裂所带来的问题,租界和华界当局不得不在事涉双方利益的防疫等问题上进行协商与合作。

---

① 《令饬查禁生殖灵与甘露晶药品》,《江苏省政府公报》第314期,1929年。

但是，租界与华界的对立是不争的事实。主权与特权之间的冲突构成了租界卫生交涉的重要政治基础。面对租界的扩张态势，中国各界将租界视为对中国主权的侵害，反对租界的扩大和越界侵权，不少租界卫生交涉由此产生。

此外，如何保护租界内中国人的利益，也是中国各地政府之关注点。对于租界内中国民众的利益诉求，各地政府只能通过交涉的方式解决。1915年5月，法国新租界薛华立路卢家湾附近的居民因马路旁的一处公厕在"时交夏令"之际"有碍卫生"，致函淞沪警察厅"请为拆除"。警察厅长调查后发现"该处系在新租界范围以内"，只好于5月28日将情况告知交涉员杨晟，"请为函达法工董局查照"。①然而，碍于租界制度的存在，保护租界内中国人的利益并非易事。中国地方政府因卫生问题，为保护本国人在租界的利益，与租界当局进行交涉，在很多情况下难以取得成功。1933年，上海法租界的博文女中、南洋商科高中、新浦小学等多所学校突然接到法租界工部局的命令，"以不合卫生或食宿不清洁，着即停办"。各校校董"以均曾向市教育局或京教育部立案，故向法租界当局请求，顾到我教育行政权之完整，勿予干涉"。然而，法租界当局回答说："租界以内法当局，自有行使职权之自由。"各校为此"向上海市政府请予严重交涉"。②显然，中国官方即便进行交涉，也难获成功。

租界工厂卫生检查难以实施，在某种程度上反映了主权与特权之间的冲突。1934年6月4日，第十八届世界劳工大会在日内瓦召开。中国政府代表李平衡在发言中指出租界与中国工厂法实施的问题，其中提及工厂卫生。李平衡指出："国际劳工组织，早就希望会员国实行工厂检查，中国为国际劳工组织之会员国，实行工厂检查于其境内，竟为别的会员国所阻挠。"1929年《工厂法》公布时，租界当局

---

① 《请拆沿路之坑厕》，《申报》1915年5月29日，第11版。
② 《法租界当局令博文等校停办》，《申报》1933年4月18日，第10版。

就反对其在租界实施。他指出："中国从未在任何条约内放弃其以社会立法保护其领土内之中国工人之权利与义务，即以租界而论，其土地仍为中国之领土。此点为任何人所不能否认。因此社会立法之应实行于租界内之工厂实毫无疑义；且工厂检查超过警察之上，更非由中国官厅执行此类法规不可。"他认为不能因租界的警察权让于外国人，而认为工厂检查当由租界当局负责。"就法律观点言之，中国政府之地位，为任何人所不能攻击，即就技术方面而言，中国既采纳国际劳工局专家之建议，决定分期实行工厂检查，而第一步先着手于最迫切之安全与卫生，更为任何人所不能反对。"1933年，中国与上海公共租界进行交涉，虽然"尽力让步"，但是无济于事。他呼吁国际劳工局帮助中国，解决租界工厂检查和实行中国《劳工法》的问题。国际劳工局局长巴特列对李平衡的演说表示赞同："相信此问题不用政治而用社会之观点加以考虑，必能获得一美满之解决。"① 事实上，这种期待难以实现。

（二）局部利益与公共利益之间

租界与华界在空间上是毗连的区域，在治理上是分隔的区域。这种特点决定了二者为解决影响共同利益的公共卫生问题不得不进行某些交涉与合作，这在医药卫生、防疫问题上多有体现。如国际联盟、国民政府卫生部曾征集上海公共租界和法租界工部局的公共卫生代表，"讨论联合预防霍乱方法"，并就相关办法进行商议。② 1930年，上海市为取缔淫猥药物，宣布查禁一些药物和药物广告。由于事涉租界，卫生局请公安局"转函租界警务处查禁"。③ 上海市卫生局也致函租界工部局，提出一同禁止这类广告，"还要求董事会命令巡捕搜

---

① 章进主编《中国外交年鉴》（1934年1月至12月），上海世界书局，1935，第127—128页。
② 《卫生报告》，《上海公共租界工部局年报》，1930，第108页。
③ 《取缔淫猥药品之通令》，《申报》1930年1月9日，第15版。

查出售这类药物的商店并禁止其出售"。① 这一要求得到租界的回应，并有相应的行动。②

但是，租界是特殊的空间，拥有强权政治的庇护。因此，租界与华界在处理公共利益相关的卫生问题时，所处位置显然是不对等的。租界常以强者的姿态，针对华界卫生提出交涉；中国地方政府迫于压力，不得不认真处理。然而，当租界当局出于自身利益，以华界不卫生为由，提出扩大租界时，这超出了公共卫生问题处理的范畴，便遭到中国官民的反对。

同时，租界对边界内外的利益区分是十分明显的，导致租界在处理界内的卫生问题时不会顾及界外的公共利益。如租界越界排放污水、倾倒垃圾、排放污物，均会对华界的公共卫生造成危害。诚如前文所举案例所证，中国地方政府因为这些卫生问题进行了交涉，但是并不顺利。

租界作为特殊的区域也是违法者的遁逃之地。他们在租界经营毒品、伪药，对公共利益造成了严重的损害。如租界对禁烟并没有采取严厉的措施，严重影响了中国的禁烟运动。1928年，全国禁烟会上提出的"上海禁烟实施计划"就指出："上海为鸦片及其余麻醉毒物转运之总汇，其行栈均设在租界，因厚利关系，得暗受捕房保护。本市区域与租界毗连处甚多，交通频繁，市民往来吸售甚为便利。如租界不能同时禁绝转售机关，小之窒碍本市禁吸计划，大之影响全国绝源要图，为害甚巨。"③

因此，租界、华界在卫生问题上虽有协调与合作，但是两者的政策毕竟存在不一致性，租界甚至存在只关注局部利益的问题，最终导致公众利益受损。

---

① 上海市档案馆编《工部局董事会会议录》第24册，上海古籍出版社，2001，第619页。
② 《工部局董事会会议录》第24册，第621页；《工部局查禁出售春药》，《申报》1930年8月1日，第11版。
③ 《禁烟会议之审查报告（五）》，《申报》1928年11月13日，第9版。

（三）官民之间

租界卫生交涉在很大程度上涉及社会各阶层的利益。各种交涉体现了官民之间的合作与互动。在关系主权问题上，官民之间表现出一致性。官民之间的良性互动对相关租界卫生交涉的成功有积极影响，前述相关交涉事件就体现了不同阶层与地方政府在交涉中的互动。

在很多情况下，租界内外的中国商家、民众利益受损时，他们除直接向租界当局表达意见外，还呈请政府相关部门与租界交涉，地方行政机构和交涉机构也会有相应的举措。1928年，上海特别市商民协会茶叶分会常务委员杨尚廷呈文上海市公安、农工商、卫生三局，称上海"人烟稠密，良莠不齐，每有奸商不顾公众卫生，收集泡过茶叶晒干复制，私行混售，俗名回魂茶。社会民众受害非浅，前曾呈请钧局会衔示禁"。同时，"此种奸商散匿租界内，实非少数。恳请准予行文英、法两租界卫生局，请其一律查禁，以维正当同业名誉，而免有碍公众卫生"。三局会核后，认为其所呈各节"尚属实情"，于是会衔致函交涉员公署，请其转知上海公共租界和法租界当局，"通饬查禁"。①

事实上，中国官方和民间在租界卫生交涉上的关系主要是围绕着租界展开的，其中既有对合法权益的争取，也有要求租界变通或缓行立法的。中方的立场固然重要，租界的态度更为关键。尤其是中国民众试图通过官方交涉实现利益诉求，在有的情况下难以如愿。因为中国官方不能使租界当局在某些卫生行政上做出让步，导致某些卫生交涉难以进行。地方职能部门只能应付了事，从而招致商民的不满。1928年，上海的猪肉业因为猪肉检验一事致函上海市卫生局，"既明知与租界行政权不能统一，设或检验一端，因职权上之冲突，卫生局已经检验合格之猪仍不能通过，则官厅所给之通行证为无效，商民所

---

① 《函请两租界查禁复制回魂茶》，《申报》1928年3月4日，第15版。

纳之检验费为虚掷。且官厅不任交涉之责,诿之商民自行力争,庸有效乎?此商民所惶恐也"。①

因此,在租界卫生交涉中,中国的官民关系取决于交涉事件的难易及租界的态度,特别是受后者的影响,官民关系呈现不同的状态。

(四)外交与内政之间

租界卫生交涉作为中外交涉的一个特殊方面,与内政建设尤其是医疗卫生建设有密切关联,并且与商业、食品业等也有关系。这些交涉在很大程度上体现了外交与内政的关系。

就缘起而言,租界卫生交涉除事涉外交外,在很大程度上缘于卫生这一内政问题。租界当局以卫生为由提出交涉,甚至要求扩大租界;地方政府也因租界在卫生领域的举措而提出交涉,以维系主权和保护国民利益。这些交涉因卫生而起,使中国各界开始重视卫生建设。受其影响,中国政府往往要求通商口岸做好卫生建设。这种外在的刺激和各地政府的倡导对于通商口岸的卫生建设有其推动作用。然而从整体上看,受时局、经费等的影响,中国医疗卫生建设长期滞后,难以起到积极配合外交的作用。早在晚清有人论及外人垂涎闸北时就指出:"闸北一区外人所耽耽虎视者已久,故于该区行政之现状,凡足以借口者无不注意调查,以为推广租界交涉之资料。然而,闸北之行政官则犹在梦寐中也。警政之不修,卫生之不讲,在在授人以口实,而不自知。"② 民国初年,通商口岸城市的卫生建设仍存在问题,列强在上海、天津、汉口等多个城市以卫生为借口,要求扩大租界。此外,中国通商口岸的商品检验等卫生建设滞后。1915年,穆藕初在倡导设立高等化验分析所时指出:"其列强之托足吾境内

---

① 《猪肉业向市府请愿》,《申报》1928年12月19日,第15版。
② 《呜呼闸北之土地权》,《申报》1910年11月19日,第2张第4版。

者,以吾无化验分析机关,人民昧于卫生要道,故借口防疫,推广租界,以谋厚获,实行其蚕食主义。呜呼!吾国竟以缺乏高等化验分析所故,而遗社会以无穷之痛苦,竟有如此。"① 因此,中国滞后的医疗卫生建设难以与外交形成良性互动。

1927年以后,中国的通商口岸城市更加注重卫生建设,并在食品检验、海港检疫等方面采取一系列措施。但是,租界内外的交往及租界与华界政策的差异又带来新的交涉。上海租界的食品卫生交涉、华人行医交涉即是具体例证。对于具体事件,中国的交涉虽然取得一定成效,但是并不能够完全如愿。可见,在租界内外关系格局既定的情况下,中国医疗卫生事业的发展并不能够完全避免租界卫生交涉的发生。

租界禁烟问题难以解决更体现了中国在内政与外交上的困境。一方面,租界与华界在禁毒问题上虽有合作,但也存在困难。上海公共租界当局就说,其与华界"建立有效合作"的困难之一就是"巡捕房和公安局的行政管理存在根本性的差异"。② 另一方面,有的问题难以解决。如租界有关禁烟的年报向来是由相关国家的政府转送国联,再由中国驻国联代表邮寄给中国的禁烟机构,"展转之间,需时甚久"。针对这种情况,胡世泽在1935年国联第二十届禁烟委员会上询问各国代表:"可否令租界当局于寄送年报与国联之时,亦送一份与中国政府,倘中国政府有何意见,亦可早日发表,不致展转费时?"各国代表认为胡世泽提议"亦颇便捷","但尚须加以考虑,现在不能决定",其理由是"报告编成后,各该政府容有修改之处,故

---

① 《致江苏省教育会劝办高等化验分析所》,穆家修等编《穆藕初文集(增订本)》,上海古籍出版社,2011,第129页。

② "Reply of the Shanghai Municipal Council to the Questionaire Drawn by the Permanent Sub-Committee," p. 9, in *Drug Traffic in China-Application of Chapter IV of Hague Convention of 1912-Shanghai (C. L. 69. 1934. XI)*, United Nations Library & Archives, Geneva, R 4951/12/13099/9512.

不能于修改之前,将原文发表也"。① 至于租界烟犯引渡的问题,国民政府禁烟委员会寄给国联第二十届禁烟委员会有关上海禁烟情形的报告,"对于租界烟犯不能引渡,表示不满"。胡世泽在会议上对此"虽略为表示,但未提出要求"。因为关于租界内的案件,"既有上海租界内中国法院之协定规定办法,则我国要求引渡一举,是否与该协定之手续相符?"前述报告没有明言,胡世泽认为:"如我方欲将此事提出会议,须以法律事实为据,请将此项材料搜寄,以便酌办。"②所以,中国在主权受侵犯的情况下,难以在内政与外交上就禁烟形成有效的措施。

上述只是从不同侧面分析租界卫生交涉及其影响。在具体交涉中,相关利益主体可能是多元的,其利益关系交织在一起,交涉过程和影响更为复杂。

总体而论,1912—1937年,中国与外国围绕租界内外的卫生问题进行了多种形式的交涉。这些交涉是卫生影响中外关系的体现,也是租界与华界关系在卫生问题上的反映。各种交涉的产生固然与卫生这一公共问题有关,但更主要的是因为租界特殊制度的存在。作为形式特殊的中外交涉,租界卫生交涉展现了特定时空范围内的社会关联和社会问题,体现了复杂的利益关系。

---

① 《我国胡公使出席国联第二十届禁烟委员会报告》,《禁烟半月刊》创刊号,1936年。
② 《我国胡公使出席国联第二十届禁烟委员会报告》,《禁烟半月刊》创刊号,1936年。

陈独秀早期政治文明思想探微[*]

陈光明　周翠娇[**]

早期（1921年前）的陈独秀对政治文明进行了不懈的探索。他虽然没有直接使用"政治文明"的概念，但他对政治文明有过理论思考，且在实践中探索了有关政治文明的思想。他注重"政治意识文明"的启蒙教育，在民主政治文明及政党政治文明方面形成了一些见解，尤其是他的"政党改造"思想对今天仍具有一定的现实意义。

一　"政治意识文明"的启蒙教育

政治意识文明，指特定社会中人们对政治活动进行思考而产生的政治思想、观念和心理意识的总和，主要包括政治意识形态、政治心理、政治思想和政治道德在内的人类政治意识系统。半殖民地半封建社会的中国人思想还没有近代"政治意识"文明。面对清政府的腐败、帝国主义的侵略，陈独秀高举救亡和启蒙大旗，主张对人们进行近代"政治意识文明"启蒙教育。

---

[*] 本文已发表于《湖南师范大学学报》2012年第1期。
[**] 陈光明，湖南城市学院马克思主义学院教授；周翠娇，湖南城市学院马克思主义学院副教授。

第一,"刺激""爱国性灵"。

陈独秀一方面用犀利的笔调深刻揭露了清王朝的卖国嘴脸;另一方面关心群众的思想觉悟,意识到开发民智、启迪群众的必要性。他"把自己的探索与思考同唤醒人们从安于做奴隶的麻木状态中惊醒过来这一宏伟的事业结合在一起"。①

1902年春,陈独秀从日本回到安庆,开辟藏书楼,传播新思想,还准备创办《爱国新报》,"依时立论,务唤起同胞爱国之精神"。② 1903年,他提出应立足于发动群众、共赴国难的拒俄主张,而不是幻想依靠清政府抑或是采用什么"以夷制夷"的办法。他说,俄国强迫清政府签订条约的消息,许多"中国人尚不知之,其何以防之?"因此,应该把中国被瓜分的消息迅速传入"内地",以动员人民。他面对群众的"漠然"深表担忧,尤其是面对帝国主义的瓜分狂潮,而省城和通商码头的人都不是很清楚的时候,指出:"这不是要活活的急死人吗?"③ 他明确指出当时思想界流行的"中国人天然无爱国性"的观点是错误的:"中国人天然无爱国性,吾终不服,特以无人提倡刺激,以私见蔽其性灵耳。若能运广长舌,将众人脑筋中爱国机关拨动,则虽压制其不许爱国,恐不可得。"④ 可见,陈独秀就是想"刺激(激发)"中国人懵懂的"爱国性灵"(政治意识之一)。

1904年初创办《安徽俗话报》。他说办报的目的有二:一是使大家通达时事,免得"躲在鼓里";二是把各项浅近的学问用通行的俗话演出来,"好教我们安徽人无钱多读书的,看了这俗话报,也可以长点知识"。⑤ 前者是要人人关心国家、民族命运,后者则是要用科学思想和新学说来武装民众。他深感国民国家意识之不足,因此撰写

---

① 吴根樑:《辛亥革命前后的陈独秀》,《近代史研究》1981年第3期。
② 任建树:《陈独秀传——从秀才到总书记》,上海人民出版社,1983,第45页。
③ 任建树等编《陈独秀著作选》第1卷,上海人民出版社,1984,第27页。
④ 任建树等编《陈独秀著作选》第1卷,第15页。
⑤ 任建树等编《陈独秀著作选》第1卷,第23页。

了著名的《瓜分中国》《亡国篇》《说国家》等文章，宣传西方民族国家观，教育国人"国亡家破四字相连"的道理，号召国人"振作自强"。

辛亥革命后，他深感国民对于"吾国之维新也，复古也，共和也，帝政也"皆若"观对岸之火"，故启迪民智、提高人们的伦理觉悟，就是从根本上解决国内的政治问题，号召青年男女为"国民运动""国民政治"而努力。① 陈独秀认为根植于人们心理深层的旧思想、旧文学、旧艺术与新社会、新国体格格不入，因而提倡文学革命，其宗旨就是提高国民素质，开展国民运动，推动国家进步。② 他说："人民程度与政治之进化，乃互为因果，未可徒责一方者也。多数人民程度去共和过远，则共和政体固万无成立之理由。"③ 他还说："欲图根本之救亡，所需乎国民性质之改善，视所需乎为国献身之烈士，其量尤广，其势尤迫。"④

第二，"拥护个人自由权利与幸福"是国家之所祈求。

陈独秀对封建专制文化深恶痛绝，他用辛辣的笔调讽刺了封建专制对人民的束缚。他说做会唱神戏，"专点那打樱桃卖胭脂，……哈哈，想必菩萨也喜欢看这样的淫戏，不然怎么不发气呢？……那看会的男男女女，堆山塞海，那班出会的儿子，忙得大汗披头，其名是敬重菩萨，其实是借此偷看妇女"。⑤ 他还把做斋的和尚说成饿鬼；他把做斋念佛、超度亡人就能解了罪恶升天说成如同放狗屁一般；还说我们中国人专欢喜烧香敬菩萨，但"还是人人倒运，国家衰弱，受西洋人种种陵（凌）辱"，那西洋人像烧香打醮做会做斋之事一概不做，"他反倒来国势富强，专欺负我们敬菩

---

① 任建树等编《陈独秀著作选》第 1 卷，第 174 页。
② 彤新春：《试析陈独秀早期民族主义与爱国救亡思想》，《华中师范大学学报》1998 年第 S2 期。
③ 任建树等编《陈独秀著作选》第 1 卷，第 291 页。
④ 《独秀文存》，安徽人民出版社，1987，第 61 页。
⑤ 任建树等编《陈独秀著作选》第 1 卷，第 48 页。

萨的人"。①

1915年9月15日,陈独秀经过对辛亥革命的反思,在上海创办了《青年杂志》(第二期改为《新青年》),高举民主、科学大旗,掀起了新文化运动。他撰写了一系列号召国人醒悟的文章,对人们进行反封建民主意识的启蒙教育。

陈独秀对封建的家族制度、专制主义的君主统治、宗法的旧道德旧文化都给予了无情的批判,认为旧有的文化和社会制度落后于欧洲几近千年,已经一文不值。

他认为封建主义的三纲之说"为吾伦理政治之大原",其本质旨在拥护"别尊卑明贵贱"②的阶级制度,导致在家庭里一家之人均听命于家长;在社会上,国人以君主之爱憎为善恶,以君主的教诲为良知,生死与予夺,唯一人之意是从,于是,"人格丧亡,异议杜绝。所谓纲常大义无所逃于天地之间,而民德、民志、民气,扫地尽矣"。③他尖锐地指出,一切宗法封建思想都是与社会现实背道而驰的,"倘不改弦而更张之,则国力将莫由昭苏,社会永无宁日"。④他大声疾呼:"吾宁忍过去国粹之消亡,而不忍现在及将来之民族不适世界之生存而归消灭也。"⑤

这时的他对封建主义的批判已深入根本,呼吁要改变这顽固的封建统治,建立真正的而不是虚伪的共和制度。他说:"三年以来,吾人于共和国体之下,备受专制政治之痛苦。自经此次之实验,国中贤者,宝爱共和之心,因以勃发,厌弃专制之心,因以明确。"⑥

在强烈反封建的同时,他又极力主张个人民主:"我有手足,自谋温饱;我有口舌,自陈好恶;我有心思,自崇信仰,绝不认他人之

---

① 任建树等编《陈独秀著作选》第1卷,第49页。
② 《独秀文存》,第41页。
③ 《独秀文存》,第25页。
④ 任建树等编《陈独秀著作选》第1卷,第134页。
⑤ 任建树等编《陈独秀著作选》第1卷,第131—132页。
⑥ 任建树等编《陈独秀著作选》第1卷,第176页。

越俎，亦不应主我而奴他人。"① 陈独秀认为应当"举一切伦理，道德，政治，法律，社会之所向往，国家之所祈求，拥护个人自由权利与幸福而已"。② 他号召青年从消极、保守、退缩、闭塞等思想束缚中解脱出来，认清中国在世界中的地位，树立起积极进取、追求实利和科学的精神，与腐朽的封建意识进行斗争。

陈独秀所鼓动的个性解放、民主自由，鼓舞了人们敢于打破传统桎梏的革命精神和勇气，让中国人民的进一步觉醒，锻炼、孕育了崭新的一代人。

第三，"文明其精神，野蛮其体魄"。

19世纪末20世纪初，许多爱国志士倡言"新民"以养成国民观念。③ 但是对于怎样培养国民观念、如何改造国民性，没有提出具体的措施。陈独秀对此提出了全新的观点，通过教育塑造新国民方案——"文明其精神，野蛮其体魄"。

"文明其精神"是指在精神方面培养人民"百折不屈的精神"，使中国人的精神风貌实现从尚文到尚武、从退隐不争到敢于冒险、积极进取的转变。他在《抵抗力》一文中，用达尔文进化论的基本观点说明"万物之生存进化与否，悉以抵抗力之有强弱为标准"。④ 他列举世界各民族竞争"以优胜劣败"的形势，指出"审是人生行径，无时无事，不在剧烈战斗之中，一旦丧失其抵抗力，降服而已，灭亡而已，生存且不保，遑云进化！盖失其精神之抵抗力，已无人格之可言，失其身体之抵抗力，求为走肉行尸，且不可得也！"⑤ 教育人们树立自觉、自重和自发奋斗之精神，⑥ "除平日为己之私见，当守合

---

① 任建树等编《陈独秀著作选》第1卷，第130页。
② 任建树等编《陈独秀著作选》第1卷，第166页。
③ 陶绪：《晚清民族主义思潮》，人民出版社，1995，第167页。
④ 任建树等编《陈独秀著作选》第1卷，第151页。
⑤ 任建树等编《陈独秀著作选》第1卷，第151页。
⑥ 秦淮红编《陈独秀学术文化随笔》，中国青年出版社，1999，第24页。

群爱国之目的",①"尽力将国事担任起来","为国家惜名誉,为国家弭乱源,为国家增实力"。② 他还要求国人从思想观念上来一个彻底更新,第一,人生观上,从原来的升官发财为幸福,变为"以强健之身体正当之职业称实之名誉为最要";③ 第二,对抗和改变那种长期以来"儒者不尚力争""老氏之教,使民不争""佛徒去杀"导致的重文轻武、废力尚德的风习和观念,④ 学习白人、日本等"征服民族"那种"好勇斗狠"的精神。⑤

"野蛮其体魄"是指在"体力""体魄"方面,重视提高每一位国民的抵抗力,具有"坚壮不拔之体魄",强调废除早婚、缠足等陋习,强健人民体魄;倡导兽性主义教育方法,所谓兽性,就是"意志顽狠,善斗不屈","体魄强健,力抗自然";⑥ 要求青年具有健全的体魄、百折不回的精神,具有排万难、冒万险、一往无前的气概。他号召人们强健体魄,具有鲜明的爱国、卫国、救国之目的。

陈独秀虽然提出了改造国民性的具体途径,但是他没有改造产生封建思想的社会环境的革命实践,仅仅依靠呐喊和宣传不可能从根本上改造国民性。

总之,早期的陈独秀具有强烈的爱国主义情感,在提倡救亡的同时启迪人们"政治意识文明"。辛亥革命时期,他把矛头对准整个封建剥削制度,主张建立资产阶级民主共和国。为了创建民主制度得以生存的环境,提升人们的政治思想意识,陈独秀不遗余力地进行宣传教育工作。其思想集中反映了民族资本主义的意识形态、政治意识文明,诸如权利、义务、自由、平等、民主、博爱等政治理念。他的"政治意识文明"的启蒙教育思想,在动员和组织群众推翻清朝统

---

① 《陈独秀文章选编》上册,三联书店,1984,第12页。
② 任建树等编《陈独秀著作选》第1卷,第16、207页。
③ 任建树等编《陈独秀著作选》第1卷,第186页。
④ 任建树等编《陈独秀著作选》第1卷,第165页。
⑤ 任建树等编《陈独秀著作选》第1卷,第172页。
⑥ 任建树等编《陈独秀著作选》第1卷,第146页。

治、建立共和国的斗争中起到了巨大作用，在今天仍有重要的现实意义。

二 以"人民主权论"为核心的民主政治文明思想

中国近代史是一部中国人民反对封建专制，反对殖民统治，追求民主、自由、平等、解放的斗争史。近代中国社会，面对民族危亡，陈独秀等先进知识分子猛烈抨击封建专制，向中国人民宣传民主政治思想。陈独秀的民主政治文明思想集中体现在他的"人民主权论"思想。

第一，从思想渊源上看，陈独秀的"人民主权论"思想受到了法国启蒙思想的影响，吸收了卢梭的自由平等学说。

"人民主权论"思想的核心内容是"主权在民"，这与中国传统思维中民本主义的大同理想恰相契合，所以为近代中国的许多思想家、革命家所接受。1898 年，陈独秀考入杭州求是书院，开始学习西学。1901 年 10 月，他自费到东京留学。当时的东京集聚了成千的中国有志之士，各种思想流派纷呈，陈独秀在这里学习生活了六七年。日本留学生办的《译书汇编》译载有卢梭的《民约论》，《民约论》的基本观点是人生而自由平等，拥有各种权利，人民通过自由达成的契约结合成为国家。

陈独秀在《亡国篇》中写道："这国原来是一国人所公有的国，并不是皇帝一人所私有的国。"① 这就暗含了一国当中人人平等、人们按自由平等法则结成国家，国家和政府代表人民行使权力。卢梭的自由平等思想对他的政治文明思想产生的影响可见一斑。后来，他在《爱国心与自觉心》一文中对建立民族国家目的和宗旨的阐述，集中

---

① 任建树等编《陈独秀著作选》第 1 卷，第 67 页。

体现了卢梭自由平等思想对他早期政治文明思想的影响。

第二，从思想发展过程来看，陈独秀的人民主权思想是渐次深刻的，且逐步向马克思主义民主政治思想转变。

辛亥革命时期，他在《亡国篇》《说国家》等文中，对什么是国家、中国为什么受洋人欺负、国家如何才能独立富强做了分析，还阐述了国家主权问题。他列举了中国的主权，如司法权、审判权、内河航行权、国际权等都被外国剥夺了，向人们描绘了一幅触目惊心的亡国惨象，号召人民起来反抗帝国主义的侵略，捍卫国家主权的完整。

新文化运动时期，他已经具有了真正意义上的"现代民族国家观"——坚持民族国家的个人本位原则，这表明他对"人民主权论"有了新的认识。

辛亥革命失败后，袁世凯的专权及"复古"之风的借势而盛，使向往自由、民主的陈独秀陷入了愤恨、沉闷的痛苦。1914年，他给时任《甲寅》杂志主编的章士钊写了一封信，信中说：自国会解散以来，"百政俱废，失业者盈天下又复繁刑苛税"，全国人民"生机断绝"。[①] 同年11月，他第一次以"独秀"为名发表《爱国心与自觉心》。他列数袁世凯政府的卖国罪恶，高呼"恶国家胜于无国家！"他指出，袁世凯政府以卖国为荣，主权丧失，哪里还有什么个人自由？如果民族国家不保障个人的自由，那还要国家干什么？说到底，国家的主权需要得到人民认同，而这种身份的认同必须落实在公民权上，这就进一步论述了个人自由与国家独立的关系。他认为中国人与欧美人对国家的认识和态度是不同的。中国人视国家"与社稷齐观"，爱国与"忠君同义"，把君主视若神明，人民没有"丝毫自由权利与幸福"。欧美人则把国家看作"为国人共谋安宁幸福之团体"，人们建立国家的目的完全在于"保障权利，共谋幸福"。在比较中西

[①] 水如编《陈独秀书信集》，新华出版社，1987，第2页。

国家观的基础上,他指出:"爱国者何?爱其为保障吾人权利谋益吾人幸福之团体也。"如果不懂得这个道理,"侈言爱国",那么"爱之愈殷,其愚也愈深","爱国适以误国"。①

他后来在《东西民族根本思想之差异》中又称:"社会之所向往,国家之所祈求,拥护个人之自由权利与幸福而已。……个人之自由权,载诸宪章,国法不得而剥夺之,所谓人权是也。"② 这样他就把个人的自由权即人权提到了重要的位置。

俄国十月革命的胜利,极大地鼓舞了中国人民的革命斗志,也给正在倡导新文化运动的先进分子以极大的震撼,他们开始由思想革命(伦理道德革命)转变为现实政治斗争,陈独秀积极宣传马克思主义民主政治思想。

1918年8月15日,陈独秀在《新青年》第5卷第3号上发表《偶像破坏论》,把"国家"也作为"偶像"之一列入"破坏"之列。政党、国会,在陈独秀看来不过是"捣乱"的工具。国家在此时不能保障人民的民主权利和个人自由,已不再是具有合法性的团体,而"团体(国家)之成立,乃以维持及发达个体之权利已耳。个体之权利不存在,则团体遂无存在之必要"。③ 因而发出了"破坏!破坏偶像!破坏虚伪的偶像"④ 的呼声,以大无畏的精神向封建旧势力猛烈进攻。五四运动时,他更是喊出了,"我们爱的是人民拿出爱国心抵抗被人压迫的国家,不是政府利用人民爱国心压迫别人的国家","我们爱的是国家为人谋幸福的国家,不是人民为国家做牺牲的国家"。⑤ 由此可见,陈独秀的"人民主权论"的思想更加深刻了。

"人民主权论"是陈独秀政治文明思想的主要组成部分,其核心内容是"保障人民的民主权利和个人自由"。陈独秀提出的"人民主

---

① 任建树等编《陈独秀著作选》第1卷,第113—119页。
② 任建树等编《陈独秀著作选》第1卷,第166页。
③ 任建树等编《陈独秀著作选》第1卷,第111页。
④ 《陈独秀文章选编》上册,第277页。
⑤ 《陈独秀文章选编》上册,第421页。

权论"思想,在动员和组织群众推翻清朝统治建立共和国的斗争中,尤其在宣传马克思主义民主政治思想方面发挥了重要作用。

三 以"政党改造"为特点的政党政治文明思想

政党政治文明思想是陈独秀在政治文明思想中的突出特点,也是陈独秀对政治文明建设的突出贡献。

第一,陈独秀为创建中国共产党做出了重要贡献。

政党的产生是人类政治文明发展的重大成就,也是人类政治文明进一步完善的领导力量。中国共产党诞生在20世纪的中国是历史的必然,是近代中国社会经济、政治发展和思想演变的结果,是马克思主义同中国工人运动相结合的产物,同时离不开早期马克思主义者的组织领导作用。

陈独秀既是新文化运动的精神领袖,也是"五四运动的总司令"。当时有人写诗赞美陈独秀和李大钊在五四运动中的作用:"北大红楼两巨人,纷传北李和南陈,孤松独秀如椽笔,日月双悬照古今。"1919年6月8日,陈独秀在《每周评论》上发表了随感录《研究室与监狱》,内称:"世界文明发源地有二:一是科学研究室,一是监狱。我们青年要立志出了研究室就入监狱,出了监狱就入研究室,这才是人生最高尚优美的生活。"① 号召人们为真理而斗争,极大地鼓舞了五四青年的革命斗志,同时体现了他决不向恶势力低头及追求真理的精神。

五四运动后,社会主义思潮在中国蓬勃兴起,马克思主义开始在知识界传播。1919年中国在巴黎和会上的外交失败给陈独秀上了严峻的一课,促使他开始对资本主义采取批判的态度,并积极地研究和宣传马克思主义,成为中国共产党的主要发起者和组织者。他于

---

① 《陈独秀文章选编》上册,第424页。

1933年在《辩诉状》中指出："中农劳苦人民解放斗争，与中国民族解放斗争，势已合流并进，而不可分离。此即予于'五四'运动以后开始组织中国共产党之原因也。"

1920年起，他先后在《新青年》上发表了《谈政治》《和郑贤宗讨论国家、政治、法律》《和区声白讨论无政府主义》《中国式的无政府主义》等文章，同反马克思主义思潮进行了坚决斗争。这些文章帮助一批倾向社会主义的进步分子划清了社会主义同资本主义的界限，科学社会主义同资产阶级、小资产阶级社会主义流派的界限。他在《谈政治》一文中指出，由少数资本家所把持的共和政治为社会主义所代替"乃不可逃的运命"，公开宣布："我承认用革命的手段建设劳动阶级（即生产阶级的）国家，创造那禁止对内对外一切掠夺的政治、法律，为现代社会第一需要。"① 这表明，他站到马克思主义的旗帜下来了。

随着时机日渐成熟，他抓住机遇首先建党。张国焘在《回忆中国共产党一大前后》中谈道："1920年5月初我回到北京，翌日就去看望李大钊先生。李先生认为他自己和陈独秀先生对于马克思主义研究都还不够深刻，对于俄国革命的情况知道的也还嫌少。因此他主张此时首先应该致力于马克思主义研究。""大约快到7月底，我才与陈先生慎重其事的谈起李大钊先生的意向，他开门见山地说：'研究马克思主义现在已经不是最主要的工作。'现在需要立即组织一个中国共产党。"② 这表明此时的陈独秀已经不满足于理论上的宣传和研究了。③

第三国际使者维经斯基夫妇到上海会见陈独秀，"他们差不多一

---

① 陈独秀：《陈独秀文章选编》中册，第10页。
② 《张国焘回忆中国共产党"一大"前后》（1971年），中国社会科学院现代史研究室、中国革命博物馆党史研究室选编《"一大"前后——中国共产党第一次代表大会前后资料选编》（二），人民出版社，1980，第133页。
③ 童贤东：《论陈独秀当选中共"一大"总书记之原因》，《传承》2008年第6期，第14—15页。

见如故，经过多次商谈，对中国革命的前途基本上有了一致的估计"。① 在维经斯基的推动下，陈独秀很快就在上海建立了第一个共产党组织——"上海共产主义小组"（或称"上海中心组""上海发起组"）。

第二，对于推进党内民主，保持中国共产党旺盛的生命力做了开创性工作。

推进党内民主是中国共产党的一贯作风，连任中国共产党五届最高领导人的陈独秀为此做出了不懈努力。

陈独秀发起成立中国共产党就是为了通过阶级斗争和社会革命把民主这个"资产阶级的专有物"变成无产阶级和人民大众的共享之物。他认为："若不经过阶级战争，若不经过劳动阶级占领权力阶级地位底时代，德谟克拉西必然永远是资产阶级底专有物。"②

1921年7月，党的第一次全国代表大会召开，陈独秀给出席会议代表写信。他在信中提出几点意见，希望会议郑重地讨论。"一曰培植党员；二曰民主主义之指导；三曰纪律；四曰慎重进行发动群众。政权问题，因本党尚未成立，应俟诸将来，而先尽力于政治上之工作。"③ 这四点意见中，他指出要"先尽力于政治上之工作"。

第三，提出了"政党改造"的思想。

政党改造思想是陈独秀政党思想的核心内容。所谓政党改造，实则是党的建设。办好中国的事情关键在党，所以加强党的建设既是一项紧迫的现实任务，也是一项长期的历史任务。

陈独秀在"一大"召开前夕写了《政治改造与政党改造》一文。文章说"人是政治的动物"，"既然有政治便不能无政党，政党只可以改造"，认为唯有改造政党，方能达到改造政治的目的，也即唯有改造政党，方能达到政治文明进步之效果。他说："一般人民虽然都

---

① 李涛编《亲历者忆——建党风云》，中央文献出版社，2001，第48页。
② 《陈独秀文章选编》中册，第9页。
③ 褚家渊：《中共"一大"上下不同政治观点之争》，《党史纵横》1992年第3期，第38—39页。

有选举被选举权,但实际上被选举的究竟多是政党;一般人民虽然都有参与政治的权利,但实际上处理政务直接担负政治责任的究竟还是政党;所以政党不改造,政治决没有改造底希望。"

他把中国政治改造的希望寄托在"新的共产党"(中国共产党)身上,认为有产阶级的政党,不管东方还是西方,中国还是外国,"以这班狐群狗党担负政治的责任,政治岂有不腐败之理",而无产阶级政党"自然要好过基础建筑在有产阶级上面用金力造成的政党"。

文章进一步指出,旧政党彻底腐败是"信而有证"的,而"新的共产党究竟如何,全靠自己做出证据来才能够使人相信啊!"故他大声疾呼:"改造政党!"

究竟如何改造呢?他指明了方向:一是"需有一万彻底的,愿冒自己性命的牺牲,去制驭政府"的人;二是"创兴实业,从新建设";三是"诚实能干,不沾腐败习气,工作不倦,肯容纳西方的长处"。①

综上所述,早期的陈独秀在政治文明方面做了一些探索,形成了一些政治文明理念,丰富和发展了马克思主义的政治文明思想。

---

① 《新青年》第9卷第3号,1921年7月1日,"随感录",第4—5页。

现代评论派对政府废约外交与民众运动的态度*

李 斌**

1924年12月13日,胡适与陈西滢、徐志摩等于北京创办《现代评论》周刊,至1928年12月29日第9卷第209期停刊。王世杰负责编辑,主要撰稿人有胡适、高一涵、唐有壬、陈源、徐志摩等。《现代评论》涉及政治、经济、法律、文艺、科学等方面,其中"时事短评"栏目对国内外各种时事政治进行评论,每期还针对国内外时政大事刊发数量不等的专题文章,是资产阶级文化派"现代评论派"发表内政、外交主张的重要舆论阵地。

有学者分析了现代评论派所推崇的独立自主外交方针。[①] 民国时期,政局动荡,时局不定,内政、外交纷繁复杂,密不可分,其中最紧要的是围绕反对帝国主义和废除不平等条约诉求而产生的种种问题。梳理《现代评论》相关政论文章、时评,现代评论派将废除不平等条约外交与内政治理相联系,既要求政府提升内政能力、采取果断的外交政策和手段,也要求政府外交与民众运动互为支援。

---

* 本文为国家社科基金重大项目"近代中外条约研究学术文献的搜集、整理与学术史研究(1842—1949)"(21&ZD198)的阶段性成果。
** 李斌,湖南省社会科学院(湖南省人民政府发展研究中心)历史文化研究所所长、研究员。
① 孔祥宇:《现代评论派与1920年代的中国外交》,《党史研究与教学》2006年第2期。

一 对民国北京政府和南京政府废约外交的态度

1917年，胡适曾表示20年不谈政治。但在举国掀起反对帝国主义、要求废除不平等条约的大环境中，胡适等人并没放弃对政治的关注。胡适曾针对陈独秀"民主主义的革命"和"反抗国际帝国主义的侵略"的两大目标，在《我们的政治主张》中表示："我们很恳挚的奉劝我们的朋友们努力向民主主义的一个简单目标上做去，不必在这个时候牵涉到什么帝国主义的问题。"① 并主张以政治的改造作为"抵抗帝国侵略主义的先决问题"。但随着反帝斗争和废除不平等条约运动的日益高涨，胡适等人在主张提升内政能力的同时，支持政府采取修订和废除不平等条约的政策维护国家的权益。现代评论派在反帝废约斗争的洪流中摇旗呐喊，对北京政府和南京政府修订或废除不平等条约的政策都提出意见和主张。

首先，内政治理与外交能力是相辅相成的，希望北京政府整理内政作为废除不平等条约外交的基石。

在1919年巴黎和会上，北京政府向大会提出修订中外不平等条约的要求，后来也根据实际情况采取过强硬的废除不平等条约手段。但因列强相互攀缘、互为声气，甚至以中国政局不稳为由，采取拒绝或拖延的策略应付北京政府，严重削弱了北京政府修约、废约外交的成效。现代评论派认为，废除不平等条约问题，"与其说是一个法律问题，毋宁说是一个政治问题"。② 在他们看来，废除不平等条约是国家的政治大事，是民族解放的必由之路，政府必须有独立自主和敢于处理外交事务的能力、底气。

一方面，鉴于北京政府修订不平等条约过程中所遭受的种种掣

---

① 胡适：《我们的政治主张》，《胡适作品集》（9），台北：远流出版公司，1986，第94页。
② 松：《中比商约争议可以交海牙法庭吗?》，《现代评论》第4卷第91期，1926年9月4日。

肘，现代评论派认为，中国必须有一个强有力的政府才能实现废除不平等条约的目的。因此，他们在对北京政府修订不平等条约政策表达不满的同时，探讨了其执政能力问题。政府要改革内政、消除内乱，为外交提供强有力的基础。他们将改善内政与对外自主相提并论，认为对内需要一个公开的、有计划的民治政府，至少要制定废督裁兵及保障言论集会自由的政策。中比修约取得成功后，激励了广大中国人民，都认为这是中国解除不平等条约、寻求国际平等的机会，是"废除中外不平等条约之第一步"。"今日国民人人心中有废除不平等条约的愿望"，但是谁也没有把握能为这个问题求一简单的解决，"最痛快的事当然是国民片面的对外宣告废除一切不平等条约"。不过，要能实现单方面宣布废除一切不平等条约，"除非是国内或国外政治上有根本的大变化"，否则这一目标是不会实现的。①

另一方面，废除不平等条约必须要有独立自主、不受帝国主义操纵的政府。革命外交，"至少须要求废除一切不平等条约，至少须要求中央政府绝对不受任何帝国主义的势力暗中操纵"。②段祺瑞执政时期，正是南方革命政府蓄势待发、国民革命不断高涨之时。南北双方都指责对方不能代表中国。因此，北京政府既希望得到列强的支持，又想顺应民意，修订不平等条约，维护国家权益。但除了与比利时的修约、废约交涉鼓舞人心，关税特别会议、法权会议等都不尽如人意。现代评论派中有人认为段祺瑞政府在外交上受列强的牵制，因而对其执政能力表示质疑。段祺瑞虽然表示支持革新政治、标榜革命主义，但实际上"自居革命之地位，而不进行革命之实业"。而段祺瑞"所以趑趄而不敢毅然进行改造者，由于外交方面之障碍，恐外国拒绝承认，有害将来之邦交"。如果为了取得各国的承认，"而即不敢改革国内政治，因噎废食，甚非所宜"。③又如，南北都尝试实

---

① 松子：《中比商约改订运动》，《现代评论》第4卷第90期，1926年8月28日。
② 高一涵：《平民革命的目的与手段》，《现代评论》第3卷第53期，1925年12月12日。
③ 燕树棠：《法统与革命》，《现代评论》第1卷第1期，1924年12月13日。

行二五附加税，但效果完全不同。广州国民政府指责北京政府的修约外交，国民采取革命外交手段，实行二五附加税："南方主张取消条约，不承认关税会议"，毅然征收海关税，置各国的反对于不顾。北京政府的关税特别会议却未能实现关税自主："北方主张尊重条约，屡次图谋关税会议之完成，看见南方在任意征税，不免情不自禁眼热起来，谁知却遭各国最激烈的反对。"① 显然，因处理不平等条约的方式有异，北方"东施效颦"，适得其反。

现代评论派认为，北京政府的内政衰弱与外交软弱形成恶性循环，造成了恶劣的影响。受帝国主义制约的关税问题导致中央政权日益衰落："中央政权失坠的现象一天显明一天，北京政府的色彩也一天薄似一天，将来各有力者因争得税收之故，内乱也曾一天多似一天。"② 张作霖入阁后，曾试图采取积极手段达到废除不平等条约的目的，但仍无成效。张作霖内阁在外交上的政策和作为备受抨击，而现代评论派更多的是对其外交能力及内阁执政水平表示质疑和攻击。现代评论派直言，北京政府的存在已经没有什么实际意义："北京的现内阁，大约成了众矢之的。在京津报纸上几乎到处可以看见攻击现内阁当局的言论，尤其关于外交，受攻击最甚。"③ 北京政府处理关税会议、法权调查、中日修约问题、万县惨案等重大问题的表现差强人意，因此，"所谓北京政府，也早已不成一个政府。今后无论任何政客或军人再来组阁，或甚至抬出什么元老来过渡，都只是这么一回事"。④ 北方政局如此混乱复杂，顾维钧的外交也难以改变局势。在财政困难的情况下，内政难以处理好，外交毫无起色，"看着南方的收回租界，收回法权，着手取消不平等条约，何等热闹，何等起劲，两两比较，不啻将顾氏唯一的招牌'外交家'打成粉碎"。⑤ 既然顾

---

① 文：《二五附加税保管委员会》，《现代评论》第5卷第119期，1927年3月19日。
② 纯：《二五附加税》，《现代评论》第5卷第111期，1927年1月22日。
③ 纯：《对外内阁的外交》，《现代评论》第4卷第100期，1926年11月6日。
④ 纯：《北京内阁总辞职》，《现代评论》第4卷第104期，1926年12月4日。
⑤ 文：《顾内阁山穷水尽》，《现代评论》第5卷第118期，1927年3月11日。

维钧都难以为北方当局撑起局面,其他人恐怕更难改变北方的政治形势:"但是顾内阁倒了,继任的能比顾内阁好么?"[①] 北京政府外交上的艰难,说明其统治已是日薄西山。

其次,希望南京政府发挥南北"统一"的优势,采取攻势废除不平等条约政策,根本改变中外条约关系,实现民族自决。

现代评论派中曾有人主张以缓和手段废约,但随着形势的变化,特别是南京政府成立后,大部分人认为革命不单是内政问题,而且牵动对外关系,所以政府的外交应是"动"的外交,不应是"静"的外交。[②] 为实现收回已经失掉的国权必须积极进取,因为列强是永远不会拱手将权利送回给中国的。

列强拒绝中国修订和废除不平等条约的一个重要借口,是中国南北不统一,政局混乱。在国民革命进行时,因为国民政府的国际地位不确定,导致对外关系上出现许多矛盾和困难。但随着北伐的成功,那些矛盾多在无形中化解,许多困难也得以自然解决,正可废除不平等条约。

现代评论派中部分人主张南京政府采取激进的废约外交作为民族自决的政治途径。法学家周鲠生指出,中国历来的外交可以分出三派精神。一是屈从的外交,这是清朝及军阀政府代表的精神;二是妥协的外交,这是号称开明的新官僚绅商阶级及立宪党代表的精神;三是革命的外交,这是孙中山及其领导的国民党的精神。自北伐出兵以来,国民革命在军事上发展得意外迅速,一时很有声威,也博得了国际的重视。但在国民党内部分裂后,削弱了国民政府的威信及力量,国际地位逐渐下降,引起了帝国主义列强轻视国民政府的心理。周鲠生指出,自国民革命军从广州出师北伐以来,国民政府的势力不断发展。外国政府在保存使馆于北京的同时,开始与国民政府谈判各种问

---

① 文:《顾内阁山穷水尽》,《现代评论》第5卷第118期,1927年3月11日。
② 一鸣:《外交的体统》,《现代评论》第7卷第173期,1928年3月31日。

题，外国和国民政府的这种关系"实呈奇异的状态"。① 为改变这种现状，国民政府需要"重新制定对外方略"，对恢复关税自主、撤废领事裁判权、收回租界及其他有关废除不平等条约的根本事业，应当有通盘的打算和完整的计划。

现代评论派指出，国民政府应该彰显中央政府的权威，对外展示强有力的执政手段和威信。从国民自身的立场来看，国民政府是自认代表全国国民的，所以"国民政府在对外关系上，关于外人固有的条约权利之处分，也就不防取自由行动"。② 国民政府应直截了当地宣布废除不平等条约，以彰显其威信。现代评论派认为，全国已有统一的政府，对于不平等条约，"列强再不能以中国无统一政府之理由，拒绝开改订条约之谈判"，"北京下了以后的今日，我们的气为什么不可以壮点呢？"③ 国民政府外交部正式公布关于重订条约的宣言，不过是政府一种"重行表示态度"之行为，并不是什么新政策的表示。国民政府应该改正现有的外交方针，因为"废除不平等条约是革命的大工作之一"。④ 当中国对外有了统一的政府，外交上的两重障碍都已消除，对外关系打开新局面，是废除不平等条约千载难逢的机会。因此，国民政府要以国民革命的宗旨为目标，"实行革命的外交"，"废除不平等条约"，要"趁此国内军阀打倒，南北统一之后，一气呵成的把不平等条约根本废除，以完成国民革命的工作"，实现寻求中国国际地位平等的期望，达到"有助于国内政治的改善"的目的。⑤

而执行对外方略的人要有一种新的精神，就是要懂得革命的外交。以前国民政府在国际关系上落后，可以说是因为军事、政治没有

---

① 周鲠生：《国民政府的国际地位》，《现代评论》第三周年纪念增刊，1927年。
② 周鲠生：《国民政府的国际地位》，《现代评论》第三周年纪念增刊，1927年。
③ 松子：《北京下了以后（二）》，《现代评论》第8卷第186期，1928年6月30日。
④ 松子：《对外关系的新纪元（一）》，《现代评论》第8卷第195期，1928年9月1日。
⑤ 一松：《修约的外交方针》，《现代评论》第8卷第205期，1928年11月11日。

统一，对外不得不隐忍迁就，现在则再没有那样的口实辩解外交的无能了，国民政府外交部再不能畏难而有意逃避责任，再不能迁延误事了。

1928年7月25日，中美两国签订新的关税条约，表明美国正式承认国民政府。对此，现代评论派认为，这说明国民政府的国际地位已进入一个新阶段，"可以做我们新建设的外交起点"。① 因此，政府要利用新的外交起点，决不能取消既定的废约原则，迁就那毫无把握的改订条约交涉，而是要真正废除不平等条约，"直截了当的对于一切不平等条约同时下总攻击"，② 宣告废止一切不平等条约，达到根本改造中外条约关系的目标，实现民族的自决和复兴。但事实上，除了延续北京政府时期遗留的修约交涉，签订新的关税条约，逐步得到各国承认，南京政府并没有采取果断手段及时废除领事裁判权、片面最惠国待遇等不平等条约条款。

二 主张政府外交以民众运动为后盾

民国知识分子在争取独立自主的道路上，从来不是独行者。民国时期，广大民众关注内政、外交的积极性空前高涨，抵制洋货运动、提倡国货运动、收回教育权运动、非基督教运动、五四运动、五卅运动等因外交问题而掀起的民众运动此起彼伏，对北京政府和列强都产生了一定的压力，助推了北京政府修订和废除不平等条约外交。现代评论派认为，虽然国家实力是外交最强有力的武器，但弱国并不是绝对无外交，而是要"在内善用民气，在外利用国际势力"，所以在某种情况下，民众运动才是政府外交的坚强后盾。

一方面，北京政府应充分利用民众运动，以民众为外交后援。

---

① 松子：《对外关系的新纪元（一）》，《现代评论》第8卷第195期，1928年9月1日。
② 松子：《对外关系的新纪元（一）》，《现代评论》第8卷第195期，1928年9月1日。

主动的外交固然不限于革命时代，然而在国民革命进行时更为重要，而且应该与民众运动并行。"国民革命前途事业如此之艰巨，外国阻力如此之大，外交必须与军事及民众运动相辅而行，才能完全实现革命的目的，今日若是不采用革命的外交，恐怕外交就难免于失败了。"①

现代评论派认为，北京政府处理有关对外问题时的低效率，是因为没有利用民众运动，是不能代表民意的。北京政府一直没有一个能代表民意主持外交的政府，而且"全然拂逆民意以行事的时候最多"。五四运动和五卅运动都是能支持政府外交的民众运动，但北京政府没有很好地加以利用。从五四运动起，国内对外的民众运动次数不为不多，精神不为不热烈，政府却没能有效利用。五卅运动发生后，"倘若当时北京有个能代表民意的政府，正好利用民众运动的声威，采严重的外交手段，彻底解决五卅惨案，争回国权"，但北京政府是军阀官僚支配的，军阀仇视民众运动，"于是国民要求取消外人在中国领土上的特权地位，根本铲除五卅惨案的祸根；政府则枝枝节节的为局部问题的交涉。国民主张单刀直入的对英日为整部的算帐；政府则泛泛的向公使团为空洞的无目标的抗议"。②五卅运动是国民人格的自觉及抵抗帝国主义的决心的一种突出表现，但五卅运动并没有产生应有的效果。这"并不是民众不能为外交后援，实在是政府辜负民众意思，遗误国事。所以现今中国政局之下，民众运动不能依政府外交以实现其目的；反过来，官僚外交适足以消杀民众运动的效果"。③中国要实现独立自主，必须打破官僚外交，杜绝一意孤行的政府外交。

另一方面，民众运动应该成为南京政府革命外交的重要后盾。

民众运动是构成国民革命的一个最重要的势力，也是革命外交的

---

① 松子：《革命的外交》，《现代评论》第6卷第140期，1927年8月13日。
② 松子：《民众运动与官僚外交》，《现代评论》第4卷第94期，1926年9月25日。
③ 松子：《民众运动与官僚外交》，《现代评论》第4卷第94期，1926年9月25日。

坚强后盾。如果外交离开民众运动，"便根本反乎革命的精神"。① 国民革命运动的一个重要目标是破除不平等条约关系，为中华民族谋出路。在复杂的内外形势下，革命外交应以民众势力为基础，单靠外交家的折冲是难以达到目的的。如果外交家轻视民众势力、离开民众运动，便不能得到民众的信任和援助。强国外交有武力为后盾，而中国既然无武力做后盾，那么，"革命的外交所靠的，是民众势力"。② 国民政府需要民众运动的后援，公开外交、唤起民众，是"对待列强政府有效的手段"。③ 在南北统一的新形势下，外交上应当"一扫向来官僚式敷衍妥协的颓习，乘革命的精神，依充分的努力和决心，打开一条生路"。而取得外交成功的关键，不仅要"确定对外方略，严密外交组织，扩大国际宣传"，还必须"善用民众运动"，这才是外交"成功的要件"。④ 如果能做到这些，那么内阁问题就能得到根本解决，国内政治会发生巨大变化，对外关系会出现转机；如果外交出现转机，那么中国的国际地位自然会有一番根本的改变。但由于南京政府实行"改订新约"政策，"革命外交"彻底失败。

三　政府外交和民众运动应互为支援

政府与民众就是鱼和水的关系，在国困民穷的民国时期，这一关系也适用政府外交与民众运动的关系。胡适指出："民气可以督促政府，政府可以利用民气；民气与政府相为声援，方才可以收效。"⑤《现代评论》杂志上此种观点非常普遍，各时论文章还对政府外交与民众运动的互动提出了意见。

---

① 松子：《国民革命与外交》，《现代评论》第 7 卷第 162 期，1928 年 1 月 14 日。
② 松子：《革命的外交》，《现代评论》第 6 卷第 140 期，1927 年 8 月 13 日。
③ 松子：《今后的外交》，《现代评论》第 7 卷第 178 期，1928 年 5 月 5 日。
④ 松子：《对外关系的新纪元（二）》，《现代评论》第 8 卷第 197 期，1928 年 9 月 15 日。
⑤ 胡适：《爱国运动与求学》，《现代评论》第 2 卷第 39 期，1925 年 9 月 5 日。

首先，要有健全的政府作为民众运动的砥柱，民众运动才能发挥"排外"的作用。

现代评论派指出，民气可为健全的政府做后盾，但须有健全的政府才可为民气做平台。如果没有一个健全的政府，即使有民气，民众运动也难以获得成功，因为外国政府决不会直接与群众进行交涉。而且，无论是一时的示威还是有组织的经济抵制，民众运动终归是民间的、间接的对外反抗活动。"一个健全的政府可以利用民气作后盾，在外交上可以多得胜利，至少也可以少吃点亏。"但是，"若没有一个能运用民气的政府，我们可以断定民众运动的牺牲的大部分是白白地糟蹋了的"。① 革命的外交应在以民众势力为后盾的基础上掌握主动权，组织和指导民众的行动，"对照国际的情形及国内民众的力量决定方针，知道在什么时候民众运动可以利用，而到什么限度，可以停止"。② 国民运动是抵抗外力的重要方式，为免于列强的共管或其他外力支配的侵害，为了民族和国家的解放，不但国民要有自觉，"要起一种大规模的国民解放运动"，③ 政府更应当成为民众运动的支持者而不是镇压者，应当彻底地肃清内部，改善国民政治，扫除内部勾结外患的势力，消除外国干涉的机会。只有这样，政府外交与民众运动才能有效结合，才能从根本上扫除列强的"害恶"。④

当然，政府以民众运动为后盾，并不是说政治势力利用民众运动维护自身利益。现代评论派指出，民众运动应以完全对外为目标，不能为政治党派所利用，不能成为内争的工具。"年来因对外而发生的群众运动，却往往为人操纵利用，反借此为解决对内问题的手段"，⑤ 无论为私为公，这种转移群众视线的办法都削弱了反帝斗争的效果。

其次，主张反帝废约斗争中的民众运动不应是盲目排外的，而应

---

① 胡适：《爱国运动与求学》，《现代评论》第2卷第39期，1925年9月5日。
② 松子：《革命的外交》，《现代评论》第6卷第140期，1927年8月13日。
③ 周鲠生：《共管呢，解放呢?》，《现代评论》第二周年纪念增刊，1926年。
④ 周鲠生：《共管呢，解放呢?》，《现代评论》第二周年纪念增刊，1926年。
⑤ 燕树棠：《国民外交与群众运动》，《现代评论》第3卷第78期，1926年6月5日。

是理性的、有组织的。

政府与民众一致对外，才能对列强造成一定的压力。但如果群众运动一盘散沙，则不但于政府外交无益，反而会给列强以中国内政混乱为由拒绝中国正当要求提供借口。因此，民众运动应该是理性的，要注意运动的方式，也应主动配合政府外交的需要。燕树棠指出，国民外交与群众运动，这两个名词实际上是指一件事情，"每次群众运动都是因为对外问题而发生，都是国民方面看见政府的无能与失败，要督促政府，援助政府，期望达到外交的胜利"。[①] 群众运动是否得当，与国民外交的成功与否有直接的关系。例如，在巴黎和会上力争山东问题；在华盛顿会议上要求取消日本的"二十一条"及其他不平等条约；五卅惨案发生后，又具体地要求收回租界，要求取消领事裁判权等。每逢这些重要的外交问题，"国民都有大规模的运动，连合国内各界，一致对外；罢工排货，促起敌国的觉悟；宣传解释，唤起国际的同情；发表意见，督促政府交涉；组织团体，作为政府后盾"。[②] 由于国人渐渐醒觉，外人的嚣张气焰有所收敛，但是"群众运动的国民外交决不能对外积极直接行动"，而应采用"宣传、罢工、排货"三种国际习惯所容忍的手段，"现在的群众运动应完全以对外为目标"。[③] 民众所要打倒的是外国商人、传教士背后的国家势力，并不是要打倒外国商人、传教士本身。"因为中国政府的势力薄弱，缺乏适当的组织，不能消除外国在中国的特殊势力，所以民众才起来用经济抵制的、和平坚决的手段对抗外国，促使他们根本觉悟，早日放弃他们在中国的不正当不道德的种种特权；绝对不用野蛮手段侵害外侨的生命财产。"[④] 这个运动的目的是恢复国家的独立与自由，它的对象是享受不平等条约利益的外国。

---

① 燕树棠：《国民外交与群众运动》，《现代评论》第 3 卷第 78 期，1926 年 6 月 5 日。
② 燕树棠：《国民外交与群众运动》，《现代评论》第 3 卷第 78 期，1926 年 6 月 5 日。
③ 燕树棠：《国民外交与群众运动》，《现代评论》第 3 卷第 78 期，1926 年 6 月 5 日。
④ 召：《仇教排外与民众运动》，《现代评论》第 5 卷第 112 期，1927 年 1 月 29 日。

最后，民众运动中的学生应以读书增强实力，达成爱国救国的目的。

学生运动是民众反帝废约斗争中的重要力量。虽然现代评论派支持民众运动，主张政府以民众运动为废约外交的后盾，但是他们并不赞成学生以牺牲学业甚至生命为参加反帝废约斗争的代价。五四运动后，学生在反帝废约斗争中表现积极，在反对各种惨案事件的运动中更是义不容辞，学潮迭起。现代评论派对学生的心情表示理解，对学生的行动表示同情，但从国家和民族长远发展的角度出发，他们希望学生以学业为主，因为良好的教育才是国家发展的基本前提。

胡适、陶孟和等人认为，教育可以救国，学生应更重视学业及将来的事业，这才是救国的最好途径。他们主张对参加罢课运动的学生进行补课。陶孟和在《救国与求学》中指出，工人罢工可以增高工人的地位，商人排货可以奖励国内的产业，学生罢课可以得到实际政治的经验，学生宣传可以鼓励一般人民的爱国心。这些价值与利益都是不容否认的，但是这三类人的损益情形截然不同。工人罢工与商人停业不过是局部的，学生罢课乃是全国三四百万青年的集体失学；罢工与排货是从死里求生，一时的牺牲少数的工人以博工人全体的福利，牺牲少数的商人以求国内工商业全体的发展，以求国家地位的增进，是益多而损少，而"学生积久的罢课乃是趋于死的一途"。① 因此，虽然他们希望每位学生都能参与爱国救国运动，但更需要学生以识见、能力、知识救国，"若说求学便是救国或者过于浮泛，但是我敢说在二十世纪的国际竞争中，救国的必须求学"。② 这一主张与当时提倡学生"读书即是爱国"的理论如出一辙，但当时动荡的时局难以容下"平静的课题"，与轰轰烈烈的反帝斗争大环境更是格格不入。

---

① 陶孟和：《救国与求学》，《现代评论》第 2 卷第 37 期，1925 年 8 月 22 日。
② 陶孟和：《救国与求学》，《现代评论》第 2 卷第 37 期，1925 年 8 月 22 日。

总之，在全国广泛地掀起废除不平等条约运动的高潮时期，以现代评论派为代表的资产阶级知识分子不断呼吁，提出废除不平等条约的各种策略和方式、手段，其政见基本上表达在反帝废约斗争的主张中，其根本目的是维护国家主权、实现民族独立自主、提升国家国际地位。

近代中外商约关系下的贸易冲突

——以 1924—1926 年日本加征朝鲜关税案为中心*

邱宏霆**

商约是双边乃至多边贸易秩序的法律规范，体现了缔约国间一定时期内的经济发展需求。近代中国受不平等商约关系束缚，列强肆无忌惮地倾销商品、实施经济侵略，本国民族工商业发展却举步维艰。历数条约各项特权，又以协定关税危害为甚。"历考中国与各国缔约以来，如割地、赔款、租借地、领事裁判权、分攫路权、矿权、航权各项，其待遇无一属于平等，而关税片面协议尤为不平等中最严酷之待遇。"① 那么，片惠关税是如何影响中外贸易竞争的，华商又采取何种办法应对？本文将以20世纪20年代日本两次加征朝鲜关税案为中心，展现日本如何运用商约规定与关税壁垒，与中国展开在朝鲜市场上的贸易竞争，并探究此次贸易争端对近代中日不平等商约的改订产生了何种影响。②

---

* 本文为国家社科基金青年项目"近代中日商约与双边经贸关系研究（1871—1931）"（20CZS055）的阶段性成果。
** 邱宏霆，湖南师范大学历史文化学院讲师。
① 《苏省商联会开会纪》，《申报》1925年10月14日，第6版。
② 现有研究多是对不同阶段中日关税谈判的策略方针、议题分歧及交涉过程进行梳理，进而对两国外交政策做出评价。参见李育民《中国废约史》，中华书局，2005；唐启华《被"废除不平等条约"遮蔽的北洋修约史（1912—1928）》，社会科学文献出版社，2010；陶水木《上海商界与关税特别会议》，《史林》2007年第6期。关于华商对日本（转下页注）

一 缘起：中日修订关税问题之由来

从签订《南京条约》起，受种种不平等条约所束缚，加之清政府内政不修、外交软弱失策，中国关税主权几乎沦丧殆尽，政府毫无修改关税之自由，以致有44年（1858—1902）税率从未修订的局面出现。民国初年，外交部曾依据1902年《续修增改各国通商进口税则善后章程》及《马凯条约》关于十年修改税则之规定，照会英、德、俄、法、美、日等各国驻京公使，要求按照各货价值的增减及时修订关税，切实符合值百抽五之税率，却遭到以日本、俄国为首的国家的强烈抵制，交涉无果。一战结束后，中国作为战胜国列席巴黎和会，在工商界的强烈呼吁下，将关税自主权问题纳入向大会递交的七个希望条件。说帖中，中国政府历数此项税则无交换、无区别、影响收入、改订有名无实等弊端，"不特不公，且亦不合科学原则……其流弊必至大伤中国之财政与商务"。① 并提出要与各国商定关税协约，收回关税主权。可惜这一要求被巴黎和会无视。在1921年华盛顿会议上，经北京政府代表顾维钧、施肇基、王正廷等人与各国反复商榷辩驳，议立《九国间关于中国关税税则之条约》。各国允许中国修改税率切实符合值百抽五，并约定实施后三个月内举行关税特别会议，以讨论裁厘加税及过渡办法，为关税问题的解决提供了重要的契机。

基于对华原料和市场的极度依赖，日本对中国政府改订税则的要求非常敏感，不仅不欲中国提高关税，还多次借机扩大权益。以1913年两国关税交涉为例，当时日本政府既不承认有履行条约之义

（接上页注②）奢侈品增税案的抗争及政府交涉情况，详见赵毛晨《贸易争端中的商人外交——以华商抗争日本奢侈品增税案为中心（1924—1925）》，《史学月刊》2021年第1期。本文主要阐释该案对朝鲜市场上中日贸易竞争的影响。

① 外交部编纂委员会：《中国恢复关税主权之经过》下编，1929，第1页。

务，"就中日贸易之状况而言，则关税增加，日本商人负担益重，其所蒙影响，绝非各国商人所可比"，① 且另开条件，"进口洋货之待遇，不得比在中国制造之同类货物，有所不利"。② 甚至附加要求：第一，制定商标法；第二，已纳进出口正税及抵代税之货物，各税局不得再征他税。华盛顿会议时，日本在各国大体承认中国增税提案的情况下，依然力持反对论调，百般阻挠。究其原因，时评多认为："盖日本之对华输出额占全国输出之大部分，且日本商品又粗糙恶劣，须与中国商品竞争。中国关税若改正为实抽七·五，则关税约增为现在之二倍，从日本对华贸易所受之打击，实出乎想像以外矣。"③ 那么，中国市场究竟在日本贸易中占多大比重？1912—1921 年日本对华贸易输出额如表 1 所示。

表 1　1912—1921 年日本对华贸易输出额

单位：千元，%

年度	总输出额	对华输出额	对华输出额所占百分比
1912	526981	114823	21.8
1913	632460	154660	24.5
1914	591101	162370	27.5
1915	708306	141122	19.9
1916	1127468	192712	17.1
1917	1602005	318380	19.9
1918	1962100	359150	18.3
1919	2098872	447049	21.3
1920	1948394	410270	21.1
1921	985478	238888	24.2

注：1921 年度的数额系计至 10 月。
资料来源：《中国关税改正与日本之纺织业》，《银行周报》第 6 卷第 6 期，1922 年，第 10 页。

---

① 《日本小幡代理公使复外交总长孙照会：修改税则一事奉外部大臣令将另开各条件复达查照由》（1914 年 6 月 8 日），北京政府外交部编《外交文牍（民国元年至十年）》，文海出版社，1973，第 12 页。
② 《外交部致驻日本陆公使电：修改税则事希请日政府速允不再附条件由》（1914 年 6 月 15 日），北京政府外交部编《外交文牍（民国元年至十年）》，第 12 页。
③ 《关税案通过后之日本态度》，《申报》1921 年 12 月 13 日，第 7 版。

除 1914 年外，日本对华输出额常年占其总输出额的 20% 左右，1921 年按十个月计，更增至其总输出额的约 1/4，中国市场之于日本商业发展的重要性不言而喻，无怪乎日本政府会千方百计地阻止中国提高关税税率。

二 纠纷：日本加征奢侈品进口关税对中朝贸易之冲击

为了使日货能够在中国市场与土货的竞争中占据绝对优势，日本政府有上述举动，那么对于输入日本及其辖属地朝鲜的华货，它当作何处置？1903 年的《中日通商行船续约》第九款规定："中国官员、工商人民之在日本者，日本国政府亦必按照律法章程，极力通融优待。"① 1922 年的《九国间关于中国关税税则之条约》附件第五条亦规定："关于关税各项事件，缔约各国应有切实之平等待遇及机会均等。"② 日本又能否"切实"履行呢？答案显然是否定的。

1924 年 7 月，日本外务大臣币原喜重郎宣布将对奢侈品加征关税至值百抽百，并将先前适用从量税者改为从价税。究其决策原因，首先，日本受第一次世界大战所引发的经济膨胀影响而工业衰败，1923 年又遭遇震灾打击，贸易出现入超。该措施恰能"打开国民经济之难局，并以此等物品输入之减少，为缓和我外国贸易逆调之一助"。③ 其次，日本社会因美国排日而产生了抵制美货、排斥奢侈品的舆论导向。最后，加征奢侈品关税有助于奖励国民节约消费，"养成抑制奢侈、节约消费之美风"。④ 尽管日本政府认为该法案切中财政问题之要害，当无人反对。然公告一经发表，却立时于外商间引起

---

① 《中日通商行船续约》，王铁崖编《中外旧约章汇编》第 2 册，三联书店，1982，第 194 页。
② 《九国间关于中国关税税则之条约》，王铁崖编《中外旧约章汇编》第 3 册，第 223 页。
③ 《日本奢侈品关税之增加及其结果》，《上海总商会月报》第 4 卷第 8 号，1924 年，第 1 页。
④ 《日本奢侈品关税之增加及其结果》，《上海总商会月报》第 4 卷第 8 号，1924 年，第 1 页。

轩然大波。欧美商人考虑到先前已承担日用品的高昂税率，现又被强行降低生活标准，于经商大有不便之处，故表强烈反对。至于华商，则因大藏省所订奢侈品类目范围太过广泛，多达六百余种，中国输往日本和朝鲜的主要贸易品，即绸缎、夏布、蜜饯、茶叶、香烟、宝石等皆赫然在列，面临被征收重税的困境。奢侈品作为一种主观性较强的概念，往往有甲视之为奢侈品，于乙则作必要品的情况存在，且同一品目下，应以作工、花色、质地之粗细等标准加以区别。但日本的着眼点系禁止民众消费某种物品，"关税之重征，不问其是否为奢侈品，要之对一般人禁止重税商品之使用，使为特殊人独占使用。即现在不认为奢侈品之物，亦成正式奢侈品，并令奢侈品使用者与不使用者，发主（生）一种区别焉"。[1] 是故其所订品目极其笼统，完全不似正常加税而有所区分，俨然是一种排斥外货之政策。

日本加征奢侈品税不仅限于其本土，还波及朝鲜，导致中国输出朝鲜之大宗的夏布、绸缎等被骤加十余倍之重税。朝鲜与中日两国自古商务关系密切，甲午战争后，中国在朝鲜贸易中的核心地位被日本取代，落至第二位。在朝鲜市场上，日本的输出品以织物、棉丝类占据首位，砂糖、煤等次之；中国则以厂布、绢布、食盐、小麦粉、煤等为大宗，麻类尤为紧要。1919年中国对朝输出贸易额能够较1910年增加约16倍，既缘于朝鲜北部遭逢旱灾，中国东三省运出粟米价值达2230万元，亦有麻类输出435万元之故。[2] 是年虽为特殊情形，但中国麻对朝鲜的重要性可见一斑。以麻织品中最重要的夏布为例，其一向有粗细之分，价值亦因此而有高低之别，在中国各省均有出产。此类织物乃朝鲜平民日用必需品，已成民俗，每年中朝贸易额为700万—800万元。[3] 又朝鲜素称俭朴，中国销往朝鲜的夏布多为粗

---

[1] 《日本奢侈品关税之增加及其结果》，《上海总商会月报》第4卷第8号，1924年，第2页。
[2] 《海外贸易须知：（六）朝鲜商业之近况（间有参录朝鲜元山中国领事马永发之报告）》，《国货调查录》第6期，1923年，第10页。
[3] 《韩商反对日本加税之公函》，《新闻报》1924年8月11日，第9版。

制廉价品,"以上海市上尺码价值而论,每华尺售价不到华币 2 角"。①日本却依旧将之纳入奢侈品进口税法律案第 229 号:亚麻、苎麻、大麻、黄麻之织物,及其交织物,并此等纤维与棉之交织物。②事实上,这已经不是中国夏布第一次在朝鲜面临日本的加税了。日本自吞并朝鲜后,施行征收入口货物税率计有三期。其一,沿用朝鲜旧税率至 1920 年 8 月 1 日止。日本政府原本拟于 1911 年便提高税率,因遭各国反对才不得不延期十年。其二,施行改正税率,自 1920 年 9 月 1 日始。新税则对华货格外加重,麻织品税率较旧时增加约一倍。而在朝鲜的华商不仅须承担这种由加税引起的额外支出,还要忍受关员任意勒索,负担遂再添一层,苦不堪言。另外,朝鲜总督还奖励植麻,把运销朝鲜之日货,除酒、糖、织物外的普通商品一律免税;至于麻、绢、毛、棉等织物,则规定以织物原料作为课税标准。以日本布制作的工业成品则予以课税,例如毛巾、腰带、汗衣、雨衣类等,而像真田纽靴、橡皮布、油布、制书用棉布、石绒布等工业半成品则不予课税。华商既贩织物到朝鲜,即有给同类日货以免税之嫌,"于华侨虽无巨大之影响,然亦不能谓为无丝毫之关系"。③如此日本政府利用关税保护政策,干涉中日织物在朝鲜的经济竞争,意欲达到华货被逐、日货独占之目的。

那么,提税之举到底会对中朝贸易产生多大影响?税重价高,自然妨碍销路。以夏布贸易为例,1920 年春日本尚未增税时,中国运销朝鲜夏布 7 万余件,值银 600 余万元。至 1924 年春,夏布数量跌至 5 万余件,值银 300 余万元。"由此观之,4 年之中,减销 2 万余件,银款短少 300 万。即受民国九年八月一日日政府增加税率之影

---

① 《上海夏布公会力请打消日本加税案》,《银行周报》第 8 卷第 42 期,1924 年,第 21 页。
② 《日本增加奢侈品进口税之品目(日本政府提案之内容大要)》,《湖北实业月刊》第 1 卷第 9 期,1924 年,第 33 页。
③ 《各国修改税则与我国对外贸易之关系》,《申报》1924 年 7 月 13 日,第 21 版。

响。"① 税额增长一倍尚且如此，一旦推行值百抽百的奢侈品税，夏布、绸缎等华货销路势必阻断，故上海总商会对日本政府既反对中国提税，又针对华货提税的行径予以谴责。

> 如以禁止奢侈为名，排斥外货为实，不惜以关税政策行其封锁策略，则日人方且以经济提携之说，日夕向我喧聒。一方封锁，一方提携。国人虽愚，岂能为其空言所绐。总之，吾国对于日人增税一案，既无协议税目可以争持，又无关税报复政策可以运用。惟……请其于丝麻织品项注明凡系照由中国输入专供朝鲜普通居民之需者，不在此例。②

在揭露日本双重标准的面目之余，上海总商会也点出了当时中国令人极其无奈的现状，那就是受协定关税的束缚，中国政府无法同样采取设置关税壁垒的手段与日本进行"贸易战"。此乃日本的惯用伎俩，自晚清其与中国建交时起就频繁使用。这种情况下，华商只能寄希望于外交部和驻日公使，通过外交途径尝试解决。

三 反响：中国政商对日本加征奢税的抗议与抵制

从华商应对日本提高奢侈品税的策略来看，各行会大都先商讨自救办法，再电请上海总商会、中华国货维持会等商业团体代向政府申述，或提请上海特派交涉员对日抗议。就自救措施而言，各行会达成以下共识。一方面坚持诚信为本，拒绝代销劣货、假货。如中国销往朝鲜的丝麻织物存在以次充好、缺斤短两等作弊情况，已经影响到丝

---

① 《上海夏布公会力请打消日本加税案》，《银行周报》第8卷第42期，1924年，第22页。
② 《总商会陈述抗议日本增税意见》，《申报》1924年8月13日，第13版。

麻织品在朝鲜的销路。万笃谋认为，如能切实抵制劣货浸假，不独能够挽回销售夏布于朝鲜的代价，还可开辟他国市场。另一方面激发民众爱国热情，借助排日运动和经济绝交来威慑日本政府。之所以有此决议，是因为欧美国家得享最惠国待遇而可推迟执行奢侈品增税法案，反观中国却要即日实施，这种苛待华货的做法激化了华商的仇日情绪。基于上述两点，对日外交市民大会、中华工商研究会、杭绍绸业联合会、江浙丝绸机织联合会等团体纷纷竖起捍卫国权尊严的旗帜，掀起了以抵制劣货、提倡国货、勿购日货、对日经济绝交为口号的爱国运动。除此之外，为争取政府支持，各路商团还纷纷致电外交部、农商部等政府部门，提出三点要求。其一，对业已运送在途的赴日、鲜之华货，"现正在浑轮中者、或正待装运者、或订购未缴者"，①请仍照旧率完纳。由于日本政府颁布决议仓促，又不提供明确的新法案实施日期，华商担心这批货物遭遇重税。中华国货维持会即致电张作霖，请其加车速运此类邮包，争取时间而避免不必要的损失。其二，要求日本政府分别品目，给予华货以豁免或改轻之待遇。其三，强调约章的重要性，为对日交涉办法出谋划策，上海总商会甚至建议联合欧美国家共同对日本政府施压，以达到抵制乃至撤废该增税议案之目的。

对于商人的呼吁，北京政府积极回应。外交部向日本驻华芳泽公使严正指出："中国政府认此项税率至不平等，违反华会九国关税协议。"② 并述及中国商务所受之重大影响及商民之愤慨情形，要求日本取消或修改奢侈品税法。经反复交涉，北京政府取得了一定的成果。在处置在途商品方面，大藏省同意对税法公布前已装运之货物，按照旧率征税，并稍稍推迟了奢侈品增税案的公布时间。"凡遇持有本月六日或六日以前出口护照之船舶，所装货物概照旧税率征收。但由火车运送之货中途移装于船舶者，其船舶之出口日期非七月六日以

---

① 《力争日本重税之又二电》，《申报》1924 年 7 月 21 日，第 14 版。
② 《外部抗争日增奢侈税之沪闻》，《申报》1924 年 8 月 12 日，第 13 版。

前者，则均须以新税率课税。"① 而中国各商会及实业团体应迅速将装运日期、物品种类向日本税关报明，以备查核。过渡办法的明确使华商得到喘息之机，但这并不意味着情况发生根本的好转，因为进口奢侈品的交通运费已是水涨船高，"现闻日本铁道会社通知，此间沪宁、沪杭铁路，此后凡属奢侈物品，交由中日联运铁路输运者，一律按照重征章程核收运费"。② 至"税法通融"一节，由于该税案系大藏省决定，对各国一律施行，然外务大臣币原喜重郎还是愿意稍做让步，允诺可将华商请愿书转送大藏省，俟国会召开时再行审议。为此，汪使特复函上海总商会，以请愿一节兹事体大，嘱咐其博征各商家之意见，"或由东南各商会提出共同请愿，或由各商业团体分别提出请愿书"。③ 相互间务必团结一致，以使交涉顺利进行。此项征集工作直至11月底方才结束，不仅有国内商业团体踊跃参与，朝鲜京城中华总商会也将减免各项苛重货物税的意见书交付朝鲜总督府外事课。如是在12月中下旬，日本外务省告知汪荣宝称，已将华商意见转达主管官署办理。这就给奢侈品新税则的改订带来了希望。

鉴于东京外交团之尽力交涉，外国商人之纷纷请愿，日本商人亦有因伤及利益而提出反对者，历经数月讨论后，日本政府终于决定修改加征奢侈品关税方案。在1925年3月11日日本内阁会议通过的改正案内，从奢侈品类目中删除日用制造品之原料（如芳香性、挥发油、肥皂原料等）、制药原料（如麝香、甘油、丁香等）及再输出原料（包括作为工业必需品的宝石）。其中华货得以免除奢侈品税者，包括红茶末、白檀油、麝香、甘松、丁香、中国靴等数种，及中国夏布范围在"一百平方密达尺十七启罗克兰姆线数四十丝"以下者。④

---

① 《日外务省电告奢侈品课税法》，《申报》1924年7月29日，第13版。
② 《日本增加进口苛税之昨闻》，《申报》1924年8月8日，第13版。
③ 《驻日公使对付日本增税主张》，《申报》1924年8月28日，第15版。
④ 《政府所颁关税定率关于互惠条件三协定抄送驻日本使馆等来函请核办见复由》（1926年1月12日），北洋政府外交部档案，中研院近代史研究所档案馆藏，档案号：03-23-040-01-001-70。

夏布一类，最细者原是被列入奢侈品类目，日本特放宽先前规定的一百平方密达尺四十启罗克兰姆、线面三十丝之标准。由此观之，应该说中国政府和商界在外交上的协作努力还是获得了些许成果，而并不似时评所言"争议无效"。① 唯于中国输往朝鲜之重要产品——丝织物上，日本推诿称欲调查朝鲜社会情况，须"俟改正一般关税时再详细讨论"。② 是以在这一点上中方未能如愿以偿，然公使汪荣宝并没有因此放弃，而是致函驻朝鲜领事馆，将输入丝织品五年来统计表和样本汇齐送至东京，便于其见机提议。至此，喧嚣朝野一时的日本奢侈品加税案终于暂告一段落。

四 余波：日本二次加征朝鲜关税与《中日互惠协定》的中止

日本奢侈品加税案的暂时性解决并不意味着中日关税纠葛的结束。1925 年 10 月，关税特别会议在北京召开。为减少日方阻力，中国答允其有关缔结互惠协定的要求。随即北京政府围绕应以何种物品与日本互惠的问题，向驻日领事馆和朝鲜总领事馆征求意见。与此同时，侨日、朝中华总商会、全国商会联合会、中华国货维持会等商团也积极建言献策，一致要求将深受日本奢侈品税案所害之商品列入互惠名册，即山东茧绸、绸缎、夏布、干枣、柿饼、工艺品（地毯、景泰蓝）等，以保护依赖朝鲜市场的内地厂家与在外侨商，挽回中国经济之损失。上海总商会建议从速声明：协议品目不采货品数目同等，而采货价同等；撤废输出税不能写入条约，以便事后有自由斟酌之余地；条约有效期宜从十年缩短至三五年，且在相当期间或出现特别情形时，中国有申请改正之权利。③ 其主旨乃反制日本对华货品之苛税，同时尽量

---

① 《日本增加奢侈品税争议无效》，《银行周报》第 9 卷第 7 期，1925 年，第 27 页。
② 《总商会转知日本修改奢侈品税函》，《申报》1925 年 4 月 23 日，第 13 版。
③ 《王晓籁之中日互惠协定意见书》，《申报》1926 年 3 月 16 日，第 15 版。

弱化该约之于中国的束缚力，实现灵活与自主贸易。

就在商界欲借互惠协定以保护华货销路的时候，仁川税关再度传来日本政府将提高对华麻布征税的消息。先前日本提高奢侈品税，只将所有中国麻布每方寸四十丝以上者纳入值百抽百之列，四十丝以下者并不加增。而本次提税，恰是针对这批四十丝以下者，自1926年4月1日起复加征输入税二成以上至三四成不等。日本屡屡阻碍中朝商务之举动再度激化了华商对日的仇视情绪。根据仁川领事的分析，日本多次在朝加税，名为关税改革，实系驱逐华货。其在奢侈品税案时之所以未对麻布赶尽杀绝，而是分步进行，原因是麻布乃朝鲜必需品，而日人仿造工艺尚未就绪，"若税率过昂，势必引起全鲜之反感，且召经济之恐慌，故不得不逐渐增加，俟仿造成功，再行杜绝，是麻布之贸易运命至多亦不过三五年而已"。① 这并非华商对日本政府的恶意揣测。对比杂货项内惟高粱、小米未被加税的情况，日本用心确可一目了然。"因日本内地米不足用，必仰给于高丽米，故鲜人均以所收之米贩卖日人，而自食由华运来之高粱小米，故此次对于该品不但不加税，反且减少。其用意盖甚深也。"② 另外，北京政府也明白日本在协定互惠方面毫无诚意，要求外务部和关税委员会在同日本交涉时见机行事，以期补救。外务部则视日本举动系"有意预先抬高税率，留为将来协订互惠、便于回翔之余地"，③ 遂令公使汪荣宝督促日本政府取消此项增税。

收到中国抗议后，日本大藏省答复以"提税之结果，虽不能以

---

① 《呈报日本关税制度改正情形译录各种税率比较表请鉴核由》（1926年4月24日），北洋政府外交部档案，中研院近代史研究所档案馆藏，档案号：03-23-041-01-008-043。
② 《呈报日本关税制度改正情形译录各种税率比较表请鉴核由》（1926年4月24日），北洋政府外交部档案，中研院近代史研究所档案馆藏，档案号：03-23-041-01-008-043。
③ 《据报告日本拟将输入朝鲜之麻织品增高税率希向日本政府商请取销并复由》（1926年4月1日），北洋政府外交部档案，中研院近代史研究所档案馆藏，档案号：03-23-041-01-002-14。

一时之影响判断,但此次增税较为轻微,不足给在鲜商人带来多大苦痛",① 坚称修正输入税率乃其正当举措,不肯应允中方的要求。"迄今春止所适用的输入税率系是数年前之制度,已不适用于近况。今番改正不仅涉及麻布,还有一般物品,须考虑到其工程生产输入及消费的状况,及其他各种事情,制定针对各种品类的适当税率。"② 由是,1926年日本提高在鲜华麻关税一案,以中国政府交涉失败而告终。

在取消朝鲜苛税问题上,驻朝华商和领事寄希望于政府协商的同时,亦未放弃向朝鲜总督府外事课及各税关展开抗争。和前次奢侈品税案一样,这次华商依旧面临在途货物的处置问题。3月27日晚间,朝鲜总督府外事课将华货的报关手续告知中国驻朝鲜总领事王守善,并要求3月29日执行改正税率。因时间过短,华商赶办手续不及,在釜山、仁川等地的货物报关还是出现了一些问题:釜山华商由沪所运货物,本已于23日经平安丸轮船运抵仁川,29日始到釜山,釜山税关却欲按新税执行;而仁川华商所运货物本已在税率改正之前的23、27日两日抵港,唯报关时已是29日,仁川税关便要强按新税征收。为此,王守善出面与总督府外事课长及主管税关交涉,争取到外事课通融,以"允照旧税征收,惟以此次为限"。③ 这才使旅朝华商免遭亏损,不失为中国外交上的一次成功。

经历此番日本提税风波后,上至中国政府,下到各地商人,不仅对日本政府议立互惠协定的用心抱有疑虑,甚至怀疑这种协定会破坏关税自主权。商界各团体纷纷为保持主权计,要求北京政府拒绝互惠协定之提案。而因京津战事导致政局动荡,政府要人时有更迭,关税会议无人主持,遂陷入停顿,一度筹备开议的中日互惠协定谈判随即

---

① 「支那産朝鮮向麻布ノ輸入税ニ関スル件」(1926/04/26—1926/09/30),日本外务省外交史料馆藏,档案号:B-3-14-3-103_1_002之24-195。
② 「支那産朝鮮向麻布ノ輸入税ニ関スル件」(1926/04/26—1926/09/30),日本外务省外交史料馆藏,档案号:B-3-14-3-103_1_002之24-200。
③ 《呈报驻在国税率改正华货输入交涉情形请鉴核备案由》(1926年4月24日),北洋政府外交部档案,中研院近代史研究所档案馆馆藏,档案号:03-23-041-01-007-038。

中止。

　　通过考察20世纪20年代日本两次加征朝鲜关税案，可见为保证日货在其国内外的贸易竞争优势，日本政府运用外交手段向中国施压的同时，还在其本国及朝鲜屡屡针对华货构筑关税壁垒，切断中国对日、对朝鲜商品的输出，致使华商损失惨重。对此，中国虽有强烈抗议，却不能援引国际法而维护己方利益，深知因缺失关税自主而难以采取反制措施。这说明近代不平等商约不单在法理上对缔约国间的权利、义务分配不公，于实施过程中亦会加剧对缔约国弱势一方的经济伤害。至约内所谓平等互惠之语，在主权受损、贸易失衡的情况下根本无法实现。因此，近代中国唯有取得民族独立、彻底废除苛虐不平之条约，方能摆脱外国经济控制，真正扭转对外贸易之形势。

国际公约视域下中国对
九一八事变的因应[*]

尹新华[**]

一战后,国际社会通过缔结《国际联盟盟约》、《国际常设法院规约》、《关于废弃战争作为国家政策工具的一般条约》(以下简称《非战公约》)等国际公约及《九国公约》这一有限性多边条约建立起一个协调国际冲突、维护世界和平安全的新秩序。但是,这一秩序从一开始便存在漏洞,很难真正阻止冲突和战争的爆发。尤其是进入20世纪30年代后,伴随大国频繁地发动侵略性冲突和战争,这些公约的实施遭遇严重挑战,相关问题充分暴露,进而带动了二战后相关国际公约的调整。九一八事变是这一进程中的典型案例,也是我们重新认识和反思两次世界大战期间及之后国际社会维护和平与安全秩序的重要窗口。对于九一八事变,学术界已做过不少研究,多从事变发生过程、国联调处的经过及中日交涉等角度进行探讨,其中不同程度地涉及国民政府的应对问题,但尚无论著从国际公约视域就国民政府

---

[*] 本文为国家社科基金重点项目"近代中国参与国际公约资料整理与研究"(20AZS009)、湖南省教育厅创新平台开放基金项目"政府间国际组织与近代中国国际化研究"(20K083)的阶段性成果。

[**] 尹新华,湖南师范大学历史文化学院副教授。

的因应进行专门研究。① 本文立足美国斯坦福大学胡佛研究所藏蒋介石日记及其他相关外交决策和交涉文献资料,着重从国际公约视域就国民政府的公约外交决策、进程、问题、影响等方面进行专门研究,借此揭示这一时期中国在国际和平秩序构建和运行中的状态和问题,同时对日本、国联及其他国际力量也予以重新检视。

一 九一八事变爆发后中国公约外交决策的形成

九一八事变爆发后,以蒋介石为首的国民政府各方展开应对,决定按照《国际联盟盟约》,将该问题提交国联,并提请签订《非战公约》的缔约国。这一决策的形成是多方面因素作用的结果,有其历史必然性。但是,这些国际公约或多边条约本身即存在一系列漏洞,导致中国的公约外交决策从一开始便落入险途。

9月19日晚上,国民政府举行国民党中常委临时会议,决定对外将事件诉诸国联,请其主持公道,对内亟谋国民及国民党之一致联合。从一开始就初步确定了倚重国际公约和国际外交的方针。蒋介石这一时期在日记中亦多次表达了要求团结国内,坚决抵抗日本侵略的基本态度,而在具体外交方针上也是强调以《国际联盟盟约》和《非战公约》为依托,坚持多边外交。9月19日,蒋介石从南昌返回南京,立刻召集干部会议讨论应对之策。事后,他在日记提要中写有

---

① 涉及国联调处经过、影响及教训成果有刘建武《有关日本侵占东北后国际联盟调处的几个问题》,《抗日战争研究》1992年第2期;卞直甫、王驹《"国际联盟"与"九一八"事变》,《社会科学辑刊》1992年第4期等。国外亦有一些成果,着重研究了西方各国对九一八事变的回应,如 David Wen-wei Chang, "The Western Powers and Japan's Aggression in China: The League of Nations and 'The Lytton Report'," *American Journal of Chinese Studies*, Vol. 10, No. 1, April, 2003; Jon Thares Davidann, "'Oriental' Duplicity or Progress and Order: The Manchurian Incident," *Cultural Diplomacy in U. S. -Japanese Relations*, *1919-1941*, New York: Palgrave Macmillan, 2007。

"团结内部,统一中国,抵御倭寇,注重外交,振作精神,唤醒国民,还我东省"等字句;在具体的外交方针上,"日本占领东省,事先提国际联盟与非战公约国,以求公理之战胜,一面则团结国内共赴国难,忍耐至相当程度,以出自卫最后之行动"。① 援引国际公约以求公理战胜,是中国外交决策的基本出发点。至此,国民政府倚重公约展开多边外交的决策基本形成。

援引国际公约维护自身权益与和平大局不仅是国际趋势,也是从晚清政府开始便已形成的自觉意识。② 一战后,在国际社会议订国际公约和构建战后和平秩序的过程中,中国积极参加,并试图为以后维权和维护和平提供保障。这一基本态度直接影响到中国在九一八事变处理上的公约外交决策。

其中,巴黎和会上出台的《国际联盟盟约》是一战结束之际及之后各国构建和平秩序的标志性成果。该盟约首先确立联盟宗旨"为增进国际合作并保持其和平与安全起见,特允承受不从事战争之义务",并且还从多方面对战后和平秩序进行了勾画。③ 早在盟约出台之前,中国各方人士对即将成立的国际联盟和以此为核心构建的维护和平与安全机制有过很多关注,并期待借此改变中国所处之屈辱地位。④ 在巴黎和会上,中国代表团积极争取参加国联盟约草案拟定的机会,并表示了对国际共同问题的重视,指出"国际联合股研究问题,世界各国均受影响,在我利益所关,尤宜注意","以速成则所得已多为主旨,故非与我国直接有关系者,亦不愿发生困难之争

---

① 《蒋介石日记》,1931 年 9 月 21 日,美国斯坦福大学胡佛研究所藏。
② 详见拙著《晚清中国与国际公约》,湖南人民出版社,2011。
③ 详见《国际联盟盟约》(1919 年 6 月 28 日),世界知识出版社编《国际条约集(1917—1923)》,世界知识出版社,1961,第 266—276 页;徐蓝《国际联盟与第一次世界大战后的国际秩序》,《中国社会科学》2015 年第 7 期。
④ 详见王其勇、陈积敏《论北京政府时期中国对国际联盟成立的认识和参与》,《天中学刊》2008 年第 1 期。

辩"。① 会议期间，美国代表一再向顾维钧明示国联的成立对于中国维护主权的重要性，称"中国不特应从日本手中收回土地权，即在英、法等国所得之土地权，亦理应收回也。无论如何，联合会成立之后，中国可得种种助力，不致再受他国侵略矣"，"此会之利于中国者，实为最大"。顾维钧回复"甚是"，且"亟望其成立"。② 在巴黎和会全体大会上，顾维钧还发表演说，强调"此宪法实行以后，可以防御国际之非法行动而保证世界之和平，……国际联合会之组织及其发展，中国当无时不乐引为己任，与各国相助为理，盖国际联合会将成为人类自古以来至大之机关"。③ 他公开且明确地表达了拥护建立国联，并借此防御国际之非法行动的希望。中国虽因山东问题拒签《凡尔赛条约》，但最终通过签署和批准《圣日耳曼条约》而参加了《国际联盟盟约》。之后，中国积极参与相关国际活动的过程，并结合自身的需要援引盟约中的正义、平等等原则，积极展开系列交涉。这些为九一八事变爆发后中国决定援引《国际联盟盟约》展开交涉奠定了基础。

为进一步推动国际争端的解决和维护和平，《国际联盟盟约》第十四条还规定了附设国际常设法院的问题，要求"凡各方提出属于国际性质之争议，该法院有权审理并判决之。凡有争议或问题经行政院或大会有所咨询，该法院亦可发表意见"。④ 1920年12月，国联第一届大会通过《国际常设法院规约》，规定国际常设法院管辖国联会员国和非会员国提交的案件，从而确立了国际社会期待已久的国际司

---

① 《外交部收议和全权大使办事处函：函告和会各种情形》（1919年5月12日），北洋政府外交部档案，中研院近代史研究所档案馆藏，档案号：03-33-150-02-016。
② 《参与欧洲和会全权委员处第一次至七十五次会议录》，1919年2月6日（中国代表团第十一次会议录），北洋政府外交部档案，中研院近代史研究所档案馆藏，档案号：03-37-012-01-001。
③ 《参与欧洲和会全权委员处第一次至七十五次会议录》，1919年2月15日（中国代表团第十八次会议录）；"1919年2月14日巴黎平和会议全体大会顾维钧演说词"，北洋政府外交部档案，中研院近代史研究所档案馆藏，档案号：03-37-012-01-001。
④ 详见《国际联盟盟约》（1919年6月28日），《国际条约集（1917—1923）》，第271页。

法制度。对于该约，在当时多数国家并未声明同意国际法院有条件的强制管辖的情形下，北京政府外交部认为："我国素来崇尚法理，在原则上当然予以承认，并拟于声明时仿照和兰等国办法，附加相互主义及五年为期两项条件以资保障。"因此，在1921年批准该约时对第三十六条第二款做了如上声明。① 早在1907年的海牙和会上，中国外交代表陆征祥就已明确主张海牙仲裁法庭应有强制管辖权，并且对有关治外法权被排除在强制仲裁之外的提议表示了强烈抗议。北京政府这样特别强调，是晚清时期希望增强协调国际冲突的机构管辖权的延续，是要依恃国际常设法院，为废除外国在华种种不平等条约特权助力。②

之后，国际社会关于国际冲突的管理举措进一步发展，并以1928年各国缔结的《非战公约》为标志，进入宣告"放弃战争作为实行国家政策的工具"的阶段。③ 对于《非战公约》所构建的和平秩序，国民政府颇为赞赏。1928年9月，中国在收到回复美国邀请加入的照会时称"极愿与诸国一致行动，正式加入此项条约，共同促成世界之文明"，并指出"废止战争与保持邦交友谊，为防止摧残文化之唯一途径"，该公约促进世界和平，并与中华民族主张和平的民族本性相合。照会还结合中国的特殊国情，提出"欲求永弭战祸，应即消除一切容易引起纷争之根源而确以平等相互尊重之精诚互相勉励"，据此要求依据《非战公约》之精神，废除各国在

---

① 《外交部呈大总统：呈请批准国际法庭规约议定书》（1921年9月23日），北洋政府外交部档案，中研院近代史研究所档案馆藏，档案号：03-23-116-01-012。
② 这一基本考量也被带到了同时期其他公约的议定会议中。例如，1927年华盛顿国际无线电报会议上，在讨论《无线电报公约》第十八款之强制仲裁问题时，英国代表积极主张取消此款，中国代表则极力要求维持强制仲裁，并获得许多国家的支持，中国提出的理由是，"取消公断，将来遇有争执之事，强国不受约束，弱小诸国难得公道"。参见《王景春呈报参加华盛顿国际无线电报会议情形》，朱汇森：《电信史料》，台北"国史馆"，1990，第368页。
③ 《非战公约》是在法国外交部部长白里安和美国国务卿凯洛格共同提出的方案基础上产生的，所以又叫《白里安—凯洛格公约》（Briand-Kellogg Pact）。该公约在1928年8月27日缔结于巴黎，所以又称《巴黎条约》（Pact of Paris），1929年7月25日正式生效。

华不平等条约及包括驻军在内的其他侵犯中国主权之事实。① 1929年该约生效后，外交部部长王正廷更是认为"世界和平，因该公约而得永久保障"。②

就当时的国际实践而言，在九一八事变爆发前，国联行政院曾依据盟约第十一条③规定成功处理类似的希保纷争。而且该条要求国联采取适当有效之措施以平息纷争，这样在赋予国联自由裁量权的同时，亦保证其权力比简单的调解或建议要大，能增加纷争解决的可能性。另外，其中提到的国联行动并没有规定以争端双方同意为前提条件，从而能进一步减少国联执行决议的障碍。这样，中国政府就日本侵华事件按照《国际联盟盟约》和《非战公约》的基本精神和规则推行多边外交亦有其必然性。

与此对应的是，中国倚重国际公约和相关多边条约展开外交，也有完全不看好中日双边交涉的影响。之前，以"二十一条"交涉为代表，中国在与日本交涉时留下了不少丧权辱国的印记，这让之后的中国政府避之不及。这一点在蒋介石的日记中有明显流露。其日记记载，9月23日蒋与张学良的部下万福麟详谈外交形势与东三省地位时便说："与其单独交涉而签丧土辱国之约，急求速了，不如委之国际仲裁，尚有根本胜利之望，否则亦不惜与倭寇一战，以决存亡也。"④ 蒋介石这一时期的日记多次表达了坚决抵制与日本单独交涉，以避免签订丧权辱国条约的态度。

中国上述态度，可谓透露了借助战后集体安全机制，来制止战争

---

① 《外部复美代办照会》，《民国日报》1928年9月19日。
② 《电贺非战公约成功》，《国闻周报》1929年8月4日。
③ 《国际联盟盟约》第十一条的内容为："（一）兹特声明，凡任何战争或战争之威胁，不论其直接影响联盟任何一会员国与否，皆为有关联盟全体之事。联盟应采取适当有效之措施，以保持各国间之和平。如遇此等情事，秘书长应依联盟任何会员国之请求，立即召集行政院会议。（二）又声明，凡影响国际关系之任何情势，足以扰乱国际和平或危及国际和平所依之良好谅解者，联盟任何会员国有权以友谊名义，提请大会或行政院注意。"《国际条约集（1917—1923）》，第270页。
④ 《蒋介石日记》，1931年9月23日。

和维持和平的强烈诉求。但是，一战后由国际公约或多边条约构建的和平秩序本身存在明显缺陷，很难发挥制止战争，尤其是制止列强侵略行为的作用。这就导致中国的公约外交决策从一开始便落入险途。

其中，《国际联盟盟约》对成员国发动战争或侵略的规定有较多漏洞，[①] 一些相关规定存在自相矛盾或不严谨之处，这在很大程度上使制裁战争或侵略行为成为空话。具体表现在五个方面。①盟约第十二条第一款规定，倘争议势将决裂，应将此事提交仲裁或依司法解决，或交行政院审查，但是仲裁和司法解决在权限上没有实现完全的强制管辖权[②]。②没有区别使用武力和战争，这为一些国家不宣而战、逃避制裁留下可乘之机。③有关禁止发动战争的规定存在明显漏洞。第十二条第一款规定："非俟仲裁员裁决或法庭判决或行政院报告后三个月届满以前，不得从事战争。"这就意味着当事国在遵守了三个月的延迟后仍然有权发动战争。这一规定与盟约第十五条第六款"如行政院报告书除争执之一方或一方以上之代表外，该院理事一致赞成，则联盟会员国约定彼此不得向遵从报告书建议之任何一方从事战争"，以及盟约第十六条第一款对不顾仲裁或国际法庭判决或行政院审查后提出的报告书而发动战争的会员国实施制裁矛盾，并使后两款成为空话，从而给侵略者以可乘之机。④决策机制存在明显问题。盟约第五条第一款规定了国际联盟大会和行政院形成决议的"全体一致"原则，但同时第十五条第十款又包含了大会和行政院一致同意规则的例外情况，即争执各方所投的票数不计算在一致同意之内，以及大会多数核准、大会报告和行政院报告同等效力等原则。这两处的规定"导致两个机构的权限分不清楚，而且容易使二者相互掣肘，无法有效工作，还可能使操纵国际联盟的列强对条文做出任意解释，

---

① 详见《国际联盟盟约》（1919年6月28日），《国际条约集（1917—1923）》，第266—276页。

② 按照《国际法院规约》第三十六条规定，强制裁判仅限于愿受强制裁判之国，缔约的国家如对此做出特别声明，则在条约规定的一些内容上接受了强制裁判之制度。详见《国际常设法院规约》（1920年12月16日），《国际条约集（1917—1923）》，第540页。

使国际联盟实际失去对侵略行为采取任何有效行动的可能性"。① ⑤制裁规定空洞无力。第十六条规定一个成员国对另一个成员国发动战争,"应即视为对于所有联盟其他会员国有战争行为"。一旦战争行为被确定,国联成员国就要对发动者实行集体制裁等。但是,国际联盟没有设立国际警察部队,它惩罚侵略者的手段极其有限。这些根本机制上的问题,加上强权政治盛行的国际时局,致使国际联盟及其附属机构无法制止战争的发生,无力保护受侵略的国家,甚至还会在客观上助长侵略。就此而言,这与国际社会筹划构建一个功能强大的国际组织以消弭冲突和维护和平初衷仍有较远距离。

《非战公约》在废止战争,尤其是在制止侵略上存在明显的缺陷。一是该公约没有提出和平解决争端的具体程序,更没有写明对违反条约的制裁。二是它并没有真正废止战争。缔结条约时,各国已事先取得谅解:"作为国际联盟的制裁而进行的战争"和"自卫战争"不在此限。三是条约没有设立国际机关"以判定自卫权的行使是否正当",因而给争端当事国的"主观歪曲和滥用留有很大余地"。四是公约"没有直接禁止战争以外的使用武力的情况",而只有宣战才标志着战争开始的这一公约精神,"就为侵略者留下了不少逃避责任的借口"。② 故就此看来,《非战公约》流于形式,显得空洞无力,所营造的无非是一种纸上的和平。

总之,一战结束后,国际社会通过议定国际公约或多边条约,重新规划了战后国际和平秩序,这为九一八事变发生后中外各方交涉奠定了国际法基础。中国在九一八事变发生后很快做出倚重公约展开多边外交的决策,既是受之前因中日双边交涉损失惨重的历史影响,更是晚清以来中国援引国际公约维权和维护和平这一意识自觉的产物。但是,在当时强权政治盛行的国际形势下,如果没有充分自卫的意志

---

① 详见徐蓝《国际联盟与第一次世界大战后的国际秩序》,《中国社会科学》2015年第7期。
② 杨泽伟:《宏观国际法史》,武汉大学出版社,2001,第227—229页。

和实力,仅寄希望于在制止战争,尤其是在制止列强侵略上存在明显缺陷的公约,那么要真正捍卫独立自由之地位从一开始便困难重重。

二 九一八事变处理期间中国公约外交的推进

1931年九一八事变爆发。日本制造事变这一行为,严重违背了一战后相关国际公约体系强调制止或废止战争和维护和平的基本原则,是对一战后既有国际公约秩序的公然挑战。事变发生后,国民政府相关各方很快向日本发出抗议,并按照《国际联盟盟约》将该问题提交国联,还提请参加《非战公约》的缔约国,由此展开多边外交维权和维护和平。

9月19日,国民政府外交部紧急采取三方面的动作,实施公约外交。一是照会日本政府,发出严重抗议;二是电示中国驻国联代表施肇基就此事向国联报告,"请求国际联合会立即并有效的依照盟约条款,取适当之措置,使日军退出占领区,保持东亚和平,中国政府决定服从国际联合会关于此事所为之任何决定";三是电令驻美代办将情形告诉美国政府,电令其他驻签订《非战公约》之各国使馆告知驻在国政府,[①]并明确指出"日军似此行动,实故欲破坏东亚和平,显系违背国际联合会盟约及非战公约"。[②]当日,施肇基立即按照外交部电示,向国联行政院简要汇报了日军侵占沈阳。9月21日,施肇基代表中国政府正式照会国际联盟秘书长,强调此次事件"中国方面绝不负其咎",面对日本的强暴行为,中国军民亦遵守政府训令,"并未抵抗,以避免任何可使情势扩大之举动",故鉴于上述事实,"国联殊有依据盟约第十一条之规定,采取相当行动之必要",

---

[①] 《外交部致日内瓦施代表等电》(1931年9月19日),秦孝仪主编《中华民国重要史料初编·对日抗战时期》绪编(一),中国国民党中央委员会党史委员会,1981,第321页。

[②] 《外交部致驻法国公使馆电》(1931年9月19日),秦孝仪主编《中华民国重要史料初编·对日抗战时期》绪编(一),第322页。

并"请行政院根据第十一条所赋与之权力,立采步骤,阻止情势之扩大,而危害各国之和平,并恢复事前原状,决定中国应得赔偿之性质与数额"。①

9月22日,国联行政院就中日冲突召开特别会议,并授权行政院主席发布紧急通告:申请中日两国政府避免局势恶化或妨碍本问题和平解决的行动,并设法会商两国代表使中日双方立即撤军。与此同时,行政院主席特别提议将会议记录及有关纠纷之文件一并送交一份给美国政府。其理由是该冲突还涉及《非战公约》和《九国公约》之各项规定,美国未参与国联,但为这两项条约之缔约国,因此美国有权利和义务知悉国联处理该事件之情形,并可援照相关条约采取适当之行动。② 这样就国际社会层面来看,九一八事变的处理从一开始便被纳入《国际联盟盟约》、《非战公约》和《九国公约》的框架,它所牵涉的国家利益角逐和国际关系从一开始就十分复杂。不过,就该通告内容而言,只是就恢复和平和撤军泛泛而谈,在撤军时间、冲突性质、责任等方面都无实质内容。

对于国联的通告,国民政府予以积极回应并予以履行。9月23日,国民政府发表《告全国国民书》,宣称:"政府现时既以此次案件诉之于国联行政会,以待公理之解决,故已严格命令全国军队,对日军避免冲突,对于国民亦一致告诫,务必维持严肃镇静之态度。"③ 蒋介石在日记中也再次表达了对国联调处的期待,称:"昨日国际联盟会决议,中日两国停止战时行动,双方军队退回原防,听候联盟会派委员查察裁判,此实为一外交之转机,亦对内统一之良机,如天果不亡中国,则此次外交,尚不致失败也。"④ 9月25日,蒋介石在慨

---

① 《我驻日内瓦施代表照会国际联合会秘书长》(1931年9月21日),秦孝仪主编《中华民国重要史料初编·对日抗战时期》绪编(一),第323—324页。
② 韦罗贝:《中日纠纷与国联》,邵挺等译,商务印书馆,1937,第46页。
③ 《国民政府告全国国民书》(1931年9月23日),秦孝仪主编《中华民国重要史料初编·对日抗战时期》绪编(一),第286—287页。
④ 《蒋介石日记》,1931年9月23日。

叹各方混乱状况的同时，仍庆幸"惟国际联盟会理事会不闭会，以待中日问题之解决，此乃外交上一好机也"。① 可见，蒋介石此时对国际公约充满期待。

日本却是另一番态度。在得知国联 9 月 23 日的通告后，日本不仅以盟约不能适用于有特殊情形之地方协定为由，宣称不接受国联之决议，反对国联参与此事，要求由中日两国政府直接交涉解决。日本还继续在中国东北推进，扩大侵略范围。

9 月 30 日，行政院就事变通过第一个正式决议案，其基本精神与内容大致如最初之通告，仍没有规定具体的撤兵时间，因此又被称为"非限期撤兵决议"。在中国领土已被日军大规模侵占且后者还在继续推进的情况下，国联第二次处置仍是一个向双方进行类似口头呼吁撤兵的态度，其中敷衍或纵容之意十分明显。日本之侵略因此继续扩大亦是必然。

至此，国际公约或国际公法不可完全依恃已经十分明显。有鉴于此，以蒋介石为首的国民政府在外交上开始考虑采取其他补救措施。9 月 26 日，蒋介石在日记中亦谈到这一情况："闻暴日不接受国际联盟通知，并主张中日直接交涉，而国联态度因之软化，从此暴日势焰更张。"在此情形下，蒋介石仍坚持抵制直接交涉，认为"如果直接交涉，或地方交涉，则必无良果"，并提出"我不能任其枭张，决与之死战，以定最后之存亡……故决心移首都于西北，集中主力于陇海路也"。② 10 月 4 日，蒋介石与余日章谈外交时嘱其进行三事：第一，以国民外交名义联络各国与日本国民，主持公道；第二，属各国新闻记者往东三省监察，公平报告；第三，属太平洋协会各国有力者，督促其政府重视日本之暴行。③ 这表露了借国外舆论压力及《九国公约》来牵制日本的趋向。10 月 6 日，针对日本派军舰到长江示威警

---

① 《蒋介石日记》，1931 年 9 月 25 日。
② 《蒋介石日记》，1931 年 9 月 26 日。
③ 《蒋介石日记》，1931 年 10 月 4 日。

告,甚至将派五十艘来华大示威的情况,蒋介石在日记中写道:"到时余将通告各国元首,注意其共同保守公约之责任。"①

10月8日,日本大举轰炸锦州并造成了中国军民大量伤亡。这一行为已明显威胁到英美等国的在华利益,并引起国际舆论广泛关注。接着,英、美、法、意等国就此事向日本政府提出抗议,其中美国抗议姿态尤显强硬,并因此对国联之调处施压。在这种情形下,国联行政院不得不采取下一步动作。

蒋介石在这一时期的日记对此进行了记载,其中颇能揭露国联在日本侵华事件上的真实态度,也能看出锦州事件后他对国联进一步应对的感受。他在10月9日写道:"此事一出,世界各国更知倭寇之野蛮,为公理所不容。闻法英各外长皆出席于国联,美国亦与国际取一致行动,未知其结果能否得一公平决议也。"字里行间显然对国联能否主持公义已不像之前那样充满信心。②再到10月11日,蒋介石得知英国公使接其外交部部长电,其中有劝中国勿坚持以撤兵为交涉之条件,蒋因此表示"甚为骇异",且决心"不论各国态度与国际联会结果如何,为保障国土与公理计,任何牺牲在所不惜,且非与日本决战,中国断难完成革命也"。③翌日,蒋介石到军校、国府纪念周讲演,发表拥护公理、抗御强权之训词:"以忍耐不屈之精神维护领土,以牺牲无畏之精神维护公理,尽国际一分子之责任,以表现我民族之人格。"④10月14日,蒋介石在日记中表示:"此次国联如仍决议不派监察团,则我亦坚持到底,不与交涉,即使派监察团,日不接受,则我方决照国联争持,倘日退出国联,则要求非战公约为中[仲]裁也。"⑤10月16日,蒋介石接到施肇基来电,告以新任国联行政院主席、法国外长白里安主张直接交涉,并询问蒋之意见。蒋令

---

① 《蒋介石日记》,1931年10月6日。
② 《蒋介石日记》,1931年10月9日。
③ 《蒋介石日记》,1931年10月11日。
④ 《蒋介石日记》,1931年10月12日。
⑤ 《蒋介石日记》,1931年10月14日。

其严词拒绝,并以"确定中国主权、门户开放、利益均等、共同开发经济与不得有特殊地位之原则"提出国联讨论。① 可见在锦州事件爆发之初,国联对日本的侵华行为颇为关注,且希望中日之间尽快达成谅解,以阻止日本的推进步伐。但总体上看,国联对日本行为的干预仍以妥协退让为主,蒋介石因此愤激不已,但仍未放弃多边外交路线。

10月24日,国联行政院召开会议,美国代表亦列席。最后,以当事国日本一票反对,其他理事国一致同意的票数通过限日军于11月16日之前完成撤兵的决议。在九一八日本侵华问题上,国联和列强开始按照盟约规定制止日本单方面的侵略。关于这一决议最终是否算成功通过,学术界存在不同看法。有人认为理事国日本一票反对,导致该决议因不符合全体一致原则而未通过。事实上,如前所述,《国际联盟盟约》第十五条第六款和第十款规定例外一致的原则。照此,则日本应该属于争执之一方理事国,应被排除在外,所以其反对并不影响一致原则,这一决议应属于正式通过。

就国民政府来看,其他理事国一致同意明确的撤兵日期,颇能说明它们同情中国的一致态度。因此,无论如何,国民政府都把这一决议视为国联外交的一大胜利。翌日,蒋介石在日记中写道:"昨日国际联合会决议,倭寇虽未承认,但公道与正理已经表现,白利安之能力究为可佩,以决议方式甚得体也。"② 10月26日下午,蒋介石与各国公使谈话,属派中立国人监视日本撤兵。

但是,日本毫无遵行决议的意思,而且抓住盟约决策机制前后冲突的问题,坚持一致同意规则。当天,日本政府便发表宣言五条,其中第一条便宣称该决议案与日本之前提出的修正案"未得行政院全体一致之同意,均未成立"。③ 10月29日,白里安驳复日本宣言书,

---

① 《蒋介石日记》,1931年10月16日。
② 《蒋介石日记》,1931年10月25日。
③ 详见韦罗贝《中日纠纷与国联》,第114—116页。

首先便指出24日会议之议决案，虽然日本投票反对，仍保有"道德上完全力量"，而行政院于9月30日一致通过之议决案尚有法律上之效力。按照上一决议，日本有责任继续将其军队尽速撤退至铁路区域以内。白里安的驳复虽然坚持要求日本撤军，但仅将10月24日要求日本限期撤军一事提到了道德约束的位置，对日妥协的色彩依旧浓厚。

蒋介石则认为日本提出的五条，"总欲强中国以直接交涉"。① 因此，日本所要求交涉的方式和条件并未为国民政府接受。10月29日上午，蒋介石出席特种外交委员会会议。他一方面指示外交委员会在对外宣言中"须注重国联决议与其性质，以及华盛顿会议门户开放之公约，立言以非靠着此二点，则宣言即无精神"；另一方面警告各委员，"倭寇经此次国联之干涉，其对东省侵略必更积极，以现势论，倭寇经此次干涉，非进则退，然彼决不退，势非急进不可，故时局比决议前更加严重，吾人应更努力也"。② 可见，以蒋介石为首的国民政府已十分清楚地认识到国联决议及《九国公约》在束缚日本的侵略行为上希望渺茫，即便如此，仍主张在对外宣言中对二者进行强调，其意何为？另据蒋介石会中所言："吾人处此情状之下，单独对付既有许多顾虑，而一方在国际上已得到一致同情以后，自应信任国联，始终与之合作，而为国联本身设想，倘此事无法解决，以后世界和平一无保证，国联即可不必存在。"③ 言外之意，在这种情况下只能信任国联，继续与其合作，另外要借此向国联施压，使其制止日本侵华步伐。到这里还是可以看到中国外交的重点仍是希望国际联盟主持公道，拒绝与日本直接交涉。

11月初，日本派军继续进犯黑龙江，加紧在东北成立傀儡政权，

---

① 《蒋介石日记》，1931年10月27日。
② 《蒋介石日记》，1931年10月29日。
③ 《中央政治会议特种外交委员会第二十五次会议记录》（1931年10月29日），罗家伦主编《革命文献》第35辑《日本侵华有关史料》，台北：正中书局，1965，第7892页。

并于11月19日占领其省城齐齐哈尔,接着又向南进犯锦州,在天津、汉口接连挑起事端。在此期间,在美国的推动下,国民政府向国联提出设立锦州"中立区"的计划,但是日本得寸进尺,试图在事实上控制"中立区",国联不想派军进驻"中立区",更无意坚决遏制日本之侵略,因此对日本的要求步步退让。

在此过程中,国民政府对国联和"中立区"的计划日渐不满。11月22日,蒋介石出席外交委员会会议,亦认为"国联态度完全袒日",因此"决心令施(施肇基——引者)勿改严正态度,决不屈服无理之议案"。① 邵元冲日记记载,外委会令施肇基声明的内容既想让国联认识到"本身实居于当局地位",因此"其制裁暴力乃为自己而奋斗,并非居于调人地位而随时企图自卸其责",同时强调"日本先行撤兵",这样才有商谈之余地。② 12月3日,顾维钧与蒋介石谈锦州撤兵事时,蒋介石对顾维钧在锦州问题上采取的措施颇有微词。蒋在日记中记道:"其意欲自动撤至山海关,而前日亦以在中立国保证之下,撤至山海关一语,自失其言,以致今日倭寇之要求不已。外交之事不可以一语苟忽,失之一言,害之千秋也。"③ 而此种严重损害中国主权之计划也激起了国人强烈反对的声浪,这给国民政府造成了强大的舆论压力。蒋介石在12月4日的日记中写道,"北平大学生示威团来京示威,殊为可叹,不向敌国示威而向政府示威,以中国之所被辱也",并表示要"设法制止之"。④ 也正是在这一天,国民政府电请国联取消了"中立区"计划。

即便如此,国民政府寄希望于国联的外交政策依然没有根本改变。12月6日,蒋介石犹在日记中写道:"对外在国联公证之下,解决交涉,成败毁誉皆由余一人任之,以待后世之公论。"⑤ 国联在中

---

① 《蒋介石日记》,1931年11月22日。
② 《邵元冲日记》,王仰清、许映湖标注,上海人民出版社,1990,第798页。
③ 《蒋介石日记》,1931年12月3日。
④ 《蒋介石日记》,1931年12月4日。
⑤ 《蒋介石日记》,1931年12月6日。

日冲突问题的解决上如此无力，蒋介石为首的国民政府依然坚持如故，实在是有点让人愤慨！不过，11月28日特种外交委员会经过多日讨论后提出的《现在处理时局之根本方针》也许可以成为这一时期国民政府坚持国联外交的有力注脚。其主要内容涉及以下五个方面的判断。①日本之军事政策是要"完全占领东三省"。②国联之目的"始终在尽力消除日本上项计划之实行与成功"，"但各国重要政策，因计划皆未完成，故此次绝不对日作战。因此国联不能采取任何有力制裁"。③美国态度"至今虽极力避免表示意见，但将来必要时有运用九国条约，出面对日作有力抵制之可能"。④判断此次对日交涉中国在国际上必得最后之胜利。据此，在对外策略上，第一，"决不先对日本宣战"；第二，"须尽力维持各国对我之好感"；第三，"须尽力顾虑实际利益，但至万不得已时，虽在军事上为民意而牺牲，亦所不恤"。⑤"此时仍须尽力表示中国政府完全信任国联之意思。"这样的话，一可减少人民责备政府之心理，二不致伤各国感情，三将来运用《九国公约》而对美国做工作时较容易说话。① 值得注意的是，尽管这一时期国民政府宣称以自卫为手段进行抵抗，但并未对日宣战。除考虑到军事实力不足外，还有一个重要的原因是担心宣战后日本会援引《国际联盟盟约》第十六条反咬中国违背盟约发动战争，因此失去国际同情和支持。

12月10日，应中日双方之要求，国联行政院议决派遣调查团赴华调查中日冲突。1932年1月，以英国人李顿为团长的国联调查团正式成立。为转移国际视线，并迫使国民政府屈服，日本在1932年初对驻守上海的第十九路军发起攻击，制造了一·二八事变。1月29日，国民政府外交部发表对外宣言，声称不得不采取自卫手段，并指出"日本侵占上海，显系再行违背国际公约、凯洛克非战公约、九

---

① 《"特种外交委员会"关于"现在处理时局之根本方针"》（1931年11月28日），熊志勇等编《中国近现代外交史资料选辑》，世界知识出版社，2012，第287—289页。

国条约以及国际决议案之暴举","应请以上签约国家采取有效行动，履行其条约上神圣之义务，勿使人道公理、公法条约，竟为日本暴力所蹂躏破坏无遗！"① 30 日，外交部正式照会国联与《九国公约》签字国驻华公使，要求各国迅速采取有效手段，制止日本在中国领土的军事行动及其他一切违反公约的行为，"俾该公约之尊严与远东之和平均得维持"。② 至此，在倚重国联开展多边外交处境艰难的情况下，《九国公约》这一反映列强在华争夺和平衡的有限性多边条约在国民政府的外交中日渐得到重视。

1932 年 3 月中旬，国联调查团抵达上海，并就中日停战谈判进行了初步斡旋。就在调查团赴华调查与斡旋期间，在日本加紧扶持下，伪满洲国傀儡政权于 3 月初宣告成立。10 月 2 日，国联调查委员会的报告公布，承认中国对东北的领土主权，认定日本明显进行了无缘由、非正义的侵略，指出"满洲国"为日本傀儡政权。一再拒绝"满洲国"加入国际邮政公约、电报、无线电等方面国际公约的要求。③ 从泛泛要求双方撤军到要求日方限期撤军，再到认定、谴责日本侵略和不承认伪满洲国，可以看出国联对九一八事变的处理虽然比较迟滞，但对于日本违背国际公约之事实还是最终给出了比较明确的认定。这对日本而言确实形成了一定的国际压力。

对于日本违背国际公约的事实，《非战公约》签字国以美国为代表，其国务卿在 1932 年 8 月发表演讲予以公开谴责，并宣告不承认日本侵略的结果。④ 英国方面对于日本在华推进侵略颇为关注，议会内部在讨论该问题时亦有谴责日本违约的声音。1931 年 11 月 25 日，

---

① 《外交部对淞沪事变宣言》（1932 年 1 月 29 日），秦孝仪主编《中华民国重要史料初编·对日抗战时期》绪编（一），第 432—433 页。
② 《外交部致国联及九国公约签字国驻华公使照会》（1932 年 1 月 30 日），秦孝仪主编《中华民国重要史料初编·对日抗战时期》绪编（一），第 433—434 页。
③ "Manchukuo and the Postal Union—Appeal to Powers for Permit to Join Body," *The North-China Daily News*, August 23, 1932.
④ 《史汀生演讲非战公约全文》，《中央周报》1932 年 8 月 22 日。

英国召开议会讨论，有议员提出日本人违反了《非战公约》和《国联盟约》，国联应当采用战争或者其他军事手段来解决九一八事变。① 在1932年3月22日的会议上，有议员提到"日本拒绝遵守国际联盟规定的义务，也拒绝遵守美国政府要求它履行的义务"，"如果任其继续下去，《国际联盟盟约》《非战公约》《九国公约》必然会失去世界的信任"。② 国联报告书出台后，在1932年11月2日英国议会会议上，议员在肯定报告书的同时，强调坚持《国际联盟盟约》《非战公约》《九国公约》。③

但是，就制止日本侵略步伐而言，国际社会的上述回应并没有真正发挥作用。国联报告书没有援用盟约中的集体安全条款对日本的侵略采取真正的制裁行动。美国的行动主要停留在道义谴责层面。④ 英国方面，议会内部在逐步讨论该事变时，一直存在另一种声音。1931年11月议会讨论时，以英国外交大臣为代表的另一方提出日本发动九一八事变是在践行之前在中国东北的既得利权。⑤ 1932年3月，财政大臣张伯伦提出中国与日本的关系应当坚持在国联框架下进行处理，反对任何国家干预。⑥ 在这背后，有几个影响因素值得关注。其一，盟约第十六条有关经济制裁及联合军事行动方面规定的适用条件是，违背第十二条、第十三条和第十五条发动战争的要求。而日本之侵略是以战而不宣的方式进行的，按照《战争开始公约》之规定，此种行为不能算国际法意义上的战争。因此，国联认为其唯一能做的便是道义上的谴责和拒绝承认日本侵占东北的合法性。其二，在侵华问题上，尤其是在中国东北问题上，列强有自己的利益需求，因此，他们相互勾结、斗争和妥协。例如，报告书还提出中国东北不能恢复

---

① "Manchuria," *Hansard*, 25 November 1931.
② "Disarmament—China and Japan," *Hansard*, 22 March 1932.
③ "Manchuria: Report of the Lytton Commission," *Hansard*, 2 November 1932.
④ 古景祥：《暴日侵热中史汀生"重申非战公约"的作用》，《朝晖》第1卷第8期，1932年。
⑤ "Manchuria," *Hansard*, 25 November 1931.
⑥ "Disarmament—China and Japan," *Hansard*, 22 March 1932.

九一八事变之前的原状，甚至主张对"满洲国"的治理走"国际共管"之道路。张伯伦提出反对国联之外的力量干预时，他强调的一个重要方面便是英国与日本在一战期间的同盟关系。① 其三，考虑到一战所带来的危害，坚持避免战争的绥靖态度，自然不愿对日本采取强硬措施。这一点在英国方面表现得十分明显。②

即便如此，日本对该报告书仍是表达了不认同的态度。最后中日双方僵持不下，行政院将争议提交大会，并最终在1933年2月14日通过制裁日本之决议，而日本在会上直接宣告退出国联，不受盟约约束，这导致国联的普遍性和权威性进一步受损。而就中国利用公约来牵制日本的策略而言，日本的退出行为在很大程度上是以一种极端无赖的方式，直接消融了中国所持之公约"利器"，中国之公约外交因此基本告一段落。同时，日本的退出从另一方面说明，中国坚持公约外交虽未能制止侵略，但并非毫无成效。

三 九一八事变交涉结束后中国对相关国际公约问题的反思

九一八事变后，国民政府倚重公约展开多边外交，但最终未能成功阻止日本侵略步伐。这一结局也推动国人认清此类公约在制止侵略上存在的问题。国民政府着重就此进行反思，较早就战后和平与安全秩序的重构提出了有针对性的提案，从而在二战结束之际的战后和平与安全秩序的重构中发挥了独特的作用。

九一八事变处置遇挫之际，时人在谴责日本侵略破坏国际公法的过程中，形成了一股反思相关国际公约的热潮。如法学家王德辉从法理上分析国联盟约机制的问题，并对国联之处置态度进行了批判：

---

① "Disarmament—China and Japan," *Hansard*, 22 March 1932.
② "Manchuria: Report of the Lytton Commission," *Hansard*, 2 November 1932.

"《国联盟约》之第十二条及第十五条之广开战争门户，是国际和平构造之缺陷，但是国际争端之发生，未经向理事会请求调解，或试为其他和平解决之方法之前，遽出武力之行动，又明明为盟约所禁止。故此次日军在东三省之行为，无论其凭借之口实如何，其违反国联盟约，无庸疑义。国际联盟忽略此种事态之真状，如此明显之战争事实，而尚不敢直斥为战争行为，其措置之错误，与贻留国际和平前途无穷之危机，殊可惋惜。"因此，他不禁发出了这样的呼吁："我人不但爱护我国家，我人更爱护维系国际和平之公约。希望国联之各盟员国，尤其是操纵国联之诸强国，放远眼光，平心静气想忆欧战之时，国际公约不彰时代之国际社会状态。而憬然觉悟于维持此和平公约之必要也。"① 还有人基于九一八事变后中日纠纷处置的失败，专门梳理《国际联盟盟约》《非战公约》《九国公约》的内容，指出日本的强权和英法等国的姑息，致使这些公约如同"一撮废纸"，进而提出"国联也，九国公约也，非战公约也，皆不能恃为解决中日纠纷实际上有所裨益之工具，惟自信、自奋、自强、自卫，民族国家前途，始克有济"。② 更有甚者，指出《非战公约》序言中"凡签约各国，倘有利用战争以图其本国利益者，当剥夺其因加入本约而得享受之利益"这句话有"止戈为武"之意，也就是说，"缔约国中如有不遵守公约，向别国攻击者，则其他缔约国对她亦可宣战"。③

国民政府则是在反思的基础上，较早提出战后和平秩序的重建问题。1938年，《抗战建国纲领》规定，"对于国际和平机构及保障国际和平之公约，尽力维护，并充实其权威"，"联合一切反对日本帝国主义侵略之势力，制止日本侵略，树立并保障东亚之永久和平"。④

---

① 王德辉：《东北事件与国联盟约：法理上之论断》，《外交评论》第1卷第4期，1932年，第56—57页。
② 刘信芳：《国际联盟九国公约非战公约与中日纠纷》，南昌《力行》第2卷第2期，1933年。
③ 王云五、李圣五主编《非战公约》，商务印书馆，1933，第59—60页。
④ 《中国国民党抗战建国纲领》（1938年），徐辰编著《宪制道路与中国命运：中国近代宪法文献选编（1840—1949）》（下），中央编译出版社，2017，第126页。

1939年11月，中国国民党第五届中央执行委员会第六次全体会议呼吁世界一切爱好和平的力量，为建立一个"有效的集体安全组织"而努力。① 这些倡导在社会上引起了广泛的关注，当时《中央日报》《大公报》等主要报刊发表社评，指出中国在抵抗日本侵略的同时，"更愿与世界协力，建立全世界之有效的安全组织"，"可代表全中国人民的愿望与呼吁"，愿东西两半球负责任、具远见的政治家"共为此目的而努力，使全世界同跻于和平幸福之域"。② 九一八事变后，日本步步紧逼，中国屡次申诉于国联，并求助于《非战公约》《九国公约》其他签字国，要求他们主持公道，制止和制裁日本侵略行为，但没有取得实质性效果，这充分暴露了维护东亚及世界和平与安全秩序的无力。中国上下在这里的较早呼吁，并特别强调战后维和组织的"有效性"便是对这一惨痛历史的直接观照。

二战临近结束之际，新的和平秩序的构建正式进入国际议程。中国政府以"四强"之一的身份参与《联合国宪章》的议定，其间将上述反思完善整理成有针对性的提案，其基本构想是成立一个新的强有力的国际组织，特别强调赋予它足够的权限。1942年6月，国防最高委员会属下机构"国际问题讨论会"集中对战后国际组织问题进行了规划讨论，并拟定了中国关于战后国际和平组织的第一份草案文件《国际集团会公约草案》。该草案吸取国际联盟的失败，特别是中国自九一八事变后的惨痛教训，重点强调了新的国际组织在针对侵略行为实施有效制裁和处理重大问题上的职能，并且表露了中国作为四大国应在这一未来国际秩序的蓝图规划上发挥重要作用。草案要点大致包括在组织之更革上提出理事会改为常设理事会、军缩委员会及经济合作委员会组成标准各有不同、新设国际警察、国际劳工局扩充职能范围等方面；在制度之更革上提出打破一致原则、禁止使用武力

---

① 《中国国民党第五届中央执行委员会第六次全体会议宣言》（1939年11月21日），《革命文献》第69辑《中国国民党宣言集》，第347页。
② 《六中全会闭幕》，重庆《大公报》1939年11月21日。

解决国际争议、确定侵略定义、制裁之加强、委任统治地之国际化等。① 值得一提的是，7月7日，国防最高委员会秘书长、国际问题讨论会主任王宠惠还向蒋介石呈送报告，重点从未能充分体现太平洋之适用的角度，分析了《大西洋宪章》在战后国际秩序规划上之缺点，并拟具补充《大西洋宪章》联合会宣言文稿三点："一、大西洋宪章尤其是关于各侵略国武装解除及各国与民族自决等原则，一律适用于全世界。二、日本之领土应以其一八九四年发动侵略政策以前之范围为准。三、各民族及各种族一律平等，为世界和平与进化之要素。"② 这一补充从原则上体现了中国在战后秩序的规划上对九一八事变后多边外交的反思。

1944年7月24日，即敦巴顿会议前夕，王宠惠综合各方意见，向蒋介石递交了题为《我方基本态度与对重要问题之立场》的方案，其重点强调了世界和平机构应坚强有力、尽早成立组织、四国平等地位同样参与、承认种族平等、三分之二多数表决通过、对侵略明确定义、实施制裁、设置国际警察和空军、军缩问题等方面。③ 7月29日，蒋介石将上述方案电达宋子文照办，并提出"容俟美方提案送到后，再行研究决定"。这样，上述方案成为中国出席敦巴顿会议中国代表讨论的根据。④

1944年8月21日至10月9日，美、英、苏、中四国代表在美国华盛顿附近的敦巴顿橡树园举行正式会议，共同拟定新国际组织的组

---

① 《国防最高委员会国际问题讨论会主任王宠惠呈拟国际集团公约草案》（1942年7月4日），叶惠芬编《中华民国与联合国史料汇编·筹设篇》，台北："国史馆"，2001，第66—88页。

② 《国防最高委员会秘书长王宠惠呈蒋委员长报告大西洋宪章之缺点及拟具补充大西洋宪章联合宣言文稿》（1942年7月7日），叶惠芬编《中华民国与联合国史料汇编·筹设篇》，第5—7页。

③ 《国防最高委员会秘书长王宠惠呈蒋委员长对世界和平机构方案拟具我方基本态度与对重要问题之立场》（1944年7月24日），叶惠芬编《中华民国与联合国史料汇编·筹设篇》，第157—161页。

④ 《蒋委员长电外交部长宋子文战后和平组织会议我方以暂不提出对案为宜》（1944年7月29日），叶惠芬编《中华民国与联合国史料汇编·筹设篇》，第161—162页。

织草案。在此次会议上,《联合国宪章》的基本框架是在会议第一阶段由美、英、苏三国决定,留给中国的空间十分有限。8月22日,行政院副院长孔祥熙还是代表中国将拟就的宪章要点送交美、英代表团,阐述中国对制定宪章所持基本观点。① 会议第二阶段,顾维钧代表中国提出了7条补充意见,其中除第七条"应促进教育和文化合作"外,其余6条皆是基于前述经历而提出改进的问题。英国和美国同意接受其中三条,即第一条"维持和平与安全必须根据正义与国际公法之原则,以免新的国际组织沦为强权政治的工具",第五条"国际公法的方针与修订应由大会倡导,以有利于推进符合国际公法原则的安全",第七条"应促进教育和文化合作"。对于第六条"国际法庭应能强制裁判"表示原则上接受。第三条"对侵略应予定义,并尽量列举侵略的各种行为"留待以后讨论。被直接拒绝的是第二条和第四条,即"保障各国政治独立与领土完整,以增加各国特别是小国的安全感","组织国际空军,以作为安全理事会权威的象征和采取行动的手段"。②

在1945年4月25日至6月25日的旧金山《联合国宪章》制定会议上,基于国联在制止侵略方面失败的教训,中国代表团在四国小组会议上就宪章草案提出三项针对性修正案,其中第二项涉及国际法院之强制裁决问题,美国表示反对,中国最终保留了这方面的立场,其他两项则成功写入宪章草案。另外,在非常任理事国选举上,中国代表提出考虑地域平等分配的原则,获得大会支持。而对于联合国托管制度这一激烈争论的问题,中国明确主张以殖民地独立为托管制度的最终目标,虽然遭到美、英、法等国的一致反对,但在顾维钧的坚持下,该项主张被列入宪章国际托管制度的相

---

① 中国社会科学院近代史研究所译《顾维钧回忆录》第5分册,中华书局,1987,第392—393页。
② 金光耀:《国民政府与联合国的创建》,《中国社会科学》2003年第6期。

关规定。① 可见，国民政府虽然在基本原则上以追随美国为中心，但并未失去其独立性，在很大程度上，中国依然是广大受压迫民族国家的代言人。也正因如此，美国国内一些人士对中、法出现在安理会常任理事国中心存顾虑，尤其是担心其在有关地区事务的安排上投反对票。②

总之，以九一八事变为开端的日本侵华及国际制裁的无力，推动了中国及其他相关力量对国际新秩序的思考，进而影响到二战后国际公约的制定。其中，深受其害的中国反应是积极而特别的。结合战后中国参与《联合国宪章》制定的历史，可以看出中国有关定义"侵略"、组设国际警察、加强行政权等方面的提案是基于历史教训的反思而来。这样一种基于切身苦痛而提出的针对性方案在中国代表的努力下部分进入《联合国宪章》。当然，在战后国际和平秩序构建的过程中，美、苏两国把联合国作为他们争霸世界的工具，彼此冲突斗争不断，在很大程度上并没有完全考虑中国所代表的弱国处境。1944年7月24日，王宠惠指出："美方草案较诸美、英及我国若干人士所发表之言论以及此次奉交核议之三种方案相差甚远。"③ 因此中国虽列四强之一，但仍要慎重发言，减少提倡，"以居中调和折中，俾可增加我参预此次会议之贡献为上策"。④ 在这种情况下，中国要在新秩序的建构中，将九一八事变后国际和平秩序暴露出来的问题一一解决是不太现实的。

---

① 金光耀：《国民政府与联合国的创建》，《中国社会科学》2003 年第 6 期。
② "Review of Proposals and Suggestions, Chapter Ⅷ, Section C-Regional Arrangments, The United Nations Conference on International Organization, San Francisco, California," April 25-June 26, 1945, *Foreign Relations of the United States: Diplomatic Papers, 1945. Volume I General : the United Nations*, Washington, D.C.: U.S. Government Printing Office, 1967, pp.301-306.
③ 《国防最高委员会秘书长王宠惠呈蒋委员长对世界和平机构方案拟具我方基本态度与对重要问题之立场》（1944 年 7 月 24 日），叶惠芬编《中华民国与联合国史料汇编·筹设篇》，第 158 页。
④ 《驻英大使顾维钧自伦敦报告关于世界和平组织问题与英外长艾登等人晤谈后总核英方意见及我应取立场与宜注意之处》（1944 年 8 月 6 日），叶惠芬编《中华民国与联合国史料汇编·筹设篇》，第 164—166 页。

余 论

总体来看，20世纪30年代面对日本侵华，中国的因应要复杂很多，其中既有历史上的不平等条约关系的束缚和日本既定侵华政策的推进，同时有各大国在远东一贯的利益角逐，更有新时期苏联的影响，而这些背后都能看到相关大国践行利己主义外交政策的一面。在国际公约视域下检视这段中国因应的历史，我们看到国民政府试图以国际公约或多边条约为依托，寄希望于国联或其他大国来"主持公道"。这既是基于时局判断的决策，也是晚清以来多边主义外交意识发展的结果，符合多边主义的国际趋势，有其一定的必然性和合理性。在中国的坚持下，国联由最初的泛泛要求双方撤军，发展为要求日方限期撤军，再到认定、谴责日本侵略和不承认伪满洲国，最终通过制裁日本之决议，使日本最终只得退出国联，日本之侵略行为为国际社会知晓。中国坚持公约外交虽未能制止侵略，但并非毫无成效。

另外，毋庸置疑的是，一战后通过系列国际公约或多边条约而构建的维护和平的秩序本身亦存在一系列问题，而在九一八事变的国际交涉中又被进一步破坏，沦落为道义谴责的工具，甚至是"一撮废纸"[①]。国民政府过分依赖这样一种秩序，而未能很好地组织和动员国人去抗战，甚至在一定程度上把抵抗或自卫作为平息舆论的一种手段，最终导致了大片国土的沦丧和众多人员伤亡，这亦是一个十分惨痛的教训。

从条约履行、退出等条约运行的层面，进一步审视日本违约行为和侵略之实质，并考察被中国寄予厚望的国联或其他大国的作为，亦不难看到中国所倚重的多边主义和平秩序引人深思。固然，一战后构

---

① 刘信芳：《国际联盟九国公约非战公约与中日纠纷》，南昌《力行》第2卷第2期，1933年。

造维护和平秩序的国际公约存在明显漏洞或空洞无力等问题，但其制止战争、维护和平的宗旨十分明确，其中也有制止战争的一些条款，这些充分反映了一战后国际社会要求在集体安全的基础上维护和平的趋势。从日本发动九一八事变及其主导的国际交涉来看，其行为严重违背相关国际公约，充分展现了强权外交和积极推进侵华的一面。其一是日本违背条约善意遵守的原则。按照此原则，"缔约国对于一项合法有效的条约有义务善意地履行和遵守"，"善意履行不以获取单方面的利益为目的，更不以牺牲甚至榨取缔约他方的利益为目的"，"善意履行还必须以善意解释条约作为前提，恶意的解释条约必然导致非善意履行的结果"。[1] 由前述可知，日本之行为便是为推进侵华战略而恶意解释一战后和平公约的典型实例。其二是日本违背国际条约有条件退出的规定。《国际联盟盟约》第一条第三款明确规定："凡联盟会员国，经两年前预先通告后，得退出联盟，但须于退出之时将其所有国际义务，及为本盟约所负之一切义务履行完竣。"[2] 按照这一规定，九一八事变后日本终止侵华步伐是其必须承担之条约义务。这也符合条约法中有关退约不以损害他方为前提的原则，即"权利国的单方放弃引起条约终止的结果，以这种放弃对于对方毫无损害为条件；如果它的放弃可能使他方遭受损害，他方自然有权提出异议，以阻止条约的终止"。[3] 就国民政府展开的交涉来看，显然还未上升到条约法的层面。而英、美等西方列强作为多边条约中的间接当事国，在制止日本侵略上有推动条约履行的义务，国际联盟作为一战后着重制止战争和维护和平的唯一政府间国际组织，更应当仁不让，在制止日本侵略上发挥中枢作用。但是，这些相关主体表面上是因公约条款的问题对制止日本侵略束手无策，其实更是在其他因素下纵容日本恶意解释和退出公约，助长法西斯侵略扩张的野心，进而从

---

[1] 万鄂湘等：《国际条约法》，武汉大学出版社，1998，第169页。
[2] 《国际联盟盟约》，《国际条约集（1917—1923）》，第267页。
[3] 李浩培：《条约法概论》，法律出版社，1988，第528页。

根基上瓦解了一战后的和平秩序。

战争与和平问题关系到世界全局,是我们认识和把握国际形势的重大课题。那么,到底如何看待中国在国际和平秩序构建和运行中的角色?通过九一八事变后中国的因应,我们看到了当时中国作为弱势一方,也在积极接受一战后新的和平秩序,交涉期间依据该秩序展开多边外交,并在事后反思该秩序的问题,积极参与二战后的秩序重建。这样一种通过多边主义来维护国权、维护和平与安全的行为,符合国际趋势的发展。同时,中国难以依恃相关国际公约制止日本侵略有其必然性。这一严重后果更是提醒我们不仅要注意从条约制定和运行的层面警惕破坏因素的滋生,更为根本的是要设法提升维护国家权益的实力。

应变与革新：南京国民政府的法律机构与废约运动[*]

刘利民[**]

废约是一项系统工程。在此过程中，南京国民政府调动了各种部门参与。法律机构在此过程中扮演了颇为重要的角色，尤其是为取消领事裁判权做了诸多准备。但学界对此研究较少，尚无专文探讨。为抛砖引玉，笔者不揣浅陋，拟从废约视角考察南京国民政府前期法律机构的活动与影响，讨论立法与司法部门在废约运动中的作用，以期推动对该问题进行深入研究。

一 立法机构对条约关系变化的影响

自中国提出废除领事裁判权请求后，列强一直以中国法律体系不健全、司法制度不良为借口拖延。因此，建立健全法律体系和改良司法就成为民国政府努力的方向。为了尽快取消领事裁判权，外交机构加紧与列强交涉，法律机构则从内部积极筹备，制定法律，改良司法。在此背景下，立法机构迅速建立起一套近代化的法律体系，为废

---

[*] 本文系国家社科基金项目"民国时期条约理论研究之研究"（21BZS012）阶段性成果之一，据李育民主编《近代中外条约关系通史》第六卷相关章节修改而成。
[**] 刘利民，湖南师范大学历史文化学院教授。

约做出贡献。

南京国民政府成立之初,由司法部起草部分法律,承担了部分立法职能。立法院成立后,立法权转到立法院之手。其中,议决条约案及其他重要国际事项是立法权的重要部分。立法院对条约关系变化有明显影响,一是建立近代化的法律体系,二是审查批准条约。

就职能而言,立法院享有立法权。立法院成立后,迅速启动了一系列法律的制定工作,配合废约进行。立法机构积极制定各种法律,逐步建立健全自身法律体系,以塞列强之口。这个法律体系主要包括刑法、民法等各种法律的制定。

第一,吸收西方资产阶级刑法原则和观念,制定新的刑法典。

南京国民政府成立前,中国适用的刑法典是北洋政府制定的《中华民国暂行新刑律》及刑事特别法。南京国民政府成立后,决定制定新的刑法典。1927年12月,王宠惠奉命起草刑法草案。该草案比暂行刑律有明显改进,如关于新旧法律适用,以新法为原则,对于旧法之刑较轻者从轻;对于量刑和减轻刑罚等做了新的规定,减少法官自由裁量权;对于旧律中采取封建社会适应的服制图为准划定亲属范围的原则,新律予以删除,改为亲等计算法等。1928年3月10日,《中华民国刑法》正式颁布。这比《中华民国暂行新刑律》要进步,但仍存局限。[①] 此外,政府还颁布了一些特别法,实则是在刑法之外施加刑事处罚,这与"法治"精神冲突。为此,立法院在1931年12月9日组织了刑法起草委员会,决定予以修改。经过三年时间,最终完成草案。1935年1月1日,新刑法公布。新刑法吸收了当时最新的资产阶级刑法原则和观念。经过修订,南京国民政府建立了适合自己统治需要的刑法体系。

第二,制定中国历史上第一部系统的民法典。

列强不愿意取消领事裁判权,就借口中国没有民法典。因此,制

---

① 萧自诚笔记《修正中华民国刑法问题》,《中央政治学校校刊》第85期,1934年,"演讲",第3页。

定民法典有利于推进取消领事裁判权进程。王宠惠曾说：欲收回法权，免外人有所借口，民法商法比刑法还重要。① 1928年中意、中比条约签订后，孙科提及欲废除领事裁判权，但因多种法律没有制定，在事实上须经过相当时间。② 可见，编订法律与收回法权有密切关系。

1928年夏，法制局着手起草民法中的亲属、继承两编。不久，法制局裁撤，民法编订工作转移到立法院。1929年1月，立法院组织民法起草委员会，编订民法典。在各方努力下，南京国民政府最终编订了《中华民国民法》，包括总则、债、物权、亲属、继承等5编。民法总则编于5月23日公布。随后，债编、物权编于11月23日公布。亲属编和继承编则至1930年12月底才完成。至此，新的民法体系基本建立。立法院积极推进民法编订，与政府宣布自1930年起取消领事裁判权的特令相一致。这较好地配合了撤废领事裁判权运动。胡汉民指出，帝国主义者阻挠我们撤废领事裁判权的借口无外乎两个，一是中国没有统一而强固的政府，二是中国的法律还没有完备，但这"无非想借不平等条约来继续施行压迫中国的政策"。他以法律制定为例，指出这个借口是可笑的。③ 这大体反映了南京国民政府为取消领事裁判权所做的法律准备工作，也回击了列强拖延取消领事裁判权的借口。

此外，立法机构还从条约审查批准角度对废约进程施加影响。立法院享有一定的外交控制权，尤其对新订条约有审查批准权。1928年12月，立法院通过临时动议，主张条约须经立法院议决方能正式签字，发生效力。1931年12月26日，《修正国民政府组织法》将条约案划在"其他国际重要事项"之内。因此，订立新约与立法院有密切关系。立

---

① 《王司法院长之施政方针》，《法律评论》第6卷第6期，1928年，"法界消息"，第10页。
② 《孙委员科讲演改订互惠条约中之危机》，《汉平新语》第1卷第7期，1929年，"党务"，第29页。
③ 胡汉民：《国府明令撤废领判权的三大意义》，《中央侨务月刊》第5、6期合刊，1930年，"论著"，第5页。

法院对新订条约的批准有实际的否决权，1929年、1930年曾多次围绕条约权发生争执，"立法院坚持条约在批准之前送交议决，而不应在批准之后送交追认"。① 例如，中日关税协定签字后，王正廷将协定呈送中央政治会议及国民政府核准，并照例送立法院审议批准。他以为这只是一种程序，没想到引起了一场审议风波。②

立法院工作范围很广，涉外立法只是其中的一部分。条约案一般先经该院外交委员会讨论，再送立法院全体会议通过。外交委员会在条约案处理中具有主导权。1929年5月10日，外交委员会举行第一次常会，审查国际无线电公约案，决议批准，但提出须附带声明。③ 此后，外交委员会对各种条约案均进行审查。1929年至1930年底，该会连续开了14次常会审查条约案，包括新订中外条约，如《中波友好条约》、《中希通好条约》、《中捷友好通商条约》、收回威海卫租借地专约及协定等，也有不少国际公约，如《国际邮政公约》《国籍法公约》《中美公断条约》等。对于这些议案，外交委员会均给出意见，有的直接否决；有的则提出修改意见。其审查直接关系到条约的批准与否。

从上述事例可以看出，立法机构在废约、立约过程中能够发挥实际影响。

二　司法机构筹备收回法权的努力

司法机构对于司法改良负有直接责任，而司法改良是列强允诺中国取消领事裁判权的先决条件。因此，司法机构与条约关系变化有直接关系。司法院"对内负有促进法治国的责任，对外与行政院外交部共同负有撤销领事裁判权的责任"。④ 所以，在废除不平等条约过

---

① 王铁崖：《论立法院与条约权》，《观察》第3卷第2期，1947年，第6、7页。
② 参见李育民《中国废约史》，中华书局，2005，第755—756页。
③ 《外交委员会第一次常会议事录》，《立法院公报》第6期，1929年，"立法院各委员会议事录"，第30页。
④ 《司法院施政报告：司法改良》，《司法公报》第57期，1930年，"特载"，第33页。

程中，司法机构也起了重要作用。

第一，成立收回法权研究机构。

为收回法权，司法机构先后成立了收回法权筹备委员会和法权研究委员会。前者是司法院为配合收回法权而成立的机构。1929年8月1日，司法院决定设会"讨论筹备关于收回法权事宜"。① 9月26日，该会召开成立大会，决定"一方着手调查整理各国在华领判权制度之种种流弊，以为交涉资料；一方研究种种筹备方法，由各委分别担任"。② 该会对筹备收回法权有一定意义。例如，对于上海临时法院改组工作进行过认真研究，并提出具体的方案。当然，该会只是咨询机构，实际作用有限。③ 法权研究委员会于1935年成立，"司法行政部为完成收回法权之准备置法权研究委员会"。④ 该会"性质系作一种研究集会"。⑤ 因此，成立后即开始研究法权问题，首先讨论的问题有两个：一是详细调查日本、土耳其等收回法权之经过，以做参考；二是了解各国对中国收回法权的意向与态度。⑥ 法权研究委员会的研究对于收回法权有积极意义。例如处理上海租界法院协定问题就由法权研究委员会研究办法，供外交部交涉参考。⑦ 可见，该机构对于筹备收回法权有一定作用。

第二，努力实现司法独立，以备收回法权。

司法独立成为列强声明取消领事裁判权的一个条件。例如，中比条约签署时，虽承认取消领事裁判权，"惟须中国司法独立"。⑧ 中英法权谈判时，英国提出的草案内容之一就是要求中国保障司法独立，

---

① 《收回法权筹备委员会章程》，《司法公报》第32期，1929年，"法规"，第3页。
② 《收回法权筹备会，昨开成立会》，《申报》1929年9月27日，第4版。
③ 涛：《对于法权研究会之诤言》，《政治评论》第155期，1935年，"时事评论"，第861页。
④ 《司法行政部法权研究会规程》，《司法公报》第35期，1935年，"法规"，第2页。
⑤ 《法权研究会筹备就绪》，《申报》1935年5月5日，第3版。
⑥ 《司法部法权会先将研究日土收回法权经过》，《外论通信稿》第1089期，1935年，第3页。
⑦ 《特区法院协定明年四月满期》，《申报》1935年12月28日，第3张第9版。
⑧ 《十一月下旬大事记》，汉口《财政旬刊》第16期，1928年，"附录"，第145页。

"防止军事和其他非司法机关的行政干预"。① 国内也有人提出，应努力实现司法独立，以备收回法权。在这种背景下，司法独立与取消领事裁判权之间就存在密切联系。司法建设首要的是保障司法独立。司法独立必须拒绝行政、军事机关干涉。

行政机关干涉司法的最明显体现就是县长兼理司法。据1928年统计，河北省139个县中有131个实行这种制度。② 这表明司法制度不健全。有人指出，改良司法，撤废领事裁判权"必自撤废县长兼理司法改设法院始"。③ 南京国民政府成立之初即进行司法改革。1928年8月8日，国民党第二届中央执行委员会第五次全体会议召开，委员陈肇英提出议案，指出县长兼理司法"实为政法混合最不良制度"。④ 会议通过此提案。随后司法部拟定了具体计划。但是全国1700多个县要设立法院，难度颇大。据1929年底统计，全国设立各级法院总计374所，离计划数还有很大差距。⑤ 县长兼理司法的现象依然存在。1935年9月19日，全国司法会议第四次大会讨论整顿县长兼理司法案，决定将承审员改为审判官，并提高待遇；严定审判官资格，并慎重其人选；审判权应完全独立。⑥ 据此，司法行政部制定了《县知事兼理司法事务暂行条例》。这虽对行政干涉司法权进行了限制，但未从根本上解决问题。直到1946年底，这一制度才被废除。

军事机关干涉司法是司法不独立的重要表现。在国民党军政时期，军人干涉司法为常有之事，甚至军事机关可以代行诉讼。训政时

---

① "Decode Sir M. Lampson (Nanking)," Jan. 18, 1930, FO 371/14659, pp. 110-111.
② 《呈司法部录送提议增设法院推进司法独立计划案请鉴核由》，《河北高等法院公报》第1期，1929年，"公牍"，第32页。
③ 辛玉堂：《县长兼理司法之流弊》，《苏衡》第1卷第5期，1935年，第73页。
④ 提案人陈肇英：《设立县法院废止县长兼理司法并严禁监狱虐待囚犯案》，《申报》1928年8月8日，第6张第24版。
⑤ 《司法行政部施政报告》，《司法公报》第50期，1929年，"特载"，第41—42页。
⑥ 《县长兼理司法，司法会议决定三办法，法律学会今日可成立，大会今日闭幕》，天津《益世报》1935年9月20日，第1张第2版。

期，这种现象仍然存在。遇到这种情况，司法机关也很无奈，只能呈请主管部门向军事机关交涉。但这不能从根本上解决问题。司法院院长王宠惠上任伊始，即准备解决此问题。他于1929年初向国务会议提出司法权限划分案。① 该案得到通过。随即，行政院、司法院请求南京国民政府"颁发明令，通饬全国各军长官，对于各该军事机关诉讼、干涉司法等事，严行禁止"。② 这使军人干涉司法失去依据。当然，因积弊已久，此后仍有类似情况出现，司法部门不得不多次呼吁军事机关申明禁令。

第三，取消领事裁判权动因下的司法改良。

司法不良是列强反复强调不能取消领事裁判权的一个原因。在法权交涉过程中，美国就提出："中国政府现在有责任对其法律和司法制度及司法管理制度进行改革，以便达到该委员会认为必要的程度。"③ 虽然南京国民政府并不认同这种借口，但一直在努力进行改革，也确实有意无意地将其与取消领事裁判权联系起来。

改进司法制度必须统一司法权。南京国民政府建立之初，地方分裂、司法组织系统紊乱、军政机关干涉司法、县长兼理司法等，均影响司法统一。南京国民政府对此均有对应的处置措施。除此之外，特别法典颁布和特别法庭设置也不利于司法统一。这些特别法典和特别法庭主要针对土豪劣绅、所谓"反革命"等而制定，等于在普通司法体系之外开一特例，割裂了司法审判权，损害了普通法典和普通法庭的效力。因此，要统一司法，就必须取消这种特例。1928年8月，中政会第152次会议决定取消所有各种特别法庭，"其特种刑事临时法庭取消办法，俟司法院成立，再行交议"。④ 司法院成立后，王宠

---

① 《王宠惠主张划分司法权，以免军人干涉司法之弊》，天津《益世报》1929年1月17日，第3版。
② 《国民政府训令严饬所属军事机关禁止受理诉讼干涉司法以肃法纪由》，《司法公报》第6期，1929年，"府令"，第11页。
③ "Decode Sir M. Lampson (Peking)," May 9, 1929, FO 371/13911, p. 318.
④ 《中央常务会议，惨案特别法庭应即结束》，《申报》1928年8月31日，第4版。

惠起草了《关于特种刑事临时法庭取消办法六条》,提交中央政治会议讨论通过。12月24日,司法行政部正式通令各法院执行,规定在暂行反革命治罪法未废止前,反革命案件按照刑法上内乱外患等罪管辖,由各高等法院审理;在惩治土豪劣绅特例未废止以前,土豪劣绅案件由各地方法院或其简易庭审理。①

统一司法权还必须健全司法组织。就司法管理体制而言,南京国民政府成立之初,规定由司法部管理全国司法行政事务。1928年10月,五院制实行,司法院为最高司法机关,下设有司法行政部、最高法院、行政法院及中央公务员惩戒委员会。其中,司法行政部管理全国司法行政事务。这就从法理上确保了中央对地方司法行政事务的直接管辖,审判、检察系统也得以理顺。"最高法院为全国终审审判机关",内设民事庭、刑事庭,负责审判,另设检察署,负责检察事务。② 这从法理上保障了中央对地方审判、检察事务的管辖。

南京国民政府从1927年8月开始进行司法改革,计划"重订法院制度,设置最高法院,裁撤检察厅,废除县知事兼理司法"。③ 随即司法部呈请裁撤检察机关及改定法院名称。这样,司法审判、检察机关就实行审检合署制,将省审判厅、地方审判厅分别改为高等法院、地方法院,相应的分厅改为分院,法院设推事行使审判权,设检察官行使检察权。审级制改革始于《法院组织法》颁布,而这个组织法经历了两年的酝酿。1930年6月,《法院组织法立法原则》通过。④ 1932年又对此原则进行了修订。10月8日,立法院通过《法院组织法》,并由国民政府颁布,定于1935年7月1日施行。该组织法正式确定设地方法院、高等法院、最高法院三级法院。⑤

---

① 《会令各法院奉部令印发关于取消特种刑事临时法庭办法六条仰遵照由》(1928年12月24日),《河北高等法院公报》第1期,1929年,"公牍",第120—122页。
② 《最高法院组织法》,《司法杂志》第1期,1929年,"法令",第3—4页。
③ 《王宠惠就职后之司法前途》,《申报》1927年7月30日,第4张第13版。
④ 《法院组织法立法原则》,《立法专刊》第4期,1931年,第1页。
⑤ 《法院组织法》,《立法专刊》第7期,1933年,"法律案",第81页。

改良司法机构，必须改设法院、监所和培养司法人才。就法院而言，司法主管机关对筹设新式法院做了一些努力。司法行政部拟订了为期六年的训政时期工作计划，拟筹设各级法院1800余所。[①] 此后即按照此计划扩充法院，尤其是《法院组织法》实施后，新法院增设明显。司法行政部部长王用宾在1935年提到，第二审法院，除高等法院外，不过30处高等分院，两个月内增设29处；第一审地方法院原来61处，两个月内增设117处。当然，遍设新式法院的计划仍有很大困难。[②] 总的来看，新式法院筹设虽未达预期，但成效还是有的。

监狱也是司法改良的重点。司法机构对监狱、看守所问题给予重视，1928年7月14日、10月4日分别颁布了《看守所暂行规则》《监狱规则》。但现实是，新式监狱数量有限。[③] 至1929年，全国新式监狱仅81所，远不能满足需要。为此，司法行政部决定筹设各省新监，改良旧监。[④] 该部计划分期筹设新式监狱260余所，整理全国各省原有法院监所。除监狱外，还要求各省"每筹设一地方法院，应同时附设看守所一所"。[⑤]

上述计划庞大，需要巨额经费和人才为支撑。就经费而言，完成计划需要6.2亿元左右，这在当时根本不能落实。就人才来说，全国筹设各级法院1800余所、新式监狱260余所、看守所1815所，加上原有法院、监所，"其所需各项人才，为数至巨"。尽管司法行政部

---

① 《司法行政部训政时期工作分配年表说明书》，《司法公报》第32期，1929年，"特载"，第29页。
② 王用宾：《司法会议后本部之责任》，《现代司法》第1卷第2期，1935年，第6—7页。
③ 《司法行政部训政时期工作分配年表说明书》，《司法公报》第32期，1929年，"特载"，第26页。
④ 《司法行政部施政报告》，《司法公报》第50期，1929年，"特载"，第42页。
⑤ 《司法行政部训政时期工作分配年表说明书》，《司法公报》第32期，1929年，"特载"，第26、27、32页。

对司法官、书记官、法医、监所职员及承发吏、司法警察等均有规划，①也确实开设了司法训练所来培养人才，但远不能满足需要。以法官为例，1937 年全国 19 省只有 2023 人。② 这与计划所需人才数相去甚远，司法改良效果大打折扣。

三 法律机构配合外交机构调整管辖在华外人政策

在收回法权交涉过程中，法律机构不仅自身积极完成法典编纂、司法改良等准备工作，而且直接配合外交部进行法权交涉，调整管辖在华外人政策。

第一，调整华洋诉讼案件处理办法。

近代中国，华洋诉讼指原告为洋人、被告为华民的中外混合案件，根据被告主义原则由中国官员按照中国法律审理，但必须知照原告所在国领事观审，有时外国领事还要求会审。有时涉及买办华人案件也如此办理。③ 为了取消领事的观审权、会审权，南京国民政府决定调整诉讼办法。1929 年 5 月 4 日，外交部呈请分期裁撤各省及各埠交涉署。7 月，外交部制定《裁撤交涉署善后办法》，规定华洋诉讼上诉案件移交相应法院办理。12 月，外交部又制定《交涉署裁撤后办理外人事件范围》。这样，领事观审、会审权终结。不过对上诉案件的归属没有明确。司法院于 1929 年 12 月 11 日建议上诉案件由各省高等法院管辖，一审案件改归地方法院审判，县公署不再受理。但考虑到地方法院的设置情况，外交部建议仅对上诉机关更改。司法

---

① 《司法行政部训政时期工作分配年表说明书》，《司法公报》第 32 期，1929 年，"特载"，第 32、29 页。
② 《司法院发表全国司法官人数统计》，《法律评论》第 14 卷第 28 期，1937 年，"法界消息"，第 25—26 页。
③ 张步瀛：《华洋诉讼之沿革及领事裁判权应撤废之理由》，《现代司法》第 1 卷第 8 期，1936 年，"论著"，第 4 页。

院表示同意。① 1930年7月15日，司法院进一步颁布训令补充上诉案件处理规定。② 这样，华洋诉讼初审、上诉均改为按照普通法律程序进行。

华洋诉讼还有一种变例，即会审公廨。会审公廨负责管理租界内洋原华被诉讼案件和华人之间的民刑诉讼案件。南京国民政府时存在上海和厦门两个会审公廨。前者在1926年改组为上海临时法院，虽已名义上收回，但实际上领事裁判权依然存在。自1928年起，南京国民政府启动收回临时法院交涉。1930年2月17日，中外达成《上海公共租界设置中国法院之协定》。据此，该临时法院撤销，改设江苏高等法院第二分院、上海第一特区地方法院。法租界会审公廨则根据1931年7月28日中法达成的《关于上海法租界设置中国法院之协定》撤销，改设江苏高等法院第三分院、上海第二特区地方法院。随后，南京国民政府准备乘胜收回厦门鼓浪屿公共租界会审公廨，但并不顺利。该机构直至抗战胜利后才被撤销。

华洋诉讼费用征收政策也有调整。1915年6月，北洋政府规定，洋人为原告或上诉人时缴纳一半诉讼费。因遭到反对，1920年对领事署送理的民事案件通融，免缴讼费。这一办法延续到1930年。是年，河北高等法院院长邵修文提出，中外条约并没有规定不得征收诉讼费，请求取消通融办法。这得到赞同。司法行政部遂于5月13日颁布训令，要求各级法院遵行。③ 这样外人不再享免费待遇。

第二，《管辖在华外国人实施条例》的制定与实施。

该条例是南京国民政府在法权交涉无法取得突破的情况下，决定单方面取消领事裁判权以施加压力的产物。经过中国政府先后两次照

---

① 立法院编译处编《中华民国法规汇编》第4册第5编，中华书局，1934，第566页。
② 《司法院训令：为改定华洋诉讼办法由》，《司法公报》第81期，1930年，"院令"，第24—25页。
③ 《训令各院庭嗣后华洋民事诉讼其外国人为原告或其他当事人之案件无论是否经由领事送理应依照现行法令一律征收讼费并令出具法定诉状由》，《河北高等法院公报》第5期，1930年，"涉外诉讼"，第153—155页。

会，英美等仍拒绝立即取消在华领事裁判权，而中国国内废约呼声高涨，南京国民政府决定在1930年元旦撤销领事裁判权。这个姿态已经对外公布。而到1929年底，与英美等国达成协议的希望渺茫。为此，12月27日，王正廷提交《取消领事裁判权提案》，提出两条办法：一是即日公布自1930年元旦起取消外人领事裁判权，二是从速颁布管辖外国人民诉讼之实施办法。这得到批准。① 据此，南京国民政府于12月28日发出特令，规定享有领事裁判权的外侨自1930年1月1日起一律遵守中国法令。30日，外交部发表宣言称，撤废领事裁判权是"一重大之内政问题"，中国政府定1930年元旦起撤废领事裁判权，以解除中国主权所受领事裁判权之束缚。②

行政院与司法院也饬令主管机关会拟具体实施办法。《管辖在华外国人实施条例》到1930年12月中旬才拟定，并经中政会会议通过。③ 南京国民政府拟定这个办法本来是为了法权交涉无法取得进展时公布实施。因此，在1931年5月5日国民会议召开前，国民政府仍在希望法权交涉取得突破。但是到5月初，法权交涉未达成协议，南京国民政府不得不宣布"法权谈判停顿"。④ 5月4日，南京国民政府公布《管辖在华外国人实施条例》，规定在华享有领事裁判权的外人此后应受中国法院管辖。为此，中国设置特别法庭进行处理，规定在东省特区、沈阳、天津、青岛、上海、汉口（夏口）、巴县、闽侯、广州、昆明10个地方法院及其系属的各该高等法院内各设专庭，受理外人为被告的民刑诉讼案件。发生在上述法院管辖范围之外的案件，被告得以书面申请受该法院审理。⑤ 条例颁布后，司法行政部进

---

① 《取消领事裁判权案之提案》（1929年12月27日），政治档案，中国国民党党史馆藏，档案号：政1/7.1。
② 中国第二历史档案馆编《中华民国史档案资料汇编》第5辑第1编，江苏古籍出版社，1994，第52—53页。
③ 《中政会外交组讨论法权问题》，《申报》1930年12月17日，第1张第4版。
④ 《法权谈判停顿，外部发表宣言》，《申报》1931年5月5日，第1张第4版。
⑤ 《管辖在华外国人实施条例》，《立法专刊》第5期，1931年，"法律案"，第157—158页。

行了积极筹备，要求 12 月底前将专庭设置完竣。此外，该部还就监所设置做了规划。

但是，上述计划落实情况并不理想，其中一个重要原因就是经费无着落。按照规划，仅专庭开办经费就需要 55.6 万元，经常经费 78.6 万元。① 但经费无法按时到位。实际上，上述困境产生的最主要原因还是国民政府并没有真正想要实施该条例，因此导致这些专庭、监所设置计划无法落实。国民政府在 1931 年 12 月 29 日颁布了一道命令，暂缓该条例实施。这个暂缓令其实是在英美的压力下做出的——与中国法权交涉陷入停顿时，英美不愿意其侨民承受中国 5 月 4 日命令带来的风险，因此要求中国取消实施命令。

结　语

收回法权是废约的重要内容，但收回法权不仅仅是外交磋商那么简单，需要外交、立法、司法等各机构协调努力。在收回法权过程中，法律机构发挥了非常重要的作用。为恢复法权，南京国民政府法律机构做了诸多努力。

列强拒绝立即取消领事裁判权的借口是，中国法律体系不完善和司法不良导致外人不能得到"公正审判"。美国驻华公使马克谟就强烈批评中国司法现状，声称自法权调查委员会发表报告后，中国法律或司法没有取得什么进步。英国政府也认为在条件不成熟时撤废领事裁判权是有害的。② 从外人观点看，中国取消领事裁判权需要法律体系和司法体系各种改进，以达到列强"满意"的程度。换言之，列强就是"主张以我国改良司法为取销领事裁判权的条件"。③ 其实，

---

① 《外人诉讼专庭全国共设十处》，《宣传周报》第 32 期，1931 年，"论著"，第 10 页。
② 《华洋诉讼案件近来均在法院起诉，各领对取消领判权之意见，裁撤交涉署年内恐难实行》，天津《益世报》1929 年 12 月 30 日，第 3 张第 10 版。
③ 《司法院施政报告：司法改良》，《司法公报》第 57 期，1930 年，"特载"，第 33 页。

这些都只是列强拖延取消领事裁判权的借口。

尽管反对将司法改良作为取消领事裁判权的条件，但南京国民政府并不拒绝改良司法。为了配合收回法权，立法机构迅速启动了法律制订程序，颁布了民法、刑法等法律，建立了一套近代化的法律体系，以塞外人之口。此外，立法机构积极履行条约审查职能，实际推进废约。司法机构也从成立收回法权研究机构、保障司法独立、进行司法改良等方面入手，为收回法权积极筹备。此外，法律机构还积极配合外交机构调整华洋诉讼管理办法，制订相关条例，直接推进废约进程。总之，南京国民政府成立后，颇为注重司法革新改进。[①] 这使司法状况得到较大改善，民法、刑法、商法等逐步编订，法院及监狱设备逐步完善，近代化司法体系得以建立，能够适应撤废领事裁判权后的形势。确实，为了废约，南京国民政府在立法、司法等方面做了较大努力，取得了一定成就。当然，由于政局、经费等原因，这些努力没有达到预期效果。

[①] 《王宠惠就职后之司法前途》，《申报》1927年7月30日，第4张第13版。

王宠惠对中国近代不平等条约的认识*

孙　阳**

鸦片战争后，列强强迫中国政府签订了一系列不平等条约，在近代中国逐渐形成了一种新的对外交往形式——条约体系。列强凭借这一体系，肆意损害中国的权益，给中国人民带来了深重灾难。有鉴于此，废除这些不平等条约成为中国人民的共同诉求。民国建立后，历届政府都开展了一定程度的修约和废约运动。当时作为资深外交官的王宠惠或多或少参与其中。在具体的实践中，他对近代中国的条约体系逐渐有了深刻认识，并在此基础上形成了一套较为系统完整的条约思想。对于王宠惠对不平等条约的认识，尚无学者进行专门探讨，仅仅在一些相关研究中有所涉及。① 纵观已有的研究成果，笔者发现学

---

* 本文为2023年湖南省研究生科研创新项目"民国时期职业外交家群体的条约观研究"（CX20230511）的阶段性成果。

** 孙阳，湖南师范大学历史文化学院博士研究生。

① 参见刘宝东、郭洪川《王宠惠与顾维钧在华盛顿会议上的外交合作——兼议民国职业外交家群体的形成》，《华北电力大学学报》2002年第3期；周晓辉《王宠惠与华盛顿会议》，《中山大学研究生学刊》2004年第4期；刘宝东《民族主义勃兴与司法主权重构——民国北京政府废除领事裁判权的外交努力》，《北京联合大学学报》2005年第4期；王学斌《劳而无获：王宠惠与法权会议》，《文史天地》2013年第6期；谷传波《王宠惠宪政思想研究》，硕士学位论文，山东大学，2013；王文慧《王宠惠法律思想研究》，硕士学位论文，青岛大学，2014；张仁善《近代法律人在收回治外法权中的角色及感悟——以王宠惠先生为个案的考察》，孙佑海主编《王宠惠法学思想研究文集》，天津大学出版社，2018。

者将关注点集中在王宠惠为废除列强在华领事裁判权而付出的种种努力上,而关于他对近代中国条约的认识和看法探讨还比较薄弱。总体来看,对于王宠惠对不平等条约的认识还存在较大的研究空间。有鉴于此,笔者在前人研究的基础上,结合相关文献资料,对这一问题进行考察。

一 对条约的基本认识

所谓条约,中外国际法学家有着不同的认识。如英国著名国际法学家奥本海认为:"国际条约是国家间或国家组成的组织间订立的在缔约各方之间创设法律权利和义务的契约性协定。"[1] 我国近代著名国际法学家王铁崖认为:"条约是国家及其他国际法主体间所缔结而以国际法为准并确定其相互关系中的权利和义务的一种国际书面协议,也是国际法主体间相互交往的一种最普遍的法律形式。"[2] 李浩培将条约定义为:"条约是至少两个国际法主体意在原则上按照国际法产生、改变或废止相互间权利义务的意思表示的一致。"[3] 简言之,条约就是"国际法主体间缔结而以国际法为准,旨在确立其相互间权利与义务关系的国际书面协议"。[4] 鉴于条约与国际法的密切关系,在国际法上有深厚造诣的王宠惠对条约也有深刻认识。

条约一经签订,必须要遵守,不能随意废止。信守条约是国际法中的一个重要原则,它要求签约国"不仅按照条约的文字,而且也按照条约的精神履行条约,要求不仅不以任何行为破坏条约的宗旨和

---

[1] 劳特派特修订《奥本海国际法》上卷第 2 册,王铁崖、陈体强等译,商务印书馆,1972,第 310 页。
[2] 王铁崖:《国际法》,法律出版社,1981,第 319 页。
[3] 李浩培:《条约法概论》,法律出版社,1987,第 1 页。
[4] 万鄂湘等:《国际条约法》,武汉大学出版社,1998,第 3 页。

目的，而且予以不折不扣的履行"。① 其目的"在于为国际间的互信和互赖创造条件，从而确保国际关系的稳定和国际和平的维持"。② 对于此原则，王宠惠深表认可，并在实践中加以贯彻。1917年北洋政府决定参与一战后，随即对外宣布与德国断交，但中德断交后还存在一系列问题，如中德之间签订的条约是否还有效力，德国在中国的领事裁判权是否宣告废除等。对于这些问题，王宠惠认为"国交虽断，不能谓条约失其效力。盖断交与宣战不同，断交者特将国与国公式之往来断绝，而条约之当履行者仍不能废。收回德国领事裁判权问题，政府已派丁士源在沪交涉此事"。③ 在他看来，即使中德断交，但双方之间签订的条约还要履行，废除德国在中国境内的领事裁判权也要遵循条约的规定，履行合法正当的程序。

条约是可以修订的。条约签订后并不是一成不变的，而是可以修订的。条约的修订具体指："条约当事国在缔结条约后于该约有效期间内改变其规定的行为。修订既可以删除原条约的某些条款，也可以增加某些条款，还可以变更某些条款的内容。"④ 对于该原则，王宠惠有较为深刻的认识。如对于列强在中国的领事裁判权，王宠惠强烈要求修订相关条约并直至废除。1902年，清政府在与英、美、法、日等国签订的条约中明确规定，待中国法律和司法达到他们满意的程度后，他们须放弃在中国的领事裁判权。1921年11月25日，在华盛顿会议上，王宠惠根据此前的规定，向各国提出修约要求："今日中国已非二十年前英国允许撤废领判制度时之中国，尤非八十年前畀予治外法权时之中国。本代表非欲请各国立即放弃，但愿共助中国着手改良现行办法，以冀此制之撤废。"⑤

---

① 李浩培：《条约法概论》，第329页。
② 李浩培：《条约法概论》，第330页。
③ 《王宠惠断绝国交之意见》，《新闻报》1917年3月21日，第5版。
④ 李浩培：《条约法概论》，第445页。
⑤ 《美京施顾王代表电》（十年十一月二十九日），天津市历史博物馆编《秘笈录存》，知识产权出版社，2013，第367页。

关税权亦是如此，王宠惠也主张通过修订关税条约以渐次达到收回的目的。1925年9月28日，在关税会议召开前夕，王宠惠通电北京政府："且列邦每以根据华会范围为标准，殊不知我国此次修改条约之争，凡今日以前各约，我国认为不平者，皆在修改之列。况华会约文，我本有保留成案，何能援以为据？"① 王宠惠认为，不能以华会上的规定为依据，只要关税条约有损中国的权益，皆应进行修改。

二 对不平等条约的基本看法

鸦片战争后，在列强的侵略下，中国的不平等条约逐渐产生，它"是特定时期的产物，有其特定的涵义，可以说，它是列强通过不平等条约对中国行使'准统治权'的特权制度"。② 近代中国的不平等条约主要有三种来源："（甲）两个国家失和交战后，那么战胜国（权利国）与战败国（义务国）缔结条约，必为单务契约。如中英《南京条约》是。（乙）一个国家，往往因了侵略政策的胜利，使被侵略国无形屈服，而缔结条约。如日本二十一条要求是。（丙）有许多国家，虽然不因战争，也不用压迫的手段，可是依了他国的先例，与对方缔结条约。如鸦片战争后，美国及法国与我国所订立的最惠国条款是。"③ 在长期的外交生涯中，王宠惠对近代中国的不平等条约也形成了较为深刻的认识。

王宠惠认为"不平等条约"虽然不是国际法中的专门名词，但其有着特殊的意义。对于不平等条约，他定义为："简言之，凡条约中规定缔约国一方享有片面特权，另一方面负有片面义务，而根据国

---

① 《徐树铮王宠惠等争关税自主电》（1925年9月28日），章伯锋主编《北洋军阀（1912—1928）》第5卷，武汉出版社，1990，第109页。
② 李育民：《近代中国的条约制度》，湖南师范大学出版社，1995，第7页。
③ 陈济成：《不平等条约浅说》，中华书局，1935，第3页。

际公法，此种片面特权与片面义务，并非为一般国家所应享有或担负者，即为不平等条约。"① 但是对于两国交战签订的由战败国割地赔款，独自一方负片面义务之媾和条约，王宠惠并未将其纳入不平等条约的范畴。其原因在于"诚以割地赔款，一经执行，其义务即随之终了"。②

不平等条约制度在近代中国延续了上百年时间，列强依据不平等条约在中国攫取了大量权益，给中国的政治、经济、文化等各个方面都带来了巨大的危害。对此，王宠惠鲜明指出："至我国以往与各国所订条约，则有异于是，外国享有之种种特殊权利，与我国所担负之特殊义务，率皆时限甚长，或且漫无期限。溯自订立江宁条约起，我国受此种不平等条约之束缚，迄今已历百年。已往与我同受此种束缚之国家，如日本、土耳其、暹罗诸国，早已先后废除。惟在我国则仍感痛苦。"③ 为了进一步分析不平等条约给中国带来的危害，王宠惠以具体的不平等条约为例进行说明。如1915年日本与袁世凯秘密签订的"二十一条"，王宠惠认为其对中国的危害主要有："（第一）中国要求交互之让与，而日本并未提供任何物件，故协定所引出之利益，完全为片面的；（第二）协定要点，破坏中国与他国之条约；（第三）协定与会议所通过关于中国之原则，不能相容。"④ 他还将"二十一条"的危害上升到国际关系范畴，认为其在国际关系上开创了一个危险的先例，具体表现为，"苟一国于似签订一九一五年条约交涉时之时势，而从一友善及军事设备上较弱之国家，获取种种贵重之让与。此种让与，在争议中既有不满，且均非自行提议者，而其他国家并不加以非难或抗议，必致造成更为危险之先例，其及与国际关系之影响，至不可计算。此项条约及换文，诚为国际关系年史上之独

---

① 王宠惠：《废除不平等条约之回顾与前瞻》，张仁善主编《王宠惠法学文集》，法律出版社，2008，第453页。
② 王宠惠：《废除不平等条约之回顾与前瞻》，张仁善主编《王宠惠法学文集》，第453页。
③ 王宠惠：《废除不平等条约之回顾与前瞻》，张仁善主编《王宠惠法学文集》，第453页。
④ 《中美日对二十一条之宣言（续）》，《申报》1922年4月4日，第4版。

一无二者矣。即在历史记事中,欲求一例证,其性质之严酷,如一九一五年日本向中国提出之要求"。① 在王宠惠看来,近代中国历届政府签订的一系列不平等条约,"其有损我国主权,固无二致"。②

三 对不平等条约特权的认识

各种条约特权构成了近代中国不平等条约的主要内容,王宠惠认为其"范围广泛,性质复杂,有为条约所规定者,更有因曲条约文字而成为惯例者"。③ 总体而言,他将不平等条约中的特权分为两类:"一方面为外国享有普通国际公法所不容许之特权,另一方面为中国丧失依据国际公法所应享有之权利,前者本不应有居然享有,后者则本应享有而竟不能享有。"④ 具体来说,其主要内容涉及领事裁判权、租界、租借地、片面最惠国待遇、使馆区、驻兵权、军舰游弋停泊权、限制中国驻军设防条款、内河航运权、沿岸贸易权、口岸设厂制造权、用人限制、整理河道条款、电信权、铁路经营及矿山开采权以及协定关税权等。由于王宠惠对这些不平等特权都有着较为深刻的认识,笔者选取其中几种重要的特权加以分析。

首先是领事裁判权。王宠惠认为,按照国际公法的相关规定,一个国家对在其国的外国人拥有完全管理的权力。但不平等条约的签订,使中国完全失去了该权力。他指出:"举凡涉及外国人之民刑诉讼等案件,均由其所属之领事,自行处理。不但如此,即逃匿外人住所之中国犯人,或受雇于外人之华民犯罪时,亦须先行通知各该国领事,得其同意,然后始得加以拘捕。此外,在外华人,并拒绝向中国官厅缴纳其应缴之租税。"⑤ 这些行为均与国际公法相违背,王宠惠

---

① 《中美日对二十一条之宣言(续)》,《申报》1922年4月4日,第4版。
② 王宠惠:《废除不平等条约之回顾与前瞻》,张仁善主编《王宠惠法学文集》,第453页。
③ 王宠惠:《废除不平等条约之回顾与前瞻》,张仁善主编《王宠惠法学文集》,第453页。
④ 王宠惠:《废除不平等条约之回顾与前瞻》,张仁善主编《王宠惠法学文集》,第453页。
⑤ 王宠惠:《废除不平等条约之回顾与前瞻》,张仁善主编《王宠惠法学文集》,第453页。

因此认为"领事裁判权,在各种特权中,最为首要",① 而且对中国带来的危害最大,"已成为地方行政上之重大问题,使中国领土及行政完全上之障碍不复继续"。②

对于领事裁判权的弊端,王宠惠将其概括为五个方面:"(一)领事裁判权剥削中国主权,使中国人认为国家之奇辱;(二)同一地方法廷(庭)之增加,及法廷相互关系之综错,使司法上发生一种特别现象,致训练有素之律师及非专门之人员俱感困难;(三)因法律不确定之故,发生许多弊害,准一般条规,凡某事件所使用之法律以被告人国藉(籍)为断,故国藉不同之甲乙两人,如有商事诉讼,其双方之权利与义务因甲乙两人孰先起诉而有变动;(四)凡民刑事件之发生,如有被告为外国人,必解交最近之领事廷审判,此领事廷之距离或在数百里外,因此常有不能使必要证人莅廷,或不能收集其他必要证据之事;(五)最后尚有使中国人感为不便者,即因领事裁判权之保障故,在中国之外国侨民,竟主张豁免中国人所必完纳之地方税是也。"③

为了进一步加深对领事裁判权危害的认识,王宠惠还对上海租界内的临时法院进行了分析。会审公廨是上海租界临时法院的前身,其在本质上"超出了领事裁判权的范围,与一般的领事裁判权制度有着区别,但它由领事裁判权发展而来,是一种特殊的领事裁判权制度"。④ 更重要的是,它更在条约外侵犯中国主权,给中国带来了更大的危害。虽然上海会审公廨改为上海临时法院,与之前相比有所进步,但并无实质上的变化,对中国的危害依然很大。对此,王宠惠鲜明指出:"(一)陪审官审制度依然存在,所有案件实由外国审判官负责,中国无审判权;(二)外人书记官长统辖法院内外的一切重大事

---

① 王宠惠:《废除不平等条约之回顾与前瞻》,张仁善主编《王宠惠法学文集》,第453页。
② 盖平、周守一:《华盛顿会议小史》,中华书局,1925,第229页。
③ 盖平、周守一:《华盛顿会议小史》,第230页。
④ 李育民:《近代中国的条约制度》,第53页。

务；(三) 司法警察全归工商局节制，不受法院之指挥监督；(四) 监狱与法院不发生关系；(五) 工部局捕房于执行时往往以会审观审领事的主张为主张，而对于法院的判决案漠然视之；(六) 临时法院实行两审制，初审在法院，二审在法院中的上诉庭，在上诉庭败诉后，不能上诉于最高法院。"① 此外，王宠惠还曾游历欧洲，对其弊端有着亲身体会。他曾指出："兄弟到过欧洲，每坐火车，一日可经数国，因为关吏检查行李，验看护照，所以凡入国境，即知又到一国。由此可知外人入哪一国，即受哪一国法律的限制。像外国人到上海则不然，因为外人到了中国国境，还以为仍如在本国境内，现在他们仍享这种特别权利。"②

其次是租界。王宠惠认为租界有 "Concession" 和 "Settlement" 之分。"Concession" 是 "外国政府向中国政府租得整块土地，再由该国领事分租与该国人民"。③ "Settlement" 是 "外国侨民在中国政府指定租界内，直接向中国地主租用土地，其土地所有权仍属原地主，外侨并直接向中国政府纳契税"。④ 它们虽有一定的区别，但所有租界内的行政权如警察、筑路、卫生、征税、街道、房屋等均由市政公会操纵，市政公会董事多由外国人担任，一切大权均由他们掌握，中国政府无权过问。这些 "实于中国主权损伤甚巨，其有害于中国行政上之完整，已不胜言矣"。⑤

再次是片面最惠国待遇。王宠惠认为最惠国待遇在近代中国的通商条约中最为普遍，它具体指的是 "甲国与乙国订定，凡甲国现在或将来如有利益给予任何第三国，乙国亦能享受之；反之，乙国如有

---

① 王宠惠：《改组上海临时法院交涉经过》，张仁善主编《王宠惠法学文集》，第 296—297 页。
② 王宠惠：《最近的五种希望》，张仁善主编《王宠惠法学文集》，第 518 页。
③ 王宠惠：《废除不平等条约之回顾与前瞻》，张仁善主编《王宠惠法学文集》，第 453 页。
④ 王宠惠：《废除不平等条约之回顾与前瞻》，张仁善主编《王宠惠法学文集》，第 453 页。
⑤ 《调查法权委员会报告书（选录）》，章伯锋主编《北洋军阀（1912—1928）》第 5 卷，第 131 页。

利益给予第三国，甲国亦照样享受"。① 王宠惠还指出，近代中国与列强所签订关于最惠国待遇的条款均为片面性质，不仅我国不能与各签约国享受同等权利，而且还不仅仅局限于通商航行领域。他认为"此种不平等之条件，在国际条约上殊属罕见"。②

复次是势力范围问题。王宠惠认为势力范围亦指利益范围，是一个不确定的名词，具体指"主张此项权利之诸国，得于各国之范围内，享有保留、优先、独占、或特别权利并贸易、投资、及其他各种目的之特权"。③ 势力范围的形成"或根据中国未曾参加各国间条约，或根据于阻碍中国自由表示意思之情形与中国所缔结之条约或协定"。④ 王宠惠认为它也给中国带来了重大危害，严重损害了中国的主权和利益。其主要体现在："其一，这些利益范围（即势力范围）严重地妨碍了中国的经济发展。因为要求这种利益范围的国家似乎抱有这样的看法，认为中国领土的某些部分是留给它们单独开发，而不须顾及中国人民的经济需要。其二，违反各国工商业机会均等的政策。其三，威胁了中国的政治完整，引起了国际间的猜忌和纠纷。因为在这一制度下，有一种在经济要求的掩护下推行政治目的的趋势。"⑤

最后是协定关税权。1842年中英《南京条约》规定："应纳进口、出口货税、饷费，均宜秉公议定则例。"⑥ 自此，中国的关税主权遭到破坏，且长期被列强操纵，导致我国"输入远过输出，工艺衰落，商业永无起色"。⑦ 王宠惠深刻认识到关税权对国家的重要性，

---

① 王宠惠：《废除不平等条约之回顾与前瞻》，张仁善主编《王宠惠法学文集》，第455页。
② 王宠惠：《废除不平等条约之回顾与前瞻》，张仁善主编《王宠惠法学文集》，第455页。
③ 盖平、周守一：《华盛顿会议小史》，第280—281页。
④ 盖平、周守一：《华盛顿会议小史》，第281页。
⑤ 李育民：《中国废约史》，中华书局，2005，第347—348页。
⑥ 《江宁条约》，王铁崖编《中外旧约章汇编》第1册，三联书店，1957，第32页。
⑦ 《徐树铮王宠惠等争关税自主电》（1925年9月28日），章伯锋主编《北洋军阀（1912—1928）》第5卷，第108页。

他指出:"关税为一国主权,无任他人协谋处置者,有之惟我国,在今乃为苛则。"① 在华盛顿会议上,经过王宠惠等人的争取,列强做了一定让步,规定:"关于修改中国关税,依据中国与各国所订现行条约,行使税率适合于切实值百抽五,附加税应一律按值百抽二·五。"② 王宠惠认为华会上的结果依然约束中国自由,剥夺中国主权,坚决主张彻底废除协定关税权,实现关税自主,否则"束缚屈辱必将延及子孙,漫无穷极"。③

四 修废不平等条约的方式

在王宠惠看来,近代中国的一系列不平等条约及由此产生的种种特权,违背了国际公法的原则,侵犯了中国的行政完整和主权利益,妨碍了中国社会的进步,给中华民族带来了诸多灾难。有鉴于此,王宠惠坚决主张采取各种方法和策略同列强展开交涉,修改并废除不平等条约。

首先,整顿内政,充实国力。近代中国在外交上屡屡失利的一个重要原因在于弱国无外交,而造成中国积弱的主要因素在于内政的混乱。在华盛顿会议上,王宠惠、顾维钧、施肇基等中国代表提出的恢复关税自主要求,在很大程度上可以实现,但列强代表以"中国困难问题甚多"为由拒绝,并表示:"至收回税关主权问题,须中国设立强有力之监督机关,始能交还。"④ 领事裁判权亦是如此,列强也以中国法律、司法等混乱为由拒绝,决定"须先调查事实,方可决

---

① 《徐树铮王宠惠等争关税自主电》(1925年9月28日),章伯锋主编《北洋军阀(1912—1928)》第5卷,第108页。
② 《关税问题号:华会中国关税税则条约全文》,《银行杂志》第1期,1925年,第1—2页。
③ 《徐树铮王宠惠等争关税自主电》(1925年9月28日),章伯锋主编《北洋军阀(1912—1928)》第5卷,第109页。
④ 佛:《北京特约通信:各团体外交联合会欢迎王宠惠》,《新闻报》1922年4月5日,第4版。

定"。① 1926 年，列强派代表团实地调查中国司法后，再次拒绝废除领事裁判权，并再次表示："如要各国取消领事裁判权，须至中国法庭完全独立，军阀不干涉司法，方可办到。"② 多次对外交涉的失败让王宠惠意识到："内部不能改良，仅在外交上力争权利，将无效果可言。"③ 为此，他在多次演讲中呼吁："华会所决定可以收回之主权利益，而实行收回与否，则全视我国之自为努力，譬如大厦将倾若不速图内部之整顿，则凡支撑屋外之物，仅足保其安稳于一时，久之必仍见其倾覆。我国之改造，本为国人所当自为者，例如裁兵等事，竟有待于华会提出希望之案，斯已迟矣，然苟今后仍不急起直追，则他日噬脐之悔，岂可及哉。"④

其次，注重外交策略。外交上能否取得胜利，外交策略很重要。在废除不平等条约及特权的交涉中，王宠惠十分注重外交策略的运用。第一，要抓住有利时机。对于取消"二十一条"这个问题，国民主张立即在华盛顿会议上提出，但王宠惠认为"提出有时机，有方法"，⑤ 不能急于提出，要寻找最佳时机。其缘由在于："（一）国际间之会议不宜先提出难决之问题，以防会议之停顿。（二）各国社会对'二十一条'不了解，须先设法宣传该密约之真实内容，以促各国舆论界之注意，同时与美京各界，切实联络，冀得同情之援助。（三）各国代表对于'二十一条'案，多数不赞成提出大会。"⑥ 因此，经过王宠惠与各国代表协调，1921 年 12 月 14 日，在第二次远东委员会会议上，王宠惠抓住时机，临时提出废除"二十一条"。王宠惠的这一行动让日本代表措手不及，他们"以本案事前未经准备，

---

① 《美京施顾王代表电》（十年十一月二十九日），《秘笈录存》，第 368 页。
② 《王宠惠谈法权会》，《新闻报》1926 年 9 月 15 日，第 7 版。
③ 佛：《北京特约通信：各团体外交联合会欢迎王宠惠》，《新闻报》1922 年 4 月 5 日，第 4 版。
④ 《外部欢迎王宠惠之盛况》，《新闻报》1922 年 3 月 27 日，第 5 版。
⑤ 王宠惠：《太平洋会议之经过》，张仁善主编《王宠惠法学文集》，第 327 页。
⑥ 《王宠惠之廿一条交涉谈》，《新闻报》1922 年 4 月 2 日，第 4 版。

谓容日答复",① 中国便在"二十一条"问题上占据了主动权。第二，采取妥协方针。王宠惠认为，对于一些问题，必要时可采取妥协策略。如在华盛顿会议上有关胶济铁路赎回期限问题，中国代表要求立刻收回，日本则提出以 15 年为期限；后由于美国的调解，日本又让步于五年期限内，但中国代表还坚决要求立刻收回，中日谈判一度陷于僵局，同时引起英美等国的责难。对此，王宠惠出面调解，劝说其他代表予以承诺："且言胶济铁路，日本占据已七年，今即照日本所要求，仅再管理五年耳，中国对于以前强占之七年无力抵抗，而对于以后之五年，坚执如是，似非含有解决诚意。且五年赎回尚为有期的取赎，若并此而不能允诺，则势必交涉停止，胶济路将仍操之日人之手，恐为期尚不止五年。……，况胶济铁路，如在华会不能解决，如将来中国再欲达到收还之目的，非中国真有实力以战胜日本不可，此等时机，固不能谓为完全无之，尚可断言其为非五年所能办到。"② 第三，同时合议与单独交涉相结合。王宠惠认为，对于撤销治外法权，可采用同时合议与单独交涉的方式。与各国同时合议，"此方即以各国为一总体，而我国对之协商，如能妥协，可免分别交涉之烦。惟中国与各国关系各有不同，意见互异，甲国认某项条件之下可以放弃其领事裁判权，乙国或犹以为，未足互相牵制，交涉上不免发生困难"。③ 因此，"不能不预防任何一国之挑剔，而使其不成立"。④ 分国单独交涉，"此项方针果能因应得宜，可免各国协以谋我之弊"。⑤ 但"各国能借口于议决案，所谓中国不得以种种条件与任何一国交涉之

---

① 《王宠惠之廿一条交涉谈》，《新闻报》1922 年 4 月 2 日，第 4 版。
② 《王宠惠述承认赎路原由》，《新闻报》1922 年 3 月 21 日，第 14 版。
③ 《王宠惠罗文干函送领事裁判权说贴》，外交部档案，台北"国史馆"藏，档案号：020-990600-2325-0025。
④ 《撤消领判权应单独订约》，天津《益世报》1926 年 1 月 18 日，第 3 版。
⑤ 《王宠惠罗文干函送领事裁判权说贴》，外交部档案，台北"国史馆"藏，档案号：020-990600-2325-0025。

规定否"。① 虽然这两种方式不同，各有利弊，但王宠惠认为均能够达到废除领事裁判权之目的，"我国究以采用何种方法为宜，宜似应观察国际情形，随宜应付，免贻刻舟胶柱之讥"。②

最后，努力抗战。抗日战争全面爆发后，英美等国在中国及东亚的利益受到日本的严重威胁。随着战争局势的日益恶化，英美等国与中国成为反对日本侵略战线上的重要盟友。为了争取中国尽最大力量牵制日本，维护它们在东亚的利益，英美等国主动提出与中国商讨废除不平等条约。如1940年7月18日，英国首相丘吉尔在下院发表声明："一九三九年一月十四日英国政府致日本照会中，业经说明英国准备于战争结束之后，根据互惠及平等原则与中国政府谈判废除治外法权，交还租界，及修改条约。"③ 7月22日，美国国务卿威尔斯也对外表示："美国愿与中国在和平状况之下，继续谈判废除治外法权问题。"④ 王宠惠认识到抗战是中国废除不平等条约的一个有利时机，而英美等国之所以愿意做出让步，是因为它们看到了中国在抵抗日本侵略、维护它们在东亚利益中的重要作用。因此，王宠惠认为这是废除不平等条约的一个最佳时机，但前提是中国努力抗战。所以他鼓励国民："从此可见我国抗战胜利时，废除不平等条约之前途实有无限之光明，只要我们本身发奋图强，不久的将来，我们抗战胜利之日，即为废除不平等条约与重订平等条约之时，亦即为我国与各国立于平等地位之时。"⑤ 1943年中美、中英新约签订后，王宠惠兴奋地指出："此自为我国伟大领袖之精神所号召，与夫我国全体军民六年来艰苦抗战之成果，实值得吾人热烈之庆祝。"⑥

---

① 《撤消领判权应单独订约》，天津《益世报》1926年1月18日，第3版。
② 《王宠惠罗文干函送领事裁判权说贴》，外交部档案，台北"国史馆"藏，档案号：020-990600-2325-0025。
③ 王宠惠：《国际形势与我国外交》，张仁善主编《王宠惠法学文集》，第420页。
④ 王宠惠：《国际形势与我国外交》，张仁善主编《王宠惠法学文集》，第420页。
⑤ 王宠惠：《国际形势与我国外交》，张仁善主编《王宠惠法学文集》，第420页。
⑥ 王宠惠：《新约笔谈：前途无限光明》，《文摘月报》第1、2期合刊，1943年，第6页。

结　语

综上所述，条约问题是中国近代史上的一个重大问题，王宠惠将自己的所学和经验与时代背景、中国国情相结合，就近代中国的条约提出了一系列重要的看法和主张。总体来说，王宠惠对不平等条约的认识顺应历史发展潮流，其中的一些重要主张先后被北洋政府和南京国民政府采纳，作为政府制定对外政策的重要参考依据，并直接推动了当时政府的修约和废约外交。而他本人也亲自领导和参与了一些重要的修约或废约外交活动，也为废除近代中国的不平等条约，争取国家权益做出了重大贡献。同时，由于时代局限、阶级立场与党派利益等主客观条件的影响，他的这些认识也不可避免地带有一定的局限性，如在修约和废约问题上他主张重视美国的意见，并对其有很大的依赖性及在一些具体问题上存在一定的妥协性。尽管如此，他提出的一些重要主张和看法，对于今天我国政府开展对外交涉依然具有重要的借鉴意义。

航权自主运动与轮船招商局近代码头货栈业体系的形成[*]

熊辛格 黄茜芸[**]

航权自主是民国废约的目标之一,随着南京国民政府改订新约运动的高涨,当时国内一些重要航运企业亦加快自身建设以期助力运动开展。其中,货物集散关键枢纽的码头货栈业发达与否成为决定中国能否实现航权自主的关键因素之一。因此,充分认识航权自主运动与码头货栈的关系不仅对重新梳理民国航运经济发展脉络具有十分重要的意义,而且能给当代中国物流业的发展带来一定的借鉴作用。目前学术界对中国近代航运主权的研究虽多,但涉及其与码头货栈关系的论著略显不足。[①] 鉴于此,本文就航权自主的筹划对近代中华民族最大航运企业之轮船招商局码头货栈业体系形成带来的影响展开阐述,谫陋之处,请方家批判指正。

---

[*] 本文为教育部人文社科基金青年项目"中外约章与中国近代货栈业嬗变研究"(21YJC770030)和湖南省教育厅科学研究基金优秀青年项目"中外约章与近代湖南货栈业的嬗变"(20B091)的阶段性成果。

[**] 熊辛格,衡阳师范学院马克思主义学院讲师;黄茜芸,衡阳师范学院马克思主义学院教务。

[①] 主要论著有江天凤主编《长江航运史》,人民交通出版社,1992;刘利民《试论南京国民政府改订新约运动与收回航权关系》,《湖南师范大学社会科学学报》2017年第5期;熊辛格《轮船招商局与中国近代码头货栈业的产生》,《求索》2020年第4期等。

一 航权自主运动的兴起

1928年南京国民政府策划的改订新约运动虽然没有直接实现收回航权的目标,却激发了民众的废约热情,促进了航权自主运动的开展。1929年1月30日,外交部次长唐悦良公开呼吁此后国民政府的外交方针以收回裁判权、内河航行权、租借地和外兵驻华为主要内容,并表示"本年内全部商约将进行谈判"。① 此后,国民政府就如何尽快收回航权召开了一系列会议。8月7日,国民党第二届中执委政治会议第190次会议通过《航政根本方针》案,指出"沿海案及本国境内之外船航行权,应速收回"。② 12月18日,外交部表示:"收回航权决明年必办,闻政府将不规定时期,以表示有立即收回之意。"③ 经过多番商讨,交通部、外交部联合财政部及工商部就收回航权的初步计划达成共识。

第一,政府借日本修订商约之机制定完全收回航权的计划,为航权自主运动绘制了蓝图。中日商约在1926年就已到期,但受到国内战事影响,延后至1930年才举行修约谈判。为更好地利用中日修约来实现航权自主的目标,外交部联合多个部门于1929年率先进行了会商,经过数月激烈的讨论陆续公布了收回航权计划书。10月24日,工商、外交、财政、交通四部最终一致决定积极支持筹办本国交通航运,并提出基本原则。主要内容包括"取消外人在华之内港航行权,完全保留为本国国民所经营之航业之用和完全保留为本国建筑码头、办公所及其他为国际贸易之设置"。④ 对于此办法,社会各界反响热烈,基本持赞同态度,提出并落实了以改善轮船招商局货栈和

---

① 《唐悦良演讲外交方针》,天津《益世报》1929年1月31日,第7页。
② 《中央政治会议通过航政根本方针》,《时报》1929年8月8日,第1版。
③ 《收回航权问题》,《国闻周报》第50期,1929年,第13页。
④ 拙民:《关于对外修订商约问题》,《外交周报》第16期,1934年。

发展民营码头货栈业为主的几条策略,以求尽快统一航政,收回航权。考虑到列强在华航运势力较为庞大,而我国力量薄弱,若采取强硬措施收回,不仅容易造成国内经济瘫痪,而且可能引发更多外交冲突。因此,各部商议确定了积极开办国营航业以为实力收回之准备及相关重要的原则。交通部部长王伯群曾谈及此次收回航权实施计划:"业经决定,以无条件整个收回为原则,除奖励商营之航业,及造船业外,并遵照已定之政策,筹办国营航线,发展国内外航运。"① 由此可见,各方就收回航权已经有明确思路,即通过扩大本国航业规模作为实力收回航权的根本保障。

至于收回航权原则,各方则经过了漫长的讨论,引起了民众的热烈反响。上海航业公会主张在与日本订立通商条约时,不能取平等互惠之原则,使日本在中国内河有航行权,影响国内航业发展,实为收回航权之大关键。中国在本国海内外航行之船,总计不过十余万吨,不及英日两国船数 1/3,"若不及时设法收回航权,中国航业将日渐落后。本国政府须注意扶持本国航业之发展,庶不致使本国人民感受本国轮船缺乏商旅不便之苦"。② 受民众爱国情绪的影响,交通部顺势提出收回航权的三个原则,即互惠主义、特许主义和整个收回。互惠主义是指两国缔结平等条约,允许双方商船互有内河航行或沿海贸易之权利。此项原则看似平等,实则于我国不利。一方面,我国航业实力薄弱,无力支撑海外远洋航运和他国贸易;另一方面,若我国采取此办法,其他与我国或日本有商约之国可凭借最惠国条款要求均沾,不啻对其他诸国普遍开放,危害更大。因此,该原则为最下策。特许主义是指中国政府允许外国商船在一定年限内继续经营,但必须缴纳一定数额的税款作为补偿。此项原则极受日本政府之推崇,他们认为:"在我国所获之航业盈利极大,提出一部分作为特许之报酬,

---

① 《交通部收回航权计划》,《星槎》第 39 期,1931 年,第 1、2 页。
② 《殷汝耕谈收回航权》,《银行周报》第 43 期,1929 年,第 8 页。

所损极小，且仍可提高运价，垄断航运取偿于我国也。"① 尽管特许主义较互惠主义更能保障我国利益，但与政府提倡的完全收回主权原则相抵触，且会给改订新约运动造成阻碍，不利于我国修约和废约工作的展开。故此项原则属于中策。整个收回是指将已失去的内港航行、沿江航运及沿海航运完全收回，保留给人民。此原则因最为彻底，受到绝大多数人的支持。

要实现完全收回航权的目标绝非易事，除制定行之有效、针对性强的外交策略外，尚须政府努力发展本国航运以为实力保障，杜绝后患。民国时期，中国战乱不断，经济凋敝，众多民族航运企业只能在夹缝中勉强生存，而各国在华船只约值四亿元之巨，"再加以码头、仓库等种种设备之投资，可达非常之数"。② 面对如此困境，为减少资金短缺带来的麻烦，民国政府只能一边采取循序渐进的方式购买列强在华的航运设施，一边扶持本国航运企业发展。1931年，交通部趁国际联盟派员来华之机，向专员哈斯阐述了我国收回航权的办法。他们表示中国航业衰落，兼受列强压迫影响，今后当依据国际平等原则收回航权，希望国际联盟给予支持，并提出两点办法："（一）外商在中国领海内河航公司，由我出价收买，（二）或由两国出资，暂时合营，但名称及主权由我支配，外股定期还清。"③ 哈斯经过调研后表示愿意向国际联盟传达交通部的想法。至此，民国政府各机构就通过发展本国航业实现完全收回航权的原则达成共识，该原则成为航权自主运动的指导思想。具体措施包括收购外商轮船公司、奖励航业及造船业、筹办国营航业联运等。为使合作顺利推进，南京国民政府就合作办法和货运支配提出了详细的要求。例如"凡在长江及沿海营业的各轮船必须归委员会统一支配管理，共负盈亏"，"凡货运大宗，而种类简单，或一埠直达一埠，一埠装二埠卸，或二埠装一埠卸

---

① 王洸：《收回航权之实施方案》，《民鸣月刊》第4期，1931年，第157页。
② 施宜云：《收回航权问题》，《商业月报》第7期，1930年，第5页。
③ 《交通部向哈斯表示收回航权办法》，《星槎》第40期，1931年，第4页。

者，统归海船班船装运"① 等，成为我国近代航运事业发展的重要理论依据。

第二，民众对于交通部完全收回策略的鼎力支持，亦是航权自主运动兴起的重要保障。上海市航业公会作为全国航运事业的楷模率先表态支持交通部借助新任日使来华商订新约之机，力争收回内河及沿海航运权。为尽快实现此目标，沪航业公会召开动员大会并制定了初步计划，即"询问中日新约中收回航权的内容；必要时推代表进京向中央请愿"等多方面内容。② 这个计划一经公布就得到民众的热烈响应。南京航业公会第二天即致电上海航业公会表达合作意向，并将全力支持收回航权运动，"惟力是视，审时度势，急起直追，本无畏之精神，作外交之后盾，誓保航权，特此奉复，嗣后进行成绩"。③ 随后，中国驾驶员联合会、中华航海职工联合会也联名致函上海航业公会表示一致同意，并愿率北均安公所、南均安公所、炎盈总社、南炎盈社等 12 公所及数万职工为后盾。他们提出应乘中日商约改订之机，"联合虞洪诸公等，组织收回航权委员会，嗣后如有措施，即请随时赐示，俾可一致遵循"。④ 湖北、四川、陕西等省航业公会均有一致发声，请交通部积极收回内河航行权。除国内群众气氛高涨外，华人华侨亦表达了对此运动的全力支持。1929 年 11 月 25 日，旧金山中华总商会致函南京市商会，声称必须抵制外国商船在我国的经营，此事涉及国家司法尊严和商业权利，全国上下一致对外，"弊会等对此重要之爱国运动，热烈赞助"。⑤

在国内外民众的热情支持下，国民政府、长江上游轮船商会和上海市航业公会先后提出了抵制外轮的办法。1929 年，南京国民政府

---

① 《收回航权声中国轮将合作营业》，《海事》第 2 期，1934 年，第 97—99 页。
② 《沪航界力争收回航权》，《河北周刊》第 1 期，1929 年，第 35 页。
③ 《收回航权之应声》，《新闻报》1929 年 9 月 21 日，第 4 版。
④ 《航业职工应声收回航权》，《新闻报》1929 年 9 月 14 日，第 4 张。
⑤ 《拥护收回航权之应声》，《新闻报》1929 年 11 月 26 日，第 4 张。

向实业部、财政部和行政教育机构发出通令，提倡本国货品材料应优先交给我国航运公司运载，凡货由华商轮船运输，须给予财政支持。然而我国不肖商贩甚多，通令执行效果并不理想，一度出现了"不特媚外取客，从中阻挠"的现象。① 有鉴于此，长江上游航业各商会以扶持国轮维护劳工为宗旨，迅速召开集会应对相关局面。长江上游渝宜线长期完全被外轮垄断，几乎很少见到华商轮船经营。交通部10月22日召开联席会议后，宜昌各团体认为华商轮船日渐消减，令以此为生的码头工友万余人即将失业，关乎国权民生重大，因此号召与航业有关的劳资各团体组织商运联合会，响应保护本国航业通令，劝导华商觉悟，激发天良，挽回利权，作为政府收回航权的后盾。随着民众响应声浪的高涨，交通部商订的国营、民营轮船联合办法开始在上海率先试点。由于民营航轮公司的配套设备过于落后，码头、栈房和装卸设施无法满足联运者的需求，航权的收复及航运的发展尚无相当把握。为不延迟联运的实施，上海航业公会于1934年拟具《长江及沿路各轮船营业合作办法大纲》，集合全沪所有华商轮船，希望改善国航营业状况，"一并合作营业上之一切合作办法，略予斟酌修改后，即可切实实行"。② 至此，一股由民众发起、声势浩大的支援政府收回航权的势力开始形成，在改善我国航业设施状况的具体问题上付出了艰辛的努力，推动了我国近代码头货栈体系的发展。

二 码头货栈是实现航权自主的条件

收回航权筹备工作影响甚大，随之而来的一系列举措也促进了我国民众对码头货栈业体系与航权自主关系的认识。尽早收回航权是南京国民政府的既定方针，在各界人士共同努力下，社会就改善

---

① 《长江上游抵制外轮运动：组织商运联合会，作收回航权后盾》，《星槎》第70期，1931年，第9页。
② 《收回航权声中国轮将合作营业》，《海事》第2期，1934年，第99页。

国内航政是实现完全收回航权的重要条件达成了基本共识。发展航政不仅需要购买船只，也要求建设码头、货栈、航标等基础设施。到20世纪30年代末，尽管航权交涉中途夭折，但政府及民众落实航政措施的行动依然在客观上促进了轮船招商局近代码头货栈业体系的形成。

巴黎和会上的失败令我国民众反帝废约的情绪更加高涨，民众逐渐掀起一场提倡完全收回航权的改订新约运动。南京国民政府在这一时期筹划收回各国在华的航行权，并提出了对外废除不平等条约，对内发展本国航运业的计划，认为后者是前者能否成功的重要条件之一。航政不仅包括航行及船只的管理，更有码头货栈业、航标等其他与港务相关的内容。因此，收回航权离不开建设码头货栈业。为协助政府更好地对外交涉，航运专家首先对航权与码头货栈业的关系及收回航权的法理问题进行阐述，明确了改善码头货栈属于航政权范围，促进了国人和政府对于收回航权前提条件的认识。郭寿生认为，收回航权包括收回航政权和航行权，"航政权就是管理航路、船舶、港湾、码头、仓库一切水上交通的行政权，当然属于国家"。[①] 陈柏青也支持郭的观点，他认为"航政权是管理航路、港湾、水路图标及深浅测量、船舶、码头、仓库等一切水上交通行政之权"[②] 是收回航权必不可少的部分。

船运专家对于收回航权与码头货栈关系的论述对政府产生了一定影响。1929年，国民政府中央政治会议通过了航政根本方针，确立了航路国有政策，进而促进了我国码头货栈业的发展。外交部指出："从前我国航政未加整理，遂无整个统一的规划，任听其他地方行政机关局部割裂，事权不一，驯至外人越俎，趁机操纵本国航业。训政期间，经二中全会决议，在此期以内，亟应纠正从前政府之失策，确

---

① 郭寿生：《各国航业政策实况与收回航权问题》，华通书局，1930，第198页。
② 陈柏青：《收回航权与发展航业之急切》，《航业月刊》第4期，1930年，第28页。

立航政根本方针,将以促成革命建设之实现。但如航权不先统一,则政策仍难实施,而进行方案亦无一贯的体系。本党当执行革命外交政策,收回已失国权。"① 航政方针规定:"凡属港务,如埠头、仓库、港内航行标识、船坞等,均归地方管理,惟仍应受中央主管机关所派委员指挥监督,至埠头仓库等处之收入,应全数作为港务之用。"② 在此情形下,上海航业公会积极宣传收回航政的政策,并就此询问了交通部航政司司长殷汝耕。他也明确表示了收回航权与发展航运的态度,"收回航权方针,虽已由政府计划,但同时须注意扶助本国航业之发展,庶不致本国人民感受本国轮船货栈缺乏商旅不便之苦","关于扶助本国航业之发展,政府尤宜及早注意。又从调查表观之,英国在中国航行之船只,较日本为多。将来与英国订约时,亦宜特别注意焉"。③ 由此可见,无论是政府还是民众已经具备了收回航权和发展中国码头货栈业重要性的基本认识。为了尽快收回航权,南京国民政府相关部门拟定了草案。对于外交部的办法,社会各界反响强烈,他们基本持赞同态度,提出并落实了首先改善轮船招商局近代码头货栈的基本策略,以求尽快统一航政,收回航权。

有人认为收回航权最重要的条件是航业公司内部的整顿,因为"万幸如果我们所冀求的把航权收回来了,倘若我们本身内部不行,那么它的结果,非但不能为发展航业的利益,并且恐怕此后还有很多较诸现在更不幸的纠纷发生,反给外人贻笑的机会。关于我国航业内部应有的整顿很多,例如公司的组织法、货栈码头经营的法则、船舶与海员的修理和培训及其他关于船上一切素为旅客讨厌的陋规"。④ 也有人希望在政府的支持下改善码头及货栈条件,则航权可自动收回。收回航权须以壮大自身航业为基础,"首先须建造大型轮船,增

---

① 《关于航政者:确立航政根本方针》,《黑龙江建设月报》第63期,1929年,第14页。
② 《公牍建设:令发航政根本方针案》,《广东省政府公报》第24期,1929年,第17页。
③ 《殷汝耕谈收回航权问题》,《太平杂志》第2期,1929年,第96、97页。
④ 孟初明:《今后航业改进的途径》,《交院周刊》第20期,1935年,第29页。

强运力。至于原有旧船，不妨一律改成货船。但发展货运，则须注意仓栈码头的设备，以及货物的安全"。①"故欲使我国航业之发达，而免外商之侵略我航权，则当改善营业，并用新式管理之术，使法治与人治不可偏废。""至于江湖之疏浚、河床之治理、航线开辟之程序、车船联运之举办、船只之废旧添新、栈房趸船之改造修理"，"在在均应改良，且俱为航业界所应举办之事务"。② 江西船商认为应先统一航政公会，方能使航政事务得以实施，而后实现收回航权。"统一省航政公会。但为便利联络计，原有各公会，名义上不妨姑准其一一存在，或在重新分析改组为船帮、船行、转运栈、轮船及造船各业同业公会比较更为名实相符。然欲免除隔阂，易于指挥，则不能不急谋各种航业之统一。改组航业事务管理所。设船帮、船行、转运栈、轮船、造船各组。每组设组长一人，分担各组事务。"③

由此可见，无论是政府机关还是学者或商人，都认识到发展码头货栈、船坞、航标等港务是我国顺利收回航政权的必要准备和前提条件。在相关政策的支持下，轮船招商局检视自身缺点，不断提高货栈经营管理水平，增加货栈网点、扩大容量，逐渐形成了近代化的码头货栈体系，促进了我国货物转运业的进步。

三 招商局码头货栈体系的形成

在收回航权政策的影响下，发展国营航业联运和码头配套设备成为当务之急。轮船招商局率先在我国长江及沿海主要港口设置货栈，逐渐形成了颇具规模的货物转运体系。一战的爆发和收回权利运动的渐次展开，使我国经营内河及远洋航运货栈的公司增多，货栈网点规模迅速扩大，经营收入和栈房体量都有一定的提高。1920年前后，

---

① 王寄一：《我国沿海航业之现状及其改进》，《兴中月刊》第1期，1937年，第111页。
② 康：《如何改善航业》，《星槎》第66期，1931年，第3页。
③ 家豪：《江西航业概况与改进意见》，《经济旬刊》第11期，1936年，第39、40页。

经营远洋货运业务的公司约 30 家，沿海货运的公司约 60 家，内河货运的公司超 300 家。尽管他们绝大多数是"资本薄弱，船舶和货栈数量较少，业务不甚发达的公司"，但"轮船招商局、三北航运公司、鸿安公司等，尚能与外人抗衡"，[①] 并逐渐成为我国码头货栈业的重要力量，促进了我国民族码头货栈业体系的形成。轮船招商局作为国营码头货栈业的代表，于国内各大沿海及内河商业繁盛口岸设立多个仓库，在我国近代码头货栈业体系中具有非常重要的作用和地位，战前形成了颇具规模的码头货栈业体系（表1）。

表1　1937年轮船招商局码头货栈统计（节选）

单位：处，亩

地点	数量	面积	房屋略况
上海	5	5334890	仓库64座、码头5处，可容货429323吨
镇江	4	23.81	货栈9栋
南京	1	6.6	货栈3间
芜湖	1	15.588	仓库1栋
九江	1	17.2296	仓库2座
汉口	3	41.4168	货栈5座
沙市	1	13.03	码头1处、栈房4座
宜昌	1	0.486	堆栈5间
长沙	1	4.45	仓库6间
湘潭	1	—	仓库1间
宁波	1	—	货栈3座
温州	1	4.3	货栈17间
福州	1	6.984	仓库3栋
汕头	2	60.3	仓库24座
香港	1	2.675	仓库8间
营口	1	2.584	货栈1间
塘沽	2	343.71	仓库8座
天津	4	29.0166	货栈21座、管栈员小楼1栋

资料来源：招商局《国营招商局七十五周年纪念刊》，招商局出版社，1947，第28—38页。

[①] 王洸：《中国航业》，中国航空学会出版社，1933，第4页。

分析表1数据可知,上海、天津、塘沽、汉口、镇江和汕头是招商局码头货栈最集中、数量最多的地方,也体现了轮船招商局在这些口岸的重要战略布局。下面以轮船招商局码头货栈业为中心,论述其体系形成的基本特征和意义。从1928年开始,轮船招商局码头货栈业得以迅速发展,不仅形成了完善的货栈网络体系,更改善了管理和经营方式,设立了统一的机构维护和修理货栈,促进了近代货栈业体系的形成。

首先,轮船招商局提出了改造、修补栈房和趸船的计划,设立工委会土木部。本局各埠栈房、趸船建筑时间较长,最久远的大约有30年,较新的也有10年的历史。上海招商局各栈大多为单层结构,距离船舶停靠码头一般有八九百尺之远,"既无轻便铁道足供装运,费时耗力其费甚左"。[①] 不仅如此,轮船招商局在全国其他城市的码头货栈也弊病百出,亟待改善。例如"材质多不坚韧,式样率显陈旧,堆货不敷,危险堪虞。本局趸船,如厦门、温州、安庆、汕头之旧改造或大修。刘家渡、靳春等处,宜设栈房。如汉口、上海之应改造,实则刻不容缓之举,尤以上海南栈,为与营业有切重要之关系"。[②] 鉴于此,轮船招商局设立工委会土木部,协同栈务科负责码头货栈的修缮工作。工委会以上海为中心,制定了各埠码头货栈修补的规章制度。上海本埠货栈的相关工作由工委会直接负责,按照招投标的程序,择优选定施工单位。其具体流程为,先由各栈向栈务科与工委会提出修缮报告,然后工委会派遣工程师勘测,随后将修缮计划提交工委会,由工委会组织投标会议,中标单位必须按照约定计划,在工委会的监督下按时完成工作,并由第三方工程师负责检测,达标者可往财务部领取薪资。外埠货栈修理流程类似上海本埠,都保障了工程的质量,降低了成本。在栈务科和土木部的协调配合下,轮船招商

---

① 洪雁宾:《十九年度栈务科之新计划》,赵铁桥主编《接管招商局二周年纪念刊》,招商局出版社,1930,第40页。
② 招商局总管理处:《招商局总管理处汇报》,招商局总管理处出版社,1929,第60页。

局亦制定了不少改进码头货栈的计划。例如取缔金利源过码头货物。轮船招商局金利源码头因装卸设备较为齐全受到不少华商和洋商的青睐，许多商行借用这一码头转运货物。但因过度使用又缺乏管理，金利源码头货栈杂乱无章，较其他损害更甚，逐渐成为上海招商局码头货栈的一大隐患。因此，栈务科提议必须尽快解决此问题。即统一管理浦东、浦西、大达、大通四大码头，凡有越过码头的货物，必须按照章程纳税。除此之外，为应对商品的激增，轮船招商局准备在多个口岸修筑临时货栈以备不时之需。上海华、新两处沿江货栈因过于简陋均有改建多层之必要，但由于经费筹措不力，只得临时搭建货栈为过渡。上海招商局可以在华、新二栈原有基础上扩建六所长百尺、宽五十尺的堆栈以存糖米等货。由此可见，轮船招商局规定的货栈修缮流程具有近代化的意义，不仅引进了近代的成本控制技术，更统一了各埠货栈的修理和建设，促进了轮船招商局码头货栈体系的形成。

其次，整顿并改善上海北、华、中三栈的仓储管理及经营模式。1928年上海招商局码头货栈改组前，中、北、华、新四栈营业活动被列强牢牢控制，只能依靠外商提供的几张合同勉强度日，而招商总局并未过多干预，以致码头货栈收入锐减，"匿报浮支，流弊百出，各栈栈员大半仰鼻息于西人"。[①] 轮船招商局码头货栈业务颇为萎靡。随着航权自主运动的兴起，轮船招商局的货量也日渐增长。为适应货物流通量的变化，轮船招商局开始实行监管制度，以提高货栈转运和存储的能力。新的制度产生了新的机构，总管理处分设六科，将栈务和会计、营业和船务等科视为同等重要，并重新制定了整理栈务工作的计划，规定了按日制作货栈统计简报，随时准备考核，并派遣专员赴各口岸核实督促。其具体职责是，"分析1927年6月至今的各口岸货物装卸记录表，统计各种同行业公司的货物装载情况，制成各公司货载调查表，及各公司货载比较表，精密比较各公司营业情况及成

---

① 洪雁宾：《十九年度栈务科之新计划》，赵铁桥主编《接管招商局二周年纪念刊》，第39页。

数,以资改进局轮货载状况"。① 此外,为保障货物及账目安全,上海四栈开始实行改良后的安保和会计制度。以前的货栈警卫人员名目繁多、事权不一,无法形成有效的监管机制,时常有火灾、盗窃、走私等情况发生。鉴于此,上海招商局从1929年开始,将视察、巡丁和印度警卫三部分合并成巡查处,接受市政府公安巡警的统一指挥。新的安保制度形成了明确的责任制,使事情无法推诿,警卫人员责无旁贷。而新的会计制度则统一了账目的监察权。一是废除各栈私自发行的货物提单,由招商局统一制定票据,以此作为提货的唯一凭证。二是统一账目核算权,由栈务科与会计科共同承担监察各地货栈上下力、工资和栈租等情况。

轮船招商局的北栈、华栈和中栈位于黄浦江岸周边的枢纽位置,因不适宜经营船舶运输,遂改为专营招揽客船的货栈。尽管此三栈采用欧美技术颇得各处赞扬,但也存在许多弊端,严重影响了业务的发展。例如,"凡外船入华,无不知招商局货栈的重要性。改革之前,北、华、中三栈无专门管理之人,虽隶属于船务科,但由外国人掌握了实际的管理权。组织不良、管理无方、开支不实、修理不勤等",②这都是不足之处。有鉴于此,1928年轮船招商局管理处设立专门科室负责上述部门,整理流弊、开源节流、因势利导、改善经营管理策略,以期推动其货栈业体系的发展。轮船招商局管理处一共提出了16条改革建议,基本涵盖了管理、经营、财政、业务、安全、人力等多个方面,促进了货栈体系的形成。主要的方案有三点。第一,统一责权,制定编制。各栈从前事权不一,互相推诿过错,又缺乏专门负责的人。现在编制既定,阶级有序,事权专一,提高栈长的地位,使其有管辖全栈的权力。第二,制定统一的栈务登记表。记录各栈栈租,进入栈货物情况,以备核对。第三,健全、完善华、新两栈之防

---

① 《招商局总管理处汇报》,第55页。
② 《招商局总管理处汇报》,第81页。

务。华栈及杨家渡栈均处浦东，面积百余尺，防卫较难。管理处乃改装电灯，将华栈之保安、卫队、兵丁，新栈之印度巡丁，一律改为请愿巡警，并与公安局沟通，采取联合行动。

最后，轮船招商局以上海、汉口、天津和汕头为中心，在沿海及长江、珠江多个口岸构筑了近代化的货栈网点，形成了一定规模的码头货栈转运体系。具体的分布情况如下。上海有中、北、华、新、南5处栈房，分布在黄浦江两侧，共70余座，储存量约7514536立方尺。货栈全部采用钢筋混凝土建造，专门存放局船客商的各类货物及油料、火药等危险品。镇江货栈分布于长江沿岸的自由街和龙窝两地，共11处，可以同时容纳14300件货物。货栈采用铁皮和砖木制造，专门堆放轮船招商局货船货物。汉口有15处货栈，分布在长江边的周家巷、洪益巷、张美之巷和熊家巷，全部由砖、木、混凝土制成。汉口货栈专营局船货物，一次性可以存放130000件货物，是长江中上游最大的航运货物中转站。天津有4处货栈，分别位于紫竹林、河壩道、塘沽西厂和塘沽东厂，共26座货仓，可存放约378700件货物。天津码头货栈设于海河西岸和渤海口，是北方海运与河运中转的重要交通枢纽，主要存放招商局商船的货物。汕头货栈位于招商街，由瓦灰木料制成，合计21座货仓，储存量约为914206立方尺，是华南最大的货物中转基地。与此同时，南京、芜湖、安庆、九江、长沙、宜昌、沙市等内地口岸也设立了数目庞大的货栈群，形成了长江中下游地区的码头货栈体系。广州、香港、厦门、宁波、温州等口岸的货栈群是东南沿海地区重要的货物中转网点，成为轮船招商局沿海货栈体系的重要组成部分。除此之外，各大码头为了保障货物存放的便利，均预备了相应的趸船以防万一。它们也是轮船招商局码头货栈的重要组成部分。由此可见，轮船招商局的码头货栈主要分布在长江中下游和东南沿海等地的重要货物集散区域，不仅辅助贸易的顺利发展，更形成了自身的货栈体系，促进了我国近代货栈业的形成。

结　语

综上所述，轮船招商局抓住了航权自主运动带来的发展机遇，提高了自身经营水平，取得了令人瞩目的成绩，更推动了我国近代航运事业向前迈进。鸦片战争后，我国航业被列强瓜分殆尽，严重影响社会经济发展。随着民族自强及权利意识的觉醒，人们越发强烈地认识到必须组建大规模的航运机关才能挽回中国航业的颓废局面。因此，政府采取积极态度，大力支持轮船招商局建设近代码头货栈及相关基础设施。1936年，交通部为改进国营轮船招商局各地码头货栈不仅颁布了相关制度细则，更设立了招商局栈埠管理处，将分散各埠的事务、货栈、码头、会计四股统的权利集中筹划，以达到"统一管理指挥，推动我国航业迅速发展的目的"。① 除此之外，交通部还陆续批准了轮船招商局扩充上海南栈设备的申请，进一步推动了轮船招商局近代码头货栈体系的形成。上海南栈码头21号栈房原系老旧平房，容积不大，易发生火灾。为适应货物流通需求，减少赔偿损失，交通部拨专款授意轮船招商局"加固旧栈房并增设12台当时世界最先进的电动吊钩"，并将原11号货栈的2座露天仓库改为白铅平房，"此后该局货栈设备渐臻完善，其业务当更有进展"。② 据不完全统计，仅1936年一年，交通部投入修缮和改善轮船招商局上海南栈货栈设备的资金就不低于6万元。由此可见，政府不遗余力的支持是轮船招商局近代码头货栈体系得以形成的重要因素。尽管轮船招商局码头货栈在此期间获得飞速发展，但我国的航权直到新中国成立才实现真正完全的自主。从这个意义上来说，南京国民政府主导的收回航权运动仅在形式上推动了轮船招商局码头货栈体系的形成。

---

① 《国营航业之兴办》，《中国国民党指挥下之政治成绩统计》第6期，1936年，第96页。
② 《核准国营招商局充实货栈设备之经过》，《交通杂志》第5期，1937年，第13页。

局部抗战时期《外交评论》修废不平等条约主张探析

余 英[*]

1932年6月创办，至1937年7月终刊的《外交评论》是"国民政府外交部主办之刊物"，"充分反映国民政府的外交政策"，[①] 是局部抗战时期颇有影响、以讨论外交问题为主旨的政论性杂志。"外交当局如果不得舆论的同情，则欲获推行外交政策的助力，必然无望。"[②] 为形成外交舆论制高点，该杂志社邀请政府官员和专家学者撰稿，尤以外交部官员居多。虽值废约低潮，但作为宣传平台，在评论外交政策的同时，《外交评论》刊发了数篇关于条约问题的建言。在政府废约外交陷入停滞后，该刊对条约及其特权的重点关注和修、废约主张的理性发声，既是民族危亡之际官员和学者深化条约认知的理论探讨，也是政府姿态的舆论传导，表达了废约低潮时期外交界和学界修、废不平等条约的愿望和立场。

一 废约进程的无奈变奏

《外交评论》的创刊及其修废不平等条约主张，是在九一八事变

---

[*] 余英，湖南师范大学工会常务副主席、副教授。
[①] 王桧林主编《中国抗日战争全书》，山西人民出版社，1995，第266页。
[②] 杨熙时：《现代外交学》，民智书局，1931，第7页。

后这一特殊背景下提出的，反映了中国废约进程的无奈变奏。条约问题始终是近代中国的基本问题和核心问题，从民国初年守约外交到第一次世界大战胜利后政府提出修约要求，从中俄不平等条约废止到废约运动全面兴起，一部分先进的中国人和政治力量为收回国权接续奋争，废约外交渐收成效。然而九一八事变使中国陷于亡国灭种的险境，中日矛盾激化、外交重心改变使政府停止修约交涉，废约外交只得转为舆论探讨。《外交评论》正是在这一背景下提出种种主张，为解除不平等条约的束缚提供思想资源。

巴黎和会是中国废约史上一个界标，中国第一次全面提出修改不平等条约要求，真正启动政府交涉，代表团在民众支持下与列强正面交锋，唱响废约序曲。尽管结果令人失望，但拒签和约之举使列强不得不重视中国的废约诉求。随后在华盛顿会议上，北京政府提出"十条原则"，再次表达废约愿望。虽列强无意放弃条约特权，但代表团仍竭力争回一些权力，并在《九国公约》中确认了"尊重中国之主权与独立暨领土与行政之完整"等原则，为之后废约交涉提供了一定的条件和依据。十月革命胜利后，苏俄政府首先主动放弃在华条约特权，鼓舞了中国政府和民众的废约热情。在中国共产党和共产国际的帮助和推动下，以孙中山为代表的资产阶级革命派接受了废约反帝主张，废约运动与国民革命相结合，奏响了全民族废约运动的新乐章。

1924年1月，国共合作确立废除不平等条约政纲，国民党一大宣言称："一切不平等条约，如外人租借地、领事裁判权、外人管理关税权以及外人在中国境内行使一切政治的权利侵害中国主权者，皆当取消，重订双方平等互尊主权之条约。"[①] 1925年6月国民党打出"革命外交"旗帜，1927年收回汉口和九江英租界，收回利权运动取得实质性进展。南京国民政府成立之初宣布遵循总理遗训，坚持废约

---

① 荣孟源主编《中国国民党历次代表大会及中央全会资料》上册，光明日报出版社，1985，第20页。

外交方针，但受内部派系斗争和国际形势影响，退而放弃"革命外交"以换取列强承认。1928年7月，外交部宣布了处理条约问题三原则。一是与各国条约已期满的另订新约，二是尚未期满的由政府通过相关手续解除后重订，三是旧约期满尚未订新约的由政府另订临时办法。① 可见国民政府希望以缓和方式达成废旧约订新约的目标，由废约转向修约的立场变化。关税自主交涉渐有成果后，蒋介石在1929年元旦文告中乐观地表示，今后三年内"以和平之方法实现总理所主张，废除不平等条约"。② 1930年，国民政府颁布新税则，结束了片面协定关税时代，继而向各国发出废除领事裁判权的照会。1931年初，外交部预定五期废约进程，计划分阶段收回关税自主权、治外法权、租界、租借地、铁路利权、内河航行权、沿海贸易权。③ 1931年5月，国民会议第五次大会发布《废除不平等条约宣言》，并在8月与英美等国达成初步协定，废约渐成大势所趋。

九一八事变是中国废约史上又一重要拐点。日本侵占中国东北不仅使正在推进的撤废领事裁判权交涉猝然夭折，而且迅速改变了中外条约关系走向。国内主要任务转为抗日救亡，不仅中日两国修约谈判直接中断，我国与英美等国的修约交涉也陷入停滞。《中央日报》疾呼："日本的外交机能已经全部动员，充分的活跃于国际之间。而我们中国却只有一部残缺不全，调动不灵的机器。"④《国闻周报》直批政府"徒揭革命外交之旗帜，泛作随时随事之周旋"，⑤ 而未及早根据环境变化确立长远撤废纲领。这些尖锐的批评反映了各界对政府外交的诸多不满。由于外交政策既有延续性也有因变性，事变后国民政府不得不调整对外方针，废约进程虽然被画上了休止符，但国民革命开始的反帝废约舆论没有静音，尤其在《大公报》《东方杂志》等著

---

① 《外交部公报》第1卷第3期，1928年，第132页。
② 陈志奇辑编《中华民国外交史料汇编》（六），台北：渤海堂文化公司，1996，第2407页。
③ 李新主编《中华民国史》第7卷，中华书局，2011，第182页。
④ 《外交与国防》，《中央日报》1932年5月31日。
⑤ 《中国今后之外交纲领》，《国闻周报》第9卷第49期，1932年，第1页。

名报刊上时起波澜。在应对中日问题的同时，国民政府外交部急于向民众传导其外交主张，争取舆论同情和助力。

《外交评论》发刊词中明确其最重要使命是"供给国人比较正确的材料"，增进国人对政府外交的理智分析和常识判断，其办刊初衷是希冀"站在民众之上"，对外交做"文字上之贡献，与言论方面的指导"。① 杂志社邀请的主要撰稿人是政界和学界精英，大多有海外留学和专业背景，在国际法、外交学等领域颇有造诣。主编吴颂皋1932 年 7 月任职于行政院，1933 年 11 月任外交部参事，1935 年 7 月任外交部国际司司长兼中央政治会议外交组秘书。办刊期间，本文提及的金问泗是职业外交家，徐公肃任外交部秘书、总务司司长，高宗武任外交部帮办、亚洲司司长，王龄希任司法院参事、行政法院院长，于能模任外交部条约委员会专任委员，王洸任交通部国防设计委员会航政组组长，周鲠生、江鸿治等后来也由学入政。从他们的身份可推断，《外交评论》与国民政府联系紧密，并受到外交部直接影响，其政论文章既是个人的思想表达，也在某种程度上反映了政府意图。局部抗战时期的舆论主调无疑是抗日救亡，但经过20 世纪 20 年代轰轰烈烈的废约运动后，废除不平等条约的观念已深入人心，此时探讨条约问题也是废约进程变奏后不可或缺的重音符。

二 条约及其特权的重点关注

中外不平等条约及其特权范围较广，是当时最紧迫、对中国危害最大的内容，引起了《外交评论》的重点关注，亦是局部抗战特殊背景下的基本诉求。《南京条约》肇始，近代中国被逼勒签订了一系列不平等条约，列强从中攫取的领事裁判权，租界特权，片面协定关税特权，海关行政权，沿海和内河航行权，宗教、教育特权，租借地

---

① 《发刊词》，《外交评论》第 1 卷第 1 期，1932 年，第 1 页。

和势力范围特权，驻军和使馆区特权，路矿及工业投资特权及鸦片贸易、苦力贸易、自由雇募权等蔓生为条约特权体系，侵蚀了我国的政治、经济、文化等。其中，领事裁判权、租界和协定关税被丹麦驻华公使欧哀深列为破坏中国主权完整的"三大魔鬼"。① 国民政府建立后将这些危害至巨的条约特权作为修约交涉重点，改订新约运动着力于关税自主和废除领事裁判权，虽取得一些进展，但远未彻底解决。修约交涉中断后，这些严重损害主权且符合国际法修废规定的条约及其特权仍是《外交评论》关注的重点。

其一，力主改订中日商约。中日商约是指1896年10月20日订立的《中日通商行船条约》及附件、《公立文凭》和1903年《通商行船续约》。《中日通商行船条约》第二十六款规定，如一方提出重修税则和条款，则从双方换约之日算起十年为一期，"期满后须于六个月内知照，酌量更改"。② 若均未声明更改，则条款税则不变，再过十年修订。尽管十年之期的修约交涉在北京政府后期启动，但久拖延宕未达成共识。到1926年已第三次期满，修约成为中日间能否订立平等条约的试金石。国民政府多次照会日方并确定了拟交涉草案原则，一是关税自主，二是取消领事裁判权，三是收回沿岸内河航权，四是收回租界，③ 表达主权国家的正当要求。但日本的意图是先订关税协定，而不是订立通商新约。经反复磋商，在1930年新订关税协定后，日方表面承诺"协定签字后，即行修约"，④ 实则无视中国的修约权，为继续拖延找借口。

九一八事变后，国民政府外交重心转向中日关系处理。1933年，中英、中美通商续约先后到期，国民政府再次提出修约。相比于英、美，此时中日已处于对立状态，修约交涉更为艰难。吴颂皋指出，

---

① 孙晓楼、赵颐年编著《领事裁判权问题》，商务印书馆，1937，第43页。
② 王铁崖编《中外旧约章汇编》第1册，三联书店，1957，第666页。
③ 《中日新约草案原则》，《大公报》1929年5月1日。
④ 《中日条约未成立前即为草约有效期间》，《顺天时报》1930年3月14日。

"两国缔约通商，目的原在增进双方贸易，与保障侨民之地位"，侨华日商在领判权庇护下享受特殊利益，而侨日华商不仅经商权受到干涉，有时居住权也被剥夺，"故就调整中日经济关系而言，平等商约之改订，与领判权之废除，尤为刻不容缓之事"。① 对新订的中日关税协定，于能模认为虽以平等互惠为原则，而实际"日货之来中国者如此其多，华货之往日者，焉能与之相抵？"② 不仅中日间，中国与其他各国商业来往也如此，这是近代中国对外贸易存在的普遍问题。在条约上无论规定如何平等，都是外方独占便宜，中方在互惠税率上损失巨大。王正廷也坦言，因我国工商业不发达，"与各国定互惠条款，中国惠少，他国惠多"。商约中关于"当事国人民居住之自由，生产及制造货物输出入之自由，关税等"③ 都有互惠条款，相比日本商人在华享有特权，中国商人在日本正常的经商权和居住权都缺乏保障，加之日货来华远超过华货往日，表面平等互利的商约实为民族经济的掣肘。尤其是中日通商条约的内容，与关税、领事裁判权、居住经商和土地权、航权等密切相关，涉及经济和政治问题的核心。九一八事变后，日本推行"大陆政策"，对国民政府外交部提出的商约谈判和法权交涉均极力反对。实际上，中日商约早在1926年到期，《外交评论》力主改订商约是宣示中国政府的合法权利。

其二，聚焦撤废领事裁判权。领事裁判权是指一国可以由驻外领事等根据本国法律对在他国领土的本国国民行使司法管辖权，其恶果不仅是限制中国政府对在华外国人行使管辖权，允许列强在中国行使属人管辖权，更严重的是对中国司法管辖权和主权造成直接损害。在不平等条约关系中，领事裁判权居于中心地位，是其他条约特权的基础。这一特权的原则"构成每一条约的基础，贯穿于每一条约的条款中"，是"造成一切损害的根源"。从外国立场来看，这一原则

---

① 颂皋：《论中日经济提携》，《外交评论》第4卷第2期，1935年，第5页。
② 于能模：《中日关税协定之真相》，《外交评论》第2卷第3期，1933年，第25页。
③ 王龄希：《修改中日商约刍议》，《外交评论》第1卷第7期，1931年，第44期。

"被各条约国视为对华条约中最重要、最有价值",而且"也是最为根本的一点"。也就是说,这一特权是列强向中国进行政治、经济和文化侵略,行使其他特权的重要保障,它严重损害中国主权和尊严,造成种种弊害是近代中外不平等条约关系最基本的体现。①

列强对"最最重要的"特权当然不肯轻易放弃,国民政府成立之初便向各订约国提出撤废要求,直至1928年方与12国重订新约,各条约正文对收回关税主权和取消领事裁判权虽有明确规定,但提出的苛刻的附带条件都是以他国撤废为前提,这样一来反形成各国"相约不撤"的局面。薰琴指出这一特权"已不适用于现时之中国,值此收回法权运动积极进行之时,凡扩张在华领事裁判权之主张,吾人当极力反对"。② 为攫取利益,列强常将治外法权和领事裁判权混同一律,二者虽有关联,但含义不同。按英美国家和中国近代的习惯用法,治外法权是有两层含义的广义概念。第一层含义是指根据国际法仅限于外国元首和外交代表在外国境内享有的特权和豁免;另一层含义即指领事裁判权,是列强在亚非各国的领事依据本国法律对其侨民行使司法管辖的片面特权。③ 周还提出:"此种外侨不应享受之特殊权益与地位,最足以破坏所在国之统一法权,甚至危害所在国之根本生存。"④ 对于损害国权的情形,例如国联调查团调解中日纠纷,要求中国允许东北自治或给日本更多利权以平息争端的提议,薰琴直指其根本错误,"一是漠视或故意忘却中国政府历来以撤废领判权为开放内地先决条件之政策,二是在中国政府积极收回法权之时,反欲提议扩张领判权",⑤ 批驳以退让换取和平是无视中国主权的做法。彼时,撤废领判权交涉被打断,政府颁布的《管辖在华外国人实施条例》成为一纸具文,《外交评论》继续讨论撤废是符合国家主权原

---

① 李育民:《晚清中外条约关系研究》,法律出版社,2018,第290—291页。
② 薰琴:《关于领事裁判权问题》,《外交评论》第1卷第6期,1932年,第99页。
③ 李育民:《近代中国的条约制度》,湖南师范大学出版社,1995,第18—19页。
④ 周还:《撤废领事裁判权问题之商榷》,《外交评论》第8卷第4期,1937年,第2页。
⑤ 薰琴:《关于领事裁判权问题》,《外交评论》第1卷第6期,1932年,第102页。

则的合理诉求。

其三，急于收回航权。近代以前中国没有航权概念，航权是"交通主权之最要一部也。按照国际通例可分为沿海贸易权与内河航行权二项"。① 依国际惯例，航权只赋予本国人民，丧失航权最直接的影响是利源外流、主权受损。王洸分析航权丧失除由条约曲解附会而来外，还有其他端由，一是清政府"不识国际间直接贸易与本国沿岸内河航运之分"；二是"清室注重税课而不计航权"；三是"自认外轮足以发达商务，故尽量引进不加限制"；四是外人攫取权利；"每于条约之外，先从事实上试行侵占，我国不知防微杜渐，积非成是"。② 20世纪初，重视航政和收回航权成为外争国权的重要呼声。北京政府提出收回航权主张，但交涉成效甚微，1930年国民政府打算在关税问题解决后着手处理航权问题，并与英美等国开始磋商。

航权交涉在九一八事变后被迫搁浅。王洸指出："一国航运之盛衰，与其政治经济交通国防，关系至巨……江海要道，外轮畅行无阻，洋商复挟其巨额资金，过剩船舶，及码头等种种优越地位，以与国人竞争，胜败之机，不判自明。"③ 从经济方面来看，外国商船倚仗内河航行权驶入中国腹地自由贸易，并凭借低税额和最惠国待遇攫取最大利益，而中国交通原本不发达，货物流通艰难，外货越是畅销无阻，国货就愈难发展，国民经济便愈受打击；从政治方面来看，外轮自由航行极大损害国家主权，尤其是列强兵舰在各海港及内河口岸自由驶入，意味着部分领土主权完全丧失；从军事方面来看，按国际惯例外国兵舰须经中国同意后方能驶入海港，而当时外国兵舰不但在沿海港口自由出入，甚至能随时调增兵舰至内河口岸，不但任意测量内河航路，甚至随处测量军事要塞，严重危害国防安全。如果不收回

---

① 王洸：《外人在华航业实况与收回航权问题》，《外交评论》第3卷第4期，1934年，第72页。
② 王洸：《外人在华航业实况与收回航权问题》，《外交评论》第3卷第4期，1934年，第82—84页。
③ 王洸：《外人在华航业实况与收回航权问题》，《外交评论》第3卷第4期，1934年，第45页。

航权，政治、经济固受重大影响，"一遇战事，则危机四伏，尤属不堪设想"。① 在日本加剧扩张、中日全面战争随时可能爆发的境况下，从战略安全角度收回航权确为当务之急。

其四，收回租界司法权。租界是鸦片战争后从通商口岸外人居留或贸易区域中发展形成的一种畸形制度，列强起初以非法手段侵夺中国行政权和司法权，进而通过不平等条约确定并建立不受中国政权体系管辖的行政管理机关，被称为"国中之国"的租界是中国半殖民地的重要象征。② 租界和租界司法权密切关联，收回租界司法权和撤废领事裁判权均关乎法权独立，国民政府经过艰难谈判，于1930年2月签订《关于上海公共租界内中国法院之协定》，上海临时法院得以基本收回，但由于该问题与租界相关，租界没有取消，中国司法主权仍有所受限。《外交评论》第1卷刊发徐公肃评论文章，提出协定即将期满，"司法行政部准备于期满时，从事改组法院，使上海公共租界司法机关成为一纯粹的中国法院，不再受外人之干涉与限制"。③ 并就租界司法权丧失由来、司法现状缺点和特区法院改组等问题加以进叙，指出"司法机关为国家根本组织之一，法院的设立应完全由主权国自由规定，外人不得侵犯与干涉"④ 是现代国际法公认的原则。

事实上，租界内中国法制难以全面自主施行，徐公肃阐析其原因：一是"洋泾浜章程及附则之兼用"，中国政府从未正式承认其章程及附则，而令特区法院必须顾及，不仅损及中国法律尊严，而且承认了外人非法取得的特殊权利；二是"检查官职权之限制"，除办理法院管辖区域内检验事务外，限定只在中华民国刑法部分条款案件可

---

① 王洸：《外人在华航业实况与收回航权问题》，《外交评论》第3卷第4期，1934年，第47页。
② 李育民：《中国废约史》，中华书局，2005，第16页。
③ 徐公肃：《上海公共租界特区法院协定修改问题》，《外交评论》第1卷第3期，1932年，第1页。
④ 徐公肃：《上海公共租界特区法院协定修改问题》，《外交评论》第1卷第3期，1932年，第10页。

依中国法律执行职务；三是"司法警察"由高等法院分院院长与工部局推荐后委派，使法院行政权支离破碎；四是"外国律师对一切案件仍有出庭之机会"；五是"法院名义上已收回，而监狱乃由工部局管理"。① 他建议政府立定收回司法权的决心，"与其以修改之计划与外人磋商，何如以情理为依，据理力争，直接收回，自行组织中国法院"。② 但上海租界主要是英美等国主导，国民政府担心"两国确无修约之意，而我方又迫过甚，则难免不发生反响，适足妨碍固有睦谊"。③ 局部抗战时期，对彻底收回租界既缺乏勇气又缺乏现实条件，因此，只能视废除租界司法特权为收回租界的一种过渡办法。

其时，随着国民对国家主权原则的认知日益明晰，"不适用之条约可废止"的观念逐渐为公众所接受，要求平等和独立成为国民普遍呼声。不平等条约体系中，商约、领事裁判权、航权和租界司法权均居于重要地位，尤其领事裁判权是条约特权的核心。当时，日本等国已成功撤废，加之中日商约、法院协定等即将期满，关注这些重点条约特权是《外交评论》题中应有之义。"革命外交""改定新约"虽无奈中断，但修约目标尚未达成，民众对废约仍有期待。1934 年和 1937 年前后，以修订商约和撤废领事裁判权为中心，社会各界纷纷建言，形成了两次修废舆论小高潮。除《外交评论》外，如《东方杂志》1934 年第 31 卷第 12 号便特设修约专号，《国闻周报》《外交月报》《大公报》《申报》《晨报》《民族杂志》等报刊也对重点条约特权持续关注，为延续废约舆论构建了一方空间，给政府形成一定的舆论压力。尽管局部抗战期间，国民政府为争取列强支持，实施妥协退让的对外政策，修约外交环境严重缺

---

① 徐公肃：《上海公共租界特区法院协定修改问题》，《外交评论》第 1 卷第 3 期，1932 年，第 5 页。
② 徐公肃：《上海公共租界特区法院协定修改问题》，《外交评论》第 1 卷第 3 期，1932 年，第 12 页。
③ 中国第二历史档案馆编《中华民国史档案资料汇编》第 5 辑第 1 编，江苏古籍出版社，1997，第 74 页。

失,但《外交评论》关注条约特权问题在一定意义上表明了政府修废不平等条约的政治姿态。

三 修废主张的理性发声

如何修废不平等条约?《外交评论》做了认真探讨,涉及基本依据、具体方式和方法等。从当时中外形势来看,这些主张是一种颇具理性的发声,既坚持了维护中国领土完整和主权独立的原则,又有着对国际惯例和国际形势的综合考量。局部抗战时期,保国权避战祸、谋求中日问题和平解决成为外交首要目标,国民政府改变了废约运动时的强硬姿态,《外交评论》上提出的修废主张亦趋于现实、理性。

其一是运用国际法原则。条约是国际法的渊源,国际法又为之确立基本准则,江鸿治提出:"'情势变迁'原则,未尝不是今日要求修改和约之法律根据。"[1] 他详细阐释情势变迁的含义,如若情势发生重大变化以致无法履行条约或履约结果将危害订约国切身利益,则该订约国可合法取消条约。同时,该原则"适用之范围不仅限于物质情形之改易,道义问题亦得适用"。[2] 虽有些条约设定了有效期,原则上订约任何一方不得随意撤销,但国际法已认可,"当一个国家之存在及发展,与其所订条约之义务发生不可避免之冲突时,该条约自难再予维持,因国家之自卫及其发展为任何国家之神圣权利也"。[3] 日本侵华使中国内外局势发生重大变化,任何条约皆含情势变迁可以解除的条件。这些见解丰富了民众对国际法的认知,为修、废约提供了法理支撑。尽管在强权政治下,这种和平解约方法须以他国同意为前提,但这一主张仍反映了《外交评论》中的理性废约思路和建议。

---

[1] 江鸿治:《凡尔赛和约之修改问题(下)》,《外交评论》第3卷第4期,1934年,第30页。
[2] 江鸿治:《凡尔赛和约之修改问题(下)》,《外交评论》第3卷第4期,1934年,第33页。
[3] 江鸿治:《凡尔赛和约之修改问题(下)》,《外交评论》第3卷第4期,1934年,第32页。

1933年12月，国民政府就是以"情势变迁"为由照会美使及英代办提出改订新约。

王龄希也依据国际法提出两种方法。一种是另订新约，在平等互利基础上撤废旧约另定新条款；另一种是依据旧约对条款做部分或全部修改。他主张："如旧约不能适应现时之环境，则其订约目的，现已完全失其存在，而有完全废弃之必要。"① 同时以修订新约"须不背国际法之平等与自由原则"，提出新订商约一是要依国际法关于商约内容的原则划定必要范围；二是有保留必要的原义务条款采入新约；三是原有独立的片务条款，如彼方坚决不让步则改为双务加入新约；四是牵涉其他交涉，如税则、领判权和内地贸易居住航行等条约，谋为单独另订。② 如交涉达不到目的，宁作悬案搁置，至少可免去一条不利束缚以争取变机。在国际法由传统向现代演进的过程中，这些修约建议以国际法为理论支持，在尽量避免与列强发生冲突的同时，尽可能防止出现主权利益受损的消极后果，较之坚决的废约要求虽有所缓和，但使政府修废诉求更易为列强所认同和接受，不失为外交重心转移后的可行之策。

其二是主张谈判交涉。就撤废领事裁判权而言，片面宣告撤废和要求各国自觉撤废的方式最干脆也最能满足民众心理需求，当时法学界在《申报》提出自动撤废领事裁判权的建议，③ 认为"自动取消可以免除国际间的阻挠"。④ 然而，就当时国家实力和国际形势而言还不具备片面撤废的条件，《外交评论》就此刊发商榷文章，周还认为"自希特勒执政以来，对于凡尔赛和约的束缚，毅然片面废止"之法在德国行得通，⑤ 然而当时中国所处地位与德国迥然不同，如单方面宣布撤废并在各国反对下强制执行将会遇到更多窒碍。对于片面撤废，他

---

① 王龄希：《修改中日商约刍议》，《外交评论》第1卷第7期，1931年，第44页。
② 王龄希：《修改中日商约刍议》，《外交评论》第1卷第7期，1931年，第52页。
③ 《法学界人士建议自动撤废领判权》，《申报》1937年4月16日，第3版。
④ 周还：《撤废领事裁判权问题之商榷》，《外交评论》第8卷第4期，1937年，第4页。
⑤ 周还：《撤废领事裁判权问题之商榷》，《外交评论》第8卷第4期，1937年，第4—5页。

坦陈如果按国际法平等原则和情势变迁条款，领事裁判权等饱受诟病的畸形制度理应毅然废除，但外国是通过条约获得，"又曾经我国签字承诺，如今想要解除条约束缚，自不能不先得对方同意"。[①] 他建议与原订约国分别折冲，以谈判方式达到撤废目的。这一主张在撰稿人中颇具代表性，周鲠生也认同"一缔约国要根据情势变迁不得不废止旧约的时候，不应当悍然独自宣布解除条约上的义务，而应当先向对方提出废止要求，和平磋商，说明废止的理由。如果遭到对方拒绝，然后再自行宣布废止"。[②] 国际法中，外交谈判是和平解决国际争端的首要方式。另外，为争取英、美、法等国支持，片面撤废尚非其时，谈判交涉更具现实合理性。《前途》等杂志发文支持"国别交涉的办法"，[③] 相较于20世纪20年代盛行的自动废约呼声，主张谈判交涉为主要方式，体现了《外交评论》以国际法则为基本依据，融入国际社会的期待。

关于撤废法权的时机与办法，周还提出"惟默察国际局势之错综变幻，权衡自身利益之轻重缓急"，[④] 呼吁国人力戒情感冲动，多加理智判断。由于外人总以中国司法不善为借口拒绝撤废，他建议政府主动改善司法，不断巩固统治权力，加强地方自治，恪守司法规范，让外人看到苏德等国撤废领事裁判权后，其侨民同样受中国法律保护，如此，对于中国司法的疑虑就不成为其抵制撤废的理由。为稳妥撤废，周还建议做全方位准备，等待国际形势发生有利于中国的变化，国力充实之时，便直接向各条约国提出彻底解决办法。《大公报》《文化月刊》等也刊发了修明内政和整顿司法等建议，赞同先充实国力奠定谈判基础的观点。

其三是效法日本。《外交评论》对日本、土耳其等国关注较多，认为相对于埃及废约的不彻底性和土耳其废约的反复性，日本成功撤

---

① 周还：《撤废领事裁判权问题之商榷》，《外交评论》第8卷第4期，1937年，第4—5页。
② 周鲠生：《国际法》下册，商务印书馆，1981，第675页。
③ 周还：《撤废领事裁判权问题之商榷》，《外交评论》第8卷第4期，1937年，第4—5页。
④ 王检：《撤废领事裁判权问题》，《前途》第5卷第6期，1937年，第10页。

废似乎更值得效法。高宗武分析日本领事裁判权成因与中国颇为类似：一是当时日本普遍缺乏国际法知识，不明领事裁判权含义；二是自居"日出之国"实行锁国攘夷政策；三是当时日本国势不振、民贫地瘠，以致外交软弱；四是法典不完备，给欧美各国留有口实。①通过对其撤废历史的考察，他总结了四点可借鉴的经验。首先是编纂新法典、健全司法体制，使列强无法借"无新式法典，不能保护外国人生命财产"②为由推迟废约；其次是采取分国别谈判的最佳方式，谈判程序上"先与外交界最有力量之英国谈判"，③与英国交涉成功后，美国便会紧随其后；再次是整理内政增强国势，以中日撤废交涉为例，日本倚仗胜利"两三年间，所有从来缔结之不平等条约，全体废除"；④最后是条约撤废关乎全局，在政府努力的同时，广大民众要支持政府对外交涉，在舆论和行动上与政府保持一致，政府亦须依靠民众，废约方能取得真正意义上的成功。《外交评论》以邻国日本为例，说明废约交涉须以实力为后盾，以英美为主要对象，加之民众与政府互为依靠，条约撤废可以依胜利者的意愿而改变。高宗武等外交要员的分析在一定程度上对外交部制定政策形成了引导力，例如，撤废领事裁判权方式上更倾向于仿效日本，1937年社会舆论基本上认同与各国分别交涉的外交方式，以尽快实现撤废目标。

简而言之，与20世纪20年代的废约运动相比，九一八事变后国内外形势发生了重大变化。毛泽东指出："什么更为迫切？是修改条约，还是民族救亡？显然，对我们来说更为重要的是抗日。"⑤可以说，服从挽救民族危亡这一中心任务，调整废约方针是一项理性决策。《外交评论》不仅在理论原则，而且在方式方法上提出理性修废主张。一方面，不放弃废约总目标，在理论原则上强调以国际法为依

---

① 高宗武：《日本收回法权之经过》，《外交评论》第8卷第5期，1937年，第66—69页。
② 高宗武：《日本收回法权之经过》，《外交评论》第8卷第5期，1937年，第82页。
③ 高宗武：《日本收回法权之经过》，《外交评论》第8卷第5期，1937年，第85页。
④ 高宗武：《日本收回法权之经过》，《外交评论》第8卷第5期，1937年，第89页，
⑤ 《和美国记者斯诺的谈话》，《毛泽东文集》第1卷，人民出版社，1993，第392页。

据，运用国际法和国家主权理论剖析不平等条约特权的危害，阐释废约的正当性；另一方面，遵循国际交往惯例，在方式方法上主张以政府为主体开展谈判交涉，借鉴他国经验，最大限度争取国际支持。同时，对于社会团体和民众提出的急进、片面撤废方式，《外交评论》提出了反对意见，认为"言论界的责任是指导民众，而不是附和民众"，呼吁撰稿人摆脱民众情绪的支配，"从理性方面想出可行之路指导民众、挽救国事"，[①] 认为向民众普及国际法知识和外交常识是理性参与外交的基础，也是引导废约舆论不断理性化、成熟化的重要方式。相对于激进的废约言论，《外交评论》更倾向于为政府外交做注解，从政府立场对公众舆论进行疏导，其为争取国际道义和经济支持所提出的修废主张更趋现实性。

结　语

废除不平等条约是近代中华民族的最强呼声，在中国共产党的直接推动下，20世纪20年代废约运动和国民革命相结合形成蓬勃之势，国共两党合作取得的修废约成果激发了民族觉醒。九一八事变后，《外交评论》主要强调政府交涉，较之激进的"革命外交"有所退却。金问泗解释说："中山先生欲联合世界上以平等待我之民族共同奋斗，询为立国之要图。凡对我无领土侵占之野心，而表示希望我有一个强盛巩固之政府者，虽其国与我所订条约尚未加以修正，亦未尝不可视为以平等待我之民族。如多方联络以期造成较优的国际形势，以利于我外交上之进行，此当前刻不容缓之事也。"[②] 恰映射出国民政府外交上的妥协性和软弱性，《外交评论》传导政治姿态和政治宣传的意义更为明显。同时我们应认识到，废约进程是阶段性和连

---

① 《答读者问》，《外交评论》第3卷第3期，1934年，第4页。
② 金问泗：《东案之回顾》，《外交评论》第1卷第5期，1932年，第31页。

续性辩证统一的历史过程,《外交评论》在低潮时期的理论探讨,在"文字上之贡献,与言论方面的指导",对推进现代外交知识和国际法传播,提升国家主权和民族独立意识不乏增益之功,为解除不平等条约的束缚提供了思想资源。

论敌后战场日军的"卫生工作"*

——以第十五师团为例

彭 程 骆梓奇**

目前国内的抗战研究如火如荼，但对抗战时期的三大主体，即中国共产党、国民党和日本的研究并不均衡。有关日本的研究分为两大块：其一是对日本政府和日军的研究；其二是对伪政权和沦陷区的研究。对前者的研究仍显薄弱，其中对日军的研究尤甚。在有限的关于日军的研究成果中，大多数的研究对象为军事作战、所犯暴行等，对日军的后勤补给（含交通运输）、卫生防疫、宣传"慰问"、通信联络、谍报侦察等研究较为薄弱。

据笔者调查，日本学界有关日军"卫生工作"的研究主要分为四类：性的研究（"慰安妇"与花柳病）、[①] 日军普通士兵的创伤与治疗（尤其是精神创伤）研究、[②] 战时日军卫生人员（尤其是护士）的

---

* 本文为国家社科基金一般项目"日本馆藏涉八路军档案的翻译、整理与研究"（20BDJ086）的阶段性成果。

** 彭程，广西大学外国语学院教授、博士生导师；骆梓奇，广西大学外国语学院硕士研究生。

[①] 主要有林葉子『性を管理する帝国：公娼制度下の「衛生」問題と廃娼運動』大阪大学出版会、2017；藤田昌雄編『陸軍と性病：花柳病対策と慰安所』えにし書房、2015；今田真人『極秘公文書と慰安婦強制連行：外交史料館等からの発見資料』三一書房、2018。

[②] 主要有中村江里『戦争とトラウマ：不可視された日本兵の戦争神経症』吉川弘文館、2018；細渕富夫等編『精神障害兵士「病床日誌」』六花出版、2016；清水光雄『最後の皇軍兵士：空白の時、戦傷病棟から』現代評論社、1985。

活动研究、①细菌战与活体解剖研究。②相较而言，中国学界的相关研究主要集中在第一类和第四类，围绕战争暴行展开。据笔者的调查，先行研究中并未触及某支日军内部的卫生机构和卫生工作，只是将研究对象设定为某一特定的卫生机构或特殊的卫生工作，没有从卫生工作的本质，即作战部队的"卫生工作"是以维持该部队正常运转为目的。

此外，抗日战争分正面战场和敌后战场，日军对两者的军事方针是不同的，因此其"卫生工作"的实际情况也大相径庭。特别要指出的一点是，在敌后战场的日军主要是日本陆军，日本海军的参与很少，因此敌后战场日军的"卫生工作"基本属于日本陆军"卫生工作"的范畴。此外，因为当时日军有骑兵部队，即便在非骑兵部队中也用马匹来运输各类军用物资，因此大部分部队设有"病马厂"这一专门负责"动物卫生"的机构。但本来陆军就设有独立的兽医人事系统，与确保人员卫生的军医分属不同的体系，因此兽医不在本文的研究范围之内。

本文主要利用日本2014年前后解密的相关档案资料，聚焦1942年到1943年以"扫荡"新四军和忠义救国军为主要作战任务的日军第十五师团的"卫生工作"，力图厘清敌后战场日军作战部队"卫生工作"的情况。

一 组织机构

在考察日军第十五师团的卫生工作之前，有必要对该师团做一简

---

① 主要有野口泰『戦いの白衣は遠く：日本赤十字社救護看護婦の従軍記』北風書房、1995；河井徳雄『青春の軌跡：一青年軍医の敗戦』小林プリント、1996；守屋ミサ『従軍看護婦の見た病院船・ヒロシマ：ある看護教諭の原体験』農山漁村文化協会、1998。
② 主要有常石敬一『医学者たちの組織犯罪：関東軍第七三一部隊』朝日新聞社、1995；湯浅謙『中国・山西省日本軍生体解剖の記憶』ケイ・アイ・メディア、2007；森村誠一『悪魔の飽食』角川書店、1985。

单介绍。

日军第十五师团始创于1905年4月1日,是为参加日俄战争而组建的。日俄战争后短暂地在朝鲜执行警备任务,1907年被调回日本,负责日本国内的警备,1925年因为"宇垣裁军"而被裁撤。卢沟桥事变爆发后,日本在1938年恢复了第十五师团的编制,其主要作战任务仍以警备为主。同年7月15日,第十五师团被调往中国战场,8月在上海登陆,编入华中派遣军。12月9日,其被编入第十一军,1939年9月23日转隶第十三军。1943年下半年主力部队被调往缅甸,编入南方军第十五军战斗序列,在缅甸战场遭到中国远征军的重创,1945年8月初不得已退回泰国,并在泰国北碧向英军缴械投降。

1942—1943年,第十五师团驻防华东地区,其司令部位于南京,师团长是山内正文陆军中将。师团下辖第五十一、第六十、第六十七三个步兵联队,以及第十五工兵联队、第二十一野炮兵联队、第十五辎重兵联队。另有师团直属的通信队、兵器勤务队、病马厂、军医部等。①

第十五师团的"卫生工作"由师团直属的军医部负责,这一时期的军医部部长是原田嘉元陆军军医大佐。原田是日本著名的破伤风研究专家,1929年毕业于东京帝国大学医学部,获医学博士学位,之后成为一名陆军军医。他1938年任东京第二陆军医院院长,不久来华出任第十五师团军医部部长一职,后随军去往缅甸,转任船舶兵团军医部部长兼南方军防疫给水部部长,1945年晋升为陆军军医少将。当时日军陆军军医最高军衔为中将,整个战争期间被授予陆军军医将官军衔者不超过30人,原田的"实力"可见一斑。

当时日军军医部按照人员类别不同,分设军医(牙医单列)、药

---

① 张明金等编《侵华日军历史上的105个师团》,解放军出版社,2010,第147页。

剂、卫生（医务行政人员）和疗工（护理人员）四大类。第十五师团军医部人员齐备，我们从其业务报告中可以经常看到这样的记录："步兵第67联队松原军医大尉参加了2月27日在南京举行的新兵入营仪式"，"大崎药剂少尉作为卫生下士官培训班的教官，讲解了所负责的科目"，"滨田卫生少尉为了协调有关卫生物资的准备工作，前往上海的军医部出差"。① 从目前掌握的资料来看，该师团军医部不仅没有中国人，也没有朝鲜人，即便战争末期医护人员奇缺，其解决方法也是通过日本红十字会等机构从日本国内调派人手，没有从当地或殖民地征召，很明显这是考虑到"卫生工作"的特殊性，对非日本人的不信任所致。②

从隶属关系来看，该师团军医部主要接受第十五师团司令部的指挥，但同时接受第十三军军医部的业务指导。因为军医专业性较强，高级技术和管理人员无法从师团内部产生，因此军医部及中国派遣军军医部对这一类人事的安排有相当大的发言权。③ 第十五师团军医部在此期间的《卫生业务要报》除了提交给师团司令部，还要提交给第十三军军医部、中国派遣军军医部和参谋本部医务室，以供参考和存档。此外，我们也经常可以看到第十五师团军医部与中国派遣军军医部、参谋本部医务室人员往来、业务交流的记录。

第十五师团军医部下辖的卫生机构主要有金坛患者疗养所、南京第二陆军医院芜湖分院、镇江陆军医院、防疫给水部队等，以下分别予以介绍。

第十五师团没有自己的野战医院，"以部分军医部部员为基础，在金坛开设了患者疗养所"。因为正面战场的日军作战部队均设有野战医院，日军内部习惯上称其为"第十五师团野战医院"，本文也循例称其为"野战医院"，内有救护班、担架队、除毒室等常设机构。

---

① 『師団衛生業務要報綴』（1943年2月），亚洲历史史料中心藏，档案号：C13120659600。
② 可参考1946年发生的通化"二三"事件，日本医护人员残杀了150余名解放军伤员。
③ 陸上自衛隊衛生学校修親会编『陸軍衛生制度史』原書房、1990、71頁。

救护班的主要任务是治疗和救护所内的伤病员；担架队主要负责救出患者，使伤员顺利到达医院或位于各地的救护所。因为南京一带水道众多，为了"及时"治疗伤病员，1943年中期增设了水上救护班，由治疗班和收容班组成。治疗班相当于野战医院的救护班，负责治疗和救护；收容班相当于担架队，负责患者的"营救"和转移。水上救护所位于船上，移动快捷，类似救护车，如果伤病员病情严重，可立即转院接受治疗。

南京第二陆军医院成立于1940年，位于紫金山脚下，医院占地面积甚大，设备先进。据一名曾在里面工作的日本女护士回忆，"内有结核病栋、外科栋、内科栋、传染病栋等"，[1] 主要负责收治各常驻部队和途经部队的伤病员及外来患者，并负责治疗镇江以西的性病患者。该医院的实力很强，在南京及周边地区仅次于南京陆军医院。当时南京是汪伪政权的"首都"，南京陆军医院是区内实力最强的医院，汪精卫因为枪伤旧疾复发，于1943年12月19日在该医院接受手术，据说效果颇佳。[2] 南京第二陆军医院本部由中国派遣军军医部直接管辖，其院长由派遣军军医部任命，一般是中佐军衔。该医院在芜湖开设了分院，芜湖分院由第十五师团管辖，负责收治芜湖、安庆一带及江北地区的伤病员和性病患者。

镇江陆军医院位于镇江城内，主要负责收治镇江、金坛及苏北的伤病员。因为泰县一带新四军较为活跃，日本在此地驻军较多，因此在泰县设置了分院。此外，在东台设置了患者救护所，但仅对该救护所予以业务指导，该救护所归独立混成第十二旅团指挥。

第十五师团防疫给水部队接受华中防疫给水部队和师团军医部的双重业务指导，其中细菌战部分由华中防疫给水部队指导，其余的工作由师团军医部负责指导。其先在芜湖及金坛开设了派出机构，后根

---

[1] 野口泰『戦いの白衣は遠く：日本赤十字社救護看護婦の従軍記』、89頁。
[2] 『中華民国汪主席ニ関スル件』（1944年3月4日），亚洲历史资料中心藏，档案号：A0401 8750200。

据"扫荡"作战的需要，又在庐州的下塘集增设了派出机构，归独立混成第十三旅团指挥。国内有关日军防疫给水部队实施的细菌战的研究成果丰富，本文仅论述该部队的其他职能，即有关传染病防治和供水等部分。

1942年12月5日，第十五师团在南京南郊的汤水镇设立了特别训练队，军医部负责其中有关体能、卫生等方面的事务。军医部在特别训练队中负责的具体事务有四：其一是对新兵实施体能训练和卫生教育；其二是对在作战中表现较差的老兵实施体能训练和"精神辅导"；其三是对师团各级军官实施卫生教育；其四是对师团卫生系统的各级官兵实施培训。第十五师团十分重视特别训练队，一直在硬件和软件方面加大投入。12月28日，军医部河口高级部员①兼任训练队"干部体能训练教育教官"，负责向各级军官传授体能训练的知识。②

1943年之前，第十五师团在南京、芜湖、金坛、镇江四地开设了"慰安所"，之后又在巢县和溧水增设了"慰安所"，有来自中国、日本、朝鲜三国的"慰安妇"。每座城市一般不止一处"慰安所"，比如在金坛"有很多慰安所，花街两处，其中有一个是日本带来的姑娘，丹阳门有一处是朝鲜半岛的姑娘，直溪有一处，火巷有一处，一共是五处。慰安妇总人数117人，其中不包括日本的、朝鲜半岛的27人，中国的姑娘是90名"。③ 为了防治性病，"慰安妇"定期（一般是每个月一次）接受体检。海内外有关"慰安妇"的研究已经十分深入，因此这部分不是本文的重点。

除以上各机构外，军医部在各联队设有医务室，主要处理常见、普通的伤病。此外，将联队划分为若干个区队，每个区队的日常卫生防疫工作由一名伍长或军曹级别的军医部部员负责。

---

① 相当于军医部副部长。
② 『師団衛生業務要報綴』（1942年12月），亚洲历史史料中心藏，档案号：C13120659300。
③ 范学贵：《金坛的慰安所》，《扬子晚报》2010年11月3日，第7版。

二 "工作"内容

第十五师团军医部的工作分为常规性工作和非常规性工作。常规性工作多种多样,主要包括收治伤病员,实施新兵体检和体能训练,保障部队用水供应,医用物资的领取、保管与发放及防疫。

收治伤病员是军医部的核心工作,主要由下属的各医院及救护所实施。伤病员又分为作战负伤和意外受伤两种,有时会出现日军士兵自残现象。

因为是敌后战场,第十五师团的主要军事行动是"扫荡"作战,以消灭大多以游击队形式存在的新四军和忠义救国军为主要目的,很少有攻坚克难的阵地战,因此这类伤员并不多。档案显示,1943年1月仅14名士兵因作战而负伤。[①]

意外负伤的情况不少,1942年12月因马匹等原因意外负伤(至少达到住院程度)的就有6人。[②] 虽然第十五师团没有专门的骑兵部队,但设有"病马厂",有人专门负责饲养和照料军马。事实上,不仅这个月,几乎每个月都会发生被马匹咬伤或踢伤的情况,因此军医部对这方面的受伤情况较为重视。

此外,日军部队虽然普遍具有狂热的军国主义思想,但个别士兵有厌战情绪,因此有时会发生自残情况。[③] 被认定为自残的话,受伤士兵首先要在军医部接受治疗,然后根据情节轻重予以惩戒。

第十五师团军医部还负责新兵体检和体能训练。体检结束后,军医部一般要提交一份工作报告,详述新兵诸如身高、体重、所患疾病等各项身体指标。对比每年的新兵体检报告,我们就会发现,从

---

① 『師団衛生業務要報綴』(1943年1月),亚洲历史史料中心藏,档案号:C13120659400。
② 『師団衛生業務要報綴』(1942年12月),亚洲历史史料中心藏,档案号:C13120659300。
③ 日军第五十八师团在湖北应城"扫荡"新四军期间,一名士兵因思乡而自残,接受治疗后被处以严重警告的处分,并调往其他日军部队。『特別報告(重大なる軍紀違反)』(1943年7月23日),亚洲历史史料中心藏,档案号:C07092261500。

1943年中期开始，入伍新兵平均身高逐渐变矮，身患疾病者数量逐渐增加。比如日军第二十七师团军医部于1943年10月报告："约两千名补充兵来到部队，其泰半曾经罹患过结核性恶疾。除了年龄，其身体之羸弱亦让人心忧如捣。"① 这就说明，从1943年中期开始，日军入伍体检不像之前那样严格，有流于形式之嫌，而各作战部队对此也心知肚明。其主要原因在于战争后期日军战线过长导致国内兵源枯竭，作战部队补充的新兵身体素质下降严重。

体能训练的对象一般是新兵，他们接受完体检后会在特别训练队中接受此项训练，这也是军医部重要的日常工作之一。1943年1月中旬实施了一次体能训练，主要内容有负重短跑、长跑（2000米）、百米短跑、投掷手榴弹、引体向上、提举土囊、野外拉练等七项，为期两个月。最后军医部提交报告认为："经过特别训练，新兵的体重都有所增加，身体机能也有不同程度的提高。"②

供水主要由防疫给水部队第四支队负责，其提供的水主要用于饮用和洗澡。南京及周边地区属于江南水乡，并不缺水，但不管是饮用水还是生活用水，他们对水质都有一定的要求，尤其是前者还要确保安全，在敌后战场往日军驻地周边的小溪和井里投毒并不鲜见。记录显示，第四支队经常检测饮用水源的水质情况，有时还要过滤。③

第十五师团军医部的药品及医疗器械主要来自华中野战货物厂，由军医部各级单位进行医疗物资的储备。为了节约和就地获取医疗物资，军医部要求各部队节约和爱护各种医疗物资及器械，另鼓励各部队回收医疗废品，如1943年2月各部队回收了药剂空罐250个、包装箱79个、套环容器520个等，共计各类物品5530件。

防疫工作是一项极其重要却易被忽视的工作。第十五师团在档案中关于防疫工作仅有寥寥数笔，很容易被忽视，但可管窥日军卫生部

---

① 『第3 衛生の作戦準備』（1944年7月），亚洲历史史料中心藏，档案号：C13071143900。
② 『師団衛生業務要報綴』（1943年1月），亚洲历史史料中心藏，档案号：C13120659400。
③ 『師団衛生業務要報綴』（1943年2月），亚洲历史史料中心藏，档案号：C13120659600。

队在敌后战场的防疫工作实情。

日军一直将防疫作为卫生工作的主要内容之一，在甲午战争时期就对尸体处置、常见传染病防治等做出了规定。① 第十五师团军医部也重视防疫，每月统计下属各部队传染病病患的新增情况。然而即使积累了经验，甲午战争时日军总死亡人数13000人中，仍有近12000人死于疾病，仅1000余人战死，病死比例之高可见一斑。传染病比战争直接减员更具威胁性，这一现象在第十五师团中仍未改变。在1943年1月因军事作战负伤而接受治疗者只有14人，罹患各类疾病而接受治疗者多达732人，② 在敌后战场，日军的伤亡主要来自非战斗减员。

此外，军医部对性病十分重视，除了令患者必须接受治疗，如上所述还定期对"慰安妇"进行体检，每月对"慰安妇"的体检情况也记录在案。这与在保定、石家庄沦陷后，当地日军旋即对"慰安妇"进行诊疗、排查的情况一致，③ 都反映了当地日军对"性服务"的急切需求。因此对"慰安妇"的诊疗也主要是为防止部队染上性病，同理也对官兵外出嫖娼管理严格，一经发现予以严惩，1944年在湖北通城就有这样的例子，④ 其主要原因就是害怕官兵私自嫖娼而染上性病。

以上主要讲的是治疗传染病，而传染病的预防这部分工作主要由防疫给水部队负责。传染病一旦暴发将导致部队大量减员，迅速降低战斗力，因此防疫给水部队在这方面不遗余力。新兵来到第十五师团之后，首先会接受体检，如果发现有人身患疾病，尤其是传染病的

---

① 王格格：《甲午战争时期日军军事医疗析论》，《抗日战争研究》2022年第2期，第64页。
② 『師団衛生業務要報綴』（1943年1月），亚洲历史史料中心藏，档案号：C13120659400。
③ 王萌：《抗战时期日本在中国沦陷区内的卫生工作》，《近代史研究》2016年第5期，第113页。
④ 日军第五十八师团在湖北通城"扫荡"新四军期间，两名士兵私自外出喝酒、嫖娼，后受到关禁闭7天的处分。『特別報告提出の件報告』（1943年8月19日），亚洲历史史料中心藏，档案号：C07092261400）。

话，立即令其隔离接受治疗。此外，在体检过程中还对新兵展开预防传染病的宣传。比如，"在新兵入伍之前，为了预防结核感染，对其即将使用的场所和物品进行消毒"；"自（1943年）2月10日开始到25日统一实施咳痰检查"；"（1943年）8月13日，为预防伤寒，师团上下实施大便检查"；"在金坛地区实施霍乱预防接种，（1942年）12月12日结束"；"对检查后认为健康的队员进行预防传染病的教育，并予以监督和指导"。[1]

在传染病预防方面，日军尤为重视霍乱的预防。甲午战争时期曾发生因未重视一例霍乱疑似病例最终导致400余人感染的事件，在甲午战后又有病患将霍乱带回日本引起本土大流行。[2] 1943年1月23日，南京中山门外首宿园村有一名中国人病亡，疑似罹患霍乱。接到情报后，防疫给水部队第四支队一部及同仁会防疫处职员立即前往，实施消毒、检查、隔离、调查等措施，最后发现该患者的检查结果呈阴性后才解除措施。[3] 同年8月，在驻吴淞某部队发现霍乱疑似患者。部队下达命令要求除因公之外，各部队一律禁止官兵外出。此外，对官兵在营外饮食要求严加注意，防止感染。[4]

另一种受日军重视的传染病是疟疾。甲午战争时期疟疾的感染率和死亡率仅次于霍乱，是第二大传染病，因此日军对疟疾有针对性预案。由1943年8月的记录可知，日军对霍乱和疟疾都做了防疫预案，因此在发现疑似病例后立即分别启动了第二期和第三期防疫预案，[5] 将疫情扑灭于早期。此外，由于霍乱和疟疾部分症状相似，且均有肠胃不适症状，在上文提及的体检工作中每月会对士兵的大便进行检测，检查时必须注意不能漏掉一人，以发现有无疫情的征兆。霍乱和疟疾也会通过饮用水传播，因此上文提及的保障供水工作亦是为预防

---

[1] 『師団衛生業務要報綴』（1942年12月），亚洲历史史料中心藏，档案号：C13120659300。
[2] 王格格：《甲午战争时期日军军事医疗析论》，《抗日战争研究》2022年第2期。
[3] 『師団衛生業務要報綴』（1943年1月），亚洲历史史料中心藏，档案号：C13120659400。
[4] 『師団衛生業務要報綴』（1943年8月），亚洲历史史料中心藏，档案号：C13120659400。
[5] 『師団衛生業務要報綴』（1943年8月），亚洲历史史料中心藏，档案号：C13120659400。

霍乱和疟疾。

除在部队内部进行防疫外，第十五师团军医部也在中国城市和民众中开展防疫工作。虽然第十五师团的档案中并未对其在中国城市的防疫政策进行详细记录，但从其对具体工作事迹和与同仁会南京防疫处的业务往来记录来看，第十五师团在当地进行防疫的方针与目的应与已被反复研究的同仁会组织一致，即一方面是为了确保日军不被感染；另一方面是通过这些工作收拢民心，发挥宣抚作用，甚至通过体检为部队作战获取数据。①

第十五师团军医部有计划地对南京居民实施种痘，1943年1月总接种人数为344364人，同年2月时总人数为459959人。② 除种痘外，还对部分居民实施霍乱预防接种，并且可见曾在南京各城门、车站、码头实施霍乱检疫且颁布过市内各餐馆禁止宰杀活物的禁令，以预防霍乱在南京市内流行的防疫措施的记录。除疟疾和霍乱这两种致死率较高的传染病受到重视外，狂犬病也受到重视，1942年12月和1943年1月，因镇江发现狂犬病例，对区内进行了野狗捕杀和居民及家犬的狂犬疫苗接种。③ 这是因为军马会感染狂犬病，进而造成极大危害，因此为保护军马，必须重视狂犬病预防。

由于传染病的防治是一项系统性工程，做好内部的"清零"、严防死守远远不够，更重要的是要做到经常接触人群的群体免疫，才能真正建立起防疫屏障。为保护日军人员战斗力，日军对居民进行疫苗接种及消杀、检疫、隔离等工作。

第十五师团军医部帮助居民进行防疫，是出于利己的角度，从经常举行急救讲座等记录来看，有"宣抚"的目的，大规模的疫苗接

---

① 关于同仁会，可参见王萌《抗战时期日本在中国沦陷区内的卫生工作——以同仁会为对象的考察》，《近代史研究》2016年第5期。
② 『師団衛生業務要報綴』（1943年1月、2月），亚洲历史史料中心藏，档案号：C13120659400。
③ 『師団衛生業務要報綴』（1942年12月、1943年1月），亚洲历史史料中心藏，档案号：C13120659400。

种让居民减少了疫病折磨。① 虽然自1928年起每年开展所谓"夏令卫生运动",但直到全面抗战前夕的1936年开展新生活运动时,仍将公共卫生单独列出,可见当时中国的卫生环境仍待改善。安徽省档案馆馆藏资料显示,安徽全省一年在夏令期间种痘人数3万余人。

以上都是常规性工作,非常规性工作主要有随军救护、卫生演习等。日军只要展开军事行动,必然会有卫生人员随行。敌后战场军事作战的特点是次数多、烈度低,如1943年1月第十五师团各地警备队出动262次,发生战斗32次。② 与正面战场的作战部队相比,其卫生人员随军出征较为忙碌,但人身安全基本无虞。

三 "工作"特点

通过以上的论述,我们总结敌后战场日军作战部队"卫生工作"的特点如下。

(一)卫生工作具有稳定性

稳定性主要表现在以下三个方面。

其一,卫生场所具有稳定性。第十五师团的医疗机构都有固定的场所,很少搬迁或移动。即便开设较为简易的救护所,我们也没有发现其搬迁的记录,甚至没有自己的野战医院。而查阅衡阳保卫战期间日军第二十七师团的《卫生业务报告》可知,第二十七师团不仅设有自己的野战医院,且经常迁徙,有时甚至每天都要搬迁。卫生场所的搬迁不仅意味着医护人员和卫生用具的移动,还有伤病员的转移,而伤病员的转移费时费力,频繁的转移更可能加重伤病员的病情。此外,正面战场野战医院的移动还面临遇敌的危险。仅在这一点上,敌

---

① 可参见王萌《抗战时期日本在中国沦陷区内的卫生工作——以同仁会为对象的考察》,《近代史研究》2016年第5期,第117页。
② 『師団衛生業務要報綴』(1943年1月),亚洲历史史料中心藏,档案号:C13120659400。

后战场日军作战部队的卫生工作量就要少很多。

其二，卫生物资的获取具有稳定性。第十五师团军医部经常报告，"本月医疗物资和器械的补给十分顺畅"①，"这个月医疗用具的补给没有发生意外"②。而衡阳保卫战期间，日军第二十七师团野战医院则报告，"仅仅得到由一个伤病员运送小队随身携带的卫生用品，勉强够手术使用"，"旅团的军靴、卫生器材、调味品出现不足"，"进入十月，兵团领受了大约五十捆卫生物资，这是自六月从武昌出发以来，首次大批量获得有疗效的药物"。③ 两相对比，一目了然。

其三，卫生工作对象具有稳定性。如上所述，第十五师团军医部主要的收治对象是病患而非伤员，除非特殊情况，病患的数量较为稳定。查阅其《卫生业务报告》就会发现，1942—1943 年每个月收治的伤病员为 800—1200 人，而正面战场伤病员的产生具有突然性，平时一般很少，但在大规模战斗之后会大量出现。如果是事先计划好的进攻作战的话，军医部门还可以做些准备，但如果是防守作战或遭遇战，尤其是遭遇伏击时，军医部门无法事先准备，经常会被大量产生的伤员弄得手忙脚乱。

（二）卫生工作尤其是防疫工作受重视

在正面战场，日军各作战部队都有具体的作战任务，比如"歼敌"数量、攻城略地等，因此指挥官往往将注意力放到内部的攻击性力量上，而对卫生部门这类防守性力量则关注不够，导致"卫生工作"的重要性下降。而敌后战场，正如日军自己所说的"警备"一词，偏重维持和防守，因此"卫生工作"的重要性得到凸显。敌后战场讲究"守成"，因此避免不必要减员十分重要，防疫工作受到

---

① 『師団衛生業務要報綴』（1942 年 12 月），亚洲历史史料中心藏，档案号：C13120659300。
② 『師団衛生業務要報綴』（1943 年 1 月），亚洲历史史料中心藏，档案号：C13120659400。
③ 『第 3　衛生の作戦準備』（1944 年 7 月），亚洲历史史料中心藏，档案号：C13071143900。

重视。

第十五师团军医部部长的军衔是大佐,而当时的三个步兵联队队长中有两个大佐、一个中佐,其他的工兵联队队长和辎重兵联队队长均仅为少佐,在敌后战场日军重视作战部队内部的"卫生工作"可见一斑。

此外,军医部有时还可以直接介入作战事宜。比如,"原田军医部长于(1942年)12月21日出席了在师团司令部举行的守城设施整备协商会,并论述了关于阵地供水的相关事宜"①,"2月9日,原田军医部部长出席了步兵联队队长工作会议"②。

(三)卫生工作以常规性工作为主

如上所述,在敌后战场日军作战部队的"卫生工作"以常规性工作为主,这些工作每年都会重复,因此对医护人员的要求不高,加之熟能生巧,从结果来看完成度较高。而正面战场日军经常置身于陌生的环境,加之经常长时间行军,战斗激烈时甚至卫生人员也要持枪参战,因此其结果无法得到保证。

敌后战场日军作战部队的"卫生工作"以"进取"为主,即除完成规定的各项任务之外,还会"积极"完成一些不在规定范围内的工作,比如"从(1942年)10月下旬开始对各部队进行了军鞋巡回修理,共计修理了2744只鞋"③。而正面战场的"卫生工作"以"兜底"为主,即完成伤病员的救治与转送,确保部队饮水安全等最低限度的工作,鲜少关注其他工作。

---

① 『師団衛生業務要報綴』(1942年12月),亚洲历史史料中心藏,档案号:C13120659300。
② 『師団衛生業務要報綴』(1943年2月),亚洲历史史料中心藏,档案号:C13120659600。
③ 『師団衛生業務要報綴』(1942年12月),亚洲历史史料中心藏,档案号:C13120659300。

论英国对战后中英商约的筹议[*]

侯中军[**]

在战后国际关系史、冷战史得到充分研究的同时，战后初期的中英关系仍然有较大的开拓空间。除对香港问题、紫石英号事件、西藏问题、承认新中国等重大事件的探讨外，学界忽略了对战后中英关系史一般议题的探讨，比如两国间的通商议题。学界甚至未能明确这样一种奇怪的现象：1943—1949 年的 7 年间，中英两国事实上处于无商约的状态。

抗战胜利后，中英两国虽然并未签订商约，但厘清英国围绕该约的筹议过程及中英之间的交涉经过，对于战后初期的中英关系史研究仍具有重要意义。首先需要明确的是，战后中英商约虽然有"战后"一词的限定，但其所涉及的并不仅仅是战后的中英关系，至少英国方面的准备工作自 1943 年就已经开始了。在战时废约谈判的过程中，中英双方均已认识到订立两国间商约的重要性，并通过新约第八条予以专门规定。但历史发展的结果是，一直到国民政府覆亡，中英商约仍未能签订。虽然在相关著作中会提及战后中英商约，但对于该约的详细情形并未涉及，比如中英商约主要有哪些内容，英方的考虑是什

---

[*] 原文已发表于《近代史研究》2021 年第 3 期，本文系缩减版。
[**] 侯中军，中国社会科学院近代史研究所研究员。

么，为何中英商约未能签订？① 本文从英国方面入手，基于英国外交部档案，分析英方的筹议过程及其内部分歧，冀进一步推动战后中英关系史的研究。

一 英国早期的筹备及最初的草案

1943年1月11日，《中英新约》订立，其中第八条第一款规定，"缔约双方经一方之请求，或于现在抵抗共同敌国之战事停止后，至迟六个月内，进行谈判，签订现代广泛友好通商航海设领条约"，该约将以"缔约双方近年来与他国政府所缔结之近代条约中所表现之国际公法原则与国际惯例为依据"。② 这一要约的要求已经为战后中英商约谈判的时间和原则定下了基调。

1944年1月底，英国贸易委员会拟具了商约草案最初稿，共36条77款。针对该草稿的情况，贸易委员会主席弗雷泽做了解释：关于经商条款部分，需要充分吸收战后新的国际协定及经济政策后再做更改；关于航海部分，请战争运输部依据可能的战后条款做具体修正，特别是针对中国的部分；关于战后航运业，总体而言，中国对于外人参加航运业的态度是模糊的，据从中国方面传来的信息判断，似乎要完全将英国排挤出沿海和内河贸易。③ 对于贸易委员会所做的中国可能改变对英船运贸易政策的分析，英国外交部认为，很难通过商

---

① 相比于战后中美商约的研究成果，战后中英商约的研究成果数量极少。石源华在《中华民国外交史》（上海人民出版社，1994）中较早讨论了中英商约的大致情形，提出了这一重要的学术议题。其后，冯琳的《战后中英商约流产论析》[中国社会科学院近代史研究所编《中国社会科学院近代史研究所青年学术论坛（2006年卷）》，社会科学文献出版社，2007]一文概述了商约交涉的大致轮廓，在分析英方实力下降的基础上，认为中国方面的拖延及交涉重点的转移是主要原因。本文对国民政府在中英商约筹议过程中的表现和因应尽可能予以涉及，但限于档案和史料，中方的相应线索仍是比较模糊的，进一步的研究仍有待新史料的发掘。
② 王铁崖编《中外旧约章汇编》第3册，三联书店，1952，第1266页。
③ From Fraser to Keenlyside, January 31, 1944, FO 371/41601, F 655/96/10.

约做出规定,"即使中国能够例外允许英国公司经营内河和沿海贸易,也将拒绝将此规定加入商约"。英国外交部认为:"最好的办法是接受没有明确规定内河及沿海贸易权的条约,然后通过外交手段让有资格的公司从中国得到允许。"对英国来说,"从容接受中方所提的原则条款,更容易取得成功"。①

与美方相比,英国的策略存在差异。早在 1944 年的 2 月,美国驻华大使高斯(E. Gauss)就希望美方能尽早对华提交商约草稿,以求得谈判上的主动。高斯告诉英国驻华使馆商务顾问哈奇森(J. C. Hutchison),他已经强烈建议美国国务院先于中国提出商约草案,以防止中国提前宣布商约政策或细节,因为一旦让中国先行公布,而美国只能在事后修改将是很丢脸的事情。高斯还告诉哈奇森,据他所知,国民政府各部门已经致力于起草商约草案很长一段时间了,准备推出一些新的法规限制外国在华的商业利益,美国政府不能接受这种改变。高斯承诺,将随时欢迎英国驻华使馆来人交流关于商约的事宜。②

至 4 月底,中方已经完成了对美商约的草案。此草案虽然是针对美方,但显然是中国为战后商约所准备的一个通用蓝本,同样适用于英国。英国驻华大使薛穆(Horace Seymour)也在 6 月中旬报告称,中方已经接近完成对英商约草案,可能很快将提交讨论。③ 这里的对英商约事实上应为中国所准备的战后商约的底本,并非单独对美或对英。此时美方已经完成了对华商约草案初稿,正征求驻华大使高斯及相关部门的意见。美方在征求草稿意见的同时,已经开始对华提出谈判意向,探询中方对谈判地点的建议。④ 来自中美两国的消息无形中敦

---

① From Blackbourn to Fraser, February 21, 1944, FO 371/41601, F 655/96/10.
② From Embassy Chungking to Foreign Office, February 11, 1944, FO 371/41601, F 792/96/10.
③ Telegram from Sir H. Seymour, Chungking, June 16, 1944, FO 371/41601, F 2889/96/10.
④ The Secretary of State to the Ambassador in China (Gauss), Washington, April 27, 1944, *Foreign Relations of the United States* (*FRUS*), 1944, Vol. 6. Washington, D. C.: Government Printing Office, 1967, p. 1018.

促英方需加快进度,英国决定先提供一个框架,应对中方公司法的颁布。面对英国外交部的催促,弗雷泽称,起草小组已经就对华商约工作了一段时间,一个主要的难点在于"条约适用的范围难以确定"。①

可以认为,从新约订立以来,英国在对华商约准备工作上一直持消极态度,起初认为应于战后再来讨论此问题,甚至认为可以先等中方提出草案。但迫于美国对商约的积极准备,不得已启动了对华商约草案的准备工作,并在是否先于中国提出草案方面一改往日的消极态度。现有资料表明,中方的商约草案准备工作是以准备中美商约为主要任务,并以对美商约为对外商约的蓝本,对英商约的准备工作事实上与对美商约准备工作是一体的。

二 英国内部对商约草案的讨论及与美方的沟通

在英国外交部的协调下,英国政府各部于 1945 年 1 月 29 日召开了部际协调会,就对华商约问题进行集体磋商。外交部牵头,包括印度事务部、缅甸事务部、贸易委员会、自治领办公室、殖民部办公室、战争运输部等部门均派人参加了此次讨论。会议主席由外交部的贝克特(W. E. Beckett)担任。此次内部会议讨论了 3 个方面的问题:一是增加自治领及殖民地条款;二是英国人的定义;三是公司及船只的国民待遇。英国内部此时讨论的焦点在于,是否要在商约适用范围中加入自治领和英属殖民地。经讨论,会议决定将自治领列入商约适用范围,并提出,如果自治领被拒绝纳入中英商约的适用范围,英国就应该尝试让中国接受英属殖民地列入商约,因为"殖民地不同于自治领,无法独自对华谈判"。关于英国人的定义亦与自治领有关,会议认为,应该询问各自治领政府是否同意英国政府将居住在其辖区内的英国人列入条约,并让各自治领明确:(1)"如果没有得到

---

① From Mr. Welch to Ashley Clarke, May 25, 1944, FO 371/41601, F 2584/96/10.

同意，英国政府不会将自治领的英国人包括在内"；（2）"即使英国政府希望将自治领英国人纳入条约，也无法保证一定能成功"。①

1944年8月的草案并不包含最惠国贸易条款。1945年1月29日的部际会议后，贸易委员会斯克（R. G. Shackle）致函财政部威利（D. Waley），指出，如果写入最惠国待遇条款可能会给予对方通常由本国人享受的国民待遇及本国商品享受的最惠待遇，并表示尽管如此，"不应排除签订关税方面最惠国待遇条款的可能性"。斯克还表示，对英国来说，在与中方谈判时也可以提出保留最惠国待遇条款，理由在于：一旦中国所采取的方针对英方而言存在歧视事项，比如国家贸易管制或者进出口管制及换汇管制，英国就可以不受限制地提出申请取消此种歧视。斯克称，上述考虑都具有可操作性，因为反制权是普惠性的，并不仅仅限于反制关税歧视。②

当英国内部为条约草案征求意见时，中国方面于1944年11月向美方表示，已经接近完成约稿。③ 为了先于中方提出草案，美国加快了完善商约草案的步伐，于1945年2月完成了为数达30条条款的草案。对于美方撇开英国单方推动中美商约的行为，英国外交部极为不满。在贸易委员会的建议下，1945年1月，英国外交部起草了致美方的质问电文，"英方希望与美方就商约问题的进展保持密切沟通，但迄今为止英方只是收到了美方一般意义上的消息进展通报，并不具备任何正式的参考价值"，"英方希望至少了解美方草案的贸易原则"。④ 1月18日，英国驻美大使哈利法克斯通知英国外交部："美方愿将其商约草案的原则条款相告，但仍希望于最终完成草稿后再提交英方。"⑤ 事实上，一直

---

① Minutes, January 30, 1945, FO 371/46220, F 758/235/10.
② From Shackle to Waley, February 1, 1945, FO 371/46220, F 695/235/10.
③ The Charge in China (Atcheson) to the Secretary of State, Chungking, November 26, 1944, *FRUS* 1944, China, p. 1020.
④ From Foreign Office to Washington, January 13, 1945, FO 371/41601, F 624/96/10.
⑤ Negotiations for a Commercial Treaty with China, January 18, 1945, FO 371/46220, F 512/235/10.

到美方对华提交草案,英方都没有收到美方的草案副本。

在英方的催问下,美国国务院向哈利法克斯确认了薛穆从重庆得到的消息,即美方已经向中方提交了条约草案,并称该草案与最近订立的商约原则一致。美国国务院告诉哈利法克斯:"条约草案并未涉及银行业条款,也没有提及收回上海租界的美方财产问题。"美方亦认为,领事条约及通商条约应分别订立,因此美方的草案未提及领事条款。美国国务院并未向英方展示条约草案,也无意讨论更多细节问题。哈利法克斯认为:"如果外交部想要了解更多美方草案的细节,需要首先向美方传达他们感兴趣的英方商约的纲要。"①

此次美方所传达的隐晦信息令英方内部颇为重视,为了进一步从美方获得更为有用的信息,英国外交部指示驻美大使哈利法克斯向美国国务院表达如下意愿:"与美方在商约问题上保持密切联系是英方始终一贯的目的,与中国缔结宽松合理的条约规定显然符合英美双方的利益。"并告诉美方,英方目前所收到的消息令人失望。英国外交部还表示,英国商约草案一旦准备完毕将向美方提供一份副本,希望美方能先提供一份完整的中美草约的副本。英方希望了解"美国是否在最惠国待遇条款中有例外条款,以便解决换汇或支付贸易中的难点",因为英方注意到美国与利比亚新订的商约没有类似条款。②

远东司司长贝内特在比对美国与利比亚商约后发现,美方草案远比英方要温和,"在许多条款上,英方比美方走得更远",进而判断,英国从中国取得所需的让步的可能性将会大为降低。贝内特建议应立刻与美方进行沟通,"希望英美不要互相卡住对方的脖子"。贸易委员会威利斯称:万幸之处在于美国人已经将草案提交给中国,伤害已经造成,"尽管尚不清楚美英草案之间究竟存在多少处重大差别","对所有在华外人来说,包括美国人自己,美方草案都是一个不幸的

---

① From Washington to Foreign Office, April 26, 1945, FO 371/46220, F 2571/235/10.
② From Foreign Office to Washington, May 16, 1945, FO 371/46220, F 2571/235/10.

文件"。威利斯还称,尽管如此,英方应该尽力去与美方沟通,建议外交部立即训令驻美大使馆通知美方英国对美方草案原则的不同认识。"在避免被控诉美英合伙对付中国的前提下",基于实践操作层面,"美英为基于共同利益应确立最佳条款,防止各自因条款不同而排挤对方的利益"。美英对华商约草案的最大不同"在于美方草案未能获得对外国在华公司的保护"。①

在与美方商讨商约草案条款的同时,英国贸易委员会内部专门召开会议,讨论是否列入经商条款,最终确定对华商约不列入经商条款。在第一次部际会议后,英国贸易委员会虽就此问题有过讨论,但未能在最初的商约草案中列出经商条款,而是留待继续讨论。在此次专门会议上,与会人员提出了一个关于经商条款的方向性问题,并提供了三个选项:一是对华商约采取贸易委员会提出的全套贸易规则;二是仅仅列出最惠国待遇条款及国民待遇条款;三是对华商约不涉及经商条款。就原则而言,选项一和选项二之间的区别在于"选项一包含了最惠国待遇中的互惠条款及进口中的无差别待遇",而选项二"省略了这些规定"。②

专门会议讨论认为,对英国来说,有3点理由支持采用选项一。一是"英国需要在对华贸易中取得对方的保证",如果采用该选项,"中国将几乎提供所有的保证"。此外,"中国事实上几乎不能从中得到真正的互惠"。贸易委员会也提出,问题在于"如果中国明白自己无法从中得到互惠,是否会放弃该条款,或者仅仅采纳关于进出口关税的最惠国待遇?"二是中国战后很可能实施大规模的国家垄断贸易,中国会否以此来抵制英国的商业利益?三是如果中美先于中英开启谈判,而且美国说服了中国采取严格的进口最惠国待遇条款及国家垄断经营,不留任何例外条款,则英方获得例外优惠的难度将大大增

---

① From Board of Trade to Foreign Office, June 26, 1945, FO 371/46221, F 3838/235/10.
② Goods Clauses in Future Commercial Treaties, June 6, 1945, FO 371/46220, F 3473/235/10.

加。如果选择用第一个选项，则可以避免此种状况的发生。①

会议认为，有4点理由支持选择第二个选项。第一，英美两国已经就未来贸易政策的一般性问题进行了讨论，这些讨论都是围绕避免进口限制及国家贸易的歧视性条款进行的，确立此种严格的非歧视条款是英国及其他国家都需要的保障。第二，英国不久后将不得不与美国谈判修改1938年的贸易法案。该法案在战时给予进口限制以豁免，战后如何修改该条款尚未确定。美国在布雷顿森林协议中提出了一个换文，克服了此项困难。但对英国来说，如果条款继续有效，粮食部门如欲从国外购买粮食，就需要一个类似的豁免换文。第三，上述两点都提出了未来对美关系中的重要问题。对英国来说，如果提前与美方达成协议，解释英方解决贸易限制的办法，并将该办法列入对华条款，不知是否明智。第四，即使可以把留有例外条款的进口限制及国家垄断经营的互惠条款写入对华条约，中国是否有可能将采取比英国更为宽泛的解释？②

至于第三个选项，即不包含经商条款的最惠国待遇。会议认为，一方面，最惠国关税待遇只是为英国的对华出口提供一个预防性的保护措施；另一方面，该条款"当用于反对外国的歧视待遇时，同样会束缚英国自己的手脚"。③

1945年6月15日，英国贸易委员会再次召集会议，讨论对华商约中的经商条款。财政部、战时内阁办公室、自治领办公室及外交部均派人参加了会议，会议讨论的结果是"反对将经商条款列入对华商约草案"。斯克向与会人员表示，条款已经最大限度地为英国商品出口争取到了保障，并考虑到了英国自身的收支平衡状况。由于中国可能会采取国家垄断经营，对华贷款可能会遭遇歧视性条规，上述保障是有必要的。会议主席利欣（P. Liesching）建议，应与美国讨论

---

① Goods Clauses in Future Commercial Treaties, June 6, 1945, FO 371/46220, F 3473/235/10.
② Goods Clauses in Future Commercial Treaties, June 6, 1945, FO 371/46220, F 3473/235/10.
③ Goods Clauses in Future Commercial Treaties, June 6, 1945, FO 371/46220, F 3473/235/10.

此问题，告诉美方英国在此条款上的意见并询问美方的态度。在此次会议上，斯科特（A. L. Scott）转达英国外交部意见时亦称，如欲从中国获得想要的特许，与美方的合作是必不可少的。战时内阁办公室的罗宾（L. C. Robbins）教授建议，可以向中方解释称英方在起草经商条款上遇到了巨大困难，与美方和中方所遇到的情况类似，这对美、中来说都是一个有力的借口。①

英国外交部不建议提出经商条款，其理由是，基于英国利益，"在可以预见的相当长的时间里，英国向中国提供的任何商品，中方均没有能力支付价款"。英国外交部建议对华商约涉及的内容主要包括两类：一类是出入境、居住、就业、税收等个人事项；另一类是船运业及相关事项。在条约适用范围上，英国外交部建议限于英国本土，并附上一个延及缅甸及其他英国海外领地的殖民地延伸条款，但不包括印度。至于英国人及英国船只，仅限于属于条约本身适用的帝国领土范围内的英国人和注册在该领土范围内的英国船只。②

三　英国决定推迟商约谈判

至1946年5月，英国对华商约草案终于准备完毕，共计32条，不包含经商条款。英国自己亦承认，该商约草案实际上是一个"居住、航海条约，而非综合性的商约"。贸易委员会认为，英方虽然没有提出经商条款，但并不会妨碍英国商品的对华出口。③

至1946年11月，中方已经完成了对英国草案的分析，并拟具了对案，正待提交给英方。王世杰10月下旬所发声明是基于中方已经完成了相应的准备工作而做出的。1946年11月25日，国民政府外交部终于提出了对案。在英文条约草案中，并不包括"友好""通

---

① Goods Clauses in Future Commercial Treaties, June 15, 1945, FO 371/46221, F 3879/235/10.
② From G. V. Kitson to G. A. Wallinger, July 3, 1945, FO 371/46220, F 3703/235/10.
③ Notes for Supplementaries, May 13, 1946, FO 371/53658, F 7113/235/10.

商"两个单词,中方对案将条约名字修改为《中英友好通商航海条约》。外交部条约司第 2 科在审议英方所提草案时,即提出英方草案"为何不提 Commerce 字样"而仅仅标出"居留航海"的疑问;在条约的适用范围上,中方认为英国远东属地及自治领均未包括在内,印度亦被排除在外。建议修改条约前言中的相关字句,加入通商字样,并在适用范围上依照 1943 年中英新约内容修改。英方草案第二条是对条约所涉及概念及主体的说明。草案在第二条第一款规定,英国人是指包括英国本土及本条约所适用的地域内的英国自然人。中方在分析报告中提出,"要求在记录中说明,英国自然人限于来自本约所适用之英领土"。第二款是关于船舶的定义,英国船系指在英国本土及条约规定地域内注册的船舶。公司的定义出现在第三款,英方强调所有依法设立,而中方则认为应区分营利和非营利。第四款关于外国的定义,外国是指英帝国以外的,不属于英联邦成员的那些国家。①

收到中方对案后,英国将中美商约与英方草案及中方对案进行了逐条详细比较。1947 年 1 月 17 日,英国政府相关各部聚集开会,分析总结中美商约与英国文本的差别,讨论如何修改英方文本。运输部、贸易委员会、英商中华协会(China Association)等部门和商业团体均参与了对中国对案的讨论,由外交部于 2 月 26 日形成了最终定案。会议重点讨论了下列事项:①在中方对案的基础上,英方应该提出何种修改意见,以使英方航运企业的利益实现最大化。②中方反对英国所提悬挂外国旗帜的船舶进入内河的要求,英方或许可以坚持进入长江至汉口段的航行。③中国很有可能反对沿海贸易条款,英方应该如何调整原有条款的内容。②

---

① 《中英居留航海条约及中外航海协定等》(1946),外交部档案,台北"国史馆"藏,档案号:020-070400-0005。
② To discuss the Draft of the Proposed Treaty Establishment and Navigation in China, January 22, 1947, FO 371/63279, F 753/27/10.

因中英商约谈判进展缓慢，时任保守党副党魁的艾登在英国下院的发言受到批评，下院一致要求尽早订约。英国外交部认为，英商中华协会可能是此次下院外交诘难的主要幕后推手。吉特森（G. V. Kitson）致函英商中华协会的米切尔（G. E. Mitchell）称："在现有情形下，如果中英商约谈判被迫推迟，并不一定是件坏事。"早在3月18日，英国商业总会曾专门在上海组织了一个针对中英商业谈判的下级委员会，其成员包括祁士域（John Keswick）、启东烟草公司的普莱斯（R. J. E. Price）、帝国化工的哈雷（G. A. Haley）。该委员会判断"基于目前的政治及经济形势，英方将商约缔结时间拖延得越久就越有利"。英国驻上海领事蓝来讷（L. H. Lamb）认为此论点虽然存在一定的争议，但亦"有一定说服力"，"如果避免仓促开启谈判，让当下对于中国人对所谓主权的狂热冷静下来，对英方应该有利"。①

米切尔同意吉特森的判断，并立刻回函吉特森，"艾登关于需要尽速完成对华商业谈判的言论与我们毫无关系"，"我已经给保守党写信，表明英商中华协会不认可他们的观点"。英商中华协会对商约的观点已经由协会主席祁士域在两周前的年度例会上进行了说明，即"不要急于缔结中英商约"，因为中国现在的状况变化不定，催促订约对英国没有好处可言，推迟到政治稳定后再订商约或许更为有利。但米切尔认为，推迟商约谈判一事不宜公开声张，因为不论是下院还是外交大臣都已经公开表态，公开声明延迟订约不太合适。② 吉特森亦认为不宜公开声明推迟中英商约谈判，但如果下院进一步催促尽早订约，可以让商会在下院的发言人提出一个补充说明，暂缓谈判进程。③

英商中华协会及英国外交部远东司建议延迟谈判的观点很快为下院保守党知悉，弗莱彻（Walter Fletcher）特别致函外交大臣贝文

---

① From Kitson to Mitchell, May 27, 1947, FO 371/63280, F 6292/27/10.
② From Mr. Mitchell to Mr. Kitson, June 2, 1947, FO 371/63280, F 7527/27/10.
③ From Mr. Kitson to Mr. Mitchell, June 9, 1947, FO 371/63280, F 7527/27/10.

(Ernest Bevin),表示无意催促加快中英商约谈判进度。弗莱彻称,"我个人认为,在中英商约问题上催促急于求成是危险的",在下院正反两方都催促订约的情形下,"外交部顾问会同意我的观点",即"获得一个中国根本不能执行的商约,其危险性要远大于没有商约","英国政府需要做的是督促国民政府履行现有的义务,保护外人在华财产及给予外人更为公平的待遇,这远比一纸漂亮的条约文件更为重要"。①

英国外交大臣贝文对于弗莱彻暂缓中英商约谈判的建议表示认可,并主动表示将以此建议贸易委员会主席克里普斯(Stafford Cripps)。

1947年10月21日上午11点,在贸易委员会562会议室,英国政府部门间协商会议正式举行。在这次会议上,贸易委员会向政府各部提出了一项更为重要的抉择:要不要与中国签订商约?对英国来说,是宁可选择"一种没有正式商约的对华关系",还是"一项无法让人满意的商约"。会议提出的另一个基本问题是,基于对中国经济形势的分析,很难判断一个全面的对华商约对英国而言是否还有必要。出于平衡考虑,各部汇总意见后提出,"除非贸易委员会认为谈判破裂的政治后果过于严重,否则英方应做好破裂的准备"。对上述两个问题讨论的结果,事实上已经动摇了中英商约的谈判前景。②

虽然做好了中止谈判的预期,但会议仍详细分析了双方的草案,并对各自草案间的重大分歧提出了各种可能性的预判。会议提出,如果仍决定缔结中英商约,应尽力让中方接受:英方通过商约希望获得的是涉及人、公司及船舶的"国民待遇"而非"最惠国待遇"。英国之所以强调此点,其基本原因在于为了避开中美商约中所列出的限制。英国认为,对外国在华公司来说,中美商约的规定非常不利,英

---

① From Walter Fletcher to Mr. Bevin, June 12, 1947, FO 371/63280, F 8496/27/10.
② Commercial treaty Negotiations with China, October 21, 1947, FO 371/63281, F 13816/27/10.

国在华此时仍"有1.7亿英镑的直接投资",而且主要集中于船舶运输、矿业、公共基础事业及商业。如果不能获得所有条款的"国民待遇",作为最后一种努力,英国也应该让中方接受基本规则的例外条款,即尽力通过例外特许实现国民待遇条款而非最惠国待遇条款。①

通过此次会议,英国已经有意停止对华商约谈判。但对英国商约起草者来说,如果中止谈判,横亘在面前的最为突出的困难在于:如何向英国大众解释戛然而止的中英商约谈判?这也是会议提出的担心所在。会议认为,英国人对过去在华特权的留恋,可能是对目前商约始终不满的深层次原因,因而提出了"如果能等到英国人对所有治外法权的记忆及其影响完全忘却,然后再来签订商约可能对谈判会更有利"。② 英国内部的讨论被英国报界解读为"伦敦方面已决定将中英商约之谈判无限期搁置",英国外交部发言人对于外界传言予以否认,称与事实不符,解释称商约延宕的主要原因有两点,一是"英国多数社团与大规模商业团体有利害关系,而必须与咨商",二是"英国之贸易专家刻正在日内瓦忙于国际贸易组织之宪章及其他事宜"。③

对中英两国而言,商约谈判事实上已经陷入僵局。对中国来说,中美商约的订立使中国对外新订商约已经有了一个蓝本,中国将以此为基础与其他国家确立贸易通商关系。问题在于,即使仍坚持中美商约所体现的原则,国内的舆论也已经令国民政府感受到了压力,不可能再有退让。但对英国来说,中美商约的条款远低于其预期,获得事实上的国民待遇条款亦是其坚持的底线。正是因为此种状况,英国内部认为,是否订立中英商约已经不再重要。英国驻华大使馆认可贸易

---

① Commercial treaty Negotiations with China, October 21, 1947, FO 371/63281, F 13816/27/10.
② Commercial treaty Negotiations with China, October 21, 1947, FO 371/63281, F 13816/27/10.
③ 《中英商约谈判延缓,英外部声明两主要原因,否认已决定无限期搁置》,天津《大公报》1947年10月29日,第2版。

委员会所召集的部际会议结果,"很高兴得知英国在向华要求合理利益问题上态度坚定",大使馆亦感到"暂时维持一种无商约的状态,要好于接受一个不能令人满意的商约"。①

解放战争爆发后,国统区经济凋敝、物价飞涨,英国内部对于是否缔结中英商约的认识也愈益明朗化。1948年6月,国民政府内部曾通过中英商会(The Anglo Chinese Chamber of Commerce)释放信息,希望中英尽快缔结一项贸易协定,"国民政府已经改变了态度,不再固执己见,是时候与其订立一个贸易协定了"。② 对于中英商会所转达的信息,英国外交部认为,该会可能受到了一些中国政府人士的影响,这部分中国人支持签订中英商约,主要是出于维护政府"面子"的考虑。英国外交部称,自1948年3月以来中国国内形势未见改变,无论是政治形势还是经济环境,均不支持中英商约的缔结。英国外交部称,"此时此刻,完全不再适宜向中方提出新的建议","亦完全没有必要再去征求驻华大使的意见"。③ 中英商约谈判未重启。

结　语

中英、中美新约订立后,外交部部长宋子文大约同时向英美提及战后综合性商约谈判问题。在最初的阶段,英美之间保持了信息的互通,但英方在是否提前启动谈判问题上与美方存在分歧。美方的策略是先于中国提出草案,目的是先声夺人,掌握谈判的主动权,让中国在美方草案的基础上修改;英国最初的策略正好相反,先让中国提出草案,英方根据中方草案来确定自身条款,后发制人。当得悉美方草案已经完成后,为了避免被动,英国改变了等待中方先提草案的策

---

① From Leo H. Lamb to A. L. Scott, November 14, 1947, FO 371/63281, F 15809/27/10.
② From Mr. Petch to Welch, June 14, 1948, FO 371/69625, F 8656/710/10.
③ From Foreign Office to Petch, June 19, 1948, FO 371/69625, F 8656/710/10.

略，而是希望能够先提出有利于自身的条款，遂启动了各部门之间的协调工作。1945年1月29日，英国外交部主持了第一次真正意义上的各部门之间的商约起草协调会议。并于3月12日拿出了对华商约的纲要。美方并未及时向英国提供自己的商约草案副本，但与英国之间仍存在利益共同点，比如希望影响中国公司法的修改。英方对于美方未能与自己保持一致步骤，提出了批评。顾维钧曾言及：英国商人对美国人利用战争而排挤了其对华贸易一事深感怨恨，这在上海和香港商界是公开的秘密，"他们发誓要想一切办法从美国人手中夺回所失去的一切"。①

是否列入经商条款，是英方需要在起草过程中做出的重大选择。英国贸易委员会提出了3种方案供英国政府选择。经过各部门讨论，英国倾向于不列入经商条款。此外，在准备商约过程中，英国内部极为看重内河及沿海贸易条款，而且对于商约的适用范围是否应包括其海外各自治领及殖民地存在较大分歧。1946年6月，英方向中方正式提出了不包含经商条款的条约草案，即《中英居留及航海条约》，而非通常意义上的通商航海条约。在不含经商条款的情形下，英方条约草稿多达32条，已经超过了美方草约。中方注意到了英方草案的不同，并于中美商约签字后完成了对案的准备工作。12月31日，中方正式向英方提交了对案。中美商约的签字成为中英商约筹备过程中的一个关键节点，英国认为中美商约给英国商约带来了极大困难，在一些重大利益方面中方已经很难让步。英国为减少独自对华谈判的压力，有意拉拢荷兰等国互通商约条款。

中英商约最终未能签订的原因是什么？究竟是中方故意延宕还是英方有意拖延？对于这些问题的思考，有助于理解在准备商约过程中国民政府与英国政府各自所处的态势及地位。对于中方来说，已经有了中美商约为蓝本，很难再做进一步的让步。然而对于英方来说，英

---

① 中国社会科学院近代史研究所译《顾维钧回忆录》第7分册，中华书局，1988，第440页。

国需要的是居住及航海贸易上的国民待遇，而非仅取得与美国类似的最惠国待遇，这样的一种定位使英方很难做出让步。此种定位是基于废除治外法权后英国商人的心理而制定的。从1842年《南京条约》开始，至1943年1月11日《中英新约》订立，英国商人在华已经享受了100年的不平等条约特权。虽然治外法权已经废除了，但其在英国人内心的"惯性"依然是强大的。不平等特权突然废除后的失落感，也是英国贸易委员会在最后提出"与其订立一个不能令人满意的条约，不如不订"的心理背景。

新中国成立之初浙江解决外侨问题的历史考察

程 珂[*]

伴随着帝国主义的侵华活动和中外关系的发展，外侨曾是活跃在中国社会中的一个重要群体，起着特殊作用。学术界侧重于对中国近代尤其是民国时期外侨问题的研究，而对新中国外侨问题的考察并不充分，特别是专题性的考察较不足。本文追溯新中国成立之初浙江外侨问题的情况，考察浙江解决外侨问题的过程，从一个侧面透视新中国成立之初外侨工作的内在理路。

一 外侨工作的展开和在浙外侨的基本情形

一国对境内的外国人有属地管辖权。合法入境的外国人，根据居留国的法律、法令和有关国际条约或协定，可在该国短期、长期或永久居住。所在国保护他们的合法权利，这一般包括人身权、财产权、著作权、发明权、劳动权、受教育权、婚姻家庭权、继承权等人身、民主、民事权利及诉讼权利，但一般不享有所在国国人的政治权

---

[*] 程珂，浙江农林大学马克思主义学院副教授。

利。① 当然，外国人在入境、居留、出境方面享有权利，也要承担一定的义务。外国人要遵守所在国的法律法规，不得危害该国的公共安全和公共秩序。对外国人的待遇，各国不尽相同。

民国政府颁布了许多管理外侨的法律法规。而受不平等条约和外国在华特权长期存在的影响，及国民政府对外关系上的软弱，到解放前夕，在浙外侨实际上仍有自由经营权、自由传教权，在司法权上有某些特殊地位。地方政权对外侨的管辖并不到位，这表现在户口申报、出入境、居留、旅行、产业经营、宗教活动等多方面。如按规定，外侨居留杭州要领取外侨证，有人却隐匿不报，自行来去。外侨甚至可以在浙自由经营某些产业，从事宗教活动，控制教会办的学校、医院、救济机构。又如1946年1月，杭州市警察局在城站设立了护照查验站，每日按火车到达时刻派警员查验来杭外国人入境护照，如无护照者，即予护送出境。还针对下榻各大旅馆的来杭外国人制定了《外侨投宿、离宿报告表》，由旅馆逐日填报，警察局派员稽查。② 但这些规定没有得到切实执行。

新中国一方面要巩固新生的政权，推进国内各项民主改革事业，促进国家的团结统一；另一方面要应对国际冷战的影响，特别是帝国主义对华的政治孤立、经济封锁和军事包围，同时增进与友好国家的合作。这两方面都涉及如何解决在华外侨问题。如要真正确立对外侨的管辖权，就应该制定外侨工作的政策法规，彻底废除外侨在华特权，做好对外侨的日常管理，保护外侨的合法权益，中止帝国主义通过在华侨民对中国的渗透破坏，清除外侨中的帝国主义分子，协助有关国家遣返侨民，等等。

中国共产党领导新中国全面确立对在华外侨的管辖权。中央制定了外事工作大政方针，外交部作为业务主管部门负责实施，地方军管

---

① 王铁崖主编《国际法》，法律出版社，1995，第128、129页。
② 陈伟主编《杭州公安大事记》，杭州市公安局，2003，第30页。

会和人民政府设立外事机构,从事本地区的外事工作,各级公安部门负责外侨日常事务管理。在浙江,外侨管理由各级公安机关治安部门负责,省公安厅治安处负责业务指导。杭州市公安局治安处、宁波市公安局治安科设有外侨管理股,其他市、县公安机关配专、兼职干部。外侨管理股负责外侨的调查登记工作;分局、派出所、交通大队做侧面了解,掌握动态,并及时与外侨管理股或查验站联系反映。①

新政权关注外侨工作。1949 年 5 月上旬,杭州市军管会公安部制定的《开展浙江保卫工作计划草案》指出,在军管时期要做好户籍工作,办理外侨登记及护照的检查。② 5 月 28 日,该部又提出,与警备司令部及市政府民政局、户政科协同进行包括外侨户口在内的户口登记清查。③ 11 月 7 日,市公安局颁布《外国侨民临时登记办法》,截至同月 20 日,明确全市侨民有 57 人,分别是美国 5 人、英国 17 人、法国 7 人、日本 13 人、比利时 1 人、奥地利 3 人、丹麦 1 人、意大利 1 人、加拿大 2 人、荷兰 1 人、匈牙利 2 人、韩国 1 人、无国籍 3 人。④ 随之建立户口管理制度和外侨异动登记表 1950 年 5 月 20 日,杭州市公安局通知:5 月 22 日起至 6 月 5 日止,发放外侨临时居留证。外侨应到外侨管理股呈验护照,缴销原国民政府警察局所发的居留证,换领新证。⑤ 市公安局向日、英、美等 13 国人共发放证件 57 张(男 21 人、女 36 人),居留在杭最长的有 35 年。⑥ 查出无护照者 20 人,护照过期者 8 人。⑦ 温州市公安局为 27 名外侨办理了登记。⑧ 嘉兴、绍兴、宁波、诸暨等市、县也相继开展登记。至 1949

---

① 陈伟主编《杭州公安大事记》,第 136 页。
② 邬兴华等主编《浙江人民公安志》,中华书局,2000,第 729 页。
③ 杭州市军管会:《公安部六七八三个月工作提要》(1949 年 5 月 28 日),浙江省档案馆藏,档案号:J023-001-009-009。
④ 任振泰主编《杭州市志》第 8 卷,中华书局,1999,第 423 页。
⑤ 《杭州市人民政府公安局通告》,《浙江日报》1950 年 5 月 22 日,第 4 版。
⑥ 任振泰主编《杭州市志》第 8 卷,第 423 页。
⑦ 陈伟主编《杭州公安大事记》,第 79 页。
⑧ 《冬防任务胜利完成》,《浙江日报》1950 年 3 月 16 日,第 3 版。

年12月底，全省登记外侨348名。①

在浙外侨总体情况如下。一是总体人数相对不多，没有原各国驻华外交领事人员。1950年10月统计，常住省内的348位外侨分属26个国家和地区。② 和周边的江苏、上海比，数量少，且为普通侨民。二是多数人来自资本主义国家。他们随着西方对华的经济、文化、教育、医学活动而来。杭州外侨就属于这一情况。又如1950年1月温州的侨民为英国5人、美国2人、意大利6人、法国4人、荷兰5人、德国3人、澳大利亚1人、苏联1人。③ 宁波24位侨民中，法国9人、美国7人、英国3人、意大利3人、西班牙1人、奥地利1人。④ 三是职业为传教的侨民较多。外侨的职业不同，但从事传教活动的占比最高。据1950年统计，全省有172位侨民从事传教活动。⑤ 他们紧密依靠外国教会，影响和把持浙江省天主教、基督教组织。四是情况复杂，破坏我国安全稳定。天主教中的外国间谍接受前梵蒂冈驻国民政府公使黎培里指令，成立"圣母军"反动组织，在浙江各地组建区团、支团，煽动其成员与共产党势不两立，阻挠土地革命。天主教杭州教区法籍总主教梅占魁派人进入"三自革新"委员会，妄想驾驭它。1951年春，他从上海"天主教教务协进会"带来大批宣传品，亲自主持分到各地教堂，煽动教徒对抗政府。宁波教区法籍主教戴安德不仅阻挠教徒参加革新运动，还刺探浙江沿海的军事情报。

二 新的外侨管理政策与措施

新中国实行"另起炉灶""打扫干净屋子再请客""一边倒"的

---

① 《浙江省人口志》编纂委员会编《浙江省人口志》，中华书局，2007，第689页。
② 浙江省外事志编纂委员会编《浙江省外事志》，中华书局，1996，第32页。
③ 本书编纂委员会编《温州市公安志》，南开大学出版社，1997，第143页。
④ 宁波市民政局：《宁波市外侨户口登记表》（1949年12月），浙江省档案馆藏，档案号：J103-001-008-050。
⑤ 《浙江省外事志》，第705页。

对外关系方针。根据《中国人民政治协商会议共同纲领》及国际法和国际惯例，新中国废除了帝国主义在华特权，在各业务领域行使对外侨的管辖权。外侨应遵守中国法律和政策；中国保障其合法权益，准许外侨继续经营事业，依法处理违法犯罪行为。

外侨合法权利得到保护。外侨正当的劳动工作和居住生活权得到保护。华东局关于城市政策教育的决定指出："对一切外交机关、教堂、学校、医院、银行、工厂、商店及外国人的住宅应切实保护，严禁擅入外国侨民的机关及其住宅，如外侨有犯罪行为者，须呈报军管会处理。"① 外侨的人身和财产安全得到保障。担负杭州警备任务的第二十三军要求指战员严格执行政策，外国侨民是重点保护对象之一。② 在浙南的第二十一军要求："应该把《三大纪律八项注意》，《入城守则》，《入城纪律》向部队详细讲解，反复的教育……"③ 上述政策和纪律得到较好执行。杭州市军管会公安部总结说，杭州解放以来，"乱捉、乱打、乱杀的现象尚不发生。这证明党的政策教育已有显著的成功，公安人员亦没有违犯纪律的现象"。④ 外侨可以在浙继续活动，继续经营产业，如各地教会学校的外籍教师、教会医院的外籍医护人员继续从业。英国人马雅各是麻风病防治专家，于1949年3月到英国圣公会办的杭州广济医院工作，直到1951年逝世。广济医院的职工、外侨、护校学生还开展了认购公债活动。⑤ 外侨正当合理的旅行亦可进行。杭州市自1949年7月下旬开始经办外侨旅行事宜，至9月共办旅行证41份。⑥ 外侨受教育权、婚姻家庭权、继承

---

① 金延锋等主编《城市的接管与社会改造：浙江（杭州卷）》，当代中国出版社，1996，第42页。
② 中共浙江省委党史资料征集研究委员会、中国人民解放军浙江省军区政治部编《浙江解放》，浙江人民出版社，1989，第71—72页。
③ 中共温州市委党史研究室编《二十一军在温州》，中共党史出版社，2010，第187、198页。
④ 杭州市军管会：《公安部五月份工作简要总结》（1951年6月4日），浙江省档案馆藏，档案号：J023-001-017-003。
⑤ 《继续踊跃认购公债》，《浙江日报》1950年1月20日，第2版。
⑥ 杭州市人民公安志编纂委员会编《杭州市人民公安志》，中华书局，2001，第462页。

权不受侵犯。对于外人办的接受外国（主要是美国）津贴的文化教育救济机关，只要遵守中国法令，新中国允其接受。

同时，按照国家管辖权的要求和国际法、国际惯例，新中国出台了一系列管理措施。由于以美国为首的西方国家对华的严重敌视，及国内各项改革的进行，从维护国家安全、社会稳定出发，一些具体措施有当时的特征。

外侨必须遵照中国法令从事经营活动。如1949年10月浙江省政府指示各地，外侨及其所经营之企业须遵守法令照章纳税。宁波市二区专署决定：外侨医院除系贫民医院外，应依法征收营业税，以达捐税公平合理之目的，"决定后已于本月二十日正式通知二专署所属各征收机关执行，刻本市税捐稽征处接通知后已分别执行此项工作"。①外侨经济特权被废除。

外侨不能私存违禁品。如1950年3月，浙江公安机关转发国家公安部令：外国侨民及其团体一律不准私设电台，已装设电台或持有类似电台之设备者，自本布告公布之日起，限7日内拆除，设备呈缴当地公安局。② 外侨汽车须向省交通厅公路局杭州车辆监理所申请登记。③

外侨户籍和居留权有具体规定。1950年5月，《浙江省各市、县户口管理暂行办法》公布。根据居住地域不同，将户口分为包括外侨户口在内的六种类型。同月，浙江省政府还颁布了《户口违警暂行罚法》，凡申报不实的，依法给予处罚。11月，浙江省公安厅根据政务院颁布的《外国侨民出入及居留暂行规则》和《外国侨民居留登记及居留证签发暂行办法》，规定：外侨来浙后须在到达护照注明指定地点的5日内向当地市、县公安局办理居留申请手续，缴验护照和其他证件，填写外侨居留申请书。以外国和中国有无外交关系为依据，给已

---

① 《外侨教堂、医院也应照章纳税》，《甬江日报》1949年10月23日，第2版。
② 《取缔外侨私设电台》，《浙江日报》1950年3月21日，第1版。
③ 《浙江省人民政府交通厅公路局通告》，《浙江日报》1951年12月28日，第6版。

建立外交关系国家侨民发外国人居留证，给未建交国家侨民发外国人临时居留证。① 杭州基督教青年会、思澄堂等来客不报，以违法处理。1951年9月，政务院公布《城市户口管理条例》。杭州市公安局对市内各国侨民都列为外侨户，以其负责人为户主。

外侨出入境有严格报批手续和路线。1950年8月10日，浙江省公安厅发布的《关于外侨工作中若干问题的通知》规定：外侨入境，已建交国侨民入境须持中国驻外使领馆签证的护照，未建交国侨民入境须报外交部批准。外侨出境须向县公安局申请，报省公安厅、华东公安部审批，发给出境证明，并规定出境口岸、交通路线、交通工具和通知沿途有关公安机关。② 起初全省外侨办出境事宜由杭州市公安局负责，并由上海市公安局办出境签证，之后外侨转口天津出境。1951年起改经省公安厅批准，由杭州市公安局办出境签证，经广州、深圳出境。对于外侨过境，杭州市公安局规定：凡外侨外宾出入杭州市境时，均须至我局外侨检查站呈验旅行证、护照等有关证件；普通外侨除出入境时应办理查验证件手续外，如需在本市临时居留，则尚须持旅行证、护照、原居留地之居留证等至我局外侨管理股办理临时居留手续。③

外侨在我国旅行有明确规定。外侨旅行按其旅行区域分别由县公安局、专署公安处、省公安厅审批。杭州市公安局规定，外侨在杭州市内旅行由本市公安局批准，出杭州市外旅行的报省公安厅批准。④ 1952年1月，浙江省政府确定了杭州对外侨外宾开放的游览地点与不能前往游览的地点：禁止游览、照相的为笕桥机场、钱江大桥、仓库、军区驻地、省市机关、首长住地、军事建筑与军事阵地，及人民银行、自来水厂、发电厂、浙江铁工厂、邮电局、广播电台、学校、

---

① 《浙江省人口志》，第689页。
② 邬兴华等主编《浙江人民公安志》，第337页。
③ 杭州市公安局：《为函知外侨外宾出入杭州市境及临时居留本市应办理有关手续之规定请协同执行由》（1953年9月25日），浙江省档案馆藏，档案号：J172-003-004-003。
④ 任振泰主编《杭州市志》第8卷，第424页。

各种国营工厂等；可以参观而禁止照相的为六和塔、火车站、人民大会堂。①

1954年7月，公安部发出《关于实施外侨管理四项法规的内部工作规定》通令，即1951年政务院颁发的《外国侨民出入及居留暂行规则》和将于1954年8月由公安部颁发的《外国侨民居留登记及居留证签发暂行办法》《外国侨民旅行暂行办法》《外国侨民出境暂行办法》，外侨管理在法律上初具雏形。但它们属暂行性质，具有过渡性，执行时需具体政策的配合。随着形势的变化，20世纪50年代中期新中国对外侨的政策逐渐放宽。

三 1950~1955年对不同国家侨民问题的处理

外侨的活动对中国经济、文化、教育、卫生事业的近代化有过一定的积极作用，但它们与帝国主义在华特权长期存在关系紧密，侵略性是明显的。要彻底清除帝国主义特权、维护独立自主，必然要加强对外侨的管理，并清理其产业。

新中国对资本主义国家侨民、苏联及人民民主国家侨民的政策有区别。对前者实行"挤""赶"政策。②"挤"即随着在华居留的特殊地位和社会环境丧失，外侨自动申请离境；"赶"即对外侨中的特务、间谍和其他犯罪分子，在侦查、审判基础上驱逐出境。浙江外侨工作对象主要是前者。

抗美援朝战争开始后，美国以提供津贴与否威胁在华有关文化教育、救济机关及宗教团体的政治立场，外侨中的帝国主义分子搞破坏活动，这些机关团体中的爱国者决心摆脱外国的影响和控制。中国全

---

① 《浙江省人民政府函》（1952年1月21日），浙江省档案馆藏，档案号：J172-002-012-005。
② 中国警察学会出入境管理专业委员会编《公安出入境管理大事记（1949—1999）》，群众出版社，2003，第54页。

面清除帝国主义势力。1950年11月，周恩来批准《外侨管理外资处理意见》。其中，关于外侨中特务及政治嫌疑分子，对已有确据之特务及间谍分子应迅速拘留审讯，定罪后驱逐出境或监禁，特务嫌疑分子一律由公安机关加以监视，进行侦查，必要时请示中央集中管理或限期出境；外侨申请出境一般应发给出境证准其出境。外侨入境一律经中央批准；对苏联和新民主主义国家的侨民处理，必要时须与各该国使领馆联系，然后办理；外侨中的一般民刑案件可就地迅予办理，重大案件请示中央。① 12月，政务院通过《关于处理接受美国津贴的文化教育救济机关及宗教团体的方针的决定》，使它们实现完全自办。

  浙江做出周密部署。1951年1月，杭州市基督教及有关学校、医院、救济福利等团体开会拥护政务院决定，通过推行革新运动实行自治、自养、自传的决议，割断与帝国主义的联系。浙江基督教、天主教推进"三自革新"运动。对教会学校，2、3月的华东区处理外国津贴中等学校会议和浙江省处理外国津贴初等学校会议，确定了政府立即接办、定期接办、改组行政领导、继续私人办理等办法。一切学校不论以何名义、形式，均不得接受美国的任何津贴。外籍董事解职，外籍人员不得任行政职务；外籍教师除反动有据者应辞退外，其余留任。② 5月，浙江设立办理接受外国津贴及外资经营的文教救济、宗教团体登记处。省卫生厅决定接管美国津贴的医疗机构。除了吴兴福音医院由卫生厅、宁波华美医院由宁波市政府接办，其他由所在地专员公署接办。"外籍技术人员有反动行为者报省府处理，无反动行为而要求辞职经挽留无效者准其辞职，无反动行为而愿继续工作者均可留用。"③ 11月，浙江取缔"圣母军"组织，外籍成员必须到公安

---

① 《公安出入境管理大事记（1949—1999）》，第23—24页。
② 《确定初步处理方案及办法》，《浙江日报》1951年4月8日，第3版。
③ 《浙江省人民政府卫生厅接办美国津贴医疗机构实施方案》，《浙江日报》1951年11月4日，第3版。

部门登记或办理退团手续。1951年下半年到次年9月，全省接收了原来接受外国津贴的教会学校，计大学1所、中等职业学校8所、中学17所、小学74所，① 和同性质的医院诊所20家、救济机构27家。② 宗教和文化教育卫生主权收回。

这样，浙江外侨的原有地位和活动环境发生重大变化。一是教会学校外侨离职。1950年，宁波浙东中学收到人民币500元（新币）补助，该校经全体教师讨论将款退回，与英美教会断绝关系，英籍教师退职。③ 二是中国宗教团体与国外宗教组织断绝关系，坚决自办，外侨离华。如1950年8月，温州循道公会的教区常委会会议决定完全自养。9月6日，遣走爱乐德、汤克皆、狄兰仙等最后一批英国传教士。④ 1951年，杭州天主教有外籍神甫2人、法籍主教1人、外籍修女7人。在切断与外国教会联系时，同年杭州天主教的产业交国家接管，外侨离华。三是有关医疗、救济福利机构中的外侨离华。如1951年，宁波军管会接管天主教仁爱会办的仁慈堂、普济院，分别撤销外籍院长法籍修女施满德、意籍修女田玉亮职务。1952年，省政府接管杭州仁爱医院，外籍管理者与医生撤离。梅占魁、戴安德等10人被判驱逐出境。

外侨在浙资产得到恰当处理。中国不承认外国人在华有土地权，被接收单位的土地收归国有，房产、设备归接管或接办单位所有。外国人教会的财产，在他们离浙时大多托中国教会代管。它们的土地归国有，房产多由教徒捐献，转为中国教会团体产业。⑤ 外侨私人房产允其自用、继承、转让、自动放弃及出售给当地政府机关或中国公民，但不得用于抵押、出租或赠送其他外国人。⑥

---

① 张彬主编《浙江教育史》，浙江教育出版社，2006，第667页。
② 《浙江省外事志》，第230页。
③ 浙江省政协文史资料委员会编《浙江文史集粹》第5辑，浙江人民出版社，1996，第132页。
④ 《〈浙江省宗教志〉资料汇编》（2），1994，第241页。
⑤ 《浙江省外事志》，第232页。
⑥ 裴坚章主编《中华人民共和国外交史》第1卷，世界知识出版社，1994，第269—270页。

这一时期，中国帮助日本侨民回国。日侨按一般外侨身份办理申请。遣送费标准（旧币）：①伙食标准，凡自行立灶办理伙食的单位，每人每日按4200元开支，向饭馆包饭者每人每日以7200元为限；②车船一律按三等票价开支，车上伙食每人每天补助10000元；③水电、医药等费用按一般工作人员标准；④集中时住旅馆的日侨每人每日以5000元为限；⑤对特别贫困、衣服不全的日侨，酌情予以救济。① 1953年2月，浙江省公安厅批准16名日侨和3名家属回日本，分别于3月2日和4月2日由沪出境。又如1955年浙江省公安厅为协助卓美智子和林上一郎回国，提供了杭州至天津的旅费、伙食费、生活补助费计102元（新币），由省财政厅报销。②

1952—1953年，浙江有的机关、学校、企业从上海和东北招来苏侨14名，做俄文教学、打字、医务工作，加上原有的苏侨共17名。1954年8月10日，华东行政委员会教育局向浙江师范学院等单位转发国家高等教育部函：苏侨回国系苏联部长会议决定，苏联驻华大使馆须贯彻；所提挽留名单中，相当部分是此次动员回国的带头积极分子，如不回国，对苏侨影响不好；苏侨回国是侨民志愿，难以说服；此次苏侨回国经中国政府各方面大力配合，如不回国，将来则不方便。为此，凡申请回国并可回国的将一律回国。对挽留苏侨问题不再考虑。为解决俄文课师资问题，统由高等教育部函请外交部转请各地外事处协助。③ 1954年，在浙苏联侨民减为8人。

浙江顺利推进了外侨问题的解决，首先是有中央方针政策的指导，及人民政权的强大力量。其次是浙江有驱逐帝国主义势力的深厚

---

① 浙江省财政厅财政处：《关于遣送日侨经费开支及预计算编送手续》（1953年2月18日），浙江省档案馆藏，档案号：J123-015-025-049。
② 浙江省公安厅：《关于遣送日侨回国工作的报告》（1955年3月31日），浙江省档案馆藏，档案号：J123-015-036-294。
③ 华东行政委员会教育局：《抄转教育部"苏联侨民回国不能挽留，所缺俄文师资另行解决"函》（1954年8月10日），浙江省档案馆藏，档案号：J039-006-041-036。

的群众基础和周密恰当的部署。最后也与浙江外侨的状况有关。无论是西方国家还是日本、苏联，在浙侨民数量不是很多。且从事传教的外侨多，自身经济基础有限，由于美国等国对华经济封锁和外国教会势力敌视新中国，失去援助的他们很难活动下去。

1954年11月，浙江省公安厅组织了外侨登记工作。到1955年6月，全省登记外侨为119人。多数来自社会主义阵营国家。① 20世纪50年代中期，国家对待外侨问题的重心和政策发生变化。

结　语

这一时期，新中国对外侨的管辖权真正确立，这符合国际法的基本原则和国际惯例。新中国解决了旧社会遗留的外侨问题，又开辟了工作新局面。当然，作为特定时期，在国内深刻的政治变革和严峻的国际环境下，新中国伊始的外侨工作有时代性。解决外侨问题的主旨是要确保国家安全和社会稳定。工作对象上，对资本主义国家侨民、苏联及人民民主国家侨民有明显区分；政策法规上，侧重于管理和防范。对此，应予历史地看待。

浙江的外侨工作执行了国家对外关系的指导方针。中外关系要摆脱旧中国时的不平等，实现平等、互利和互相尊重。周恩来说："开国后我们用'另起炉灶'和'打扫干净屋子再请客'这两手，在整个战略上处于主动地位。"他还说，我们对苏联和各人民民主国家是"一边倒"的，对资本主义和帝国主义国家的人民也要团结争取。② 浙江对外侨的切实管理，对不同国家、不同类别外侨的处理，充分体现了上述方针。这是列强在华特权被彻底清除和平等、友好的新的中外关系开辟的见证。

---

① 邬兴华等主编《浙江人民公安志》，第338页。
② 《周恩来外交文选》，中央文献出版社，1991，第51页。

浙江的外侨工作有利于新政权的巩固和新社会的安定团结。它有力地配合了抗美援朝运动、土地改革运动、镇压反革命运动和其他社会改革的开展。1951年温州市户口总登记中，查出多年冒充中国人的日本特务。[①] 又如，全省打击天主教反动组织"圣母军"，取缔了其5个区团、112个支团，缴获了其组织材料，揭露了一批利用宗教进行间谍活动的外国帝国主义分子。[②] 这一过程极大地推动了浙江宗教界的"三自革新"运动，增进了社会团结。

外侨工作是起步期的浙江外事工作的重要内容。外侨工作不是一般的行政事务，而是与国家的大政方针紧密相连，业务上也有特殊性。浙江落实中央决策，设立业务部门，锻炼专门人才，结合实际颁布地方性法规。这为以后的地方外事工作做了铺垫。

[①] 中共温州市委党史研究室编《中共温州地（市）委文献选编》（2），中共党史出版社，2013，第366页。

[②] 《王芳回忆录》，浙江人民出版社，2006，第115页。

清代政府涉外经济合同的法律关系特征[*]

谈 笑[**]

鸦片战争后，清政府开始与外国私人密切联系，通过利用外国军火镇压农民起义，利用西方资金技术进行经济社会革新，开展了著名的洋务运动。在此过程中，清政府与外国私人订立了大量经济合同，仅《中外旧约章汇编》《中外旧约章补编（清朝）》就收录超过390份。这些合同牵涉复杂的中外政治、经济、法律关系。但是截至目前，对这一庞大的历史文献，法学界尚未进行全面系统的研究，诸多问题尚未厘清。例如清政府与外国私人订立的合同如何定义，其法律关系有何特点，研究此类合同对于当代法律实践又有怎样的现实意义等，本文试图对这些问题进行分析、研讨。

一　清代政府涉外经济合同的定义

清代政府涉外经济合同是指从清兵入关至辛亥革命的268年间，

---

[*] 本文为2022年湖南省哲学社会科学基金一般项目（22YBA232）、2021年湖南省教育厅科学研究青年项目（21B0752）、湘南学院2021年校级科研课题《赵烈文日记涉外史料研究》的阶段性成果。

[**] 谈笑，湘南学院马克思主义学院讲师。

由清朝中央政府、各地方政府、政府各部门、由政府所有或得到政府担保的官办（国有）公司等为代表的主体与外国私人（自然人、法人）之间，为实现一定的经济目的，确定、变更、终止权利义务关系的意思表示一致的法律行为。[1] 将清政府官办企业也视为政府主体之一，主要是因为官办（国有）企业在所有权、运作方式、经营目的等方面的特殊性质，而且当代经济法学界将其划分为政府主体范畴，[2] 且清代官办企业的诸多涉外经济活动皆直接受政府的操控，因此有必要将近代的官办或官督商办企业纳入这一定义的范围。

二 清代政府涉外经济合同法律关系分析

鸦片战争后，清政府为了对外购买军火、融资贷款、建设铁路与电线、开采矿产等，与外国私人订立了大量合同。合同本是一种民法领域典型的私法关系，但是由于清政府常与外国私人订立各类基于经济目的的合同，因此模糊了此类法律关系的公私界限，一些现当代的约章汇编也多将其收录在内。[3] 很多学者将此类合同视为不平等条约，[4] 直到20

---

[1] 关于中国政府涉外经济合同的定义，吸收借鉴了1912年6月18日六国银行团之间的协议及1920年10月15日新四国银行团协定的规定。1912年6月18日六国银行团之间的协议规定："每一财团在今后与中国政府、中国各省、中国政府各部门、或得到中国政府或省政府担保的公司治妥的任何借款或垫款业务中，应给予其他银团以平等参加的机会。"原文见 Mac Murray, John Van Antwerp, *Treaties and Agreements with and Concerning China, 1894-1919*, Vol. 2. New York: Oxford University Press, 1921, p. 1022。1920年10月15日新四国银行团协定，参见弗雷德里克·V. 斐尔德《美国参加中国银行团的经过》，吕浦译，商务印书馆，1965，第133页。

[2] 参考薛克鹏《经济法基本范畴研究》，北京大学出版社，2013，第239、258—260页。"国有企业在经济法学界被称为特殊企业形态，特殊企业形态形式上类似市场主体，但与普通的市场主体又有所不同，仍然属于政府主体范畴。"

[3] 国际关系与中国对外政策史教研室编《外交参考资料：中外条约选辑》（中国人民大学出版社，1951）；朱士嘉编《十九世纪美国侵华档案史料选辑》（中华书局，1959）；王铁崖主编《中外旧约章汇编》3册（三联书店，1957—1962）；《中外旧约章大全》（中国海关出版社，2007）等。

[4] 见拙文《近代国人关于政府涉外经济合同观念之演变》，《国际经济法学刊》2018年第4期。

世纪 90 年代李育民先生继承发展周鲠生①、李浩培②的有关论述，重新提出了"准条约"的概念，③将近代中国政府与外国私人订立的合同与条约予以区分。但总体来看，学界尚未彻底将近代条约与政府订立的涉外合同予以区分，因此详细分析清政府与外国私人订立合同法律关系的法理特征，彻底明确此类法律文书与公法条约的区别，对于充分理解近代由不平等条约所构成的条约制度体系具有积极意义。

法律关系是基于法律的安排而于人之间形成的一种关系模式。法律关系的基本内在结构可以分为主体、客体和内容（即权利和义务）三个部分。法律关系的主体即法律关系的参加者，法律关系的客体是主体之间权利义务安排所指向的对象，法律关系内容就是法律关系主体之间围绕客体所产生的权利和义务。④ 研究清代政府涉外经济合同，就必须分析合同法律关系的内在特征。清代政府涉外经济合同首先是一种经济法律关系，其次是一种公私混合法律关系，最后也是一种常见的涉外（跨国）经济行为，受到国际、国内政治因素的广泛影响。这些不同性质的法律关系将清政府与外国人连接在一起，形成一种特别的历史法律现象和事实。

（一）经济的法律关系

根据合同内容的异同，清代政府涉外经济合同主要分为商品买卖、资金融通、工程建设、合资合作经营、政府特许经营等类型，属

---

① 周鲠生：《国际法大纲》，商务印书馆，1934，第 163 页。"条约不可与那些非国家相互间之协定，即所谓'准条约'（quasi-treaty）者混同，例如（一）国家与本国或外国的私人或公司之合同；（二）各国君主相互间关于自己私事或王室事情之协定；（三）国家与教会间之协定，均不是国际条约。"

② 李浩培：《条约法概论》，法律出版社，1988，第 13 页。

③ 李育民：《近代中国的条约制度》，湖南师范大学出版社，1995，第 8—9 页。

④ 参考马新福主编《法理学》，科学出版社，2004，第 131—137 页；张光杰主编《法理学导论（第 2 版）》，复旦大学出版社，2015，第 164—168 页；孙国华、朱景文主编《法理学》第 2 版，中国人民大学出版社，2004，第 356—371 页；李龙主编《法理学》，武汉大学出版社，2011，第 173—181 页。

于涉外经济法律关系，其法律关系内容的主体是民商事关系。

国际商品买卖领域，清政府与外国私人订立有军火采购、动产和不动产买卖的合同。商品买卖如1880年5月4日清政府驻德公使李凤苞与德国克虏伯公司在德国爱生订立的中德《订购克鹿卜十二生特炮合同》；① 动产、不动产买卖如1883年5月19日中国电报总局与丹麦大北电报公司在上海订立的《收售上海吴淞旱线合同》。②

资金融通领域，典型的是清政府与外国银行订立的政府跨国贷款合同。例如1862年5月2日，苏松太道吴煦与上海英商阿加剌银行订立的借款合同；③ 1894年11月9日，总理衙门会同户部代中国国家与汇丰银行订立的《汇丰银行一千万两借款合同》。④

清政府也与外国私人经常发生各类租赁关系。如1906年9月18日，黑龙江全省交涉使署黑水厅抚民府与华俄道胜银行订立《齐齐哈尔华俄道胜银行租地建屋合同》，合同首部明言："驻齐齐哈尔城华俄道胜银行请由黑水厅禀明将军程，准于上城南门外新放街基区域内，租给相当地方一段，为该行建筑房屋之用。"⑤

合资合作经营合同的典型，如1896年9月2日驻俄公使许景澄与华俄道胜银行订立的《银行合同》，合同首部即言明："钦差驻俄大臣许景澄，钦奉光绪二十二年七月二十日谕旨，与华俄道胜银行订立入股伙开合同。"⑥ 以上合同从字面来看，无疑都是出于经济目的的民商事活动，这种合同关系的经济性与近代不平等条约的政治性区别显著。

---

① 郭卫东编《中外旧约章补编（清朝）》上册，中华书局，2018，第81页。
② 王铁崖编《中外旧约章汇编》第1册，三联书店，1957，第427页。
③ 静吾等编《吴煦档案中的太平天国史料选辑》，三联书店，1958，第147页；徐义生编《中国近代外债史统计资料（1853—1927）》，中华书局，1962，第4页；许毅：《清代外债史资料》上册，第18页。
④ 王铁崖编《中外旧约章汇编》第1册，第598页。
⑤ 王铁崖编《中外旧约章汇编》第1册，第351页。
⑥ 王铁崖编《中外旧约章汇编》第1册，第671页。

（二）公私混合的法律关系

公私法的区分是大陆法系的重要特点。古罗马法学家乌尔比安说："公法是关于罗马国家的法律，私法是关于个人利益的法律。"[①] 一般认为，公法是调整国家和公民、组织之间关系，以及国家机关及其组成人员之间关系的法律，例如宪法、行政法、刑法、刑事诉讼法、国际公法。私法主要是调整公民、组织之间关系的法律，例如民法、商法。公法主体间行为由公法调整，私法主体间的民事行为主要由私法调整，公私混合主体间的法律行为根据其法律关系内容的不同由不同法律规范调整。清代政府涉外经济合同作为一种公私混合的法律关系，包含法律关系主体的公私混合与法律关系内容的公私混合两个层面。此类法律关系应由何种法律调整，不同的学者、不同地区与国家间尚存在较大的争议。

清代政府涉外经济合同法律关系的主体具有公私混合的特点。清代政府涉外经济合同的主体成分较为复杂，中方主要是以国家、政府各部门、政府官员为代表的公法主体，以及兼有私法因素的官办（国有）企业主体。外方主体包括外国洋行、银行、公司、辛迪加、合伙组织、自然人等类型。清代政府涉外经济合同的中方主体无疑属于公法主体。国际公权主体间的法律协议被纳入国际条约体系，私人间的法律协议则被纳入国际私法领域，而公法人与私人间的合同在大陆法体系中长期处于概念模糊和性质分野不定的灰色地带。[②] 大陆法系对近代中国法律思想影响至深，公私两分概念主导了近代国人的法律认识，导致近现代研究中外关系的学者长期难以确定政府涉外经济法律关系的性质。国际私法学、国际经济法学等学科引入我国后，在相关学科理论进步的带动下，国人对政府涉外经济合同、特许协议的

[①] 优士丁尼主编《法学阶梯》，徐国栋译，中国政法大学出版社，1999，第11页。
[②] 在英美普通法系中，以案例法为根本，因而不存在大陆法系国家在跨国公私法律关系定义上的理论困境。适用普通法系的国家，有关国家与私人之间的合同都由普通法院管辖。

研究遂不断深入，逐渐认识到此类法律关系主体的公私混合给合同法律关系本身带来的影响。

清代政府涉外经济合同法律关系的内容也有公私混合的特点。清代政府涉外经济合同法律关系中的基本内容是清政府与外国私人订立的有关跨国货物买卖、金融借贷、土地房屋租赁、合资合作经营、国际工程建设。这些法律关系如发生在私人之间，都属于典型的民商事法律关系，毫无疑问属于私法范畴。此类私法性质的法律关系是清代政府涉外经济合同法律关系的主体。但是清代政府涉外经济合同中同时包含大量政府特许内容，因而具有了公私混合的特征。

政府特许是一种跨越公私法律界限，较为特殊的混合法律关系，在经济法领域被称为政府特许协议（concession agreement），又称为国家契约（state contract）。特许经营主要分为国家特许（concession）与商业特许（franchise）两种类型。① 清代政府涉外经济合同所包含的特许均属于国家特许。

国际经济法学作为20世纪中期之后发展起来的新兴学科，国内法学界接触这一概念始于改革开放之后。特许协议在当代也常与BOT（build-operate-transfer）等术语联系在一起。方之寅认为："国家契约（State Contract）也称权利特许协议（concession agreement），是一种特殊类型的涉外经济合同。国家契约中一方当事人是国家，但它本质上只是一种私法性质的契约，反映的是一种涉外民商事法律关系而非国家间的国际关系。"② 姚梅镇指出："'特许协议'（concession）是现代国际投资中常见的一种特殊法律形式，又称经济特许协议（economic concession）或'经济开发协议'（economic development

---

① "特许经营"一词属专业术语，目前英语中主要使用两个单词与其对译，一为"franchise"，一为"concession"，且"franchise"的使用频率远高于"concession"。"franchise"一词所涉及的特许主要是指与商业活动密切相关的特许，而"concession"一词主要是指对土地或者其他财产进行使用的一种特权。

② 方之寅：《试论国家契约的性质及适用的法律》，《法学》1983年第7期，第27页。

concession），国外法学界一般称为'国家契约'（state contract）。"① 李浩培则从国际法主体的角度指出："国际法主体同非国际法主体，如自然人、私法人，不可能缔结条约，而只能缔结国家契约。"②《中华法学大辞典》对国家契约（state contract）的解释是，一国政府与外国投资者个人或法人订立的在一定期间和指定区域内由该外国投资在一定条件下享有专属于国家的某项权利的契约。国家契约主要是投资于公用事业建设或自然资源开发等特殊经济项目。外国投资者经过东道国许可才能享有专属于国家的特殊权利，其投资目的及项目限定于特定地区的特定方面（如石油、煤矿、铁道、港口等）。特许协议不同于一般契约，一些国家的法律要求此类契约须事先经立法授权的行政机关批准或提交立法机关审批。③ 清代政府涉外经济合同除一般性质的买卖、租赁、借贷类的民商事关系外，还包括各类政府特许法律关系，如特许外国公司（银行）代清政府发国际公债，特许外国公司在华建筑和经营铁路，特许外国公司在华勘探开发自然资源，清政府与外方合资合作经营企业等类型的特许协议。

特许协议（包括国内特许协议、涉外特许协议）、政府涉外经济合同、清代政府涉外经济合同几个概念之间存在相互关联的复杂关系。特许协议在国际经济法学领域实际是特指政府与外国私人订立的涉外经济合同。但是随着社会经济的发展，一国政府也经常与本国私人（民营资本）订立各类特许开发经营协议、PPP（Public-Private Partnership）合作协议。因此目前特许协议主要分为国内特许协议、涉外特许协议两种类型。清代政府涉外经济合同所包含的特许协议主要指涉外特许协议。

---

① 姚梅镇：《国际经济法·国际投资法》，武汉大学国际法研究所，1983，第166页。
② 李浩培：《条约法概论》，第10页。
③ 王铁崖主编《中华法学大辞典·国际法学卷》，中国检察出版社，1996，第247页。

(三) 涉外法律关系

清代政府涉外经济合同关系是一种涉外法律关系。① 清代政府涉外经济合同法律关系主体的外国因素，指法律关系当事人的一方或双方为外国国家、法人或自然人。清代政府涉外经济合同法律关系的外方主体包括外国自然人、外国私法人、外国合伙组织等。例如清代国际贷款合同的外方主体外国银行多属于外国私法人、外国银行团及对华投资的国际辛迪加属于合伙型联营的外国非法人团体。

清代政府涉外经济合同法律关系客体的外国因素，指法律关系标的物位于外国，或者合同行为在外国领土上履行。例如清代政府与外国银行订立国际贷款合同，特许外国银行在海外发行以清政府信用担保的国家公债券。这些在海外发行的清政府公债券无疑让此类合同具有涉外因素。又例如1880年10月20日，驻德公使李凤苞与德国伏尔铿公司在德国士旦丁订立的《伏尔铿厂造钢雷艇合同》，清政府订购建造的鱼雷快艇这一合同客体就是在德国建造的，客体具有涉外因素。②

合同内容的涉外是指产生该项权利和义务的法律事实具有外国要素。清政府驻外使节经常充当政府的代理人，代国家或政府部门向外国银行借款。这些合同大都在外国订立，合同文本也都以外文为准，款项交付也多在国外。例如1895年7月6日，清政府驻俄国公使许景澄在圣彼得堡与华俄道胜银行订立的《四厘借款合同》；1912年8月30日，清政府驻英公使与英国克利司浦公司订立的《五厘金镑借款合同》。这些合同的订立地点都在外国，款项交付发生在俄国、英

---

① 杨炳芝主编《中国经济合同法律知识全书》，中国高级律师高级公证员培训中心，1991，第634页。"涉外经济法律关系指我国在对外经济贸易活动中所发生的涉外经济管理和涉外经济合作过程中根据涉外经济法的规定形成的权利和义务关系。即涉外经济法律关系的主体、客体和内容中有一个或一个以上的要素涉及到外国时（包括国际社会以及我国的港、澳、台地区）的经济法律关系。"

② 郭卫东编《中外旧约章补编（清朝）》上册，第84页。

国等外国领土上,合同法律行为无疑受法律行为发生所在国国内法的管辖。此外清政府在国内订立的,特许外国银行在国外发行清政府国际公债券,债券发行、赎回等行为都发生在国外领土,让此类合同的内容具有了涉外因素。

国际经济合同适用法律复杂,清代政府涉外经济合同的涉外性质,导致在处理有关由清代政府涉外经济合同引起的国际法律纠纷时,经常采用不同的处理方式,其适用不同的法律规范。例如在中国境内根据中国法律与外国银行订立的贷款合同,在没有发行海外债券的情况下,属于国内合同,应该通过国内司法途径解决有关纠纷。但是如果订立合同的地点在外国领土上,或者有发行海外公债券的行为,则此类合同不可能成为完全意义上的国内合同。外国法院同样可以运用属地原则管辖相关合同引起的纠纷和诉讼。在这种情况下,不论外国法院还是中国法院,都需要运用国际私法的有关法律冲突理论,通过解决法律冲突,采用合适的途径(合同当事人各方的国内法、当事人选择的第三国法律、国际条约、国际惯例)解决有关纠纷。

三 研究清代政府涉外经济合同的意义

清代政府涉外经济合同法律关系的复杂性,必然使此类法律关系在法的实施方面迥异于同时期,乃至此后相当长时期的清代(以至于民国)法律体制。无论是法的遵守、法的适用,还是法律责任的追究,清代政府涉外经济合同法律关系既对外区别于中外条约关系,又对内区别于清政府与民族资本的合同法律关系。清代政府涉外经济合同作为中外条约与清朝内部契约连接的中间环节,同时成为清代中外条约体系的重要一环。另外,从法的影响来看,清代政府涉外经济合同法律关系在社会心理层面冲击了笼罩传统中国社会的宗法制度,引发了近代中国社会的变革与革命。最后,研究清代政府涉外经济合同有直接的现实借鉴意义。

（一）晚清中外条约体系的重要组成部分

鸦片战争后，清政府被迫与西方列强签署了一系列不平等条约，这些不平等条约破坏了清朝既有的社会秩序，成为丧权辱国的代名词，成为剥削束缚中国的绳索和镣铐。清政府不仅与外国政府签署了大量条约，同时与外国私人签署了大量合同。此类涉外合同对中国国家主权确实产生了影响，无疑是近代条约体系的重要内容。20世纪初期，美国学者威罗贝在研究外国人在华特权时，就指出清政府与外国私人订立的合同对其的影响不啻中外正式条约。[①]《中外旧约章汇编》中收录了大量清政府与外国民事私法主体（公司、银行）缔结的章程与合同。王铁崖先生之所以把这些章程、合同收录其中并称为"旧约章"，主要是因为他认为这些合同与章程都是"帝国主义侵略中国"的一种形式。[②] 费正清指出："从英国人的自信心这个角度来说，在中国订立新的条约制度，其意图一方面是为了维护英国全球商业扩张的既得利益，一方面也是为了表现这种扩张的理想。具体地说，英国的目的在于为英属印度、中国、英国本土之间的三角贸易提供保证和机会，也就是说，要保障印度鸦片在中国的市场以及中国茶丝对伦敦的供应。英国缔约者的直觉要求是为贸易（他们相信贸易有助于向一切民族传播现代的文明）寻求法制（他们感到法制是放之四海而皆准，行之四海而皆有效）的保障。因而最初的条约主要是以给商人授予特许权的形式出现的。"[③]

由于法学理论研究相对于法律现象的滞后性，以及中国对世界法

---

① 威罗贝：《外人在华特权和利益》，王绍坊译，三联书店，1957，第600页。"在某种意义上中国政府的国际地位受它和私人公司或银团的商业契约所决定和规定，确实几乎不下于被它和其他国家政府所订的正式条约所决定和规定。"
② 王铁崖编《中外旧约章汇编》第1册，"编辑说明"。"这样的章程或合同本来不属于国际条约范围之内，但是，在过去，帝国主义侵略中国往往采取这种章程或合同的形式，这种章程或合同是研究帝国主义侵略中国所必须涉及的资料。本汇编既然包括这样的章程、合同等，因而称为中外'旧约章'。"
③ 费正清编《剑桥晚清史》上卷，中国社会科学出版社，1985，第209页。

学理论的研究与接受并没有与世界同步。在20世纪上半叶，国内学者对政府涉外经济合同并未进行法理上的系统研究。部分国内学者将清政府与外国私人签署的各类经济合同视为公法条约，并将其纳入不平等条约范畴。这种做法限制了对清代政府涉外经济合同的深入研究。直到改革开放之后，史学界的部分学者才开始关注这类问题，并将国与国之间的条约与国家与私人的合同区分开来，并纳入"准条约"范畴。但是"准条约"依然是一个比较模糊的概念，在深入分析近代条约体系时显得有些粗糙。提出清代政府涉外经济合同的概念，将清代条约体系中的条约、国际公约、涉外经济合同区分开来，对于深化对近代条约体系的认识无疑具有积极意义。

（二）寻找近代社会变迁原因的一个入口

鸦片战争后的中国被逐渐卷入西方主导的条约体系。条约关系是国际关系法治化的政治表现。近代西人入侵将条约关系这种欧洲"法治文明"带到中国，并对晚清社会产生了深远影响。欧洲法治理念在国际关系的实践中试图通过条约关系实现国与国之间关系的法治化。这种国际关系的法治化也影响了清政府与外国私人间的合同关系。通过划清清政府与外国私人权利的边界，强制实现清政府与外国私人关系的法治化。当清政府与外国私人关系实现法治化后，法治与契约思想开始通过各类经济活动影响中国社会的方方面面。由于晚清社会并未实现政府与私人之间关系的法治化，因此直接导致中国民族资本对自身处境的强烈不满和失落。

清政府与外国私人间的合同关系是西方法治理念向中国扩张渗透四层法治关系的第二层。条约关系实现了清政府与国际社会关系的法治化，这是第一层；清政府与外国私人间的合同是国际关系法治化向国内关系法治化的延续，这是第二层；清政府与本国人民的合同关系（既包括宪法关系，也包括各类经济合同关系）属于第三层；最后则是国内私人间的契约关系，此属于第四层。无论是条约关系，还是清政府与外国私人的合同关系，核心都是限制国家与政府的权力，这恰恰是条约关系与中国传统政治秩序的最大矛盾。①

清代政府涉外经济合同关系作为一种政府涉外经济法律关系，是西方法治理念由政府间条约关系向晚清中国社会内部渗透的第二层关系。外国私人与清政府通过合同的形式规定双方的权利和义务，政府必须遵守合同约定，法治理念由此从外部的条约关系进入中国内部经济及私人事务。外国私人由于有本国武力和外交的支持，这种合同关系较为稳固，清政府不敢随意废止与外国私人的合同章程。这是一种在外力支撑下的权力制约关系。当列强势力相对衰减时，这种稳定也将随之瓦解。

---

① 江平：《中国需要契约精神》，《资本市场》2014年第4期，第9页。

编后记

《中外关系与近现代中国研究——李育民教授七十华诞纪念文集》是2022年12月18日召开的"中国近现代政治与对外关系史"学术研讨会部分论文的结集。此次会议由湖南师范大学中外条约研究中心发起,目的是联络和加强同门间的学术交流,进一步推动湖南师范大学中国近现代政治与对外关系史的研究。中国近现代政治与对外关系史研究是湖南师范大学的传统优势研究领域。其中政治史研究由林增平先生等长期开拓和耕耘,在辛亥革命史、清末民初政治等研究领域取得斐然成就。中外关系史研究则由李育民教授开启。1990年,李老师开始进行条约制度的研究,完成《近代中国的条约制度》一书后,进一步拓展中国废约史、条约关系、中外条约与近代中国社会等研究,使中外条约研究成为颇有影响的研究领域。2016年,湖南师范大学中外条约研究中心应运而生。

2023年适逢李育民老师七十华诞,湖南师范大学中外条约研究中心的同人在2021年即积极筹划,拟召开一次以中国近现代政治与对外关系史研究为主题的学术会议,于2023年出版会议论文集,以推进研究,致敬恩师!李传斌、刘利民、尹新华、曹英、方慧、易锐等负责会议的组织和联络工作。会议得到李老师指导的各届学生的积极响应,先后收到会议论文40余篇。受疫情影响,会议在2022年12月18日以线上会议的方式举行。李老师指导的硕士、博士、博士后等100余人参加了会议。李老师做了主旨演讲,回顾了个人的学术经历及条约研究的由来,分享了治学经验,并就条约研究的发展提出了前瞻性的意见;杨小云、苏全有、廖志坤、李光和、田湘波作为不同时期的学生代表发言。主旨演讲和学生代表发言后,会议分三场7个小组、一场圆桌会议,就相关议题进行了充分的讨论。本次会议取得圆满成功,为后续的学术交流与研究做了很好的铺垫。

会后,中外条约研究中心根据参会论文作者自愿的原则,编选会议论文集;因篇幅所限,对论文的字数做了限制;并根据所收论文主题及出版的考虑,将论文集定名为《中外关系与近现代中国研究——李育民教授七十华诞纪念文集》。论文集在编选过程中得到各位同门的支持!刘利民、方慧、易锐等为搜集论文、汇编文集、调整格式等工作付出了辛劳。文集能够如期出版得益于社会科学文献出版社和李期耀博士的大力支持,并得到湖南师范大学中国史学科的经费资助。谨此一并表示诚挚的感谢!

湖南师范大学中外条约研究中心
2023年10月

图书在版编目(CIP)数据

中外关系与近现代中国研究：李育民教授七十华诞纪念文集 / 湖南师范大学中外条约研究中心编 . -- 北京：社会科学文献出版社，2023.12
　　ISBN 978-7-5228-2752-0

　　Ⅰ.①中… Ⅱ.①湖… Ⅲ.①中外关系-不平等条约-国际关系史-近代-文集 Ⅳ.①D829.15-53

中国国家版本馆CIP数据核字（2023）第218452号

中外关系与近现代中国研究
——李育民教授七十华诞纪念文集

| 编　　者 / 湖南师范大学中外条约研究中心

| 出 版 人 / 冀祥德
| 责任编辑 / 李期耀
| 责任印制 / 王京美

| 出　　版 / 社会科学文献出版社·历史学分社（010）59367256
　　　　　　 地址：北京市北三环中路甲29号院华龙大厦　邮编：100029
　　　　　　 网址：www.ssap.com.cn
| 发　　行 / 社会科学文献出版社（010）59367028
| 印　　装 / 北京盛通印刷股份有限公司

| 规　　格 / 开　本：787mm×1092mm　1/16
　　　　　　 印　张：28　字　数：388千字
| 版　　次 / 2023年12月第1版　2023年12月第1次印刷
| 书　　号 / ISBN 978-7-5228-2752-0
| 定　　价 / 128.00元

读者服务电话：4008918866

版权所有 翻印必究